工商管理教学案例精选——管理篇

主 编 苏锦旗
副主编 黄当玲 李 瑞

科学技术文献出版社
SCIENTIFIC AND TECHNICAL DOCUMENTATION PRESS
·北京·

图书在版编目（CIP）数据

工商管理教学案例精选. 管理篇 / 苏锦旗主编；黄当玲，李瑞副主编. —北京：科学技术文献出版社，2023.4
ISBN 978-7-5189-9676-6

Ⅰ. ①工… Ⅱ. ①苏… ②黄… ③李… Ⅲ. ①工商行政管理—教案（教育）—汇编 Ⅳ. ① F203.9

中国国家版本馆 CIP 数据核字（2023）第 069823 号

工商管理教学案例精选——管理篇

策划编辑：张 丹　　责任编辑：李 鑫　　责任校对：王瑞瑞　　责任出版：张志平

出 版 者	科学技术文献出版社
地　　址	北京市复兴路15号　邮编　100038
编 务 部	（010）58882938，58882087（传真）
发 行 部	（010）58882868，58882870（传真）
邮 购 部	（010）58882873
官方网址	www.stdp.com.cn
发 行 者	科学技术文献出版社发行　全国各地新华书店经销
印 刷 者	北京厚诚则铭印刷科技有限公司
版　　次	2023年4月第1版　2023年4月第1次印刷
开　　本	889×1194　1/16
字　　数	467千
印　　张	17.5
书　　号	ISBN 978-7-5189-9676-6
定　　价	48.00元

版权所有　违法必究

购买本社图书，凡字迹不清、缺页、倒页、脱页者，本社发行部负责调换

前 言

案例教学的本质是给学生提供一个包含有待于解决的问题、有待于决策的特定管理情境，让学生以个人或者团队的方式去诊断和解决问题。通过案例的引入，为学员提供一个逼真的练兵场，使他们在实践中展开讨论学习，提高分析问题和解决实际问题的能力。通过对实际案例的解剖和分析，不仅可以加深学员对管理理论的理解，而且对管理的本质及其不确定性也会有更深的洞悉和体验。管理者所面临的是复杂、动态的环境，需要权衡相互冲突的目标，其解决问题的方法、手段也不止一种，管理决策通常只能得到一种"满意解"，而不是"最优解"。对管理者而言，最重要的是方案的选择，而不是答案。本案例精选通过生动活泼的语言和真实素材，解析了各个本土化品牌，为学员提供最贴近企业实践的案例复盘，是一种适合工商管理教育的独特且行之有效的教学方法。

《工商管理教学案例精选——管理篇》一书的案例来源于西安邮电大学近几年入选全国工商管理专业学位研究生教育指导委员会"全国百篇优秀管理案例"的案例及入库案例，汇集了25篇最贴近学员日常和企业实践的真实商业案例，每篇案例均由案例正文、案例使用说明组成。案例企业均为中国本土企业，既有传统老字号的中国知名企业，也有新兴崛起的市场新锐。这些案例均是在进行充分调研基础上撰写的原创案例，其中涵盖战略管理、营销管理、电子商务、人力资源管理、组织行为学等多个领域，从"传统品牌如何借力互联网焕发新活力""国有企业的战略新举措""新零售模式在中国本土企业的发展"等方面讲述了各品牌在中国互联网时代纷纷扰扰的大背景下革新商业模式、颠覆式创新或者推陈出新的故事。

本书的案例从多个侧面反映了中国经济改革和实践的成果及有待解决的问题，为工商管理教学提供了全新的素材，案例兼具启发性和导向性，贴合工商管理的实际教学需要，有助于教师的授课和学员实际管理能力的提升，同时可为广大工商管理实际工作者提供参考和借鉴，为国内各大商学院提供高质量的案例集锦，是一本践行"行动学习"的成果荟萃。

目 录

案例 1　删繁就简三级变，新桃总把旧符迁——大数据背景下 SXYD 运维管理业务流程再造 … 1

案例 2　从对立到融合：爱菊在哈萨克斯坦的跨文化冲突管理 ……………………………… 11

案例 3　邮快合作：A 县邮政公司重构乡村快递生态的尝试 ……………………………… 22

案例 4　山有木兮木有枝，报账流程你可知——陕西电信员工报账业务流程优化 ………… 28

案例 5　与时俱进求创新，精益求精无止境——SXYD 采购业务流程优化之路 …………… 40

案例 6　"山重水复疑无路，柳暗花明又一村"——X 银行 ATM 机最佳现金数量的确定 …… 48

案例 7　同教变，与智融——XY 教育，解新高考之"痛" ………………………………… 79

案例 8　哔哩哔哩走上平衡木——社区化与商业化大博弈 ………………………………… 90

案例 9　守正立新善思变，数拓秦地焕新颜——ZYZX SX 分公司的组织管理创新 ………… 104

案例 10　以"柔"应变——疫情下创新公司的战略之术 …………………………………… 113

案例 11　"燃"眉之急——SR 的数字化转型之路 …………………………………………… 124

案例 12　电商红海千帆竞，百舸争"流"正逢时——字节跳动电商发展之路 ……………… 132

案例 13　能否重新起航——小红书破局之路 ………………………………………………… 143

案例 14　身材变轻，大象也可起舞——Z 银行轻型银行战略转型之路 …………………… 154

案例 15　深耕燃气二十载，领异标新二月花——中国燃气数字化转型之路 ……………… 168

案例 16　这个"老电工"到底该咋用？——SD 污水处理厂郝厂长的用人之困 …………… 181

案例 17　厂长的烦恼——技术革新该怎么推动？ …………………………………………… 187

案例 18　崔班长的创新初体验——S 邮区中心局一线员工创新管理显成效 ……………… 192

案例 19　齐"薪"合力——初创阶段的秦巴物流高管薪酬设计 …………………………… 199

案例 20　立马长安终有日　百战更始得人心——ZYZX SX 分公司人力资源管理的破局之战 … 203

案例 21　一滴香油的百年征程 ………………………………………………………………… 212

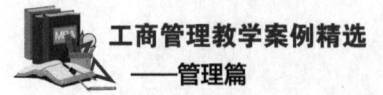

案例 22　JJ 食品：乘电商扶贫之风，破企业发展之浪 …………………………………… 219

案例 23　联通四海民族情　电商扶贫奏新歌——新疆联通的少数民族地区电商扶贫之路 …… 232

案例 24　满眼生机转化钧，异业连心巧夺金——中国联通 X 公司异业联盟营销发展之路 …… 242

案例 25　数字多元共襄助，战略营销求变革——砥砺前行的 ZB ………………………………… 260

案例 1

删繁就简三级变，新桃总把旧符迁
——大数据背景下 SXYD 运维管理业务流程再造[①]

楼旭明　刘立　陈子凤　成泷　高熙梅　侯昆丽

案例正文

引言

2017 年新年伊始，大街上仍洋溢着新年的味道。ZGYD SX（以下简称"SXYD"）网管中心会议室里却一派紧张而热烈的气氛，总结去年工作，制定新一年工作规划。员工们既因为过了一个丰收年而满心欢喜，又对新的一年充满了希冀。中心主任曾总听完部门的汇报，开口说道："去年我们部门的业绩有显著提高，这可喜可贺。但也要看到，在日常工作中，我们处理的问题越来越棘手。在如今快节奏的生活环境下，面对客户投诉，以往 24 小时之内答复的处理方法，已不能满足客户要求。对待客户投诉，逐部门地去排查问题解决问题，既增加了解决问题的时间，也增加了工作量，解决业务流程的问题已迫在眉睫。做好了，就能带领公司紧跟时代潮流，加快陕西地区网络优化、业务发展，提升市场营销及政府行业合作的效率和效益；做不好，就会被市场所淘汰。"曾总的这番话，让所有员工都陷入了沉思。一场自我革命也拉开了帷幕……

一、旧时飞黄腾达

1. 公司背景

SXYD 成立于 1999 年 7 月 28 日，2002 年 7 月 1 日在香港、纽约成功上市。SXYD 主要经营移动电话语音、数据、IP 电话及多媒体业务，拥有互联网国际联网单位经营权。SXYD 下设 10 个分公司，服务网点遍布陕西城乡，其成功上市后一跃成为陕西省最大的全外资企业，同时也是陕西省乃至西北地区第一家在境外整体上市的通信企业。截至 2017 年 10 月，公司的客户规模、收入规模、网络规模、服务水平、企业效益、品牌价值等企业综合实力指标均在陕西省通信行业名列前茅。秉承"正德厚生 臻于至善"的核心价值观，SXYD 以诚信实践承诺，始终以永不自满、不断创新超越的进取心态精益求精，追求企业、社会与环境的和谐发展，努力实现从优秀到卓越的新跨越。

SXYD 正式完成上市后，具备完善的法人治理结构，分设董事会、经理层。按"二级管理与核算"的管理模式，公司设综合部、战略和法律事务部、计划建设部、财务部、人力资源部、市场经营部、数据部、网络部、采购部、内审部、党群工作部及工会共 12 个职能部门，下辖 10 家分支机构，分布

---

① 案例来源：中国管理案例共享中心，并经案例作者同意授权引用。
本案例 2019 年被评为中国管理案例共享中心百优案例，并于 2019 年 7 月 31 日入选中国管理案例共享中心案例库。
由于企业保密的要求，在本案例中对有关名称、数据等做了必要的掩饰性处理。
本案例只供课堂讨论之用，并无意暗示或说明某种管理行为是否有效。

于陕西省内各地，是该省综合实力最强、规模最大的省级运营商企业。其中，SXYD 的网络维护组织结构由网络管理中心和网络优化中心组成。网络管理中心的主要职责是负责全区网络管理办法、技术指标体系、运行维护工作规则及流程、网络运行维护管理考核办法的制订，同时指导监督与考核全区网络资源的管理情况。SXYD 的组织结构如图 1-1 所示。

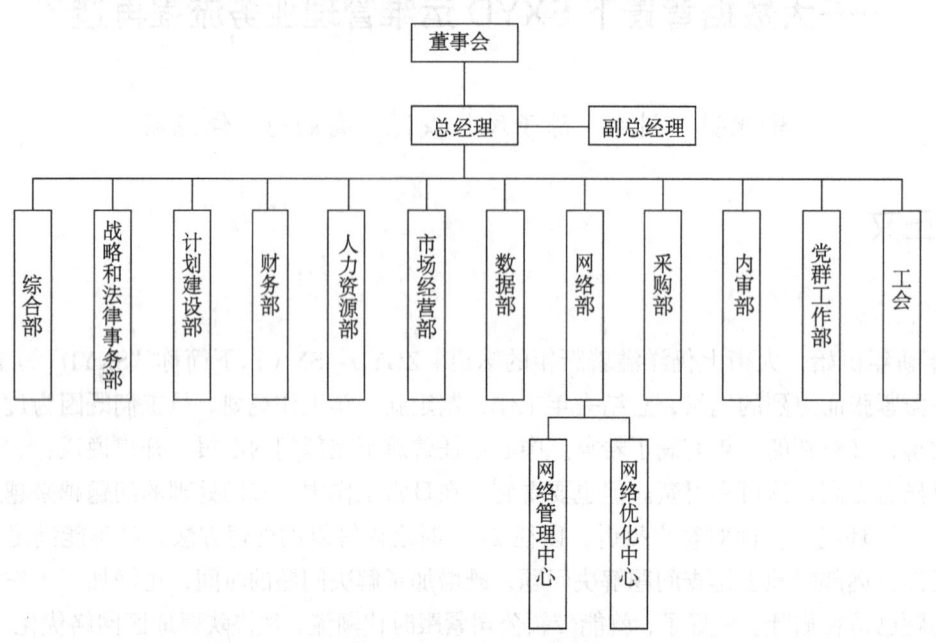

图 1-1　SXYD 的组织结构

随着人们生活水平的不断提高，消费需求在发生着变化，对运营商也提出了更高的要求。有数据表明，故障处理速度、网络是否稳定等问题已成为客户关注的焦点。而运营公司的业务展开效率低，运维管理成本一直居高不下……问题普遍存在。SXYD 作为陕西省运营商的翘楚，在应对这些问题时也觉得有些力不从心。面对瞬息万变的市场环境和日渐提升的消费需求，曾总觉得需要以一定的战略高度审视当前公司运维管理现状，而如何梳理这些头绪显得至关重要。

2. 行业背景

2008 年，中国电信行业大变革：中国铁通并入中国移动，中国联通与中国网通合并，中国电信收购中国联通网络，整个电信业由原来的 5 家合并为 3 家——中国移动、中国联通、中国电信，合并后的 3 家电信运营商取得了全业务运营牌照。2009 年 1 月 7 日全业务运营牌照的发放，意味着第三次电信重组正式结束，也标志着电信运营行业全业务竞争的序幕拉开，真正进入"三足鼎立"时代。

2015 年 3 月 5 日在北京举行的十二届全国人大四次会议审查的"十三五"规划纲要草案引发热议，该草案提到拓展网络经济空间，涉及构建泛在高效信息网络、发展现代互联网企业、实施国家大数据战略、强化信息安全保障四大要点。2015 年 11 月 3 日，《中共中央关于制定国民经济和社会发展第十三个五年规划的建议》发布，中共中央总书记习近平指示推动实施国家大数据战略，加快完善数字基础设施，推进数据资源整合和开放共享，加快建设数字中国。在大数据背景下，中国联通、中国电信积极部署本公司的发展战略，紧跟时代潮流，都试图在"三足鼎立"的局面里崭露头角。面对大数据带来的挑战和同行业竞争的压力，时任中国移动副总裁的李正茂部署中国移动积极推动大数据加速行业转型升级，促进大数据应用发展；紧随其后，SXYD 总经理卓锋要求陕西省公司聚焦大数据领域实现从 0 到 1 的跨越。

国家、集团、省公司提出大数据战略要求，明确大数据正在从舆论炒作向产业落地发展，数据作为信息时代新能源，将彻底改变社会形态，提升政府治理水平，引领产业转型创新，服务和改善民生。在此背景下，运维管理体系的老化问题日益突出。因此，SXYD 领导层展开了激烈的讨论，最后初步确定了公司的发展方向：SXYD 要想在激烈的竞争中取得竞争优势，必须以流程为载体，运用业务流程再造的理论和方法对公司运维管理体系进行优化升级，提升运行效率，降低运行成本，打破职能部门间壁垒，同时提高对客户需求的快速响应和满足。

二、眼下何去何从

虽然运营商网络大数据拥有得天独厚的优势：具有网络覆盖强、用户数据多、数据标签全及定位信息准等优点，但这片数据蓝海潜力巨大，亟待挖掘。大数据的广泛运用，对公司的运维管理提出更严峻的挑战，反观公司的运维管理现状，已不能满足市场的需求，仍然面临着许多让人头疼的问题。面对这个局面，曾总觉得压力倍增。

针对公司运维管理体系老化问题，曾总明白，问题的根源还是业务流程僵化。网络运维管理的核心业务流程体系涵盖运维管理类、业务实现类及服务支撑类等 14 类流程。曾总决定，以故障处理流程为切入口，逐步改造网络管理中心的全部业务流程，从而解决运维体系老化问题。

当时，公司的故障处理流程是以各地市公司为其辖区内的故障处理第一责任单位，各自处理辖区内的网络故障。故障处理流程如图 1-2 所示。

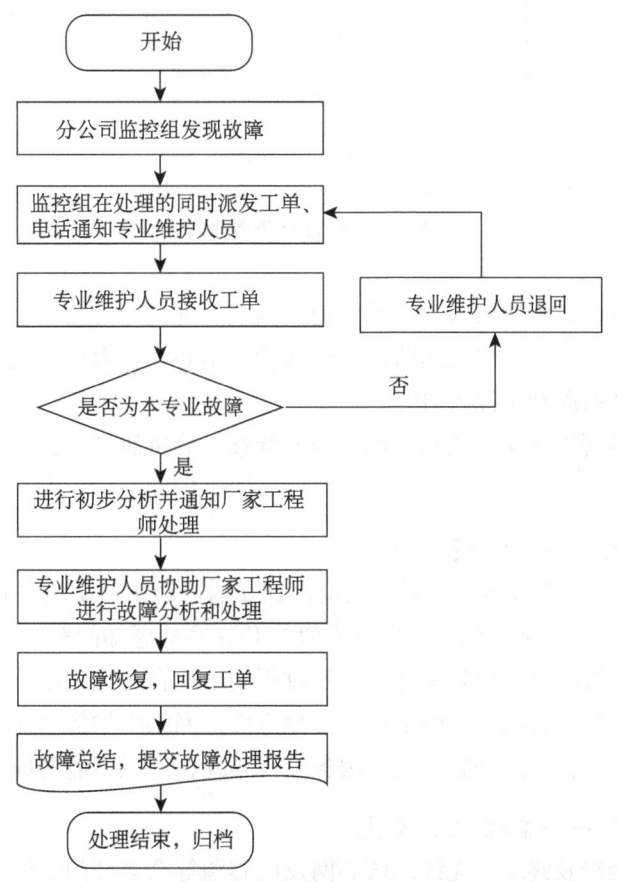

图 1-2 故障处理流程

从发现故障到故障恢复这样一个简单的处理流程却需要很多的支撑环节，这不仅增加了时间成本和人力成本，也降低了客户满意度。SXYD 运维管理体系如图 1-3 所示。由图可知，第一层是现场维护层，这层是指网络运行中出现不能由中心网络远程解决的问题，需要进行现场作业的维护工作。第二、第三和第四层，即网络的核心运维，是对网络运行监控及核心网络设备的维护，由运营商各自负责对网络运行的控制和管理，并借助设备厂家的技术支持，对全网的安全运行达到总体的把握。

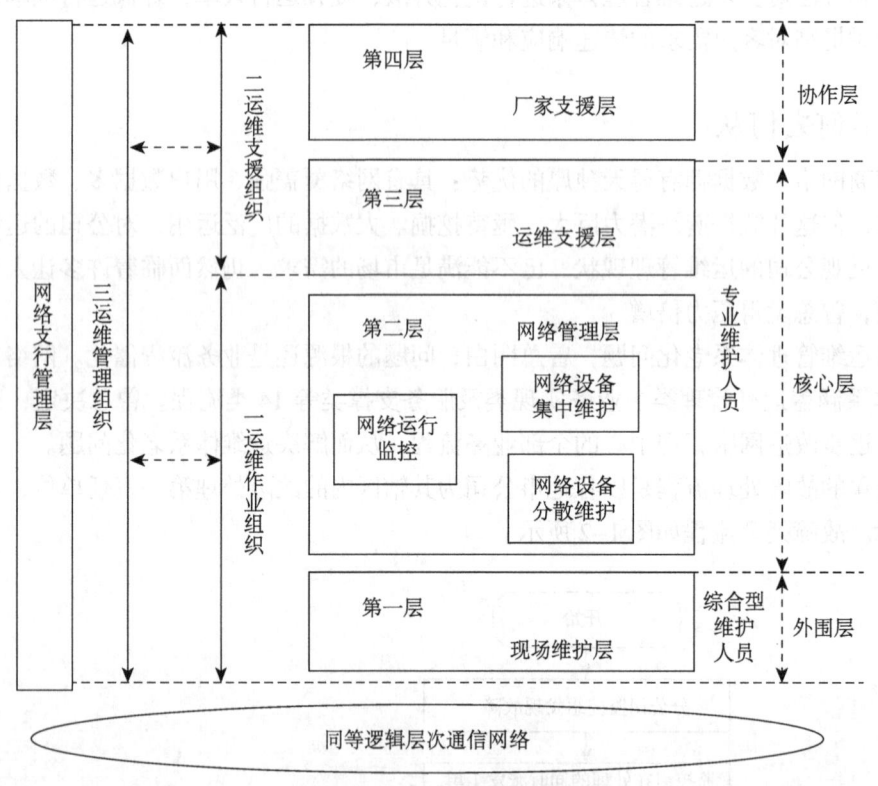

图 1-3　SXYD 运维管理体系

看似完美的体系却早已跟不上时代的要求，如何调整、优化与再造运维业务流程，从而构建新的运维管理体系？公司成立了专门的研发团队，以网络管理中心为主力军，就公司如何再造运维业务流程、如何优化运维管理体系展开了深入研究。

经过对公司目前运维管理现状的认真梳理、深入调查、分析研判，深挖问题根源，问题主要集中在 4 个方面。

1. 客户满意度降低——运维模式封闭

通过调查发现，一方面，当前客户与对移动通信的矛盾已经由传统的"通不通"到现在"好不好"的需求转变，例如"下载慢、卡顿、时延大"等类似的 KQI 客户感知问题，已经成为客户关注的焦点。在公司网络运维内部，运维故障定位效率低，定位过程中缺少自动化手段，各个部门、各个专业各自为政的矛盾也日益凸显。另一方面，在网络外部支撑方面，网络维护部门往往是被动接受任务和被动询问，在问题发生之后被动去处理问题，主动服务意识不强，所以不能形成对客户的高效支撑。

2. 任务完成效率低——流程机制僵化

由于端到端的业务会涉及终端、无线、核心网及内容源等众多部门，但部门之间的工作机制存在差异,导致跨部门沟通不畅、协同少、合作少,且没有 IT 流程可以依靠,从而导致端到端的业务问题处理效率低。

3. 数据难以共享——封闭、独立、格式不一

由于传统网络运维涉及众多接口,如 S1-U、S1-MME、Sgs、S6a、Sgi、S5/S8 等,而各接口的数据规范不一、接口复杂、数据结构私有化及厂商技术壁垒等原因,导致对外支撑没有统一标准可循,烟筒式的发展导致大数据在实际使用环节难度大,不同数据之间没有关联,数据调取速度慢,难以支撑业务口的个性化需求,投入产出比不高。

4. 维护经费贵,响应速度慢——核心能力丢失

在自主研发方面,由于传统运维人员缺乏研发能力,核心技术往往需要购买,导致维护的经费昂贵。在日常维护方面,业务识别依赖厂家,导致业务口的新需求响应速度慢。

三、华丽变身

经过深思熟虑、多次探讨之后,SXYD 的领导层决定打破原有的运维体系再造运维业务流程。九层之台,起于累土。流程再造通过对原有的流程进行彻底改革,可以从根本上解决现在运维管理中所存在的问题。目标既定,曾总便快马加鞭地开展了运维管理体系的业务流程再造相关工作。为此,曾总所带领的研发团队就公司运维管理业务流程如何进行流程再造进行了深入的研究。

1. 深入调研——找准思路

经过深入的调查研究,一次次的交流探讨,一次次的思想碰撞,确立了以客户需求为中心、降低经营成本、提高企业经营效益和运营效率为目标,构建多维开放的运维管理大数据价值链变现体系的思路。经过初步评估,曾总认为:经过流程再造后形成的新运维管理体系基本可以解决公司运维管理中模式封闭、制度僵化、数据封闭、核心能力丢失等问题。思路绘制如图 1-4 所示。

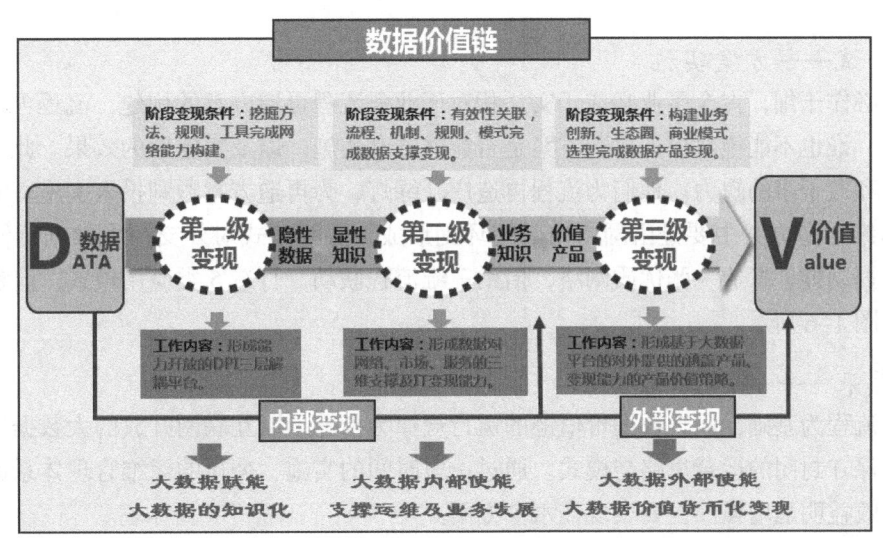

图 1-4 业务流程再造的思路

2. 层层推进——方案制定

"凡事预则立,不预则废"。思路既定,研发团队便快马加鞭地设计流程再造的优化方案。这个

方案的宗旨是：以运维管理业务流程为基础，解决运维管理体系老化问题，从而实现运维管理体系的优化。因此，研发团队最终确定的方案是：致力于打造从数据生成第一级变现、数据支撑网络进行第二级变现、数据服务业务实现第三级变现的 3 段大数据变现历程。该方案加强了公司对核心技术的掌控，实现技术驱动流程、流程驱动应用的价值变现循环，从而可以实现优化客户感知、支撑业务发展、提高数据价值效能。运维管理新体系的构建如图 1-5 所示。

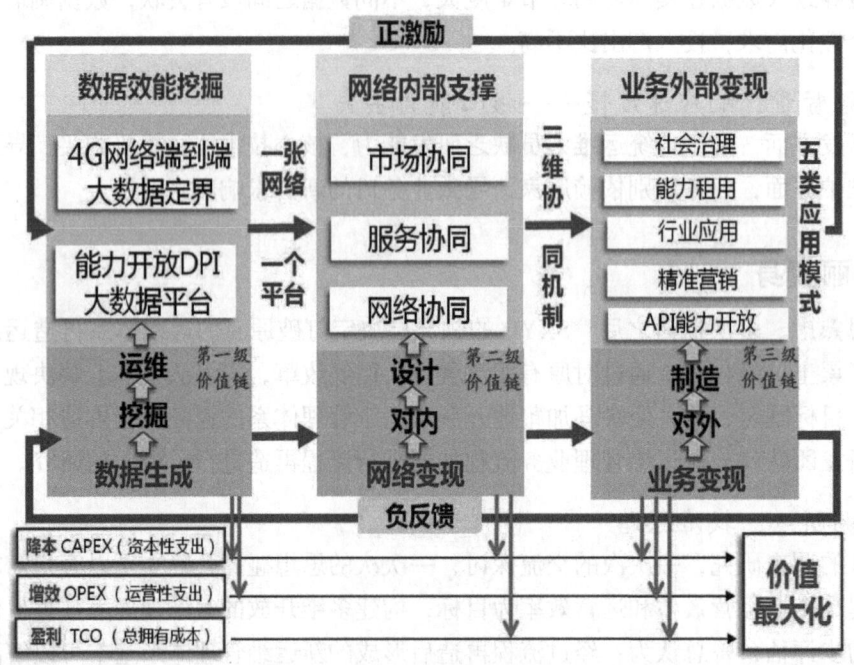

图 1-5　运维管理新体系的构建

3. 牛刀小试——方案实施

天下大事必作于细，古今事业必成于实。相对于业务流程再造方案的构建，流程再造的实施却面临着各方压力。谁也不能绝对保证再造方案是否能够顺利实施，以及实施后的效果。此时，展现了他们的高瞻远瞩和敢干事的魄力。他们为流程再造广开绿灯，为再造方案顺利投入实施奠定了基础。

该网络运维再造方案主要是由网络内部闭环到形成 4 层开放式对外支撑大数据价值链的变现体系，深挖大数据动能，打造一张优质网络，借助三维流程联动，打造 5 类应用模式。流程再造后的运维管理体系如图 1-6 所示。

4. 否极泰来——初见成效

新体系以流程为基础，以大数据价值链的运行规律为指导，以互联网开放的大数据价值思维打破传统网络运维保守封闭的运营思路与模式。通过一段时间的实施，公司的运维管理体系运行效率大大提高，运营的效益明显增强。主要表现在六个方面。

① 客户感知力明显提升。网页打开成功率从 95.3% 提升至 98.8%，网页显示时延从 2986 ms 降低至 2473 ms，视频初始播放时延从 4021 ms 降低至 3148 ms，视频卡顿时长占比从 0.93 降低至 0.52，网页加载时延降低 17.18%，视频播放流畅度提升 44.09%。

② 业务支撑更丰富。开放 DPI 大数据应用从年初 8 个到年底的 39 个，对外应用数提升 3.88 倍。

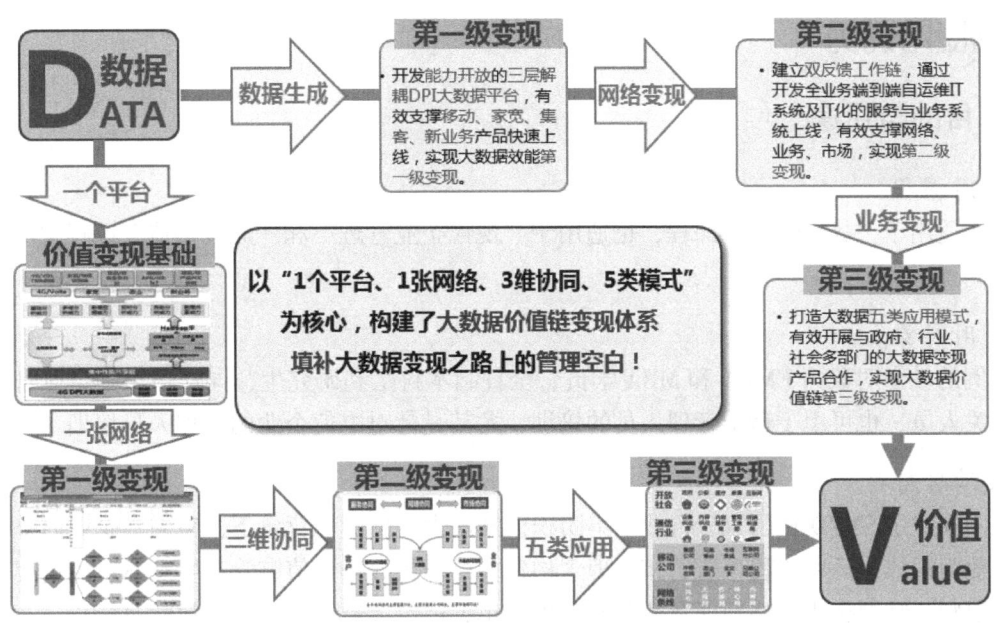

图 1-6　流程再造后的运维管理体系

③ 管理效率明显提高。平均单投诉处理效率从 7.5 小时降低至 0.1 小时，问题平均定界时长从 4.5 小时降低至 1.2 小时，工作效率平均增长 8.23 倍。

④ 大数据价值变现能力提高。通过数据效能挖掘→网络内部变现→网络外部变现的 3 段式数据价值变现思路，形成 4 大变现模式、5 大变现能力、10 种标准产品及 8 大重点行业突破，全年大数据产品合同金额超 1000 万元。

⑤ 经济效益显著。a. 基于 DPI 网络大数据，开发"SXYD 非法网络电话封堵系统"，有效遏制非法电话侵蚀公司利益，全年为公司挽回经济损失 978.6 万元；b. 基于 DPI+PCC 联动实现视频及自有业务精准营销，全年为公司带来经济收益 1001.8 万元；c. 基于 DPI 网络大数据打造的大数据 5 类应用模式价值变现，全年对外变现商业合同金额超过 1000 万元；d. 开发的二次 DPI 工具、客户流量日志查询系统、感知溯源系统及 4G 端到端系统，全年累计节省人力成本 1364.3 万元，而项目成本仅 70.5 万元。

提高了核心能力回收，通过开发自动化工具及核心算法研究，实现中国移动的核心能力回收，以及集群效应。

四、再创新高

通过一段时间的运行，新的运维管理体系在新兴业务发展领域中，为大数据价值的挖掘增值与对外变现，提供了一个成熟、可行、可借鉴的业务发展思路与业务开展模板；在网络能力侧，同时提供了如何挖掘有价值数据的方法及企业自我能力形成与提升的路径。

回望此次公司以流程再造为基础的运维管理体系优化之举，曾总不禁感慨万千，机会不仅仅是留给有准备的人，同样还会青睐勇于直面挑战的人！"物竞天择，适者生存。"穷则变，变则通，通则久。虽然过程很苦，但未来可期！

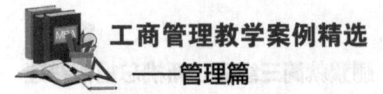

案例使用说明

一、目的与用途

1. 适用课程

本案例适用于"战略管理"课程，也适用于"现代企业管理"和"流程再造"课程中的业务流程教学。

2. 适用对象

本案例的教学对象为 EMBA 和 MBA 学员、全日制本科生和研究生，同样适用于企业管理和运营管理的相关人员，也可用于运维管理人员的培训，尤其是针对电信企业的管理人员培训。

3. 教学目标

本案例描述了 SXYD 在国家、行业、集团积极推进大数据业务背景下，考虑到企业内外部影响因素，以流程为载体，运用流程再造的相关理念构建多维开放数据价值链管理生态体系的过程，帮助学员理解、识别、掌握企业战略管理及业务流程再造相关理论，最终实现以下教学目标：

（1）引导学员深入了解大数据背景下，企业以流程为载体，如何运用流程再造的相关理念对运维管理体系进行优化升级。

（2）帮助学员掌握业务流程再造的概念、核心内容、原则及实施过程的相关理论，并综合运用相关知识对企业运维管理中存在的问题提出解决措施。

本案例所涉及的知识点包括：

① SWOT 分析；
② 业务流程；
③ 流程再造。

二、启发思考题

① 为什么 SXYD 需要进行运维管理体系的调整？
② 试分析 SXYD 网管中心的故障处理流程。
③ 为什么 SXYD 网管中心选择流程再造理念，对运维管理体系进行优化？
④ 分析 SXYD 网管中心如何制订运维业务流程再造的方案。
⑤ 分析 SXYD 网管中心如何实施运维管理的业务流程再造。

三、分析思路

本案例描述了 SXYD 网管中心针对运维管理体系老化的问题，以流程为载体，运用流程再造的相关理念，构建多维开放数据价值链管理生态体系的过程，研究业务流程再造的实施环境和具体过程。分析思路如下：

1. 为什么 SXYD 需要进行运维管理体系的调整？

这个问题可以引导学员理解企业的战略管理制定过程，进一步了解战略管理在企业管理中的重要作用。首先，教师可对学员进行简单提问："对运维管理体系进行调整前，SXYD 面临的外部机遇和挑战有哪些？"学员的回答可能是：国家的政策支持与来自同行业竞争者的挑战。通过这个问题，

案例 1
删繁就简三级变，新桃总把旧符迁

教师可以引导学员思考如何运用 SWOT 分析对企业战略管理进行分析，为接下来引导学员分析 SXYD 进行运维管理体系调整的必要性做铺垫。接下来，教师可以继续对学员提问："SXYD 为什么要进行运维管理体系的调整？"根据学员的回答，教师结合案例进行补充，主要引导学员根据当时企业内外部环境变化，思考战略管理在企业管理中的重要作用。

2. 试分析 SXYD 网管中心的故障处理流程。

这个问题目的是帮助学员理解业务流程的概念，以及了解故障处理这一业务流程的实施过程。对于这个问题，首先，教师可以提问学员："SXYD 运维管理体系调整前都有哪些业务流程？"学员可能的答案是：公司的网络运维管理核心流程体系涵盖运维管理类、业务实现类及服务支撑类流程等14 类流程，其中包括故障处理业务流程在内。紧接着，教师正式切入对故障处理这一业务流程的分析中来，以案例原文中的故障处理流程图为线索，带领学员梳理 SXYD 网管中心故障处理的具体业务流程步骤。最后，教师还可以引导学员站在管理者的角度思考：这一故障处理流程能够反映出 SXYD 的运维体系存在什么问题？这些问题又该如何解决？这两个问题主要用于引导学员思考网络运维体系调整的必要性，确保分析思路与上文的一致性。

3. 为什么 SXYD 网管中心选择流程再造理念，对运维管理体系进行优化？

这一问题的目的是帮助学员理解流程再造的概念和核心内容。对于该问题，首先，教师可以提问："通过我们对网管中心故障处理流程的梳理，能够发现运维管理体系存在哪些问题？"学员的可能回答为：管理模式封闭、流程机制僵化、核心能力丢失等。接下来，教师可以进一步提问学员："SXYD 决定采取什么措施对运维管理体系进行改进优化？"然后，根据学员的回答，教师结合案例进行补充，帮助学员理解业务流程再造的概念。最后，教师可以启发学员思考 SXYD 实施运维管理体系业务流程再造有哪些方面的注意事项，为下一个问题做铺垫。

4. 分析 SXYD 网管中心如何制定运维业务流程再造的方案。

这个问题目的是帮助学员理解实施业务流程再造方案的制定原则。对于这个问题，首先，教师向学员提问："SXYD 网管中心是从哪几方面对原有体系进行优化的？"学员可能回答：团队式管理、客户满意度、业务流程价值、信息技术应用等方面。接下来，教师可以启发学员，在这几个方面，SXYD 网管中心是如何遵循业务流程再造方案的实施原则进行优化工作的。通过这两个问题，帮助学员理解和梳理业务流程再造的原则。教师应鼓励学员站在 SXYD 网管中心曾总的角度思考如何实施运维管理业务流程再造，提升工作效率，助力企业降本增效，为下一个问题做铺垫。

5. 分析 SXYD 网管中心如何实施运维管理的业务流程再造。

这个问题的目的是帮助学员了解业务流程再造的实施步骤。对于这个问题，首先，教师可以提问："SXYD 开展运维管理业务流程再造的首要任务是什么？"学员可能会回答：明确流程再造的目标。接下来，教师向学员继续提问："SXYD 运维管理业务流程再造实施的步骤是什么？"根据学员的回答，教师结合案例给予补充，引导学员梳理业务流程再造实施的具体步骤。最后，教师可以鼓励学员积极思考：此次运维管理业务流程再造给 SXYD 带来了哪些变化？以此来帮助学员理解业务流程再造的意义。

具体分析框架如图 1-7 所示。

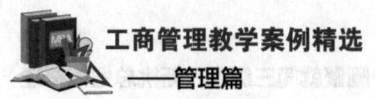

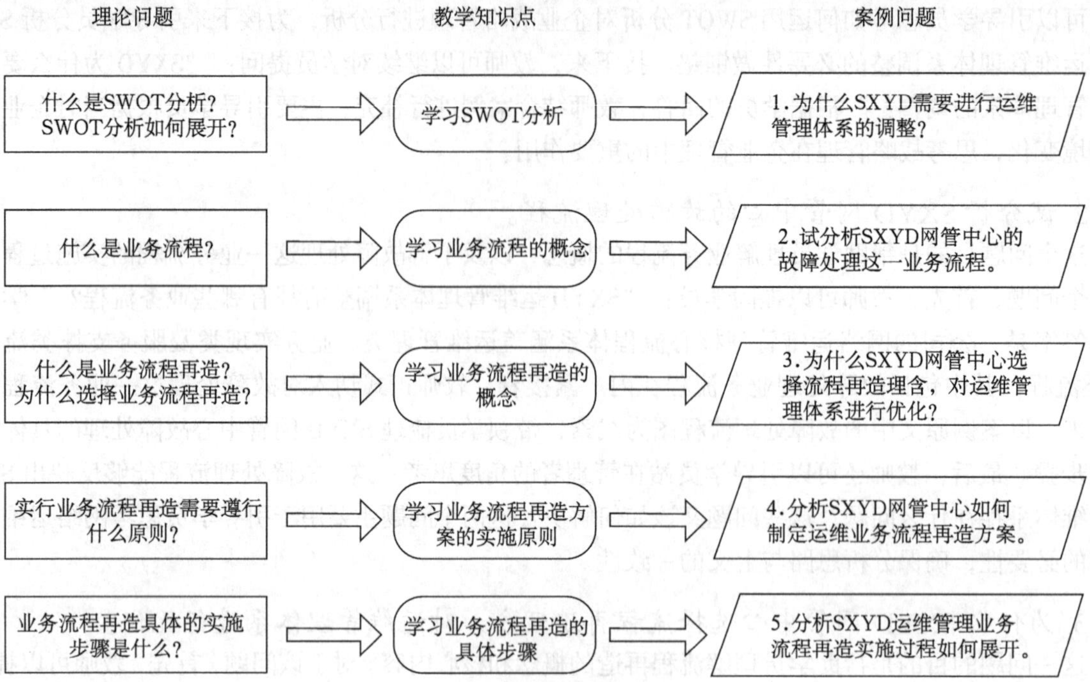

理论问题	教学知识点	案例问题
什么是SWOT分析？SWOT分析如何展开？	学习SWOT分析	1. 为什么SXYD需要进行运维管理体系的调整？
什么是业务流程？	学习业务流程的概念	2. 试分析SXYD网管中心的故障处理这一业务流程。
什么是业务流程再造？为什么选择业务流程再造？	学习业务流程再造的概念	3. 为什么SXYD网管中心选择流程再造理念，对运维管理体系进行优化？
实行业务流程再造需要遵行什么原则？	学习业务流程再造方案的实施原则	4. 分析SXYD网管中心如何制定运维业务流程再造方案。
业务流程再造具体的实施步骤是什么？	学习业务流程再造的具体步骤	5. 分析SXYD运维管理业务流程再造实施过程如何展开。

图 1-7　案例分析框架

案例 2

从对立到融合：爱菊在哈萨克斯坦的跨文化冲突管理[①]

成泷　张红芳　黄捷　刘依欢　丁海瑜

案例正文

引言

2020年3月14日凌晨，一列满载着1848吨优质面粉的中欧国际货运班列抵达西安港铁路集装箱中心站。这批来自哈萨克斯坦的面粉，是"新冠"疫情暴发以来，爱菊粮油工业集团（简称"爱菊"）为保障西安粮油市场稳定供应，从海外采购的4批优质粮油产品中的第一批。接下来，这些面粉将走进西安市40多万户家庭。身处哈萨克斯坦的爱菊特爱公司总经理方龙飞，接到国内同事打来的收货确认电话，心中充满喜悦和感慨：经过4年的辛勤耕耘，在哈萨克斯坦这片陌生的土地上，爱菊特爱公司逐渐探索出一条管理跨文化冲突的道路，使爱菊成功地在哈萨克斯坦建立农产品加工园区并投产运营，实现了种植、收购、仓储、加工、贸易全面发展。

一、基本背景

1. 爱菊集团的发展背景

爱菊粮油工业集团（以下简称"爱菊"）前身系西安市群众面粉厂，始建于1934年，是西北地区成立最早的粮食加工企业。历经了中华人民共和国成立后公私合营和1993年更名后，1998年，爱菊响应国家粮食经营由"计划经济"转向"市场经济"的改革政策，成为陕西省粮食行业第一个实行股份制改革的企业。随后，爱菊不断进行产品种类的拓展和延伸，企业经营管理开始逐步走上正轨，于2008年正式建立了爱菊粮油工业集团。今天的爱菊，已经从最初的单一面粉加工企业，发展成为集粮油、熟食品与豆制品加工、物流配送，粮油储备、连锁网点、经营销售、房产开发等产储销为一体的综合性粮油集团。荣膺国家级农业产业化龙头企业、全国主食加工业示范企业。

2. 寻找优质粮源产地，目光投向海外

随着粮油行业生产标准的不断提高，以及消费者消费习惯和需求的不断升级，健康、安全、稳定、低价的粮食原料供应成为决定爱菊粮食生产质量和粮食产品加工的核心。为严把原料质量关，爱菊先后在河南、黑龙江、湖南、湖北等地建立优质种植基地，但随着市场的拓展，原有的国内粮源基地已不能满足爱菊对原料品质和数量的需求，寻找稳定优质的新粮源基地就成了亟待解决的重要问题。

[①] 案例来源：中国管理案例共享中心，并经案例作者同意授权引用。

本案例2020年被评为中国管理案例共享中心百优案例（西部专项），并于2020年10月14日入选中国管理案例共享中心案例库。

由于企业保密的要求，在本案例中对有关名称、数据等做了必要的掩饰性处理。

本案例只供课堂讨论之用，并无意暗示或说明某种管理行为是否有效。

2013年起，爱菊开始把目光投向国外，先后考察过内蒙古、巴西、加拿大、罗马尼亚、俄罗斯新西伯利亚等国内外地区，综合考量了政治法律风险、农业资源环境、开发运输成本等诸多因素，对于新的粮源基地选址仍举棋不定。一筹莫展之际，幸运女神终于露出了微笑。2015年5月，爱菊受邀参加第13届哈萨克斯坦—中国商品展览会。董事长贾合义亲自带队前往，对哈萨克斯坦当地的农业资源和营商环境进行了深入调研。

调研发现，哈萨克斯坦对于爱菊来说是一个非常好的选择。

首先，哈萨克斯坦拥有丰富的农业自然资源。地处亚欧大陆接合部的哈萨克斯坦，是世界上最大的内陆国，地广人稀，耕地和水资源十分丰富。作为农业大国，哈萨克斯坦粮食年产量在1800万吨左右，其中占80%以上的小麦不仅蛋白质含量高、质量好，而且绿色无公害。

其次，哈萨克斯坦近年来大力推行农业扶持政策。为实施农业现代化，哈萨克斯坦政府制定了"2050战略"和"农业经济2020方案"，把农业作为主导产业进行培育和发展，时任哈总统纳扎尔巴耶夫提出的"光明大道"新经济计划与我国"一带一路"的合作倡议有着诸多契合之处。但哈萨克斯坦发展农产品精深加工和绿色农产品出口的现实诉求，与国内投入不足、基础设施落后、农业机械化水平低、土地改革不畅等诸多因素相矛盾。要想实现农业现代化，哈萨克斯坦亟需农业国际化合作。

第三，哈萨克斯坦的区位运输优势明显。中哈比邻而居，新疆维吾尔自治区已有4个面向哈萨克斯坦的农产品贸易口岸，两国间有两条铁路通道及配套货运专列，为农产品贸易运输奠定了基础。

2015年12月13日，爱菊与哈方在钓鱼台国宾馆签订协议，该项目作为我国唯一的粮油加工型农业项目被国家发展改革委列入"中哈52个产能合作项目清单"。爱菊成了"一带一路"倡议的践行者，成功迈出了走出国门的第一步，将在哈萨克斯坦北哈州建立"中亚粮仓"，开始实施自己"三位一体"的走出去战略，逐步将粮油原料国外种植、国外初加工、国内精深加工销售的"种植—加工—销售"国际化全产业链模式变成现实。

3. 爱菊在哈萨克斯坦公司的背景

爱菊在哈萨克斯坦共有5家分公司，由在西安的集团总部直接管理，分别是：特爱公司、美奈食粮库、曙光种植公司、标准小麦出口贸易公司、新疆城建哈萨克斯坦公司，详见图2-1。

特爱公司负责收购、压榨油料作物和发运油脂、饼粕，法人代表为中方人员；美奈食粮库主要以收购、发运小麦为主，法人代表为哈方人员；曙光种植公司负责农作物的种植与管理，由于近几年哈萨克斯坦土地管理的政策改变，禁止外国人租用土地进行种植，所以法人代表为哈方人员。由于哈萨克斯坦相关法律规定粮库仅有收储功能，不能进行买卖小麦等经营性业务，爱菊在当地建立了标准小麦出口贸易公司，以出口小麦、面粉为主，由哈方人员担任法人代表。这4家企业构成了爱菊在哈"种植—收购—仓储—加工—贸易"的全产业链运营模式。另外，新疆城建哈萨克斯坦公司则主要负责特爱公司、美奈食粮库的基建工程，法人代表为中方人员，详见表2-1。

案例 2
从对立到融合：爱菊在哈萨克斯坦的跨文化冲突管理

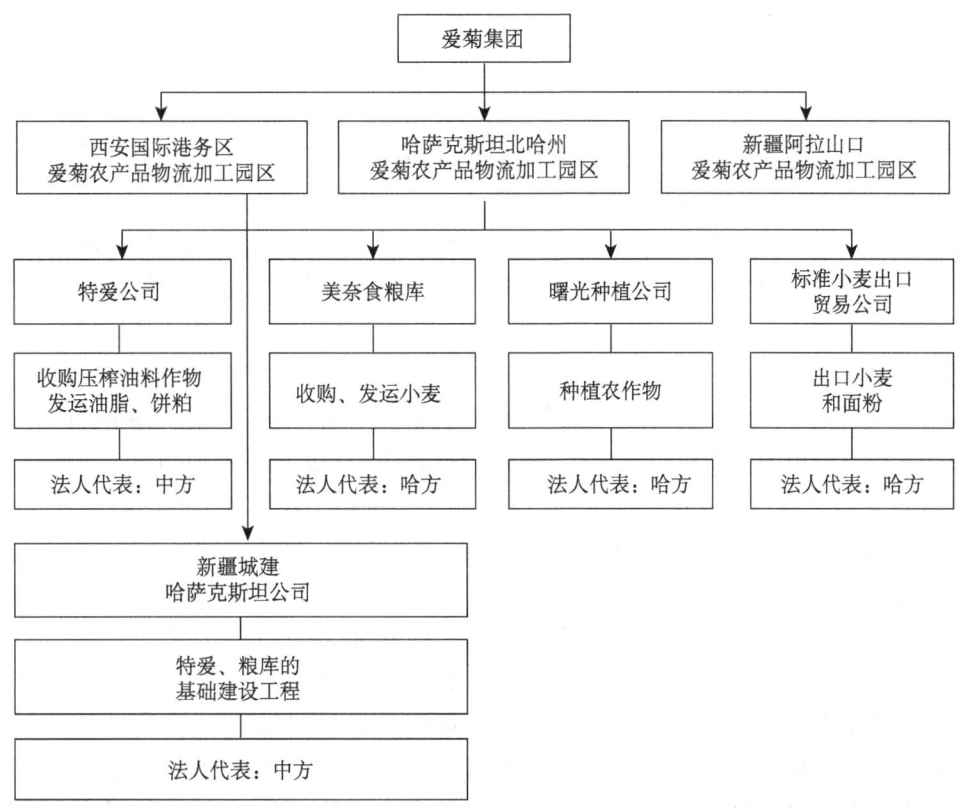

图 2-1 爱菊在哈萨克斯坦 5 家公司的组织架构

表 2-1 爱菊在哈萨克斯坦 5 家公司的员工地域结构一览表

公司名称	中方员工	哈方员工		总计
		哈萨克斯坦人	哈萨克族中国移民	
特爱公司	8 人	92 人	20 人	120 人
美奈食粮库	1 人	47 人	2 人	50 人
曙光种植公司	0 人	2 人	1 人	3 人
标准小麦出口贸易公司	0 人	2 人	1 人	3 人
新疆城建哈萨克斯坦公司	1 人	2 人	0 人	3 人
总计	10 人	145 人	24 人	179 人

注：统计数据截至 2020 年 3 月。

二、初抵哈：内外交困，遭遇水土不服

1. 外部冲突：一波未平，一波又起

2016 年 5 月 30 日，厚厚的冰雪尚未消融，哈萨克斯坦北哈州园区一期项目特爱公司正式启动，董事长贾合义在集团大会上提出要求：12 月 6 日前完成全部工作基建。

然而道阻且长。中方管理团队负责人方龙飞发现，爱菊面临着重重困难。先是运输途中遭遇"路霸"。在他们冒着严寒把基建设备和物资运往现场的途中，一群当地村民拦住了他们的去路，神情激动地挥舞着手中的农具大声叫嚷。经翻译解释，村民为运输车队轧坏了村里的石子路面为由，索要巨额赔偿。"他们认为，你们中国人是来抢夺他们的土地和资源的，你们是骗子。"随行的哈国翻译这样对方龙飞说。在寒风中对峙两个多小时未果后，只得联系当地县政府和州政府出面解决。闻讯赶来的政府工作人员与村民沟通后，表示无能为力，因为这条道路所有者是全体村民，如果不赔偿损失就只能改道。方龙飞满心无奈，但为了分秒必争的工期，只得让车队掉转车头，选择另一条绕过整个村庄的远路通过。

好不容易解决了基建设备和物资的运输问题，爱菊租赁当地农场主土地自种小麦的计划又出现新状况。原来，哈萨克斯坦的土地租赁政策有变，已全面禁止外国人租赁农业用地。在现行农业用地使用政策下，爱菊只能收购当地农场主种植的小麦。然而，种植公司的同事花了两个月的时间，带着1000份合同，跑遍了周边12个村庄的900多户人家，最终只签了几份收购合同。他们告诉方龙飞，当地农场主听说"中国人来哈萨克斯坦是为了与州长联合起来骗哈政府的补贴，不会在哈萨克斯坦长驻"。就这样，租地自种搁浅，订单采购受阻，爱菊的原料供应难以得到保障。

除了原料供应以外，原料存储也面临问题。为存储原料，爱菊决定收购当地一家粮库，但在收购过程中却发现，当地有意收购这家粮库的竞争者为了阻碍爱菊的收购进程，大肆散布关于中国人和爱菊的谣言，形成了对爱菊不利的舆论环境，之前农场主们对于爱菊的不信任也源于此。摆在爱菊人面前的只有两条路：要么放弃收购这家粮库，寻找其他符合爱菊要求的粮库重新开展谈判；要么迎难而上，与政府相关部门和原定收购的粮库方加强沟通，消除粮库方的疑虑，加速推进原定的收购进程。但收购的第一批粮食亟待收储，第一条路显然走不通，方龙飞只得往返于当地各级政府之间与相关部门反复沟通，与粮库方面不断解释爱菊来哈的初衷。由于当地政府处理外企舆情的经验不足，加上爱菊自身缺乏与国外政府的沟通经验，粮库的收购进程一再推后，严重影响了原料存储。

2. 内部矛盾：文化碰撞，困难重重

方龙飞发现，爱菊在国内的管理方式在哈萨克斯坦也明显水土不服，存放在仓库中的基建材料、零件和工具经常"不翼而飞"。而当地物资比较匮乏，很多零配件无法及时购买，漫长的订购期也拖慢了施工进度。丢失物品后几次报警都因证据不足无疾而终，内部基础管理的混乱给前期基建造成了很大困难。

在员工薪酬的发放上，特爱公司沿袭了国内爱菊每月月初发放月薪的做法，这遭到了哈方员工的强烈反对。因为以农业为主的北哈州鲜有管理规范的大型企业，哈方员工来特爱公司之前多以短期工为主，经常被拖欠工资，他们更习惯周薪这种有安全感的发放形式。方龙飞根据国内总部的要求仍坚持发放月薪，几名哈方员工甚至在月初拿到月薪后就无故长期旷工。花光工资后再回到厂区，要求继续上班。在方龙飞坚定地拒绝并开除这几个旷工员工后，反对月薪的声音仍不绝于耳。

由于当地员工技术水平与国内工人还存在差距，经常出现工作失误导致返工。为了追赶工期，方龙飞与哈方员工沟通要求他们加班，却遭到了一致拒绝，生活悠闲自在的哈萨克斯坦人并不愿意牺牲自己的休息时间加班。身处北哈州农业区的他们缺少职业化训练，拒绝加班在他们看来是理所当然的。

在经历了一系列与哈方员工的冲突后，负责监控施工进度的总工程师在又一次哈方员工工作失误后大发雷霆，通过翻译严厉训斥了这名员工。这在哈方员工中引起了很大不满，因为这名员工在他们看来一直兢兢业业，并非工作不认真。很多员工都认为中方的管理人员太苛刻了，部分员工因此辞职，方龙飞和同事们只得继续四处招工，以保证施工的顺利进行。

一边是分秒必争的工期节点，一边是管理哈方员工的种种困难，内外交困的方龙飞在经历了几个彻夜的辗转难眠后，向西安的集团总部——汇报了遇到的困难。

三、基建攻坚：以退为进，避免正面冲突

1. 外派中方员工，力保基建工期

特爱公司的基建项目是爱菊北哈州农产品物流加工园区的一期项目，作为"中哈52个产能合作项目清单"之一，也受到了中哈两国政府相关部门的高度关注。这个项目能否顺利完工投产，关系到爱菊的走出去战略能否顺利落地，因此必须保证在12月6日前完工。但鉴于当前阻碍建设进度的诸多问题无法在一夕之间得到解决，爱菊果断决定：抽调国内员工100多人前往哈萨克斯坦，全力保障基建工作的顺利完成。同时，国内员工在与哈方员工合作的过程中，充分发挥"传帮带"作用，通过"师带徒"制度提升哈方员工的技术水平，重点培养提升有潜力的哈方员工。爱菊人吃苦耐劳、艰苦奋斗的精神潜移默化中影响哈方员工，提高了他们的职业素养。

2016年12月6日，当地气温已低至-30℃。爱菊在北哈州的农产品物流加工园区一期项目——特爱公司现场却一派热火朝天的景象。仅用了半年时间，一座现代化的油脂加工厂就拔地而起，投入使用，时任哈萨克斯坦总统纳扎尔巴耶夫通过远程视频见证了这一历史性的时刻。哈萨克斯坦人这才明白，原来爱菊当初的目标和承诺都是真的，中国人来哈萨克斯坦建厂并非掠夺土地。

2. 调整管理制度，灵活发放薪酬

为解决管理哈方员工的难题，特爱公司管理层适时调整了相关的管理思路，针对哈方员工的特点和诉求制定了相应的管理制度。

一是丰富员工结构。在原有员工规模的基础上，以高出当地同行业30%~50%的薪资标准，大力招聘在哈的中国移民，并在新疆招聘哈萨克族人赴哈工作。希望他们能成为两国员工文化鸿沟之间的桥梁，也有意在中层岗位上培养一些从中国移民的哈萨克斯坦人和中国的哈萨克族人，因为他们能充分理解中方管理层传达的信息和意图，也和哈方员工在沟通上比较顺畅，很容易达成一致。

二是加强基础管理。为解决物资失窃的难题，在厂区内加装监控设备，并在显眼位置用中哈双语警示偷窃的后果。通过召开员工大会多次强调纪律，并雷厉风行地开除了几名存在盗窃行为的哈方员工，成功地解决了物资失窃问题。为改变哈方员工经常迟到的习惯，在出台考勤制度后，严格用制度实施考勤，开除了几名多次旷工违反纪律的员工，有效整顿了考勤管理纪律。

三是灵活发放薪酬。针对哈方员工对于薪酬发放方式的反对意见，方龙飞采取了灵活的薪酬发放形式。确有困难的哈方员工，可提出申请预支工资，也可由公司给予适当借款应急。更重要的是，每月定时发放工资，绝不逾期，消除了哈方员工对于薪酬发放的不安和疑虑。

3. 试点订单农业，展现合作诚意

前期沟通过程中，当地农场主表现出对中国公司极大的不信任情绪。通过当地州政府和哈方股东的斡旋，特爱公司成功与当地几位比较有影响力的大农场主签订合约并预付定金，由特爱公司提供种子、租赁设备，并在合约中明确收购意向，表达特爱公司的合作诚意，开始进行订单农业的试点，旨在打消当地农场主对中国企业的疑虑，促使合作逐渐向更广的范围铺开。

2016年底，由于在基建期展现出了过人的管理能力，方龙飞被正式任命为特爱公司总经理，全面负责爱菊在哈萨克斯坦业务的统筹管理。尽管以退为进的方式暂时缓解了内外部的冲突，但不同的

价值观和文化引起的冲突与矛盾仍然存在。等待方龙飞的是如何运营管理爱菊在哈萨克斯坦的5家公司，并在这进程中及时应对随时发生的全新难题。

四、投产运营：主动出击，促进双方融合

1. 加强与哈各方沟通，全面推进多方共赢

（1）加强媒体宣传报道，扭转不利舆论

当地人对爱菊的不信任和误解源于不了解，因此方龙飞刚一上任，便马不停蹄地通过哈方股东撒肯联系了当地多家媒体，对纳扎尔巴耶夫总统远程视频见证特爱公司投产仪式的新闻进行了多角度深入报道。通过多渠道宣传特爱公司，弱化中国公司特征，着重强调特爱公司为当地带来的产业升级、就业机遇和经济发展，收到了非常好的宣传效果。连哈籍的司机都对方龙飞说："我们全家人都在电视上看到了爱菊的报道，我为是一名爱菊的员工感到非常自豪！"

（2）加强与各级政府沟通，参与基础建设

在纳扎尔巴耶夫总统视频见证特爱公司油脂加工厂建成投产仪式后，特爱公司与哈各级政府开展了深入的沟通与合作。了解到北哈州政府正在推行的移民搬迁项目，主动出资捐建了几幢移民搬迁别墅；对于园区所在地的乡镇政府，公司主动提出参与援建村民住房，改善贫困村民的住房条件，帮助当地加强基础设施建设工作。在特爱公司油脂厂建成投产后的2017年4月，爱菊又一次外派员工100多人，除了完成园区绿化、道路建设等后续工作之外，还帮助当地乡镇政府修建了道路等基础设施。

（3）开展社区福利活动，深入当地社区

2016年底担任总经理后，方龙飞开始带领管理层走访北哈州工业园区周边的孤寡老人、学校和当地的困难户，给弱势群体赠送牛羊肉、修补房舍，给学校增添设施、捐赠物品，受到了当地社区居民的认可。爱菊工业园区的存在，也带动了村里的经济发展，小卖部从原来的1家变成了3家，村里很多人也在园区找到了工作。2018年，由于反对派的煽动，不明真相的当地人砸毁了一家由中国企业建设的水泥厂。当这些反对派到爱菊所在的社区煽动村民时，当地村民毫不犹豫地将这些人驱赶出去。因为中国企业不仅带动了村里的经济发展，也为村民提供了就业机会，很多村民都已成为特爱公司的员工，砸了中国人的工厂就等于砸了他们自己的饭碗。这群当初拦路索财的村民俨然已经成了与特爱公司站在一起的利益共同体。

（4）全面推行订单农业，实现多方共赢

经过近3年不断地试点探索，爱菊从2018年开始全面推行订单农业模式。并完善规章制度，从法律、技术、组织、资金和交通多方面保障订单农业的顺利实施。

在法律方面，与20多个农场主签订了约150万亩的原料种植"订单"合作协议，并完美规章制度，计划在未来将订单规模扩大到500万亩。

在技术方面，为保障订单农业的顺利实施，特爱公司从2018年年底开始引入高校科研力量，与西北农林科技大学开展技术合作，邀请西北农林科技大学校长与陕西省农业厅工作人员深入北哈州产地实地考察，对选种育种、田间管理提出科学的改进建议，提升了订单农业种植户的农业生产技术。从2020年开始，在西北农林科技大学和北哈州国立农业大学合作研究下，开始推广滴灌种植技术，目前收到了很好的效果。

在组织方面，2019年底至2020年初，由特爱公司牵头组建了由爱菊集团、西北农林科技大学、哈萨克斯坦国立大学、哈萨克斯坦赛福林农业技术大学、当地农场主、哈粮集团共同成立的新型订单

农业合作社,为订单农业的全面推行提供了组织保障。通过合作社,实现从选种、育种、种植、管理、收割、收购、存储等一条龙运营,推广种植优质油菜籽、小麦等,指导当地农户"种什么、种多少"。这不仅解决了他们"卖粮难"问题,同时也保障了爱菊原材料的供应。

在资金方面,在成立农业合作社的同时,特爱公司与当地政府和农发行合作,实行"企业+农场主+银行"的新型农业生产经营金融模式。由爱菊和银行、农场主签订三方协议,由特爱公司下"订单"并保证收购。银行收到特爱公司的保证金后,将给农场主的贷款发放给爱菊,由爱菊发放给签订"订单"合作协议的农场主。农场主拿着贷款购买种子、租赁设备、实施田间管理,待到原料作物成熟后,由爱菊统一收购指定数量和质量的产品,将货款减去还贷额度后发给农场主,再将贷款统一还给银行。哈政府也针对农业出台了鼓励和刺激计划,在给予银行50%利息补贴的同时,对农场主给予每亩40元左右种植补贴,对爱菊还有农业扶持奖励和运输补贴。订单农业这种合作模式对哈政府而言,不仅在解决农产品销路问题的同时升级了哈萨克斯坦农业产业链,还能解决当地就业问题,增加当地居民的收入。因此,这种新型的农业生产经营模式实现了政府、企业、农民和银行的共赢。有了政府和银行的参与,这种模式不仅降低了爱菊与当地农场主合作的经营风险,也同时盘活了爱菊的现金流,可以利用富余资金扩大订单农业规模,原计划的500亩订单增加至1500亩,详见图2-2。

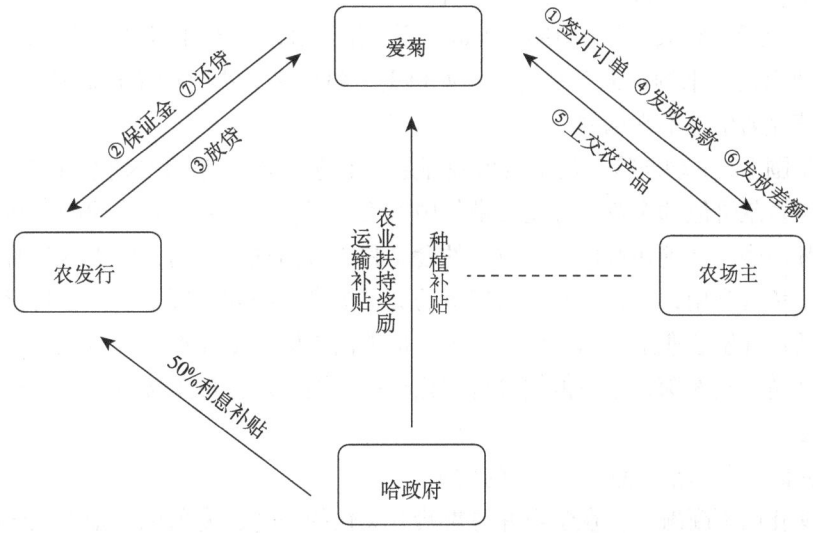

图2-2 "企业+农场主+银行"的新型农业生产经营模式

在交通方面,除了构建以北哈州为"境外前沿产地枢纽"的原料供应基地之外,为了保障出口通路,爱菊还以阿拉山口作为境内中转枢纽,建设了物流中转分拨基地。2017年底一期投产,依托阿拉山口的区位优势和政策优势,实现"跨国生产、跨区加工、内陆营销"的新格局,以西安国际港务区作为境内集散枢纽的物流集散基地,打通了中亚及周边国家粮食进出口陆路通道。

2. 尊重哈方文化习惯,积极传播中国文化
(1)深入了解哈文化,哈人治哈初见成效

自爱菊在哈萨克斯坦的园区一期项目投产以来,越来越多的爱菊人开始主动了解哈萨克斯坦文化。一批年轻员工开始自学哈萨克语,这其中就有一位在西安总部工作的青年骨干,在自学哈萨克语后,他每年往返中哈两国好几次,更是在爱菊哈萨克斯坦的新年晚会和重大活动中用中哈双语主持,得到了哈方员工的欢迎。受到他的鼓舞,很多在哈工作的中方员工开始主动与哈方员工交流,学习日常问

候用语，双方员工从最初的见面只能微笑点头，变成了今天可以用简单的哈萨克语问候，用握手和拥抱表达情感，拉近了两国员工之间的距离。

经过基建期的磨合，方龙飞发现中方管理层根深蒂固的"中国思维"在管理哈方员工时存在很多冲突和问题，哈方员工难以接受，因此爱菊有意培养了一批哈籍骨干走上中层管理岗位。通过岗位培训，使哈籍管理者学习掌握爱菊的经营理念和价值取向，由中方管理层主抓哈方主管，下放管理权力，把业务管理和员工管理都交给他们。每周由中方管理层提供生产及发运计划，用定额管理的方式计量工作，分配具体的工作任务，引入各种管理规则，制定了员工的工作时间、工作规则和岗位职责，对员工提出明确要求，形成了"哈人治哈"的局面，减少了很多矛盾。同时，也针对哈国员工设立灵活的晋升机制，通过国内骨干员工的"师带徒"制度培养哈籍潜力员工，提升他们的职业技能水平，哈方员工的工作态度也因此有了很大改变。

在哈方员工关心的薪酬问题上，进入运营期后，方龙飞提高了哈方员工的薪酬待遇。目前普通员工的月薪是原来的2倍多，技术骨干或班组长总体月收入达到4000~5000元。在灵活的月薪发放方式基础上，设立诸如全勤奖、交通补贴、电话补贴、午餐补贴等多种补贴奖励，明确加班费用标准，并在当天发放加班工资。优厚的薪酬待遇结合灵活多样的激励措施，使得哈方员工占比由最初基建期的20%上升到80%，甚至有远在阿拉木图州、南哈州的应聘者前来寻找工作岗位。哈萨克斯坦节日很多，每年的节日有近100天，从2019年开始，原来拒绝加班的员工开始主动要求加班，特爱公司的哈籍员工更是要求由原来的每天三班倒改为两班倒，将原来8小时的工作时长延长至12小时以增加收入，这在哈萨克斯坦是不常见的。

在内部文化氛围上，主动向哈方员工展示爱菊是一个尊重哈萨克斯坦文化、具有哈萨克斯坦特征、愿意为哈萨克斯坦贡献价值的企业。方龙飞带领中方管理层主动学习了解当地的宗教和民族文化，尊重哈方员工的宗教习俗，杜绝违背伊斯兰教义的食品和语言出现在公司，职工食堂所有食品都是清真饮食，供所有员工免费食用，并为一些自己带饭的员工提供餐补和热饭电器。在哈萨克斯坦重要的节日举办团建聚餐活动并发放职工福利，中方管理层也走出园区主动参加哈方员工的生日和婚礼活动，与当地居民交流感情，全面深入地与他们进行文化沟通。随着双方员工接触增多，哈方员工开始理解中方的想法和做法。

（2）积极传播中国文化，做中哈文化的桥梁

为促进双方文化的不断融合，在学习并尊重哈方文化的同时，爱菊也开始尝试向哈方员工传播中国文化，潜移默化地传播爱菊的价值观，使其深入哈方员工内心。

每逢国庆、中秋、端午等中国传统节日，方龙飞都会让综合部在厂区内布置装扮，营造中国节日氛围，与哈方员工一起举行节日聚餐或野外烧烤活动。每年新年与哈方员工共同举办联欢晚会，让哈方员工也感受到中国文化的氛围。此外，集团董事长贾合义每次到园区都会亲自下厨，为员工烹饪中国美食，羊肉泡、炸酱面、红烧羊肉、番茄牛腩，一道道美味的中国菜让哈方员工在享受的同时，也能更直观地了解中国文化。

2019年起，为传达爱菊的发展愿景和经营理念，集团董事长贾合义每次到哈萨克斯坦都会抽空进行员工培训，向哈方员工介绍中国文化，阐述爱菊在哈萨克斯坦的发展目标和愿景，细数爱菊在中国80多年的发展历史、经营理念和价值取向，同时也会真诚听取会上哈方员工提出的建议和问题，在会后及时研究给出解决方案。这在哈籍员工中引起了很大反响，中方管理层对他们的尊重是实实在在能感受到的，让他们看到了在爱菊工作的希望和动力，也进一步理解了中方管理时的做法，一些员工开始在厂区周边购买房产长住。

2019年7月，方龙飞在哈萨克斯坦选派了5名哈籍骨干员工到爱菊西安总部参观。当他们看到西安总部全自动的生产线、现代化管理的园区和员工们各司其职的忙碌身影时，感到非常震撼。见到董事长贾合义，一位女员工热情地拥抱贾总，对贾总说："我们要把哈萨克斯坦的爱菊也建成西安爱菊这样！"贾总微笑着回答："相信通过我们的共同努力，这些都能成为现实。"回到哈萨克斯坦后，这5位员工跟同事们分享了自己在中国的见闻，进一步增强了哈方员工的自豪感和归属感。

五、结语

在哈萨克斯坦顺利发展的大好局面下，未来爱菊将在哈进一步拓宽业务范围和市场，打造战略园区，将农产品物流园区串联，与中粮集团合作开拓新的面粉采购市场，在首都努尔苏丹建立线下零售餐饮综合体，传播中国饮食文化，并在此基础上加大研发投入，开展本土化产品的研发，进一步开拓国际化市场。

但2019年底突如其来的疫情却阻挡了爱菊快速前进的脚步。当时，特爱公司新建成的油脂浸出车间里，配套的全自动生产线亟待调试投产，而中哈两国已经停航，国内员工无法返回哈萨克斯坦，浸出车间只得全面停工。2020年2月2日，方龙飞等有关人员赶在停航前返回了努尔苏丹，通过远程视频与国内技术专家沟通，临时调整生产工艺和流程，对设备进行局部改造，一边尽力完成油脂生产任务，一边与中哈两国政府相关部门协调通航包机事宜。但复杂严峻的国际疫情形势，却让方龙飞在辗转了两国多个部门和多家航空公司后仍一筹莫展，国内员工的签证和行程问题迟迟无法得到顺利解决，浸出车间的工期也只能一拖再拖。摆在方龙飞面前的问题，是如何在不断变化的国际形势下及时调整自己的跨国沟通策略，找到解决问题的最优方案。在这条荆棘满布的前路上，充满着未知的挑战，等待方龙飞和爱菊人的，还有各种考验……

案例使用说明

一、教学目的与用途

1. 适用课程
本案例适用于"跨文化管理"课程中的跨文化管理理论与实践、跨文化沟通和跨文化人力资源管理教学，也适用于"管理沟通"课程中跨文化沟通部分的教学。

2. 适用对象
本案例主要为EMBA、MBA开发，适合具有一定工作经验的学员和管理者学习。本案例教学对象以具有一定文化冲突和跨文化管理知识基础的学员为主，实践经验较少的学员，应加强课前对相关基础资料和管理理论知识的准备。

3. 教学目的
随着我国企业实力的不断增强和国内市场逐渐饱和，借助"一带一路"倡议的重大契机，越来越多中国企业开始走出国门，探索跨地域、跨文化的国际化发展道路。但初次跨出国门的国内企业，尤其是传统行业企业缺乏跨文化冲突管理的相关经验，在管理实践中遭遇了诸多困难。本案例以爱菊集团在哈萨克斯坦的跨文化冲突管理为主线，通过对该公司遇到的文化冲突现状的描述，深入分析和探讨跨文化冲突管理的模式及策略选择，试图使学员理解、掌握、探讨和思考以下内容：

① 理解文化差异和文化冲突的基本内涵和关系；

② 识别跨国公司在海外遇到的文化差异问题；
③ 探讨跨文化冲突管理的模式选择；
④ 思考国际化进程中对跨文化冲突管理可能的文化整合策略。

二、启发思考题

启发思考题的设置目的，在于帮助学生提前做好案例学习的准备工作。通过完成课前作业中的启发思考题，学生可以有较为充足的时间预习案例的内容及相关素材，在问题的引导下熟悉案例的故事情节，初步了解案例的背景及要点，引导学生主动思考并获取相关的理论与实践知识，以提高课堂学习案例的效率。本案例可以用于启发思考题的内容如下：

① 爱菊在国际化进程中遇到了哪些跨文化冲突？这些冲突产生的原因是什么？
② 在基建时期，爱菊尝试过哪些跨文化冲突管理的模式？最终选择了哪种模式？为什么？
③ 爱菊在主动融合的过程中采取了哪些措施？解决了哪些问题？
④ 中国企业在"一带一路"沿线国家的跨文化冲突管理中可以采取哪些策略？这些策略各有什么不同？

三、案例分析思路

教师可以根据自己的教学目标来灵活使用本案例，这里提出教师引导本案例课堂讨论的思路，如图 2-3 所示，仅供参考。

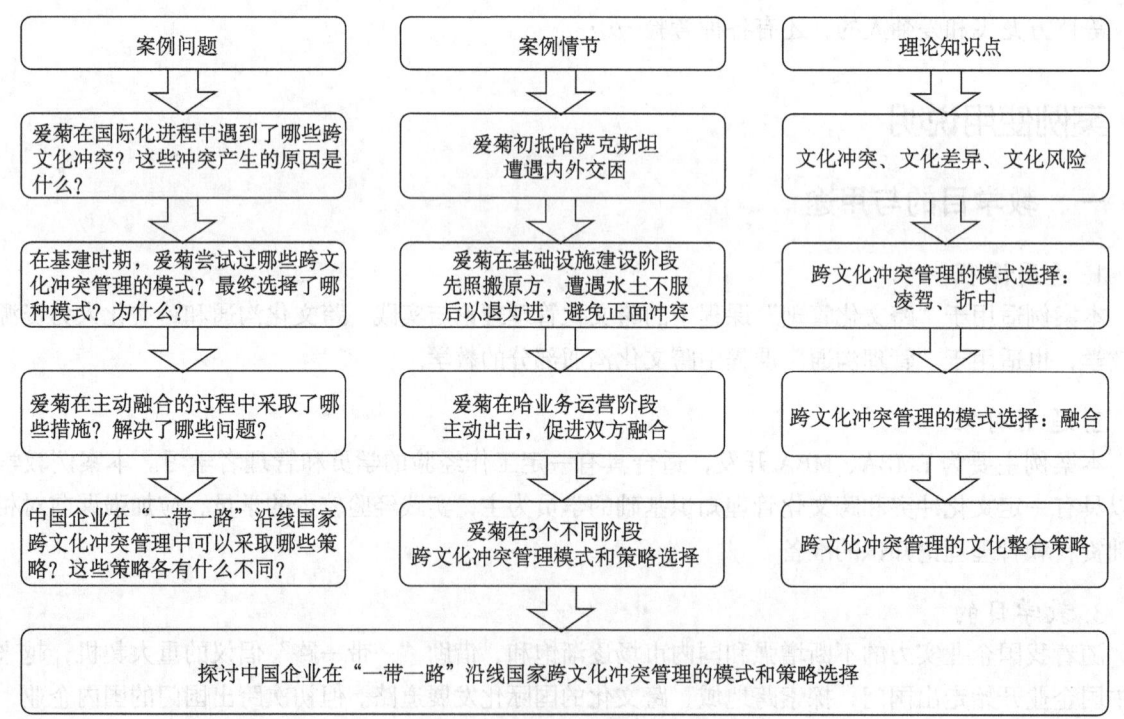

图 2-3 案例分析思路与步骤

分析思路首先从文化冲突和文化差异的基本内涵与关系入手，带领学员了解爱菊在哈萨克斯坦遭遇的文化冲突，识别冲突背后的文化差异。在此基础上，针对爱菊在哈萨克斯坦 3 个不同发展阶段的

案例 2
从对立到融合：爱菊在哈萨克斯坦的跨文化冲突管理

跨文化冲突管理模式和策略选择，基于案例说明选择依据和存在的问题，并讨论爱菊在跨文化冲突管理中尝试解决的措施和方法。最后，基于上述分析，对跨文化冲突管理的模式和策略选择进行总结。对爱菊在哈萨克斯坦的跨文化冲突管理的分析，能够为中国本土企业在"一带一路"沿线国家的跨文化冲突管理提供重要的借鉴与启示。

案例 3

邮快合作：A 县邮政公司重构乡村快递生态的尝试[①]

赵会娟　路梓竞　史竹君　梁彤玥　刘锦

案例正文

引言

清晨的阳光透过百叶窗照在办公桌上，昨晚的大雨冲走了这个城市的尘霾，更冲散了杨总心中积攒了大半年的烦闷。2020年初的那段时间，经历着和快递公司的一次次协商、争执和妥协，他时常被焦虑、气愤、无奈的情绪裹挟。如今，随着与 X 镇邮快合作试点成功，很多问题都迎刃而解。

这次合作虽然过程艰难，但却意义深远……

一、快递江湖：产业生态

A 县地处黄土高原，山大沟深，总面积 2950 平方千米，现有户籍人口 17 万，下辖 3 个街道、8 个镇。2020 年，A 县 2000 多个行政村合并成 117 个建制村，人口居住分散，且外流现象严重。以前这里的支柱产业是石油开采和特色农产品，近几年石油产业发展受限，农业发展也不理想。由于自然气候环境差，经济发展落后，青壮年大多到县上、市里或者外地去工作，留在乡村的 80% 左右都是老人和小孩。

A 县邮政公司是中国邮政集团县级分支机构，由当地市邮政公司直接领导，现有 60 多名员工，部门结构简单，主要设有一室两部[②]，有两条邮路，11 个邮政网点。工作内容也和全国其他县级邮政公司差不多，一方面，承担普遍服务业务[③]；另一方面，依托邮政局所[④]和邮政网络，经营代理金融和寄递物流等多种业务。对于县邮政公司来说，乡村市场是主战场，金融代理和快递物流是业务收入的主要来源。传统邮政网络维护和运营成本居高不下，收不抵支，一直依靠政府财政和代理金融业务补贴来维持。

近年，随着电商拉动下的快递市场越来越红火，中通、韵达、圆通等民营快递公司纷纷下沉市场，构建农村快递网络。国内几家品牌民营快递公司也陆续在 A 县布局网络，发展各自的县级快递加盟商，并陆续发展到乡镇。这些县级加盟商大多是当地相对独立的小企业，而乡级加盟商基本都是个体工商户，他们通过支付加盟费取得相应区域的经营权。随着几家品牌快递公司在该县建立乡村快递网络，

[①] 案例来源：中国管理案例共享中心，并经案例作者同意授权引用。
　　本案例 2021 年被评为中国管理案例共享中心百优案例，并于 2021 年 11 月 11 日入选中国管理案例共享中心案例库。
　　由于企业保密的要求，在本案例中对有关名称、数据等做了必要的掩饰性处理。
　　本案例只供课堂讨论之用，并无意暗示或说明某种管理行为是否有效。
[②] 一室两部：分别为办公室、经营部、代金部。办公室主要负责上下协调，人事劳资等；经营部主要负责普遍服务、快递、文传、渠道平台业务、服务质量等；代金部主要负责代理金融业务。
[③] 普遍服务业务：按照国家规定的业务范围、服务标准，以合理的资费标准，为中华人民共和国境内所有用户持续提供的邮政服务，包括信函、包裹、汇兑和报刊发行等。
[④] 邮政所：邮政所是设在城市、农村的一级基层邮政分支机构。A 县邮政所遍布全县城区及各个乡镇。

县级快递加盟商之间的竞争愈演愈烈，生存压力不断增大。市级加盟商原本给出的派件费就比较低，加上用户投诉，面临罚款，激烈的价格战导致收入越来越少。关键时刻，圆通加盟商赵总出面整合了县里其他几个快递加盟商，由此竞争混乱的状态暂时得到缓解。

这样一来，A县的乡村快递市场上，除了顺丰和京东（未设乡镇网点两个来小时）以外，就是邮政公司和赵总的快递公司。快递公司迫于进村成本压力，一般不送到行政村，村民的快递到乡镇后，都要自己去网点取回，最远的村民甚至还要骑摩托车走两个来小时。而邮政公司作为国企，有《邮政法》明确规定的普遍服务义务，要确保邮件能送到国土的每一个角落。具体到A县，邮政公司的网络延伸到每一个建制村，即使每天的邮件量很少，仍要保证所有乡镇设邮政局所，乡邮员每周3班按时到行政村打卡[1]。

尽管如此，民营快递在农村市场的发展越来越快，而邮政公司一直不温不火，普遍服务业务不断萎缩，快递业务市场占有率不足20%，邮政局所门可罗雀，A县邮政公司负责寄递业务运营的杨总内心五味杂陈，心急如焚。邮政公司如何从"快递江湖"杀出重围？

二、柳暗花明：快递进村

寻求突围、首先要找准症结。该县邮政公司面临着诸多难题，一方面，市公司定的业务考核指标过高，与现实差距大，很难完成。另一方面，价格机制不灵活，快递市场份额逐渐失去。在快递公司的围追堵截下，业务量减少，乡镇邮政所没有有效利用，闲置的更多；乡邮员们工作量不饱和，收入不高，流动性大；邮路利用率较低，如此恶性循环，邮政在寄递市场上发展艰难。邮政的日子不好过，赵总的快递公司压力也很大：乡村派送距离远，运输成本高，派件费却越来越低；整合后各个快递品牌服务质量和考核指标要求不一样，导致系统维护、运营难。杨总希望想出一个双赢的办法，但是一时间不知道如何着手。正在一筹莫展的时候，政策的推动为他们的发展带来了机遇。

为配合乡村振兴战略部署，国家邮政局提前布局，在2020年4月制定了《快递进村三年行动方案（2020—2022年）》[2]，大力推进快递进村。相应的，市邮政管理局也明确指出，到2022年底基本实现全市1784个建制村全部通快递[3]。

国家支持快递进村，无疑在向快递行业传递一个信号：农村快递市场发展有了新机会。为推进快递进村，市邮政管理局频繁来A县督促工作，并出台了相关的政策，杨总看到了希望："邮政公司有先天优势，基层网点全覆盖，邮路全打通。快递公司送不下去，我们来帮他们送。如果能尝试合作，邮政公司末端网点和邮路都能有效利用，成本也能由快递公司分摊一些。这是双赢的好事。"但好事多磨，邮快合作之路并不顺利。

三、重构生态：合作协商

赵总思想上就拐不过弯来："邮政是国企，家大业大，他做他的业务，我做我的快递，何况我们都是竞争关系，为什么要和他合作？"

赵总的态度给杨总泼了一盆冷水，心想何必热脸贴冷屁股，合作的事就此搁浅。

---

[1] 目前国家邮政管理局为了保障普遍服务，专门设置了乡邮员打卡系统，确保其一周3次进村收取邮件。
[2] 《快递进村三年行动方案（2020—2022年）》明确提出，到2022年底，我国农村快递服务深度显著增强，县、乡、村快递物流体系逐步建立，农村综合物流服务供给力度明显加大，广大农民可以享受到更加便捷高效的快递服务，符合条件的建制村基本实现"村村通快递"。
[3] 建制村全部通快递：指所有品牌快递的快件都要能送达建制村。

这时市邮政管理局发挥了重要的统筹协调作用：分别作通双方的思想工作，让他们认识到双方合作是大势所趋，是共赢的好事，又邀请双方坐下来，当面锣对面鼓的把问题摆上桌面，有问题就解决问题，有疑问就解答疑问，邮政公司与快递公司终于达成了初步的合作意愿：邮政承担乡镇快递网点全部快件业务量；快递公司把0.7元/件的业务收入全部给邮政公司；在邮政系统上叠加溪鸟系统①；寄件时用户可自主选择快递品牌；减少多余的人员和车辆；场地统一使用现有乡镇邮政所；等等。

最终，双方都同意先签订合作框架协议，协议主要涉及几个方面：

第一，从合作机会大的乡镇入手，因地制宜，根据不同快递公司规章制度制定具体方案；

第二，明确双方责任划分；

第三，利用邮政网络整合快递业务，节约社会资源，实现优势互补；

第四，共享系统，开放学习；

……

合作来之不易，这对于邮政和快递双方来说都是新的尝试，会不会成功呢？

四、开花结果：推行试点

经过调研和多轮讨论，双方决定在X镇先行试点。

X镇位于A县北部，距离县城56公里，下辖9个行政村，常住人口不到1万人。X镇从镇到村的邮路呈八爪鱼式，这是当地典型的地形特征。邮政在镇上派送分南北两路走，南段先到C村，再到D村、E村、F村，由F村到G村；北段到H村、I村、J村，经J村到K村。

镇上的邮政所里有两名乡邮员，每天11:00接县上送来的快件，整理入库后再骑着摩托车送达各村。虽然每天只有二三十件邮件，大部分还是党报、党刊，但乡邮员们必须每周3次按时到下辖9个行政村打卡。由于业务量太少，他们的月工资一直在2000多元，几乎没有上涨的空间，两人对此颇有微词。听说X镇要邮快合作试点，他们满心期待合作带来的改变。

但是，镇上唯一的快递加盟网点老板小刘并不同意合作。原来，小刘是镇上为数不多的自主创业的年轻人，去年才加盟赵总的公司，正是因为这个小生意，他才愿意留在家乡。网点是在镇上租的一间小门面房，位置偏僻，但好在房租便宜，每年2700元；店里摆着两个货架，每天从县里拉回大约200件快件；雇了一个快递员，每月工资1500元；另外临时找了一辆面包车，每天早上去县里取快件，每个月600元的租金。现在邮快要合作，赵总不愿意退加盟费，小刘也坚决不肯放弃网点，这让杨总一时犯了难。回到公司，他立即和其他领导讨论一番，思来想去还是需要做出让步，得让加盟商也有赚头这事才能成，"干脆给他们一些补贴吧"。但本来快递公司给的派件费就不多，如果再给加盟商补贴的话，盈亏平衡都难以保证。再三考虑，最终杨总他们还是认为落实快递进村政策，让老百姓用上便捷的快递服务最重要。

带着这个想法，杨总和赵总一同来找小刘协商。小刘说出了自己的心声："你们合作了，我刚加盟没多久，还没挣到钱，把我直接赶走了，那怎么可能？"

杨总耐着性子，好好给小刘算了一笔账：在推进快递进村的形势下，如果能和邮政合作，既不用担心派件、投诉、揽收等环节，也不用担心县快递公司每月的业务量指标压力。省心省力的同时，可每年节约28 000元的营业成本，获得0.3元每件的补贴收益。听到这里，小刘动摇了。见状，杨总趁热打铁，动之以情，晓之以理，在一轮轮攻势下，小刘终于同意合作。

---

① 溪鸟系统：是由溪鸟物流科技有限公司开发设计的快递管理服务软件，是一款专为快递末端提供的快件管理工具。

2020年8月底，网点和邮政所开始交接，小刘将电脑、监控设施、货架和快递出库一体机都搬到邮政所，在县公司的指导下交接了系统。现在，邮政所里配备两台电脑，邮政和快递公司各一台；配备2名员工，分别负责内部处理兼镇一级报刊和邮件投递、行政村投递。每天早上9:30，县快递公司把X镇的快件送到邮政公司，邮政将这些快件与自己的合在一起，用邮车送往X镇的邮政所，乡邮员在11:30前将快件分为两路扫描上架，办理入库。

目前来说，X镇的快件量使用一辆邮车就足够，不需要增加邮车。但新系统让入库操作更加复杂，加上快件量由原来的每天二三十件增加到二三百件，两名乡邮员面对这些挑战感到无从下手，一开始，流程和系统操作经常出错，交接快件系统不支持的情况也时有发生。好在杨总隔几天就来镇上指导工作，还带来了赵总公司的人为乡邮员培训操作系统。一来二去，操作失误减少了，上架入库效率也提高了。

邮政所焕发出新的生机。"快点搭把手！""你先拆包，我给昨天投诉的大姐打个回访电话。"乡邮员老李刚接到县公司送来的快件，顾不上擦汗，一手拿着入库手持终端，一手拨着电话号码。虽然很忙碌，但两人始终没有抱怨，县邮政公司将结余派件费直接发给两位乡邮员，业务量上涨带来的派件费增加，使他们工资提高到每月3800元，有了实际的奖励，他们二人每天都充实而快乐。

X镇试点已经几个月了，市邮政管理局领导专门走访了解邮快合作后乡镇网点的运营状况。路上碰到以前经营网点的小刘，他改行做起了手机生意，有了加盟商的补贴收入，小刘做生意压力小了许多，平常还会教来买手机的老年人网购，日子过得有滋有味。

邮政所门口，老李正打算去村里派送，只见他精神抖擞，对杨总笑着点了点头，一脚跨上摩托车，"轰"一声骑向村子。迈进邮政所大门，市邮政管理局领导欣喜地看到，50平方米的地方干净整洁，所里的乡邮员工作有条不紊，快件在货架上码得整整齐齐、满满当当，墙上的邮路图擦得干干净净，旁边还贴着"视邮件为生命，视用户为亲人"的标语。赵总表示，邮快合作后快递公司的业务经营基本没出什么问题，不用再操心乡村网络运营的事，用户投诉也有所减少，相比以往省心了很多。

现在，快件可以直接从X镇送到村里，村民收件方便多了，寄件也能在村里完成。快递进村的困局终于通过邮快合作的方式得到了初步解决，这段时间村里的快递数量增加不少，家门口能收到快递，村民都很开心。

看到这种景象，市邮政管理局领导也很高兴："这个镇的合作一下就解决了9个行政村的快递进村问题，你们应该把这种模式推广出去，让更多乡村受益！"

五、尾声

X镇试点的成功，给了杨总他们信心，相信随着邮快合作在其他乡镇推行，邮政公司乡村运营的局面一定会大有不同。但是，杨总也有担忧，小刘的加盟费问题还没解决，橙心优选、盒马集市、乡村菜鸟等电商平台已经下沉到农村市场，随着乡村振兴战略的实施，如果乡村快递市场需求增大，邮快还能稳定合作吗？

X镇的合作模式是否可以复制？邮政公司是否能够在乡村快递生态中占据主导地位？似乎这一切还是未知数。但杨总相信，只要邮政足够强大，邮快合作推广不缺希望……

案例使用说明

一、教学目的与用途

1. 适用课程

本案例适用于"战略管理"课程中"商业生态系统"和"组织变革与发展"课程中"组织变革的过程"等相关章节的教学使用。

2. 适用对象

本案例为描述性案例，难度适中，主要为 MBA/MPA、EMBA 而开发，适用于有一定工作经验的学员和管理者学习。同时，也适用于本科生和研究生相关课程教学。

3. 教学目的

本案例描述了 A 县邮政公司重构快递生态的过程，希望通过本案例的教学，实现以下目标：

① 通过邮快合作前后 A 县乡村快递生态系统的描述，引导学习者理解商业生态系统的定义与构成，了解商业生态系统的基本理论；

② 通过分析 A 县邮政公司重构乡村快递生态的动因与阻力，引导学习者了解组织变革的动力与阻力及其来源；

③ 通过分析 A 县邮政公司商业生态系统战略实施过程，引导学习者系统掌握商业生态系统战略从平台开放到资源整合再到系统稳定的过程；

④ 通过分析 X 镇的试点对快递生态系统带来的各个方面的改善，引导学习者理解商业生态系统的价值系统；

⑤ 通过思考邮快合作后乡村快递生态系统的稳定性，启发学习者拓展思考商业生态系统的稳定性与持续性问题。

二、启发思考题

① 邮快合作之前 A 县乡村快递生态系统是什么样的？

② A 县邮政公司为什么要重构乡村快递生态？

③ A 县邮政公司是如何推进并实现邮快合作的？

④ X 镇的试点使乡村快递生态得到哪些改善？

⑤ 你认为重构后的乡村快递生态系统能否稳定并推广？为什么？

三、案例分析思路

本案例描述了 A 县邮政公司为突破边远地区乡镇快递市场的经营困境，借政府推进快递进村之机，打破传统封闭的经营模式，主动寻求与快递公司的商业合作，尝试邮快合作试点，重构乡村快递生态的过程。通过案例分析，引导学习者了解商业生态系统理论，了解组织变革的动力与阻力，理解组织战略转型的过程，认识商业生态系统的价值结构，了解商业生态的稳定性与持续性问题，启发学习者延伸思考组织创新与社会责任结合路径。

首先，回顾案例全文，了解 A 县乡村快递生态系统目标与功能，生态系统各个主体及其相互关系，引导学习者认识商业生态系统的定义和构成理论。

案例 3
邮快合作：A 县邮政公司重构乡村快递生态的尝试

其次，基于商业生态系统理论，引导学习者分析邮政公司面临的困境和挑战，邮快合作的内外驱动力，总结组织变革的动力与阻力。

接着，梳理 A 县邮快合作的过程，从协商谈判、框架协议签订到试点实施过程，引导学习者关注在协商谈判中寻找利益共同点，达成合作协议的部分，使学习者领会商业生态系统，构建共享共赢理念。

然后，探讨 X 镇邮快合作试点成功后，基于商业生态系统价值理论，引导学习者思考乡村快递生态系统重构后，乡村快递生态系统实施成效，使学习者理解商业生态系统的价值。

最后，通过对案例的整体分析，进一步拓展学习者的思维，探讨邮快合作模式的稳定性，启发学习者思考商业生态系统可持续性问题。

案例具体分析思路如图 3-1 所示。

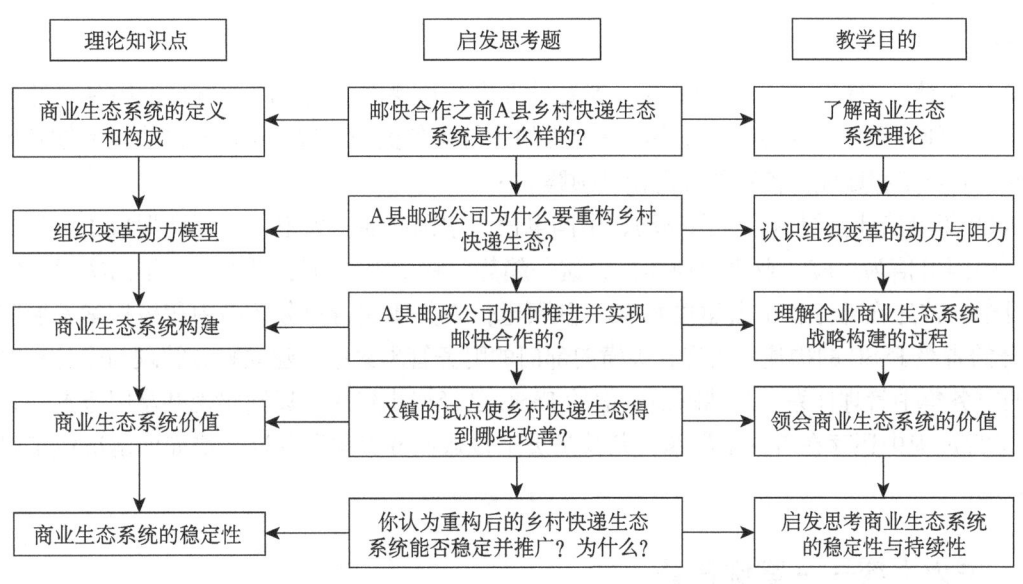

图 3-1　案例具体分析思路

案例 4

山有木兮木有枝，报账流程你可知
——陕西电信员工报账业务流程优化[①]

李永红　李瑞　赵小宇　卢宣任　张淑雯

案例正文

引言

2018 年 4 月，初春时节，万物复苏，到处呈现出一片盎然生机。陕西电信的财务总监却无心欣赏窗外美景，他翻阅着财务共享服务中心呈上来的一份财务报告，报告中所呈现出的问题特别是财务共享服务中心员工报账业务流程的混乱让其烦躁……

自 2009 年电信业重组后，中国移动、中国电信、中国联通三大电信运营商形成了鼎足三分的市场格局。中国电信为适应企业集团规模扩大这一趋势，在 2010 年正式提出"3 年内实现各省集中报账"的目标，首先在部分省试点建立 FSSC。陕西电信在集团实行财务转型中积极探索发展契机，于 2015 年开始省级 FSSC 的构建，实现省级横向部门的财务管理集中，建立财务管理与会计核算作业相对分离的财务集中管理体系。虽然陕西电信的 FSSC 已经初步建成，逐渐实现共享财务这一目标，但 FSSC 在运行过程中还存在着许多问题，尤其是员工报账业务流程混乱这一块如何解决成了财务总监的一大难题。

一、先为之容——案例背景

1. 公司背景

陕西电信作为中国电信集团的省级直属分公司，于 2008 年 1 月 28 日成立，下辖 10 个市级分公司、89 个县（市、区）级分公司及 1 个直属单位（西安机动通信局）、1 个专业子公司（陕西公众信息产业有限公司），服务网点遍布陕西城乡各地。从规模、能力、业务、人才、技术角度看，是西北地区发展最优的综合信息服务提供商。陕西电信的经营范围包括话音、数据、图像、多媒体等业务，提供包含移动电话、本地电话、长途电话、互联网接入及应用、数据通信、视讯、国际及港澳台通信等多种类、综合性的信息服务，最大程度地满足了客户的通信需求。近年来，公司紧随信息发展浪潮，积极向综合信息服务提供商转型，努力革新技术业务、机制体制与企业文化，成功推出"号码百事通"、"商务领航"、"我的 e 家"、"天翼"等服务业务，拥有全业务、多产品融合的服务能力和途径系统。陕西电信的互联网省际出口宽带达到 840G，天翼 4G 移动网络覆盖全省所有县乡城区，光纤通达全

[①] 案例来源：中国管理案例共享中心，并经案例作者同意授权引用。
本案例于 2018 年 10 月 18 日入选中国管理案例共享中心案例库。
由于企业保密的要求，在本案例中对有关名称、数据等做了必要的掩饰性处理。
本案例只供课堂讨论之用，并无意暗示或说明某种管理行为是否有效。

省各城区的商务楼宇、住宅小区，其网络覆盖率、稳定性在业界位居前列。在公司贯彻"追求企业价值与客户价值共同成长"的经营理念过程中，其综合信息应用服务能力不断增强，为陕西电信在更高层次和更广领域服务于陕西经济和社会信息化建设，推动整个信息社会的和谐进步作出积极贡献。

2. 财务共享服务中心建立背景

"互联网+"时代的到来，以移动互联网、大数据分析、云计算等为代表的新技术正彻底改变着会计行业，也为财务职能的转型提供了技术支撑。中国企业正在告别以"财务核算"为核心的财务1.0时代，转型升级进入"共享财务+业务财务+战略财务"的财务2.0时代。陕西电信也依照集团公司相关指导思想，建立了省级财务共享服务中心，清晰界定并严格执行财务管理部与FSSC的职能，确保FSSC专业化、高效率运作。充分把握FSSC作为财务管理部内设机构这一优势，使省公司财务管理部与分公司财务管理部之间的业务衔接工作处理得更为便捷，为业务流程优化、业务操作规范化、业务制度标准化等方面的建设奠定基础。并且，FSSC与财务管理部精确化的管理、提供、分析数据的工作密切配合，例如，通过流程优化，精细员工报账内容，为多种专项分析提供科学数据；通过统一核算方法，令各类业务报表数据规范化，逐个与财务报表建立联系，这都为各分、子公司和组织机构顺利开展业财工作奠定基础。

陕西电信通过合理定位及职能划分，FSSC取得了初步成效：

① 在业务流程方面，调整了流程架构，分类构建流程体系。共梳理各类子流程30项，包括收入业务流程、营收稽核业务流程、薪酬核算业务流程、贷款业务流程、工程转固业务流程、供应商付款发票校验业务流程、月结年结业务流程，改善了流程的冗长节点，提高了流程的流转效率。

② 在组织与人员方面，FSSC的工作人员通过对企业集团内部的局部调整，调动各单位部分会计核算人员，将其汇集在FSSC完成全省财务核算、报表提交、资金结算、档案管理等工作，推动财务工作的专业化发展，并且在必要时引进财务共享服务的专业人才。

③ 在信息系统方面，集中MSS系统采用"核心+辅助"的大体计划路径。把财务管理的全方位事务归纳进ERP核心系统实行，还把各门类的精确化管理要求在外围辅助系统实行，当作核心系统的有利补充，强化业务过程管理，达到专业管理要求。其中，ERP核心系统包括财务会计、管理会计、工程会计、采购/库存管理系统等，外围系统包括计划建设/运维成本、采购辅助、合同管理、法律管理、人力、审计、运维成本管理、主数据管理、财务辅助系统（含预算管理、报账系统、会计档案、税务系统、资产辅助系统、资金管控系统、影像系统等）。各系统一致规划、同步建设，共同构成了中国电信完整的综合管理平台，大大提升了信息传递的质量及效率。

3. 员工报账业务流程的运行情况

陕西电信FSSC的员工报账业务流程在集中MSS系统的应付会计模块中，基于财辅-报账系统运行，该系统的目标是将财务流程审批、合同审批稳固到IT系统管控，随时、灵活地监督与管控全省各地市分公司的成本费用支出，在管理过程中要做到将各成本费用严格按照审批流程进行支付，通过单据中的辅助手段，收集具有统计分析的管理信息。

对于纳入前端IT业务系统的自行报账方式，由省、市分公司业务部门将原始票据录入系统后打印生成报销单，经领导审核后与汇总报账方式生成的报销单一起经部门总经理业务审批。

在发起报账时，要完成报账票据获取、报销单填制两项工作内容。报账票据获取是指报账发起人按报账规范取得经济事项发生过程中产生的各类票据，并对报账票据的真实性、准确性、完整性、合规性、合理性进行自检。报销单填制是指报账人清晰、准确、完整填制与打印报销单，按规范粘贴纸质报账票据并提交票据扫描电子流程，及时将纸质报账票据提交至本单位票据收集点。

报销单经省、市分公司的前端 IT 系统审核后寄送至 FSSC，经财务人员审核后通过报账接口上传至 MSS 系统的财辅 - 报账系统，传送成功后在市分公司稽核会计审核、票据管理员扫描上传后，未超过经济事项权限的汇总方式生成的报销单在市公司总经理或其授权人审批后，与经审批后自行报账方式生成的报销单、汇总报账方式生成的超过经济事项权限的报销单一起传入财辅 - 资金管控系统。陕西电信 FSSC 的财务人员对电子报账单进行分配并编制凭证，最终复核凭证并将打印好的凭证提交给出纳人员。

补单业务流程是票据补单发起主体（FSSC 会计、FSSC 票据稽核员、市分公司票据稽核员）按照补单判断标准要求报账人或票据接收员对纰漏票据进行补充、删除或更正。补单发起主体发起补单指令后，将暂停电子报账流程流转，直至报账人或票据扫描员按照要求完成票据补单工作。并且，各环节处理人应按补单处理规范及时限要求完成补单业务流程。报账人在处理纸质票据的补单过程中，应在报账平台打印《补单登记表》（不需扫描）作封面并附上所补纸质票据。

退单业务流程是退单发起主体（FSSC 会计、FSSC 票据稽核员、市分公司票据稽核员）因发现报账票据虚假或严重不合规等情况，按照退单判断标准终止报账流程，并将电子报账流程及纸质报账票据退回报账人或票据接收员处。退单发起主体发起退单指令后，所退单的电子报账流程终止，纸质报账票据退回报账人。并且，各环节处理人应按退单处理时限要求完成退单业务流程，如遇异常情况，应及时联系上一环节处理人。票据接收员收到退单纸质票据后，在影像系统进行退单确认，报账人收到退单纸质票据后，在财辅 - 报账系统进行退单确认和纸质票据收到确认。

陕西电信的 FSSC 经过近 3 年的运营与探索，虽然取得初步成效，但是随着中国电信集团业务的不断扩展、通信行业的快速发展，业务流程作为 FSSC 最关键的要素，在"摸着石头过河"的过程中暴露了一些问题。员工报账业务流程（图 4-1）作为面向对象最多、覆盖范围最广的重点业务流程，发现并解决其中的问题对陕西电信 FSSC 整体业务流程的良好运行有着至关重要的作用。员工报账业务流程的优化，也是陕西电信财务总监迫切需要解决的问题。

二、故步不离——陕西电信集团 FSSC 流程存在的问题

陕西电信在进行财务转型升级后，从财务 1.0 向财务 2.0 迈进，虽然已经初步实现了共享财务，但在业务财务和战略财务方面还有所欠缺。为了使企业更快更好地迈入财务 2.0，在业务财务方面，为深入挖掘出存在的问题并最终逐个攻破，我们在中国电信网上大学学习平台上以问卷调查的形式对陕西电信集团 FSSC 员工报账业务流程存在的问题进行分析并罗列，随机将调查问卷向陕西电信集团及其下属分、子公司和组织机构的 200 名工作人员发送并收回，总共发送问卷 200 份，收回有效问卷 195 份，问题主要集中在以下 3 个方面。

1. 补退单流程烦琐，经济事项审批权限不明

82% 的工作人员在问卷调查中反映员工报账业务流程中的补退单流程拉长了报账业务流程的处理时间，烦琐的流程极大地拉低了效率，因此流程优化和经济事项审批权限的明朗化显得刻不容缓。

首先，在员工开始自行报账时，如果省、市分公司业务部门报账发起人的原始票据、报销单在直接领导一级审核不通过时，则需要根据原始票据、报销单的违规情况分别发起补单或退单流程。同理，在员工进行汇总报账时，若直接领导一级审核或责任中心领导二级审核不通过，又需要根据原始票据、报销单的违规情况分别发起补单或退单流程。即使当省、市分公司业务部门的一级审核、二级审核都通过后，若部门总经理三级审核不通过，则需要按步骤再次发起补单或退单流程。

案例 4
山有木兮木有枝，报账流程你可知

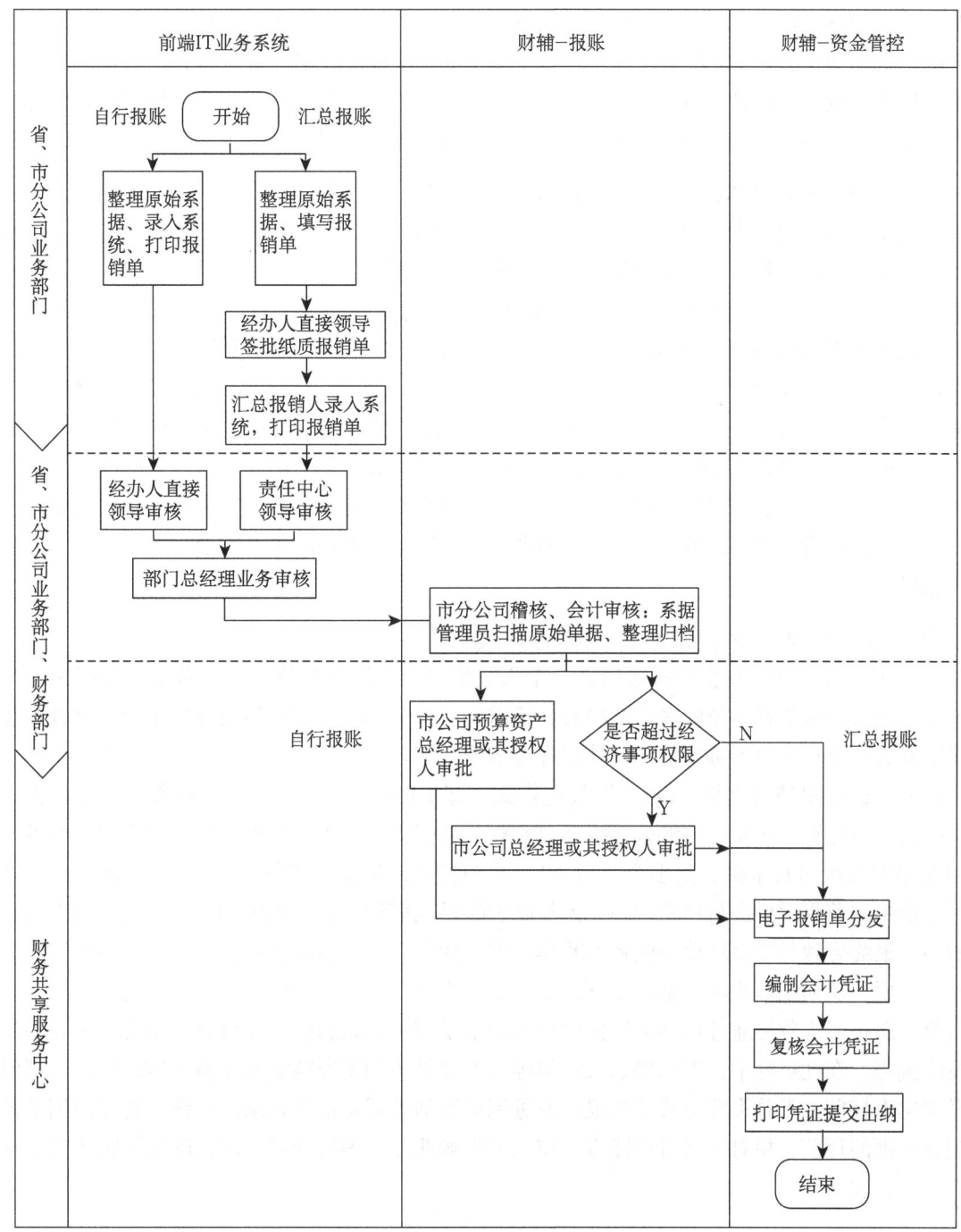

图 4-1 陕西电信 FSSC 员工报账业务流程

其次，当出现报销单退回的情况时，电子报账流程将停止流转，相应员工报账业务流程中的相关人员需要互相沟通，查找导致报销单退回的原因，再告知报账发起人，直至报账发起人或票据扫描员按照要求完成票据退单工作，最终重新发起报账。并且，在补单流程中需要依据《补单登记表》规范补充纸质票据，在退单流程中需要依据退单判断标准终止报账流程，在发生异常情况时，还需要依次联系上一环节处理人。

最后，员工报账业务流程横跨前端 IT 业务系统、MSS 系统的财辅 – 报账系统和资金管控系统，前端 IT 系统与 MSS 系统对经济事项审批权限的要求由于系统之间存在差异也会有所不同，经济事项审批权限是根据集团公司 FSSC 的运营规则对具体经济事项审批权限进行限定，是对不同管理层级具有权限的具体规定，也是对集团公司各类经济文档效力的规定，在员工报账业务流程中，对经济事项审批权限不够明确会增加员工报账业务流程反复的风险，降低支付效率。

2. 年度报账业务量不均，相关知识培训较缺乏

89% 的工作人员在每月下旬发起报账后，完成报账业务流程的时间与上旬和中旬相比过长，说明每月下旬员工报账业务流程效率较低，导致这种现象的原因如下：

第一，员工报账业务流程的发生在时间上并无硬性规定，就陕西电信集团以往每月的报账业务量来说，报账业务发生时间多半集中在每月下旬，占比为 55%，上旬与中旬共占比约 45%，每月末 FSSC 的财务人员在处理大量的电子报销单时，工作量巨大，容易造成电子单据积压的现象。

第二，陕西电信集团下属的各分、子公司和组织机构的工作人员众多，大量纸质单据在员工报账业务流程中聚集，并且在 FSSC 中生成电子报销单，中心的出纳人员需要依据大量的电子报销单编制会计凭证并进行复核。陕西电信集团大部分员工在发起报账业务流程时，并未使用正确的流程表单，大量的电子报销单没有统一的规范格式，这样增加了 FSSC 财务人员的工作量，加剧了财务人员复核失误的隐患。

3. 报账模式较为固化，汇总报账略为迟缓

72% 的工作人员反映在自行报账时，一个人只能对一家消费单位的一项费用进行报销，当员工的报销费用包含一家消费单位的多个款项时，仍需要对各个款项一笔一笔地分次报销，这种重复性较高的报销方式会令员工出现倦怠情绪，从而降低报账效率。

一方面，这种报销模式是"1+1+1"报销模式，即 1 位员工在一家消费单位发生 1 笔报销事项开展 1 次报销。虽然汇总报账能够将多笔报销单和相关票据集中录入、审批，但其根本仍是对各个报销单和相关票据分次进行报销，是多个"1+1+1"报销模式的累加。这种"1+1+1"的报销模式虽然能够对每笔报销的前因后果进行追踪管理，但是随着陕西电信集团业务范围的不断扩大，员工数量也在迅速增多，最终导致员工报账业务流程的整体工作量加大，阻碍整体业务流程体系的高效运转。

另一方面，陕西电信集团鼓励员工开展自行报账方式，以汇总报账方式为辅。这是由于汇总报账方式需要汇总报账人收集业务经办人提供的纸质报销单和相关票据后，才可以在系统上为业务经办人发起报账流程。在此过程中，汇总报账人收集经办人提供的相关资料需要耗费一定时间，在部门总经理对报销单审核前，汇总报账方式下的报账业务流程增加了汇总报账人录入系统、打印报销单及责任中心领导审批的环节，相对于自行报账方式拉长了报账业务流程的处理时间，降低了整体员工报账业务流程的运转效率。

三、行之有效——PDCA 循环型员工报账业务流程优化方案

财务管理模式的转型升级，是对财务进行多方面的改造，实现共享财务、业务财务和战略财务的融合。在业务财务的拓展方面，我们对陕西电信集团 FSSC 员工报账业务流程的优化不再倾向采用流程再造的方式，而是基于流程管理理论对其进行优化。流程管理是一个不断改进的过程，一挥而就的流程变革只能解决财务管理的表层问题，并不能深入"病症"。当流程管理持续运行后，从流程定义开始，再到流程表述、流程分析、流程改进，最后到流程控制，成为一个可持续发展的循环。流程管理循环为我们针对 FSSC 的员工报账业务流程开展系统性优化提供了一个合适的依据和方法。

案例 4
山有木兮木有枝，报账流程你可知

PDCA 循环是依照 Plan（计划）—Do（执行）—Check（检查）—Action（调整）的顺序对企业进行科学化、系统化、合理化、持续化的管理活动，将 PDCA 循环与员工报账业务流程优化相结合，构建陕西电信集团 FSSC 的 PDCA 循环型员工报账业务流程优化方案，遵循从业务支撑角度出发进行优化、从结果创造价值角度进行优化、将精力集中于高价值流程的优化、将流程分解到更小单位进行优化、从考量角度引导优化方向的原则，依据企业实际情况，探索 FSSC 员工报账业务流程更加有效的优化方式。

在对企业 FSSC 的员工报账业务流程进行优化时，需要通过对各个环节进行调查、分析，随后提出解决问题的方法。员工报账业务流程经过优化后，从发起至结束，再到重新发起至再一次结束，形成完整的循环。员工报账业务流程的循环又推动着 FSSC 整体业务流程循环的运行，并且对员工报账业务流程进行优化的过程是随着企业规模扩张、业务增多而持续进行，这一过程与 PDCA 循环互为对应。企业 FSSC 员工报账业务流程的优化实施与 PDCA 循环的对应关系如图 4-2 所示。

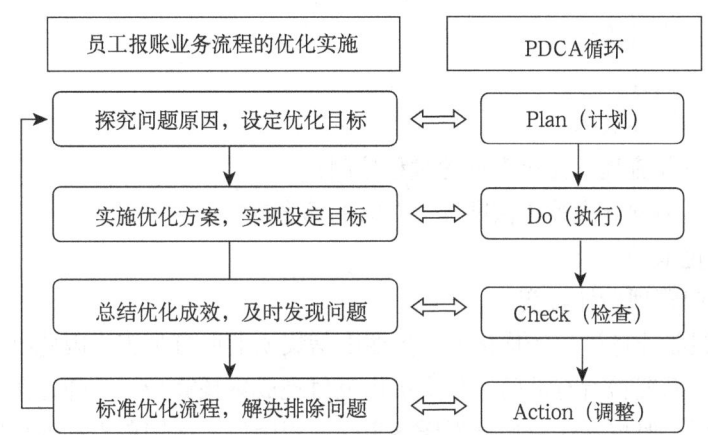

图 4-2　企业 FSSC 员工报账业务流程的优化实施与 PDCA 循环的对应关系

1. P——计划

在 PDCA 循环的第一个步骤 Plan（计划）中，是通过问卷调查的形式挖掘出的陕西电信 FSSC 在员工报账业务流程中存在的主要问题，其分别是：补退单流程烦琐、经济事项审批权限不明；月度报账业务量不均衡、相关知识培训较缺乏；报账模式较为固化、汇总报账略为迟缓。同时，陕西电信需要制定优化方案，明确"5W1H"，即为什么制定该方案（Why）、达到什么目标（What）、在何处执行（Where）、由谁负责完成（Who）、什么时间完成（When）、如何完成（How）。

2. D——执行

在 PDCA 循环中的第二个步骤 Do（执行）中，依据目前陕西电信 FSSC 员工报账业务流程的运转情况，建立具体优化方案，完成第一步骤 Plan（计划）中提到的对三个问题逐一击破的目标，利用流程管理理论的思想对员工报账业务流程的部分环节进行局部改善。

（1）建立报销单据沟通反馈平台，优化财辅报账系统

首先，在员工报账业务流程方面，中兴通讯集团在员工报账业务流程中建立呼叫中心，即准许员工使用内部电话和电子邮件的途径询问费用报销制度并对报账业务流程进度展开询问。针对陕西电信集团员工报账业务流程中出现补退单流程烦琐引发流程阻塞的问题，制定的优化方案是借鉴中兴通讯集团呼叫中心这一模式，在陕西电信集团员工报账业务流程中建立报销单据沟通反馈平台，该平台将

前端IT业务系统、MSS系统的财辅-报账与资金管控系统相互连接，横跨陕西电信集团的业务部门、财务部门和FSSC。

其次，企业FSSC的员工报账业务流程是以集中MSS系统的财辅-报账系统作为主要支撑。集中MSS系统是以管理理念和管理模式的变革为主线，目标是在中国电信全国范围内建立一个集中、规范、标准的管理支撑系统平台。报销单据沟通反馈平台主要覆盖集中MSS系统的财辅-报账系统，平台的建立必须与财辅-报账系统契合，报销单据沟通反馈平台的推荐配置为CPU：PIV 2.4GHz、RAM：1024M，客户端基本配置为CPU：PIII 1GHz、RAM：256M，支持软件包括Win2000 adv Server+Sp4 Microsoft、IE6、Oracle及满足规范的工作流平台。报销单据沟通反馈平台采用集中化的数据管理及网络化的操作方式，各模块可同时操作互不干扰。该平台提供以下安全措施：采用集中化的权限管理，用户权限能细分到功能项，最大程度地保证了系统操作的安全性；访问数据库的用户名及密码会经过加密后再保存；系统提供了方便的数据备份及恢复功能，保证了数据的安全性。在员工报账业务流程的优化过程中，报销单据沟通反馈平台要实现以下目标：

① 集中报账记账，降低管理费用；
② 远程处理，动态核算；
③ 加快支付速度，提高效率；
④ 规范员工报账业务流程，强化审批的过程控制；
⑤ 加强预算控制，为领导决策提供准确、及时的信息支持；
⑥ 提高财务信息化水平；
⑦ 推动核算会计向管理会计转变。

最后，由于员工报账业务流程的优化面向陕西电信集团的所有员工，因此财辅-报账系统在优化方案的实施过程中应全面覆盖所有部门、分支机构及付现成本预算指标，通过角色定义、职能列表等方式，实现将审批责任、监控责任及预算责任落实到各级岗位。报销单据沟通反馈平台应以控制付现成本为主要目标设计预算指标，在系统中加强分析功能，能够自动生成分析报表，并为优化后的员工报账业务流程提供审核线索和决策依据。

（2）设立统一业务授权功能，确立经济事项审批权限

首先，各级审核领导人可以根据规定权限对新生成的报销单在平台中依次审核查验，能够通过该平台及时与报账发起人、票据扫描员联络沟通，经过审核领导人的批注，报账发起人和票据扫描员可以删减、补全、修改报账资料，最后在平台中上传材料，省去了烦琐的补退单流程。当员工报账业务流程完成后，报账发起人也可以在报销单据沟通反馈平台中进行个人报账收款查询，确认FSSC的出纳已接收相应会计凭证并划拨款项。报销单据沟通反馈平台的建立使报账发起人与财务人员达成一致，该平台弥补了中兴通讯集团的呼叫中心与系统平台分离的问题，使陕西电信集团FSSC的员工报账业务流程不因为反复的补退单流程致使流程阻塞，更能提高陕西电信集团员工报账业务流程的反馈效率，简化员工报账业务流程，提高员工报账业务流程整体的流转效率，降低MSS系统中财辅-资金管控系统的压力。

其次，报账发起人在省、市分公司业务部门打印报销单时附上预算单号，并在报销单据沟通反馈平台中记录各个报账业务流程的报账状态（已列账单、已付账单）、报账单类型、报账金额范围、报账时间、报销单条码，方便后期对报销单进行追溯，如果后期报销单在任一级审核出现问题时，报账人可以根据上述信息在该平台中及时查询跟踪到自己的报账流程在哪一步申请发生中断。

最后，陕西电信集团应统一规定经济事项审批权限列表，根据陕西电信集团FSSC已有的经济事

项审批权限，查补前端IT系统与集中MSS系统间关于员工报账业务流程的审批权限，对各级审批权限分别进行统一，分级明确各个审批权限的内容和指向，并将各级审批权限上报集团公司。并且，在报销单据沟通反馈平台中，需要跨越前端IT业务系统、MSS系统的财辅-报账系统和资金管控系统设立统一的业务授权功能，提升支付效率。

（3）规定报账时间期限，建立报账知识库

①陕西电信集团FSSC针对陕西分公司经济事项、省公司主动支付事项的报账发起时间规定为每月7日后开始报账。如果分公司报账业务流程提交至省公司费用会计的时间为当月6日，则系统限制不能提交；如果分公司报账业务流程提交至省公司费用会计的时间为8日，则可以提交。例如，交通费的报账时间为每月8日至15日之间，通信费的报账时间为每月8日至18日之间。

②员工在报账时应该严格依据文件使用正确的流程表单，将报账知识库的学习和交流贯穿于工作当中。对不熟悉员工报账业务流程的工作人员可以开展报账知识及规范的相关培训，培养员工良好的报账习惯。陕西电信集团在《关于印发中国电信集团公司2017年培训计划的通知》中提出，"应紧密围绕中国电信集团公司'256'重点工作思路，提升员工队伍的工作能力，充分发挥培训工作对企业提份额、扩规模、调结构、增效益发展目标的服务支撑作用"，陕西电信集团今后对员工开展报账业务流程的学习和培训是对"256"工作思路的积极响应，也是对培训工作的完善和细化。在员工开展报账知识的学习和培训过程中，要深入落实FSSC的服务策略，将业务流程标准化、统一化的指导思想贯穿在其中。例如，陕西电信集团可以成立人才工作站，开展集团级新聘任内训师的轮训工作，逐步建立"老带新"的人才培养机制；陕西电信集团成立内训师培训班，全面引入员工职业导师制，聘请专家针对员工报账业务流程等相关知识先对操作熟练的员工进行深度培训，之后将其作为操作不熟练员工的"导师"，通过"导师"向"学员""手把手"的传授报账业务流程的实操知识，提高了员工的学习效率，也加强了员工之间的沟通，提升了学习的积极性。

③在报销单据沟通反馈平台中，各级审核领导人可以根据相关规范对已完成的员工报账业务流程进行抽查，进而提高员工报账业务流程的合规度，使员工在心理层面上得到威慑，降低了违规报账的概率。

（4）升级报销模式，集中报账方式

一方面，陕西电信集团FSSC的员工报账业务流程是"1+1+1"的报销模式，即1位员工发生1笔报销事项进行1次报销。为了简化员工报账业务流程，降低FSSC财务人员的报账压力，将"1+1+1"的报销模式升级为"1对1"结算模式，即对陕西电信集团所有员工在1家相关结算单位的报销业务统一进行1次性报销，报销款项的支付是运用赊欠或垫付的方式由公司与单位进行"1对1"结算。具体来说，当员工在发起报账时，经过审核的原始报销单在报销单据沟通反馈平台中进行相应存档并流转后，在集中MSS系统的财辅报账模块中，以是否为"1对1"结算单位为标准对所有报销单的预算编号进行划分，根据划分好的预算单号将相关结算单位的所有报销单导出并生成一张报销单传输至集中MSS系统的财辅-资金管控系统，将非相关结算单位的报销单各自分别导出生成多张报销单也传输至集中MSS系统的财辅-资金管控系统，最终编制凭证。如此一来，员工报账业务流程得到分流，员工在相关结算单位消费后发生的报销事项不需分次单独发起报账并出具报销单。

另一方面，"1对1"结算模式与员工报账业务流程中的报销单据沟通反馈平台相结合，使员工自行报账与汇总报账这两种报账方式得到集中，取消了汇总报账人收集业务经办人提供的纸质报销单和相关票据的环节，撤除了汇总报账方式中的责任中心领导对原始凭证、报销单签批的环节，精炼了汇总报账方式的审批程序，使汇总报账方式下的报账业务流程的运转时间得到压缩，从整体上将两种报账方式的所有报销单在报销单据沟通反馈平台中高效审核。这种"1对1"的结算方式，令员工发起报账时从原先的报账业务流程中脱离，打破了自行报账与汇总报账的界限，减缓了MSS系统的财辅-资金管控系统对单笔报账单分次核算的压力，从一定程度上推动陕西电信集团FSSC内部服务水平的提升。

图4-3是优化后的员工报账业务流程，其中员工报账业务流程的阴影部分为报销单据沟通反馈平台。

3. C——检查

通过对陕西电信集团FSSC员工报账业务流程建立优化方案，将优化方案在员工报账业务流程中落实并实施。在执行第三个步骤Check（检查）时，运用第一个步骤Plan（计划）中问卷调查的形式来考察优化方案是否达到预期效果，对样本人员进行具体提问，如报销单据沟通反馈平台的建立是否提升了员工报账业务流程的处理效率？在规定员工报账业务流程发起时间后，每月上、中、下旬报账业务量是否更加均衡？随后对优化方案实施过程中和实施后的执行情况进行分析、总结与归纳，观察是否能够达到第一步骤中的预期目标，即在员工报账业务流程中通过建立报销单据沟通反馈平台，优化财辅-报账系统提升员工报账业务流程的运转效率；在前端IT业务系统、MSS系统的财辅-报账系统和资金管控系统中设立统一的业务授权功能、确立经济事项审批权限，提升报账支付效率；规定报账时间期限，使每月上、中、下旬报账业务量更加均衡；建立报账知识库，培养员工良好的报账习惯；成立优化团队，加强员工心理建设，促进优化执行；升级报销模式，对员工报账业务流程分流；打破自行报账与汇总报账界限，减缓MSS系统财辅-资金管控系统对单笔报销单分次核算的压力。在陕西电信集团检查优化方案是否达到预期目标时，将"4C"效果检查方法贯穿在检查过程中，"4C"即Check（检查）、Communicate（沟通）、Clean（清理）、Control（控制）。通过相关审核领导对问题节点的优化情况进行检查，员工报账业务流程的财务人员、业务人员、技术人员之间的沟通探讨，系统平台工作人员对问题环节排除隐患，以及管理人员对员工报账业务流程的全程管控，使优化方案的完成情况能够尽可能切实地与计划目标做出比对，同时发现并总结其他有可能出现的问题，在后续优化中再加以改进。

4. A——调整

在执行PDCA循环的第四个步骤Action（调整）时，对第三步骤中检查的结果进行处理，其中优化方案成功执行的部分要予以标准化，遗留的问题则转入下一个PDCA循环中去解决，以便日后对陕西电信集团FSSC的员工报账业务流程进行持续优化，不断提升FSSC的财务质量。

因此，PDCA循环理论与流程管理理论具有高度一致性，PDCA循环型员工报账业务流程优化方案综合了两个理论的相似之处，强调优化方案的实施是一个不断持续的过程，而不是一次性完成的节点，构建PDCA循环型员工报账业务流程优化方案，能够加快陕西电信集团实现建成卓越FSSC的目标。

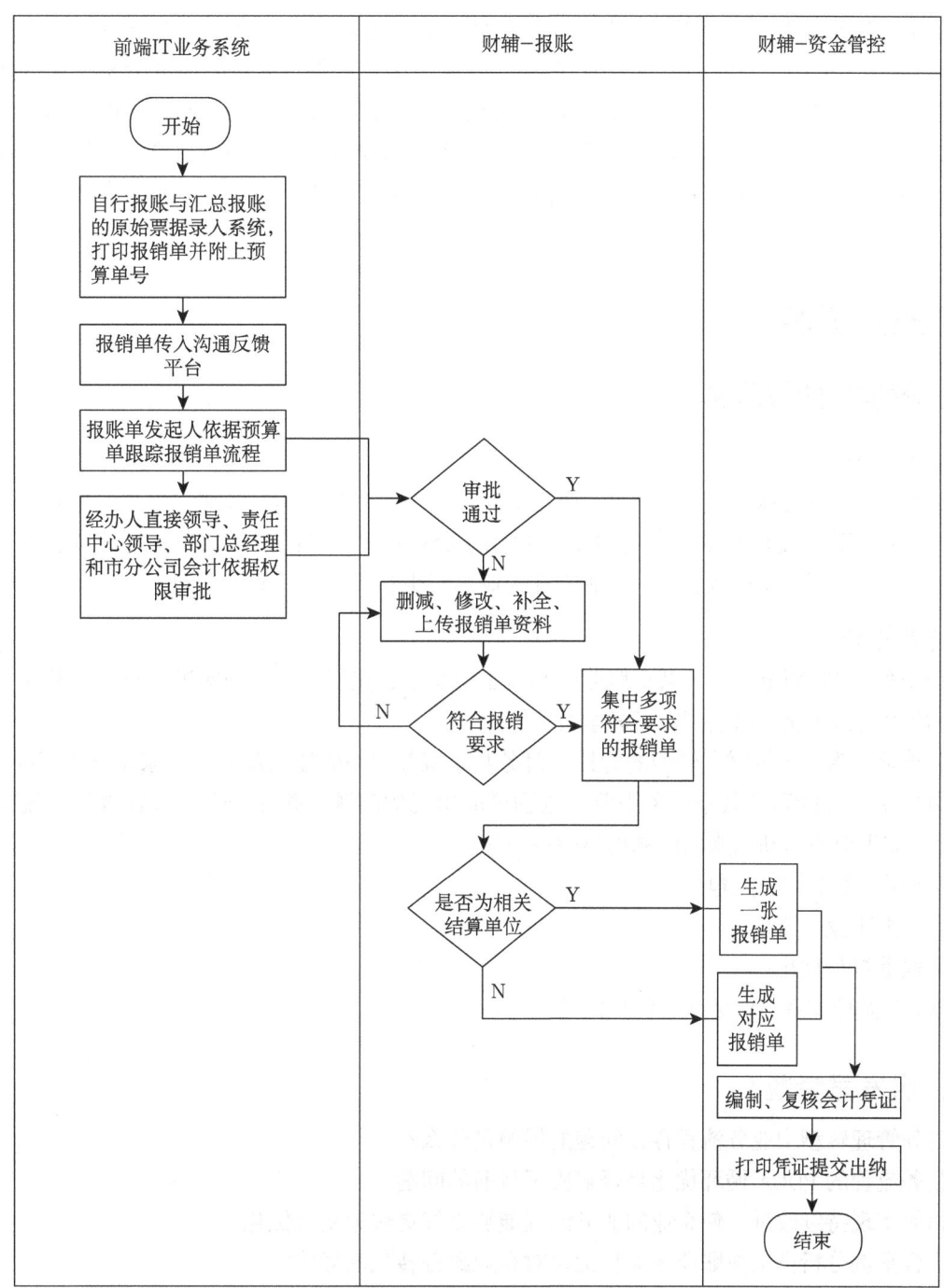

图 4-3 优化后的员工报账业务流程

四、结语

陕西电信在中国电信集团的统一指导下,建立的 FSSC 在流程体系再造、组织架构扁平化、财务人员角色转变、信息系统建设等方面取得了一定的成效。但是,随着中国电信集团业务的不断扩展、通信行业的快速发展,业务流程作为 FSSC 最关键的要素,在"摸着石头过河"的过程中暴露了一些问题,对核心业务流程——员工报账业务流程的研究有一定的积极意义。以业务流程、流程管理与 PDCA 循环理论为基础,对陕西电信 FSSC 的员工报账业务流程的现状进行研究分析,通过问卷调查的形式挖掘出员工报账业务流程存在的问题,进而将流程管理理论与 PDCA 循环理论相结合,建立 PDCA 循环型员工报账业务流程优化方案,针对关键问题提出高效可行的解决方法。行之有效的业务流程优化方案将会使财务共享服务中心提升内部客户服务满意度,同时也有助于推动企业不断向前发展。

案例使用说明

一、教学目的与用途

1. 适用课程

本案例为描述型案例,主要适用于"流程优化与再造""管理学"等课程中与业务流程优化相关的章节。案例适用于 EMBA 和 MBA 学员,也可用于企业高管人员的培训,尤其是针对财务共享服务中心管理人员的培训,同时也适用于企业管理专业本科生和管理专业硕士研究生。

2. 教学目的

本案例通过对陕西电信财务共享服务中心员工报账业务流程混乱的问题进行分析,并用 PDCA 模型对业务流程进行优化,以实现以下教学目标:

① 引导学员深入了解财务转型的背景下财务共享服务中心的建立及员工报账业务流程的设计;

② 引导学员诊断财务共享服务中业务流程可能出现的问题,并综合运用流程重组、流程再造、流程优化等知识对所诊断出来的问题提出解决措施。

本案例所涉及的知识点包括:

① 员工报账业务流程;

② 流程重组与优化;

③ PDCA 循环体系与业务流程优化的关系。

二、启发思考题

① 财务管理转型中业务流程存在问题的根源是什么?

② 业务流程的 PDCA 循环优化是否解决了目前的问题?

③ 如何实现持续改进,使企业的业务流程能够更好更快地实现优化?

④ 结合案例分析员工报账业务流程优化对企业财务转型的影响?

三、分析思路

教师可以根据自己的教学目标(目的)来灵活使用本案例。这里提出本案例的分析思路,仅供参考。

本案例通过对陕西电信财务共享服务中心员工报账业务流程中存在的问题进行分析,利用 PDCA 循环体系对业务流程进行重构优化,引导学习者了解财务转型背景下企业的组织架构及财务共享服务中心员工报账业务流程的设计要点,了解业务流程优化所需要关注的核心问题,加深学生对业务流程优化的理解与运用。同时,通过该案例的描述,使学生能够结合企业的具体情况及 PDCA 循环体系的优势,为企业量身定做适合企业发展状况的业务流程优化方案。

案例 4
山有木兮木有枝,报账流程你可知

案例以财务共享服务中心员工报账业务流程的优化为主线,引导学员思考企业组织架构及新型的财务管理模式对员工报账业务流程的影响,具体思路如下:

首先,通过介绍陕西电信建立财务共享服务中心的背景及员工报账业务流程的运行情况,使学生对财务共享服务中心的员工报账业务流程具有初步了解;

其次,通过对企业财务共享服务中心员工报账业务流程中存在问题的剖析,使学员了解财务共享服务中心的重要组成部分——员工报账业务的混乱对企业效率的影响;

最后,运用 PDCA 循环体系对企业的员工报账业务流程进行优化。员工报账业务流程经过优化后,从发起至结束,再到重新发起至再一次结束,形成完整的循环。员工报账业务流程的循环又推动着 FSSC 整体业务流程循环的运行,并且,对员工报账业务流程进行优化的过程是随着企业规模扩张、业务增多而持续进行。

详细分析思路与步骤如图 4-4 所示。

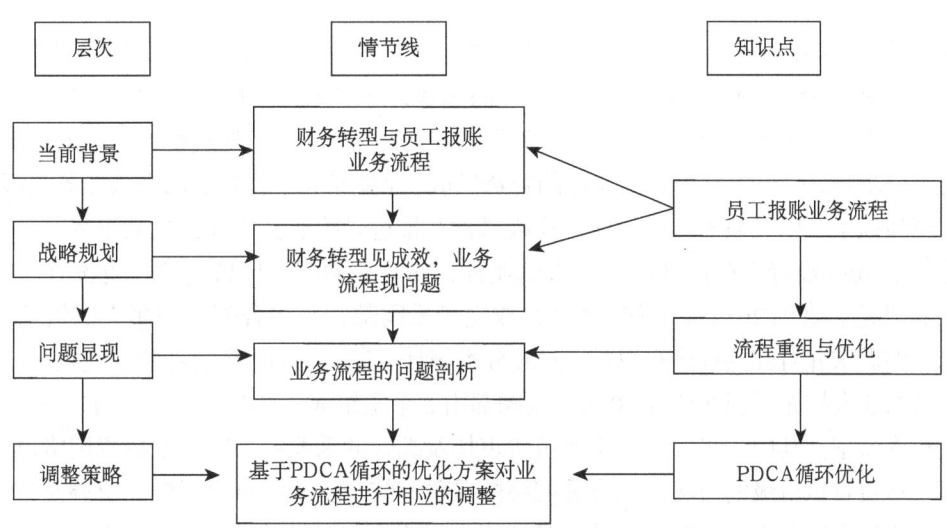

图 4-4 详细分析思路与步骤

案例 5

与时俱进求创新，精益求精无止境
——SXYD 采购业务流程优化之路

刘立　楼旭明　贾卫峰　陈子凤　杨婧瑶　董影

案例正文

引言

2017年3月，一场春雨过后，古都西安一片生机盎然，这座挑战与机遇、改革与创新并存的城市，处处充满了朝气和生命力。作为陕西省通信行业的翘楚，ZGYD SX（以下简称"SXYD"）以为客户创造品质卓越的产品与服务为己任，全力打造值得信赖的品牌，引领、促进整个行业的健康持续发展。为紧跟公司发展步伐，为公司发展提供充足的物资供应，采购部自我加压，以采购业务流程为切入点，以标准化管理为抓手，以战略需求为导向，积极探索和推进采购业务流程优化的进程。

10年前，公司并没有专门的部门负责采购业务，那时采购流程比较简单，也没有一套标准的采购管理制度和规范。直到2014年年初，SXYD 成立了采购部，与综合部并列属于二级部门，负责统计不同部门各类需求并对其共性进行总结，实施分类统计、集中采购。采购部的规模在不断发展壮大，由最初成立时的5人扩充到现在的近50人。采购部由5个室组成：采购一室、采购二室、采购三室、综合支撑室和物流室。其中，采购一室主要负责市场及综合的采购；采购二室负责网络口所有设备的采购；采购三室负责地市级的市场、综合及网络的采购；综合支撑室负责系统的协调及日常其他零星物资的采购；物流室则负责实现五大区域各终端节点间的连接，与供应商之间实现采购合同的一点对接，以满足客户的所有需求。

可以看出，SXYD 从采购作业到采购管理，采购流程的制定、规范及不断的优化，无不是紧跟时代发展潮流，以需求变动为中心的螺旋式上升过程。

一、万丈高楼平地起——采购中心成立及流程制定（1999—2014年）

2013年之前，公司的采购机制较为混乱，当时公司的物资采购主要通过"一事一议""一事一采"的传统方式，并没有设立专门负责采购的部门。每当各个部门需要什么物资设备时，该部门的相关人员就直接在市场上找供应商购买。这种与供应商单纯、直接的货物交易，过于注重交易过程中的价格因素，往往倾向于选择价格最低的供应商，而对供应商的质量和服务考虑不足，所以缺乏与供应商之间必要的绑定及约束手段，对产品的质量和供货时间也缺乏一定的控制能力，因为信息不对称造成企

---

① 案例来源：中国管理案例共享中心，并经案例作者同意授权引用。
本案例于2019年11月21日入选中国管理案例共享中心案例库。
由于企业保密的要求，在本案例中对有关名称、数据等做了必要的掩饰性处理。
本案例只供课堂讨论之用，并无意暗示或说明某种管理行为是否有效。

业成本和资源的浪费，不利于公司大规模可持续发展。

随着公司规模和业务的急剧扩张，之前的采购方式过于简单，没有系统的流程和管理监控机制，已不能全力支撑一线工作，亟须转变思路，重新审视采购的整个流程。事情的转折出现在2013年，这年年初，公司召开管理层决策会议对物资采购情况进行了准确细致的分析，并作出一个重大的决策——成立综合部采购中心（以下简称"采购中心"）。该部门为省公司综合部下属机构，具有独立办公室，主要负责物资的集中采购及合理化配置，采购流程主要采用询价采购，具体采购中心业务流程如图5-1所示。

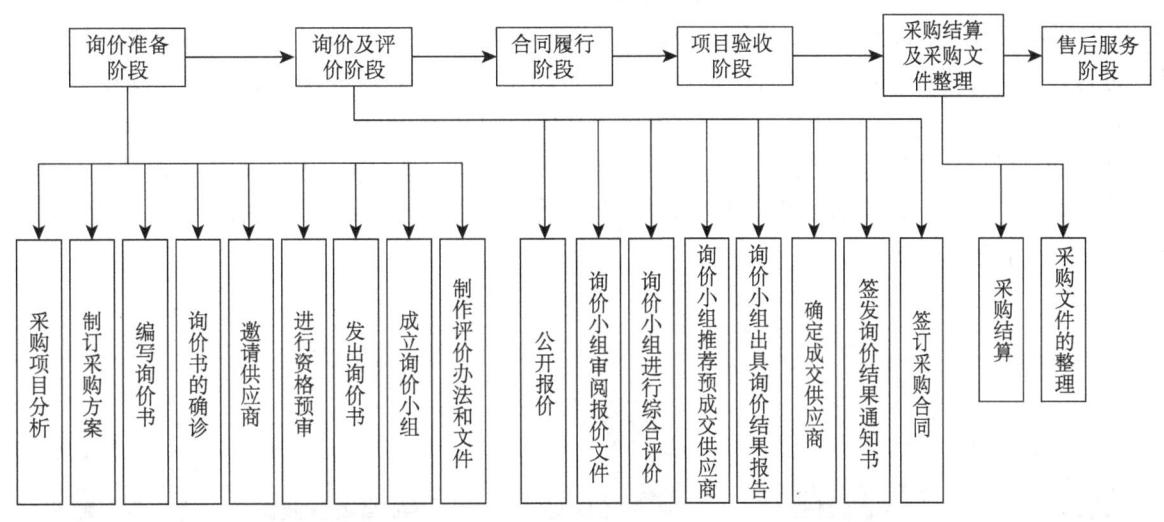

图 5-1 采购中心业务流程

当时公司的采购过程主要分为6个阶段：询价准备阶段、询价及评价阶段、合同履行阶段、项目验收阶段、采购结算和采购文件整理阶段及售后服务阶段。

作为一个采购基层员工，那时开展业务的第一步就是进行采购前的准备活动。首先，要确定采购项目清单，制订采购方案；其次，要编写询价书并找公司负责人签字盖章才能正式印刷；然后，按照询价书邀请符合条件的供应商前来报价，同时邀请3个以上专家对供应商进行质量评价；最后，将所有评价资料归档制定文件。第二步是展开询价和评价的相关活动，主要围绕询价小组对报价文件进行综合评价，并且与成交供应商签订合同。第三步就到了合同的履行阶段，依次是项目验收、采购结算、文件整理及售后服务。

那时公司采购物资规格标准统一、金额较少、时间要求也紧，所以采用询价采购方式。该方式能有效地节约采购成本。尽管采购中心当时仅仅由5名成员组成，但这已经是SXYD采购业务流程系统化、规范化及专业化的开端。

二、循序渐进，锲而不舍——业务流程规范化（2014—2017年）

2013年是4G技术在中国爆发的元年，时代大潮已至。此时不仅是通信行业抢占市场份额的机遇，公司也面临着实现可持续发展的挑战。针对公司同种类业务多、重复劳动多、采购工作效率低下、成本难控制等诸多问题，公司在2014年年初成立采购部，与之前的综合部并列属于二级部门，负责统计不同部门的各类需求并对其共性进行总结，实施分类统计、集中采购。在公司之前采购方式的基础上，分别从采购需求、实施及供应商管理3个方面，将原来的采购流程进行细化和规范化。

规范后的采购流程是：首先，采购部收集各部门采购需求信息，汇总分类后进行需求立项，然后根据技术人员提供的技术参数，撰写需求报告，并找采购负责人审批，从而确定需求；其次，采购部根据采购需求，确定采购方案，并撰写相应的采购文件，之后发布采购公告，对所采购的商品进行招标；最后，专家对投标供应商提出的相关条件进行专业化评估，筛选出符合条件的供应商和采购方式，并对采购结果进行公示。如果公示期间存在异议投诉，采购部需进行投诉处理，否则进入合同管理、综合采购订单等阶段，确认无误后传达发货通知。

供应商管理是保证整个采购流程顺利进行的必要手段。在供应商的管理上，首先要求供应商要在SXYD内部采购管理平台上注册；然后，公司需要对供应商信息进行维护，并对供应商的信用能力等条件进行评估。为使供应商管理更加规范化，公司于2016年修订了《ZGYD SX供应商管理办法》（以下简称《管理办法》）（图5-2），《管理办法》从供应商寻源、供应商注册、供应商认证、供应商激励和处罚、供应商沟通、供应商选择、供应商绩效评估、供应商分级和供应商档案管理等方面进行了规范化要求。其中，采购部对供应商选择从质量、价格、服务等方面进行评估与筛选。具体的采购流程和供应商管理如图5-3所示。

图5-2 《ZGYD SX供应商管理办法》（2016年修订）

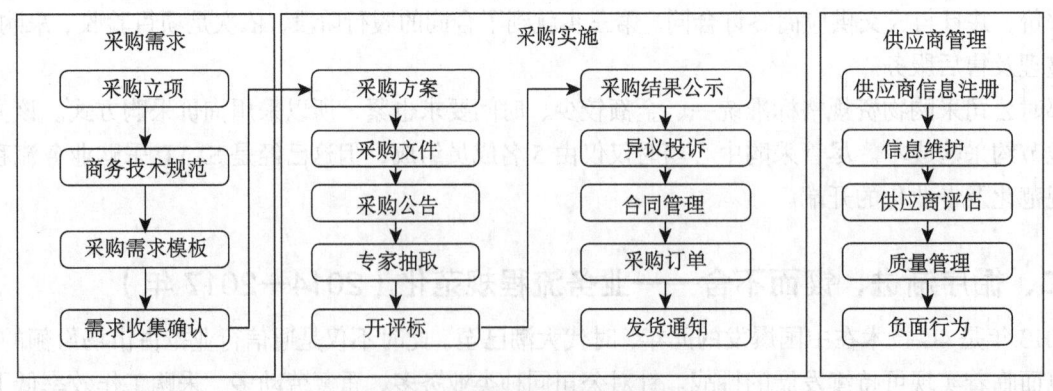

图5-3 采购流程和供应商管理

通过这次采购流程的细化和规范化，采购中心不再按不同部门的各自需求进行重复采购和被动响应,而是实现了分类统计、集中采购和自动化监控的流程。这不仅使采购流程清晰明了,使员工各尽其责,还大大缩减了采购成本,提升了采购的效率。但这次采购业务流程的规范化仅仅适合公司当时面临的社会环境及行业发展状况,随着信息通信技术的迅速发展,公司的采购流程又面临着新的挑战……

三、因势利导,精进不休——业务流程优化(2017年至今)

2017年10月,国家首次发布了与供应链相关的政策指导意见,标志着供应链创新与应用上升到国家战略层面。为响应国家号召,ZGYD集团总部做出指示,将ZGYD通信集团培育成全球供应链领先企业。

在这一背景下,公司决定成立项目团队对当前的社会环境和公司内部的供应链管理现状进行分析。通过梳理原有流程,诊断出现存的问题:①流程标准化程度不一,流程操作缺乏标准指导;②采购工作的信息化支撑不足,部分数据仍依靠人力处理,部分流程缺乏有效监督,透明度不足;③现有制度未形成体系,各流程各部门之间形成孤岛效应。

为了解决现有的问题,经过多次剑拔弩张的讨论,最终确定采用"PDCA"循环法的思想对采购流程进行自上而下的分解,结合现有管理成果,明确流程优化方法和措施,以实现流程优化的自循环模式,达到采购流程管理的持续改进与提升。PDCA模型具体优化思路如图5-4所示。

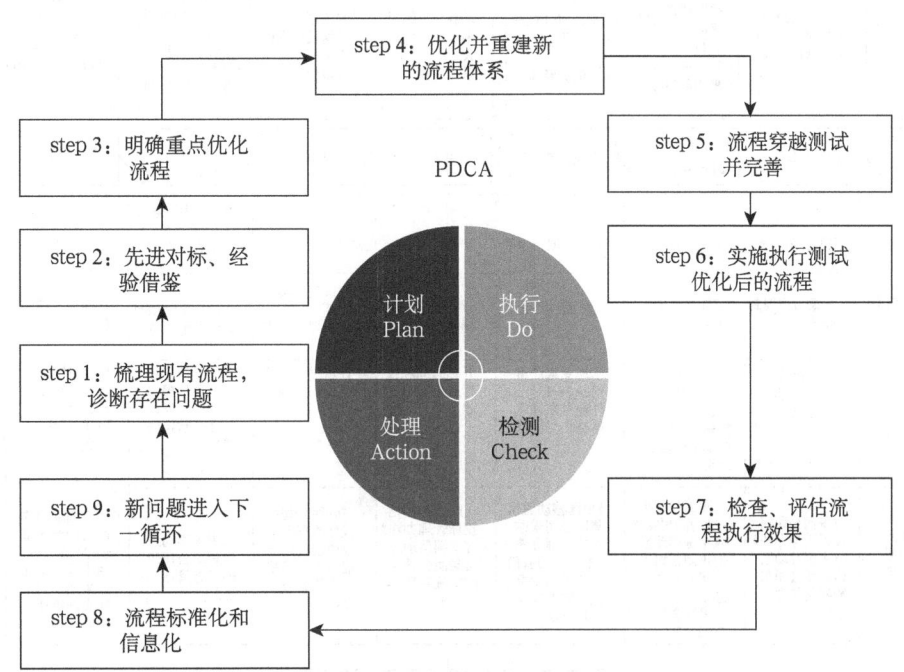

图 5-4　PDCA 模型具体优化思路

PDCA循环的第一个步骤是Plan(计划)。针对流程梳理出的问题,项目团队决定从修订采购流程文件范本、统一流程实施规范作为切入点,同时加强监督管理、完善信息系统,最终构建采购管理体系,以达成降本增效的目标。

PDCA循环的第二个步骤是Do(执行)。项目团队根据确定好的计划方案,逐步实施流程的优化。首先,项目团队在各个部门的支持下,采用文件模板,简化工作内容,实现采购工作每个部分的重要文件协调统一，同时也为后续流程的进行提供清晰的资料基础，减少工作误差与重复性工作。比如，项目团队根据各个部门需求特点，按照产品和业务特性，将产品分为40个品类，制订相应的40个采购需求标准化模板；然后项目团队制订需求计划模板，以保证填报内容和形式的标准化，按照省、市、需求部门和需求管理部门间职责分工，进行月度滚动计划上报，实现省市业务直线管理。

其次，项目团队在各个部门协作下，建立了招标流程监控系统，对专家抽取、开标/唱价、评标/评审、竞争性谈判、单一来源谈判、采购结果公示、异议质疑投诉等7部分业务流程进行监控，从而加强招标过程合法化管理，保障采购全过程的公开透明和公平公正。

再次，项目团队在原有采购流程的基础上，明确规定了各部门的分工及其相应职责：采购部制定采购计划，实施集中采购和份额管理，并对非标准需求进行审核和申报；需求归口部门负责需求整合，份额联动管理并对协同产品的配置进行核定；分公司负责统筹需求收集并对地市级审核的需求进行上报；需求部门负责需求整合及审核，编制技术标准并提出产品配置意见；采购人则按照一定的标准和规范上报采购需求及提出技术标准意见。职责的明晰有利于采购流程有条不紊的运行，减少不必要的重复工作量，提高员工的工作效率。

最后，SXYD在实施以上三大流程优化的基础上，为保障采购管理工作顺利进行，从全局的视角出发，从参与人员、采购流程、标准规范三大维度进行整理，构建出立体式采购流程体系如图5-5所示。

参与人员	· 需求人员 · 技术设计人员 · 需求部门经理	· 采购项目经理 · 采购室经理 · 采购部门经理	· 采购项目经理 · 采购代理机构人员 · 采购室经理 · 采购部门经理	· 采购项目经理 · 采购代理机构人员 · 采购室经理	· 采购项目经理 · 采购代理机构人员 · 采购监督人员	· 采购项目经理 · 采购代理机构人员 · 评审专家	· 采购项目经理 · 采购代理机构人员 · 采购室经理 · 需求部门经理 · 公司领导	· 采购项目经理室经理、部门经理 · 需求、财务、法律人员 · 公司领导	· 采购项目经理 · 采购代理机构人员 · 采购室经理 · 采购部门经理 · 采购监督员
业务流程	采购需求	采购方案	采购文件/采购公告	专家抽取	开标	评标	采购公示/结果确认	合同管理	供应商管理（异议、澄清、投放）
模板资料	· 采购需求模板	· 采购方案模板	· 采购文件范本	· 专家抽取记录表	· 开标记录表	· 评审报告模板	· 中标/中选候选人公示模板 · 采购结果确认模板	· 合同模板	· 异议、投诉模板
标准规范 规范指引	· 需求编制指南	· 采购方案编制指南	· 采购文件编制指南	· 专家抽取规范	· 开标现场实施规范	· 评审现场实施规范 · 评委评审速查手册	· 公示和采购结果确认实施规范	· 合同起草编制指南	· 供应商异议、投诉指引
时限规则	· 预留采购时间提交需求	· 采购申请收到后规定时间完成	比选公告3天，应答文件提交5天，招标公告5天，投标文件提交15天	本地专家评审前24小时，外地专家评审前48小时抽取	开标时间和投标/应答文件递交截止时间一致	评审过程应注意保密原则	开标异议应在开标现场提出，采购结果异议应在公示期内提出	开标招标项目应在中标通知书发出之日起30日内完成合同签订	开标唱价环节异议应在现场提出，采购结果异议应在公示期内提出
制度办法	·《中国移动陕西公司采购需求管理办法》	·《陕西公司招投标管理办法》 ·《中国移动通信集团公司采购管理办法》	·《陕西公司招投标管理办法》 ·《中国移动通信集团公司采购实施管理办法》 ·《采购文件审核规定》	·《陕西公司招投标管理办法》 ·《中国移动通信集团公司采购专家及采购库管理办法》	·《陕西公司招投标管理办法》 ·《中国移动通信集团公司采购实施管理办法》	·《陕西公司招投标管理办法》 ·《中国移动通信集团公司采购实施管理办法》	·《中国移动通信集团公司采购实施管理办法》	·《中国移动陕西公司合同管理办法》 ·《中国移动通信集团公司采购实施管理办法》	·《中国移动通信集团公司采购实施管理办法》

图5-5 立体式采购流程体系

PDCA循环的第三个步骤是Check（检查）。项目团队将实施优化方案前后的结果数据进行对比分析，检查是否能够达到降本增效的效果。与2017年相比，2018年节约采购金额8.1亿元，缩短采购时效2.9天，追责负面清单金额165万元，文件审核一次通过率提高13%，需求计划准确率提高7%，人为操作失误为0，投诉和现场异议下降了30%。可以看出，优化方案切实提升了采购效率，降低了采购成本，一定程度上保障了采购工作的协调运作，同时也提高了员工的满意度及工作的积极性。

PDCA循环的第四个步骤是Action（处理）。在进入PDCA循环的最后一个步骤时，要对第三步中的检查结果进行分析与处理,将已经成功解决的问题标准化,将未解决的问题流入下一个循环中继续优化。本次循环后,留待解决的问题如下:采购工作三大模块仍然相对独立,需要标准化的全面贯通,以实现采购业务全流程标准化管理;信息化的手段应用并不全面,离不开继续发掘信息技术的潜力。

可以说,这次采购部凝聚全部门员工之力,与公司其他部门协调配合,对采购业务流程进行的优化方案结合了标准化管理与 PDCA 循环的各自特点,不仅优化了采购业务流程,还提升了流程的标准化程度,同时也强调了流程优化是一个不断前进、不断提高,螺旋式上升的过程。

四、尾声

时光荏苒,日月如梭,10 年转瞬即逝。SXYD 采购部也经历了蜕变到蝶变的过程;通过对采购流程的不断优化,构建了今天这样一个符合时代要求的相对完善的采购体系,如蝴蝶破茧而出,历经万般磨难痛苦之后迎来新生。路漫漫其修远兮,流程的优化不是过去完成时,也不是一般将来时,而是现在进行时。

案例使用说明

一、教学用途与目的

(1)本案例的教学用途

主要适用于 MBA 和 EMBA 学员的"采购管理""业务流程管理"和"标准化管理"等课程的教学内容,适合有一定工作和管理经验的学员,也适合于物流管理专业本科生和硕士研究生的教学。

(2)本案例的教学目的

本案例以 SXYD 采购业务流程优化的发展历程为主线,描述了 SXYD 根据内外部环境的变化,对采购业务流程进行的制订、规范与优化。本案例旨在通过理论和实践之间的不断迭代,探索 SXYD 采购业务流程优化原理,并以此为出发点,培养学员的发散性思维及将理论与实践融会贯通的能力,提升学员凝练知识的技巧和总结经验的能力,使学员深入理解并应用采购管理、采购流程、流程优化、标准化管理等相关理论。

具体而言,本案例的教学目标包括以下几方面。

① 引导学员理解采购管理的概念及意义;
② 引导学员了解询价采购的实施流程及使用条件;
③ 引导学员了解采购作业的基本流程步骤;
④ 引导学员思考影响供应商选择的因素;
⑤ 引导学员理解业务流程优化的相关概念、综合运用标准化管理与 PDCA 循环法设计并实施业务流程优化方案。

本案例所涉及的知识点如下:

① 采购管理;
② 询价采购;
③ 采购流程;
④ 供应商选择;
⑤ PDCA 循环;
⑥ 标准化管理。

二、启发思考题

① 结合案例分析，SXYD 公司为什么成立采购中心？
② SXYD 采购中心如何开展询价采购？询价采购适用于什么采购项目？
③ SXYD 规范后的采购作业基本流程是什么？
④ 影响 SXYD 采购部选择供应商的因素有哪些？
⑤ SXYD 采购部如何利用 PDCA 循环模型对采购流程进行优化？
⑥ SXYD 采购部为什么要求对采购需求流程进行标准化管理？

三、分析思路

本教学案例主要讲述了 SXYD 采购业务流程的优化过程，研究采购管理的内容、方式、流程和优化等知识点，并进一步分析业务流程优化的思路和标准化管理的应用。具体分析思路如下：

1. 结合案例分析，SXYD 公司为什么成立采购中心？

此问题可以帮助学员理解采购和采购管理的概念，进一步了解采购管理在企业管理中的重要意义。首先，教师可以问一下学员："SXYD 采购流程经历了哪几个阶段？"学生可能的回答是："一事一议"的传统采购到询价采购，再到规范的采购流程，进而对采购流程进行优化，提升流程标准化程度。通过这个问题，教师可以引导学员思考采购与采购管理的概念和区别，为接下来分析 SXYD 成立采购中心做铺垫。接下来，教师可以问学员："SXYD 为什么要成立采购中心？"根据学生的回答，教师结合案例进行补充，主要引导学生根据当时企业内外部环境的变化，思考采购管理在企业管理中的重要作用。

2. SXYD 采购中心如何开展询价采购？询价采购适用于什么采购项目？

这个问题的目的是帮助学员理解询价采购的概念，以及了解询价采购的流程。对于这个问题，首先，教师可以提问学员："10 年前，SXYD 的采购流程主要包括哪几个阶段？"学员可能的答案是：询价准备阶段、询价及评价阶段、合同履行阶段、项目验收阶段、采购结算、采购文件整理阶段及售后服务阶段。接下来，教师可以启发学员分析：在每个阶段中，如何开展和办理相关业务？通过这两个问题，帮助学员梳理询价采购的具体流程步骤。最后，教师还可以引导学员思考：询价采购适用于什么特点的采购项目？该问题主要是引导学生思考询价采购适合什么样的采购项目。

3. SXYD 规范后的采购作业基本流程是什么？

这个问题旨在帮助学员梳理采购作业的基本流程。首先，教师可以提问学员："SXYD 采购部从哪几方面对原来的采购流程进行规范化？"学员可能回答是：采购需求、采购实施过程及供应商管理等 3 方面。接下来，教师可以启发学员分析"SXYD 采购部如何从这 3 个方面展开规范化工作的？"通过这两个问题，帮助学员理解和梳理采购作业的基本流程步骤。教师应鼓励学生站在 SXYD 采购部负责人的角度思考如何细化和规范采购作业的基本流程，提升采购效率，降低采购成本。

4. 影响 SXYD 采购部选择供应商的因素有哪些？

这个问题的目的是帮助学员理解采购部门选择供应商应考虑哪些影响因素。对于这个问题，首先，教师可以提问学员："在 2013 年以前，SXYD 采购人员选择供应商主要考虑的因素是什么？"学员可能回答是：价格。接下来，教师可以问学员："在 2013 年以后，SXYD 采购部选择供应商主要考虑哪些因素？"根据学员的回答，教师结合案例进行补充，引导学员从公司的角度思考选择供应商应考虑的因素。

5. SXYD采购部如何利用PDCA循环法对采购流程进行优化？

这个问题的目的是帮助学员了解业务流程优化的内容及概念，学习PDCA循环法的思路，以及如何利用PDCA循环思路设计并实施流程优化方案。对于这个问题，首先，教师可以提问："什么是业务流程优化？"学员可能回答是：业务流程的持续改进和提升。接下来，教师可以问学员："2017年以后，SXYD采用PDCA循环法优化采购流程的步骤是什么？"根据学员的回答，教师结合案例进行补充，帮助学员梳理PDCA循环法实施的具体步骤。最后，教师可以鼓励学员思考：PDCA循环法是否可以解决SXYD采购流程的所有问题？该问题同时也为下一个问题做铺垫。

6. SXYD采购部为什么要求对采购需求流程进行标准化管理？

这一问题的目的是帮助学员理解标准化管理的概念和意义。对于这个问题，首先，教师可以提问："随着SXYD业务规模的扩大，采购部面临的采购需求存在什么特点？"学员可能回答是：同种类业务多、重复劳动多、采购工作效率低下、成本难控制等问题。接下来，教师可以问学生："SXYD采购部采取什么措施对采购需求流程进行改进优化？"根据学员的回答，教师结合案例进行补充，帮助学员理解标准化管理的概念。最后，教师可以启发学员思考标准化管理给SXYD公司带来什么效率和效益，以此来帮助学生理解标准化管理的意义。

具体分析框架如图5-6所示。

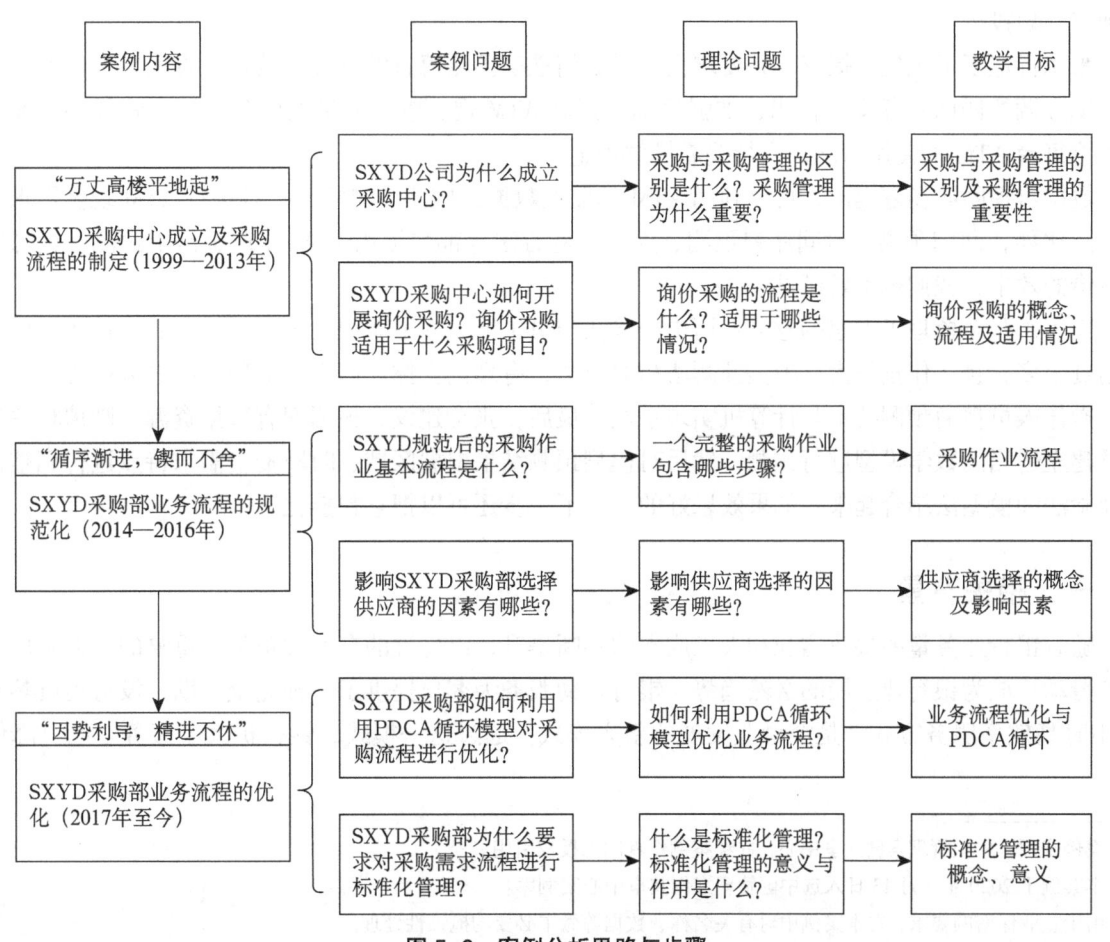

图5-6 案例分析思路与步骤

案例 6

"山重水复疑无路，柳暗花明又一村"
——X 银行 ATM 机最佳现金数量的确定①

吴培乐　刘飞

案例正文

引言

随着 ATM 现金业务的增加，其现金管理已成为银行现金管理工作的重中之重。瞧，某银行现金管理中心的张总遇到了棘手问题："在什么时候存放多少现金到 ATM 中才能既满足取款需求，又能最大限度地节省运行成本呢？"为了解决这一难题，他专门召集了相关部门负责人会议。张总分析了最近的形势和自己的顾虑后，大家畅所欲言、各抒己见。

办公室主任王红首先发表意见，认为要解决 ATM 现金投放问题，关键是要做好现金需求预测，做到有计划投放。

张总肯定了王主任的提议，并要求大家就如何准确预测每日的现金投放量，发表自己的看法。

现金调拨团队主任李正提出，加强培训，提高 ATM 现金管理人员的业务水平和责任心，通过在线监控每台 ATM 的使用情况，实行按需投放现金。

数据监控团队杨港提出，可以利用 ATM 的监控数据，构建预测模型，对每日 ATM 现金需求进行预测。比如，回归预测、时间序列预测、人工智能方法等都曾被用于 ATM 现金需求预测，也都取得了不错的效果，我们也不妨试试……

随后，张总梳理了大家的意见：历史经验法与员工能力水平有很大关系，执行起来比较简单，但占用资金多，且工作量较大。模型预测法相对科学，有理论支撑，但需要准确系统的数据支撑，并且要求操作人员精通预测技术与计算机实现手段。最后，张总建议，根据现有数据资源，聘请相关专业人员建立适当的数学模型进行预测，然后对模型预测结果根据区域、时段资金需求特点进行调整，即把经验法和模型法结合起来。如果效果好的话，下一步还可以把它智能化。

一、相关背景

随着银行业务量的快速增长和人工成本的不断攀升，以先进的自助设备替代重复的、低附加值的人工劳动，成为银行业发展的必然趋势。银行自助服务为客户提供了一种完全自助、没有柜员参与的 24 小时高效率服务方式，是金融业发展的新兴模式。通过这一模式，银行扩大了服务空间、降低了

---

① 案例来源：中国管理案例共享中心，并经案例作者同意授权引用。
本案例于 2020 年 3 月 13 日入选中国管理案例共享中心案例库。
由于企业保密的要求，在本案例中对有关名称、数据等做了必要的掩饰性处理。
本案例只供课堂讨论之用，并无意暗示或说明某种管理行为是否有效。

人工成本、提高了服务效率，在客户心目中树立了银行高科技化的新形象。

ATM业务作为银行自助服务的主要形式，是优化客户服务、展示品牌形象、增强市场竞争力的重要载体，也是银行服务网点快速转型的重要推助器。目前我国大概每100万人口有500台ATM机。这一比例在全球居中等水平，远远没有达到韩国、加拿大、日本、澳大利亚等高普及率国家的水平。因此，我国的ATM市场在一定时间内还将会继续保持增长的发展态势。

尽管媒体都在关注新兴的支付技术，但当前世界上绝大多数国家仍然把现金支付作为首要的支付手段。央行数据显示，虽然当前非现金支付工具发展很快，但现金使用不仅没有减少，反而增加。2013年以来，我国流通中的现金支付呈现净增长的趋势，2014年、2015年、2016年现金流通量分别为1685亿元、2957亿元、4046亿元，增长率分别为2.88%、4.91%、6.63%。从世界范围看，现金依然在大量流通使用。近10年来，美元、欧元、日元、英镑、加元、澳元和韩元等货币现金流通量占GDP的比例稳步上升。（中国经济网-《经济日报》2018年6月12日）。因为在现有金融理论框架下，持有现金仍是最有效的风险规避方式，尤其是在极端金融风险来临之际，卖掉资产去持有现金仍然可能是大多数人最后的选择。随着电子支付的普及，未来现金使用量可能会有所减少。但相比电子支付需要电力、机具和一定的技能作为前提条件，现金使用的便利性和普惠性仍是不可替代。有专家认为，"在可以预见的未来，在我国大部分地区，现金支付和非现金支付仍将长期并存。"因此，作为存取现金的重要渠道，ATM对于银行业的发展，仍有不可忽视的作用，对ATM现金的管理仍需重视。

从ATM的管理现状看，国内多数银行当时尚未建立ATM的现金预测机制，无法有效地确定每台ATM的加钞数量、最佳频率和间隔时间，再加之影响ATM现金需求的因素复杂多样，如经济发展、地理位置、季节和节假日等。许多银行为了满足这种不确定的现金需求，经常在ATM中存放比实际需要量多40%以上的现金。X银行作为较大规模的银行，也存在同样的问题。现金存放过多必然影响银行现金流，使得资金闲置、效益下降；而过少的现金投放又会增加维护成本、降低服务水平，并最终导致客户资源流失。因此，张总一上任就在思考，如何才能使ATM的现金投放恰到好处，并且一直在寻找有效的解决方案。

二、前期准备

1. 千里之行，始于足下

夜已经很深了，吴教授丝毫没有睡意，自从下午接受了X银行ATM现金需求量的预测任务，她首先在思考一个问题："以什么数据为依据预测ATM的现金需求量更为合适呢？"这个问题看似简单，但至关重要。想着想着，她披衣而起，打开电脑开始查找相关资料。经过两个多小时的奋战，初步的资料需求方案已见端倪。在方案中，吴教授对建模数据的选择原则做了详细描述：

一是数据时间选择。一方面，经济的发展和城市外来人口的增加，导致ATM现金需求量的增加；另一方面，随着电子金融日益普及，人们的消费行为和消费观念也在不断地发生变化，刷卡意识越来越强，又使得ATM的现金需求不断减少。因此，在建模数据的选择上必须充分考虑人们存取现金的可变性，即预测数据的选取不能过早，应尽量选择距离预测期相对较近的历史数据作为建模依据，否则会给模型的拟合带来影响。

二是数据区域的选择。现金需求模式因区域的不同而不同。例如，高校园区和附近的ATM寒暑假的现金需求会明显减少；新兴的住宅区，随着住户的逐渐入住，现金需求量会不断增加。因此，应选择人员流动相对稳定，且具有典型性或代表性的成熟住宅区作为预测区域。

基于以上原则，在考虑科学性和时效性的基础上，吴教授在方案中指出：应选取某一成熟小区至

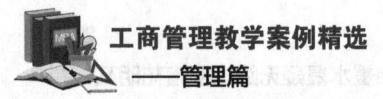

少 3 台以上 ATM 的日或月取款金额及相关资料进行预测建模，并建议以 2017 年 4 月至 2019 年 3 月为最佳时间范围。

第二天一大早，张总便收到了吴教授关于资料需求的邮件，他迅速打开，认真看完了全部内容，便立刻安排数据监控中心的杨港去着手准备。

2. 工欲善其事，必先利其器

数据资料确定之后，接下来是预测方法的确定。吴教授首先让学生搜集近年来关于 ATM 现金需求预测的国内外相关研究，自己亲自对相关资料进行梳理，很快形成了一份关于 ATM 现金需求预测的综述报告，并反馈给了银行方面。报告中将相关预测方法分为四大类：

（1）历史经验法

历史经验法是目前国内大多数银行所采取的策略。该方法完全依赖于 ATM 现金管理人员的经验，银行需要在 ATM 中存放多于实际需求量约 40%～50% 的现金。历史经验法与员工能力水平有很大关系，换个网点经验就失效，换个人这种经验也很难传授。对于支行或分行而言，只起了监督作用，无法实现现金的整体管理和调配，而且现金闲置很多，相关的成本会达到 ATM 总体运行成本的 35%～60%。

（2）回归预测法

回归预测法是将 ATM 机的现金需求量作为因变量，将影响现金需求的因素作为自变量，然后根据自变量与因变量的历史取值建立回归模型，并进行预测的一种统计分析方法。该方法的关键在于通过模型检验选择合理的预测函数，这需要一个反复的过程，不断验证模型的有效性，直至找到最匹配的函数方程。当自变量与因变量之间的变动呈非线性关系时，函数的确定变得更加困难。

回归预测法的优点：①依据变量之间的因果关系建立预测模型，抓住了预测对象变化的实质性原因，结果比较可信；②既能给出点预测值，也能给出预测结果的置信区间，结果更加完整和客观；③能运用有关的数理统计方法对回归方程进行统计检验，从而保证了预测结果的可靠性。

不足之处在于：①需要因变量和自变量的历史数据，当一方数据难以获得时无法建立预测模型；②出现新数据时，需要重新进行相关分析和估计回归方程；③自变量选取时的主次因素在实际建模时较难把握，品质因素的量化也是一个难点；④在进行预测时，自变量的取值多少比较合适，也是一个较难确定的问题。

（3）时间序列预测法

时间序列预测法是根据 ATM 现金需求的历史数据建立趋势模型进行预测的一种动态预测方法，其特点是先分析历史数据的变动特征，以发现预测对象的变动趋势，然后将趋势推广到未来。该方法假设 ATM 的未来现金需求是以往现金需求变动趋势的延伸。王正友和刘斯明（2006 年）基于某 ATM 2003 年的日取款量时间序列，通过趋势分析、平稳性处理、模型识别和参数估计建立自回归移动平均模型 ARMA（4，3）预测未来 10 天 ATM 的现金流量，平均准确率达到 85.88%。

时间序列分析预测法的优点是需要的资料少，只需要预测变量的历史数据就可建立预测模型进行预测。但它的前提是假定过去会延续到未来，因此一旦预测变量所处的环境出现突变，模型的预测精度就会受到很大的影响。

（4）人工智能方法

人工智能（Artificial Intelligence），英文缩写为 AI。它是研究、开发用于模拟、延伸和扩展人的智能的理论、方法、技术及应用系统的一门新的技术科学。在金融预测方面，目前应用最多的人工智能方法是人工神经网络（ANN）和支持向量机（SVM）。

案例 6
"山重水复疑无路,柳暗花明又一村"

人工神经网络(ANN)是一组通过某种结构连接的输入/输出单元,其中每个连接都对应一个权值。对于一个预测问题,首先选择神经网络的结构,然后利用训练数据进行学习。在学习阶段,通过调整神经网络的权值矩阵,提高预测和分类的精确度。学习完成后,可利用训练好的神经网络模型进行预测或分类。最常用的神经网络算法是 BP(向后传播)算法。Kumar 和 Walia(2006 年)利用印度国家银行 Chandigarh 分行 2004 年 4 月 2 日至 2004 年 6 月 14 日的现金数据作为训练样本,建立了银行现金周需求量和日需求量的神经网络模型,并对 6 月 15 日至 6 月 30 日的现金需求进行了预测,其中周需求量的平均预测精度为 95%～97%,日需求量的平均预测精度为 94%。Simutis、Dilijonas 等人(2007 年)在欧盟结构基金的资助下,为立陶宛 JSC Penkiu Kontinentu 银行开发了智能 ATM 网络现金管理与优化系统(ASOMIS)。该系统首先利用 ANN 方法,使现金的日需求量预测平均相对误差降低到 15%～18%,周需求量预测平均相对误差降低到 8%～15%。随后,系统应用模拟退火算法优化 ATM 现金存放量,使 ATM 网络的日均维护成本降低近 18%。伍娜 2016 年在硕士毕业论文中运用"改进的 BP 遗传神经网络"预测 ATM 现金需求。

支持向量机(SVM)是一个来自最优化理论的学习训练算法,它建立在统计学习理论(STL)的结构风险最小化原则(SRM)之上,能有效处理小样本数据的分类问题,也可用于数据挖掘。支持向量机在最小化样本点误差的同时,缩小模型的复杂度,从而使其有很好的推广能力,在模式识别、时间序列预测、概率密度估计等领域得到了广泛的应用。Simutis、Dilijonas 等人(2008 年)提出了 SVM 现金需求量预测模型,但在与 ANN 模型的比较中发现,其预测精度在 60%～83%,而 ANN 预测精度为 72%～85%,SVM 预测精度不如 ANN。许琪 2009 年在硕士毕业论文中运用"支持向量机"模型预测 ATM 现金需求。

相关研究的梳理为预测方法的确定指明了方向,具体预测方法的确定则需要具体问题具体分析。吴教授与团队其他人员进行了深入讨论和反复沟通,最后决定基于适用、科学、可行等原则从 3 个方面考虑确定预测方法。

由于银行方面只提供了 ATM 两年的月度取款金额数据。因此,首先必须考虑选择适用于时间序列数据的预测方法对 ATM 现金需求进行预测。那么,在众多的可用于时间序列预测的方法中又该如何选择?对于时间序列预测方法的选择,通常的做法是首先绘制时间序列趋势图,然后依据数据的变动规律和特征选择预测方法和模型。于是,吴教授让学生绘制了如图 6-1 所示的 X 银行 ATM 月取款金额动态趋势。

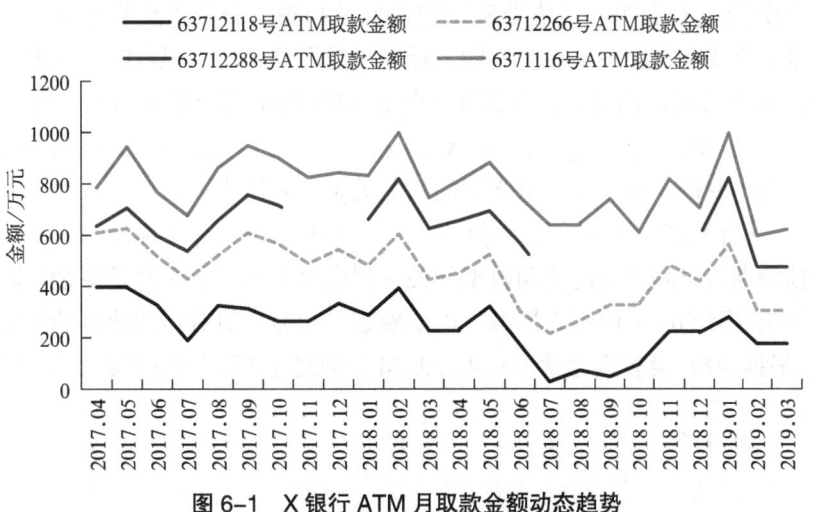

图 6-1 X 银行 ATM 月取款金额动态趋势

从图形分析发现，各月 ATM 取款金额变动具有不规则、混沌等非线性特征。因此，传统的时间序列预测方法很难对该系统建立理想的量化模型进行预测。下一步该如何是好？吴教授一边思考，一边翻阅相关资料。翻着翻着，她好像发现了什么，高兴地说："人工神经网络具有自组织、自学习和非线性逼近能力，特别适合于本次的预测问题，而且实际中也有成功的案例，我们就采用这种方法吧！"

接下来的问题是，在人工智能方法中，哪种算法更适合 ATM 现金需求预测？为此，吴教授召集团队成员开会讨论，大家各执己见，难分难解。最后，吴教授发表了自己的看法，她说："目前用于 ATM 现金需求预测的人工智能方法主要有 BP 神经网络预测法和 SVM 模型预测法。BP 神经网络结构简单，操作性很强，当数据量巨大、变量很多且为高维度非线性的时候，更显示出其巨大的威力；但是其收敛速度较慢，极易陷入局部极值，在原始数据较少且存在噪声的情况下预测精度不太理想。而 SVM 模型参数的选取很困难，导致其实用性不强。鉴于以上方法的缺陷，我建议我们另辟蹊径，采用径向基神经网络（Radial Basis Function，RBF）对 ATM 现金需求进行预测。RBF 是一种 3 层向前网络，通过输入层空间到隐含层空间的非线性变换及隐含层空间到输出层空间的映射，这两个层间变换参数的学习可以分别进行，使得 RBF 神经网络的学习速度较快，且可避免局部极小问题，克服了 BP 神经网络的两大缺陷。它的激活函数是径向基函数，其具有简单的拓扑结构、简便的训练方式，能够快速地学习和实现对非线性映射的无限逼近及在全局达到最优值等优点，因此，RBF 在非线性问题预测中应用颇多。"听完吴教授的分析，大家心里透亮了很多，最后一致同意选择 RBF 神经网络进行预测。

很快，银行方面也有了消息，其想法和思路与吴教授团队不谋而合，希望采用人工智能方法对 ATM 现金需求进行预测，具体方法由预测团队最终确定。得到了银行方面的认可，吴教授心里轻松了许多，高兴地向大家宣布，前期准备工作基本完成，大家休息两天准备迎接新的挑战。

三、建模预测

1. 仿真学习，探寻规律

数据挖掘与建模是整个预测工作的核心，也是最难啃的硬骨头，它要求预测人员必须精通 RBF 神经网络的基本原理。如何提高大家对 RBF 神经网络的认知？吴教授思来想去，最后决定让年轻博士刘红老师给大家进行培训。培训一结束，大家分工协作进入实质性的建模过程。模型构建的第一步就是变量设置，这是预测模型建立的第一个关键点，因为变量设置不合理，预测结果将会大相径庭。

利用 RBF 神经网络进行预测，首先要确定输入变量和输出变量（预测变量），且输入变量和输出变量（目标变量）应该存在相关关系，也即目标变量是可预测的。根据时间序列进行预测，输入变量即为预测对象的历史数据，因此，要预测第 t 期的 ATM 现金需求量 $y(t)$，需要建立历史数据时间序列 $\{y(t-1), y(t-2), y(t-3), \cdots, y(t-n)\}$。1, 2, 3, $\cdots$, n 代表预测期前 n 个时期。因此，预测变量（输出变量）与输入变量之间的相关关系可表述为：

$$y(t) = f(y(t-1), y(t-2), y(t-3), \cdots, y(t-n))。$$

但是，由于预测期与时间序列前后期数据的关联程度很不相同，尤其是复杂的时间序列，因此，只需把对预测值影响显著的滞后值引入模型。而要确定不同滞后值对预测数据的影响，则需要建立自回归模型来确定。根据经验，吴教授让学生对 4 台 ATM 分别建立 3 阶自回归模型，结果如表 6-1 至表 6-4 所示。

表 6-1　ATM 63712118 取款金额 3 阶自回归模型系数

	系数	系数标准误	T	近似 $Pr(>|T|)$
常数项	-0.6729	22.0326	-0.0305	0.9760
$y(t-1)$	-0.8501	0.2127	-3.9964	0.0008
$y(t-2)$	-0.6106	0.2528	-2.4153	0.0266
$y(t-3)$	-0.1544	0.2147	-0.7192	0.4812

表 6-2　ATM 63712266 取款金额 3 阶自回归模型系数

	系数	系数标准误	T	近似 $Pr(>|T|)$
常数项	-2.2122	14.0753	-0.1572	0.8769
$y(t-1)$	-0.9676	0.2188	-4.4227	0.0003
$y(t-2)$	-0.5119	0.3202	-1.5987	0.1273
$y(t-3)$	-0.4613	0.2544	-1.8137	0.0864

表 6-3　ATM 63712288 取款金额 3 阶自回归模型系数

	系数	系数标准误	T	近似 $Pr(>|T|)$
常数项	-1.9099	10.2221	-0.1868	0.8539
$y(t-1)$	-1.3113	0.2281	-5.7494	0.0000
$y(t-2)$	-0.9756	0.3545	-2.7517	0.0131
$y(t-3)$	-0.4191	0.2604	-1.6094	0.1249

表 6-4　ATM 6371116 取款金额 3 阶自回归模型系数

	系数	系数标准误	T	近似 $Pr(>|T|)$
常数项	-0.6834	8.3995	-0.0814	0.9361
$y(t-1)$	-1.0411	0.1857	-5.6068	0.0000
$y(t-2)$	-0.4531	0.2586	-1.7522	0.0968
$y(t-3)$	-0.3360	0.1650	-2.0358	0.0568

通过对参数显著性检验 t 值的显著性概率观察发现，在 0.05 的显著性水平下，$y(t-1)$ 期滞后值对第 t 期的 ATM 现金取款量 $y(t)$ 影响显著。因此，最后确定以滞后一期的时间序列为输入变量进行 RBF 神经网络建模。

RBF 神经网络模型构建的第二步，是进行模型参数的设置。模型参数的设置是一个不断反复的过程，需要经过多次训练测试调整来达到设定的目标精度，这一工作需要由计算机完成。那么，选择什么样的软件工具进行建模？针对这一问题，吴教授通过微信征询大家的意见。她首先提出运用 SPSS 进行建模，并指出 SPSS 软件专门设有神经网络模块，其中包括多层感知器和径向基函数（RBF）

两种算法。刘红老师表示，利用 SPSS 进行 RBF 神经网络建模固然操作简单，且能生成直观的网络结构图，但用于时间序列预测不能直接输出最终预测结果，而马克威软件恰好弥补了这一缺陷，建议用两个软件分别进行建模，建模结果可以比较和互补。听了刘红老师的分析，吴教授自言自语地说："真是后生可畏！"于是，建模分别用 SPSS 和马克威两个软件进行。

SPSS 建模分为 3 个步骤：

Setp 1：设置随机数种子。单击"转换"|"随机数字生成器…"命令，进入如图 6-2 所示的"随机数字生成器"对话框。勾选"设置起点"复选框，选择"固定值"，并在下方的活动框内输入 9191972，单击"确定"按钮。

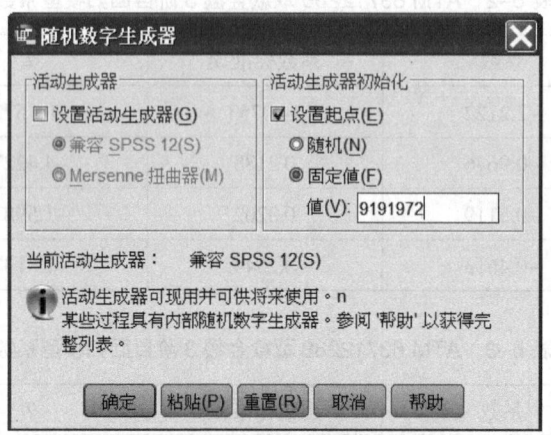

图 6-2　"随机数字生成器"对话框

Setp 2：建模设置。单击"分析"|"神经网络"|"径向基函数…"，进入如图 6-3 所示的"径向基函数"主对话框。

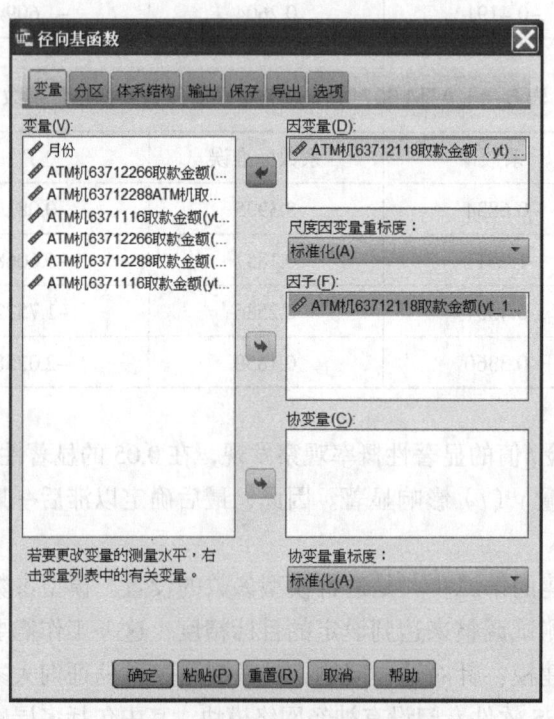

图 6-3　"径向基函数"主对话框

□选择 [ATM 63712118 取款金额 y_t] 作为因变量,也即预测变量。
□选择 [ATM 63712118 取款金额 y_{t-1}] 作为因子,也即自变量。
□选择调整标准化作为重标度尺度因变量的方式。

单击"分区"选项卡,指定训练样本、测试样本和保持样本的相对数量。为了充分训练样本,将所有数据全部用于训练样本,样本分区设置如图 6-4 所示。

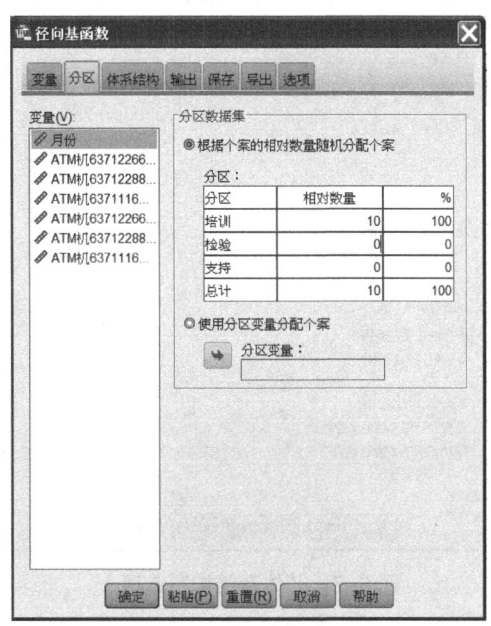

图 6-4 "分区"选项卡

单击"体系结构"选项卡,设置网络隐含层中心个数和隐含层激活函数。

SPSS 提供了 3 种隐含层单位数的确定方式:①在某个自动计算范围内查找最佳单位数;②在某个指定范围内查找最佳单位数;③使用指定的单位数。根据经验,隐含层个数应为样本数据的 50%~70%。按照这一标准,本次预测选择 10 和 15 为隐含层个数进行了模型训练和试算,最后确定用 15 个隐含层中心个数建模(图 6-5、图 6-6)。

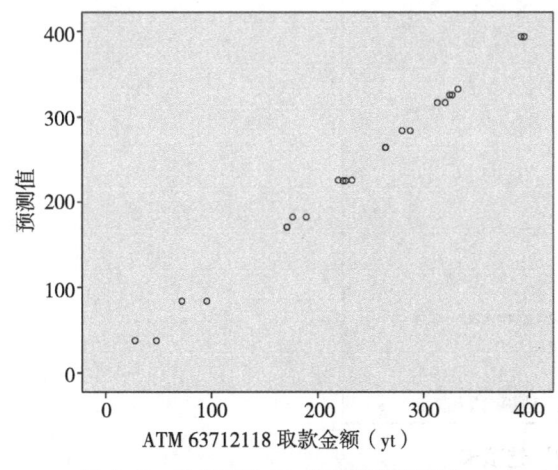

图 6-5 隐含层为 10 的预测数据拟合

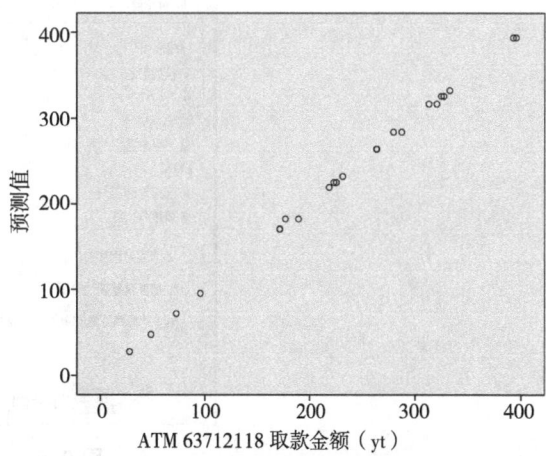

图 6-6 隐含层为 15 的预测数据拟合

隐含层激活函数是径向基函数。对于输入层，SPSS提供了两种激活函数：①标准化径向基函数。使用Softmax激活函数以使所有隐藏单位的激活都标准化合计为1。②一般径向基函数，使用指数激活函数。对于输出层，激活函数是恒等函数，因此输出单位仅仅是隐含层单位的加权和，如图6-7所示。

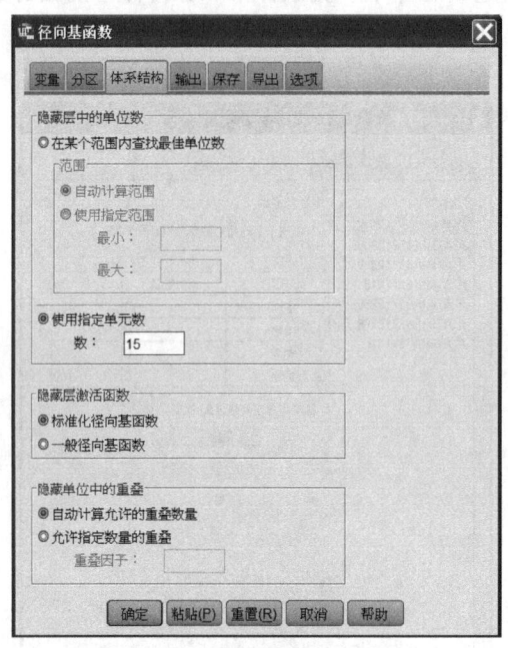

图6-7 "体系结构"选项卡

单击"输出"选项卡，选择模型训练输出。在"网络结构"框中，选择全部选项，在"网络性能"框中选择"模型汇总""观测预测图""残差分析图"，如图6-8所示。

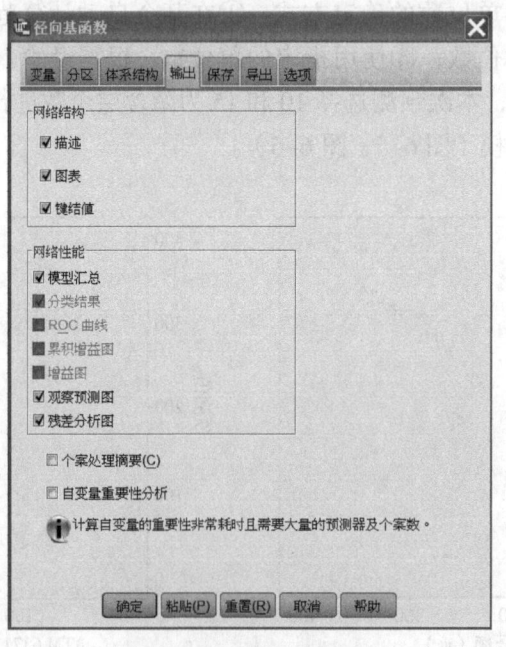

图6-8 "输出"选项卡

案例 6
"山重水复疑无路，柳暗花明又一村"

单击"保存"，选择"保存各因变量的预测值或类别"将预测变量另存为数据集中的变量。

Setp 3：单击"确定"，输出 ATM 63712118 的取款金额 RBF 神经网络建模结果。按同样方法对其他 ATM 机也进行了 RBF 神经网络建模。[ATM 63712118 取款金额] 的建模结果详见表 6-5 至表 6-7、图 6-9 至图 6-13。

与 SPSS 相比，马克威软件 RBF 神经网络模块实现了多输入单输出的数值型数据的学习和预测功能。其预测过程是通过对训练样本进行学习，获得最佳的网络结构参数，然后可以对这个网络结构的预测性能进行测试，并由输入变量对输出变量的取值进行预测。利用马克威 RBF 神经网络模块进行 ATM 现金需求预测建模也需要 3 个步骤：

Setp 1：根据前期准备好的数据建立马克威格式（*.mkw）数据文件。可以直接在马克威数据窗口输入数据，也可以打开其他格式，如 Excel 格式的数据文件，但需要把他们保存为 "*.mkw" 格式的数据文件，才可进行神经网络预测。根据研究问题，本次预测建立的 ATM 63712118 的取款金额马克威数据文件如图 6-14 所示。

利用马克威系统建立 RBF 神经网络对数据有特殊的要求：除了输入变量和输出变量应该存在相关关系，且目标变量是可预测的之外，还要求输入样本数据需为数值型、整形或浮点型，且样本数据不宜小于输入变量个数的 20 倍。

表 6-5　案例处理汇总

		N	百分比
样本	训练	23	100.0%
	有效	23	100.0%
	已排除	0	
	总计	23	

表 6-6　网络信息

输入层	因子	1	ATM 63712118 取款金额（yt-1）
	单位数		23
隐藏层	单位数		15
	激活函数		Softmax
输出层	因变量	1	yt
	单位数		1
	尺度因变量的重标度方法		标准化
	激活函数		恒等
	错误函数		平方和

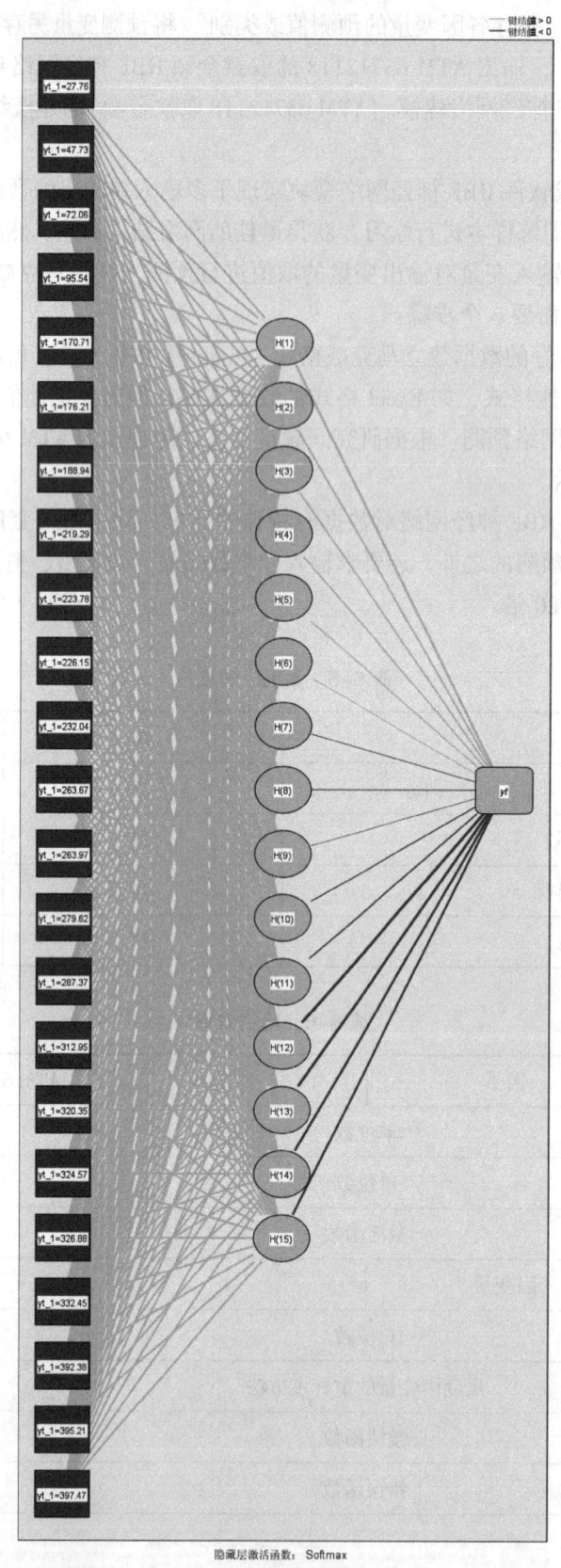

图6-9 ATM 63712118月取款金额RBF网络结构图

案例 6
"山重水复疑无路,柳暗花明又一村"

表 6-7 模型汇总

训练	平方和错误	0.007
	相对错误	0.001
	培训时间	0:00:00.00

因变量:yt

参数估计

		已预测															
		隐藏层 a															输出层
预测值		H(1)	H(2)	H(3)	H(4)	H(5)	H(6)	H(7)	H(8)	H(9)	H(10)	H(11)	H(12)	H(13)	H(14)	H(15)	yt
输入层	[yt_1=27.76]	.000	.000	.000	.000	.000	.000	.000	.000	.000	.000	.000	.000	.000	1.000	.000	
	[yt_1=47.73]	.000	.000	.000	.000	.000	.000	.000	.000	.000	.000	.000	.000	.000	.000	1.000	
	[yt_1=72.06]	.000	.000	.000	.000	.000	.000	.000	.000	.000	.000	.000	.000	1.000	.000	.000	
	[yt_1=95.54]	.000	.000	.000	.000	.000	.000	.000	.500	.000	.000	.000	.000	.000	.000	.000	
	[yt_1=170.71]	.000	.000	.000	.000	.000	.000	.000	.000	.000	.000	1.000	.000	.000	.000	.000	
	[yt_1=176.21]	.000	.000	.000	.000	.000	.000	.000	.000	.000	.000	.500	.000	.000	.000	.000	
	[yt_1=188.94]	.000	.000	.500	.000	.000	.000	.000	.000	.000	.000	.000	.000	.000	.000	.000	
	[yt_1=219.29]	.000	.000	.000	.000	.500	.000	.000	.000	.000	.000	.000	.000	.000	.000	.000	
	[yt_1=223.78]	.000	.000	.000	.000	.000	.000	1.000	.000	.000	.000	.000	.000	.000	.000	.000	
	[yt_1=226.15]	.000	.000	.000	.000	.000	.000	.000	.000	1.000	.000	.000	.000	.000	.000	.000	
	[yt_1=232.04]	.000	.000	.000	.500	.000	.000	.000	.000	.000	.000	.000	.000	.000	.000	.000	
	[yt_1=263.67]	.000	.000	.000	.000	.000	.500	.000	.000	.000	.000	.000	.000	.000	.000	.000	
	[yt_1=263.97]	.000	1.000	.000	.000	.000	.000	.000	.000	.000	.000	.000	.000	.000	.000	.000	
	[yt_1=279.62]	.000	.000	.000	.000	.000	.000	.000	.000	.000	.500	.000	.000	.000	.000	.000	
	[yt_1=287.37]	.500	.000	.000	.000	.000	.000	.000	.000	.000	.000	.000	.000	.000	.000	.000	
	[yt_1=312.95]	.000	.000	.000	.000	.000	.500	.000	.000	.000	.000	.000	.000	.000	.000	.000	
	[yt_1=320.35]	.000	.000	.000	.000	.000	.000	.000	.000	.000	.000	.000	.500	.000	.000	.000	
	[yt_1=324.57]	.000	.000	.000	.500	.000	.000	.000	.000	.000	.000	.000	.000	.000	.000	.000	
	[yt_1=326.88]	.000	.000	.000	.000	.000	.000	.000	.000	.000	.500	.000	.000	.000	.000	.000	
	[yt_1=332.45]	.000	.000	.000	.000	.500	.000	.000	.000	.000	.000	.000	.000	.000	.000	.000	
	[yt_1=392.38]	.000	.000	.000	.000	.000	.000	.000	.500	.000	.000	.000	.000	.000	.000	.000	
	[yt_1=395.21]	.000	.000	.500	.000	.000	.000	.000	.000	.000	.000	.000	.000	.000	.000	.000	
	[yt_1=397.47]	.500	.000	.000	.000	.000	.000	.000	.000	.000	.000	.000	.000	.000	.000	.000	
隐藏单位宽度		.268	.268	.268	.268	.268	.268	.268	.268	.268	.268	.268	.268	.268	.268		
隐藏层	H(1)																1.571
	H(2)																.967
	H(3)																.906
	H(4)																.818
	H(5)																.494
	H(6)																.302
	H(7)																-.077
	H(8)																-.129

图 6-10 ATM 63712118 月取款金额隐含层参数估计表参数

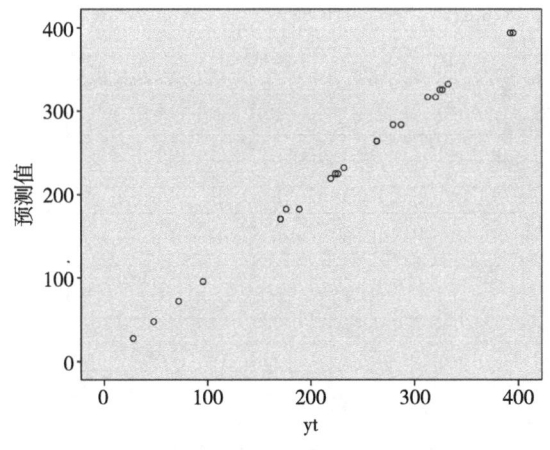

图 6-11 预测值与实际值拟合

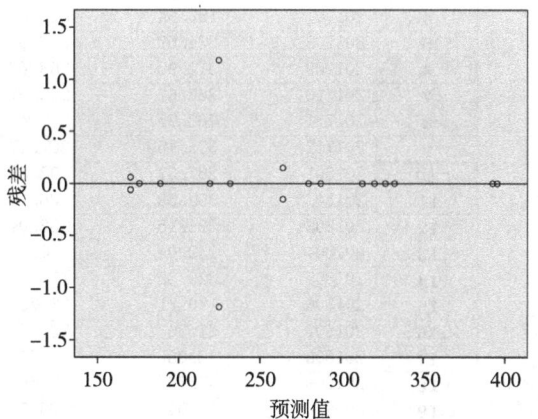

图 6-12 残差分布

月份	ATM机 6371211 8取款金额yt	ATM机63712 118取款金额 预测值	ATM机 6371226 6取款金额yt	ATM机63712 266取款金额 预测值	ATM机 6371228 8取款金额yt	ATM机63712 288取款金额 预测值	ATM机 6371116 取款金额yt	ATM机63711 16取款金额 预测值
201704	395.21	393.79	231.69	232.99	79.03	79.30	237.47	237.47
201705	326.88	325.72	191.00	192.36	79.56	79.30	170.14	169.88
201706	188.94	182.58	239.05	239.05	110.08	110.08	137.97	137.77
201707	324.57	325.72	195.98	195.61	136.53	136.53	203.68	200.66
201708	312.95	316.65	295.90	299.47	147.61	148.63	191.39	191.39
201709	263.67	263.82	303.05	299.47	149.64	148.63	184.67	186.29
201710	263.97	263.82	226.11	226.11	165.77	168.10	168.36	168.36
201711	332.45	332.45	211.11	211.53	122.42	122.42	176.38	176.38
201712	287.37	283.50	195.23	195.61	179.00	177.58	169.61	169.88
201801	392.38	393.79	211.94	211.53	213.90	214.90	179.92	179.56
201802	226.15	224.97	200.33	200.15	198.95	198.27	119.69	120.79
201803	232.04	232.04	217.67	217.67	206.27	206.34	154.00	152.52
201804	320.35	316.65	203.70	203.70	169.13	169.30	187.91	186.29
201805	170.71	170.77	129.69	130.12	266.78	266.78	179.19	179.56
201806	27.76	27.76	187.19	187.19	206.20	206.79	217.15	217.15
201807	72.06	72.06	193.71	192.36	206.40	206.34	172.62	173.37
201808	47.73	47.73	278.52	280.79	215.89	214.90	197.64	200.66
201809	95.54	95.54	234.29	232.99	182.29	182.29	98.07	98.07
201810	223.78	224.97	258.14	258.14	197.58	198.27	137.56	137.77
201811	219.29	219.29	199.97	200.15	176.16	177.58	109.93	109.93
201812	279.62	283.50	283.06	280.79	259.08	259.08	174.11	173.37
201901	176.21	182.58	128.46	128.46	170.43	168.10	121.90	120.79
201902	170.83	170.77	130.55	130.12	169.47	169.30	151.03	152.52

图 6-13 模型训练结束输出的实际值与预测值

	月份	训练输入变量	训练输出变量	测试输入变量	测试输出变量	预测输入变量
1	201704	397.47	395.21	223.78	219.29	219.29
2	201705	395.21	326.88	219.29	279.62	279.62
3	201706	326.88	188.94	279.62	176.21	176.21
4	201707	188.94	324.57	176.21	170.83	
5	201708	324.57	312.95			
6	201709	312.95	263.67			
7	201710	263.67	263.97			
8	201711	263.97	332.45			
9	201712	332.45	287.37			
10	201801	287.37	392.38			
11	201802	392.38	226.15			
12	201803	226.15	232.04			
13	201804	232.04	320.35			
14	201805	320.35	170.71			
15	201806	170.71	27.76			
16	201807	27.76	72.06			
17	201808	72.06	47.73			
18	201809	47.73	95.54			
19	201810	95.54	223.78			
20	201811	223.78	219.29			
21	201812	219.29	279.62			
22	201901	279.62	176.21			
23	201902	176.21	170.83			

图 6-14 RBF 神经网络建模数据文件

Setp 2：模型训练。

首先，在马克威数据挖掘窗口，建立数据源与 RBF 神经网络的链接，并通过在"数据源"图标上单击，将训练数据集载入数据源（图 6-15）。

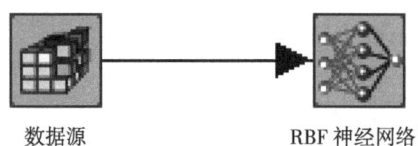

图 6-15　载入建模数据

其次，将光标移至 RBF 神经网络图标上，点击右键。在弹出的菜单中，选择"打开"进入如图 6-16 所示的 RBF 神经网络主对话框。

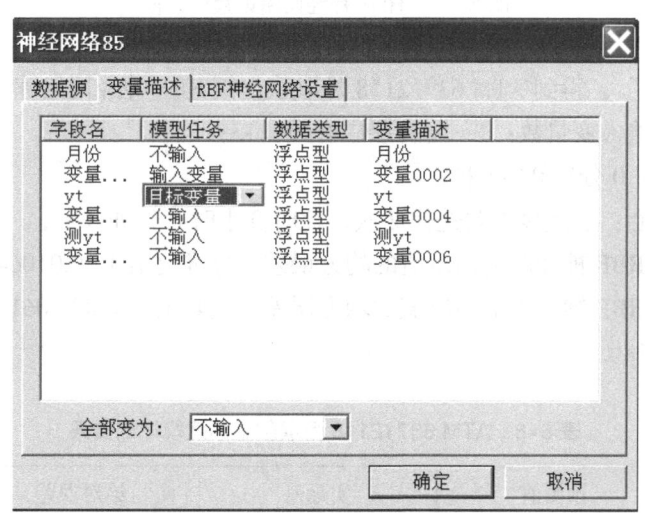

图 6-16　RBF 神经网络主对话框

选择"变量描述"选项卡，对训练中的输入变量和目标变量（输出变量）进行确定。输入变量是和预测对象有关的变量，根据实际情况可选择一个或多个输入变量，本次预测只有一个输入变量。输出变量是想要预测的对象，只能有一个。

选择"RBF 神经网络设置"选项卡，设置训练参数和保存或载入网络结构。马克威 RBF 神经网络模块极大地简化了训练参数的设置，训练过程中仅需要一个参数——隐含层中心个数。一般来说，中心个数设的越多，训练的效果越好，但所需要的时间越长；当中心个数多到一定的程度时对训练效果的改善已经不大。另外，中心数应不大于训练数据记录数。实际中，通常是选取不同的隐含层中心数进行学习训练，以寻找最佳参数设置。本次预测分别将隐含层中心数设置为 10、12、15 进行训练，训练的标准化值均方误差分别为 0.028700、0.014371、0.01064，因此，最后选择 15 为最佳隐含层中心数建立模型进行最后预测，如图 6-17 所示。

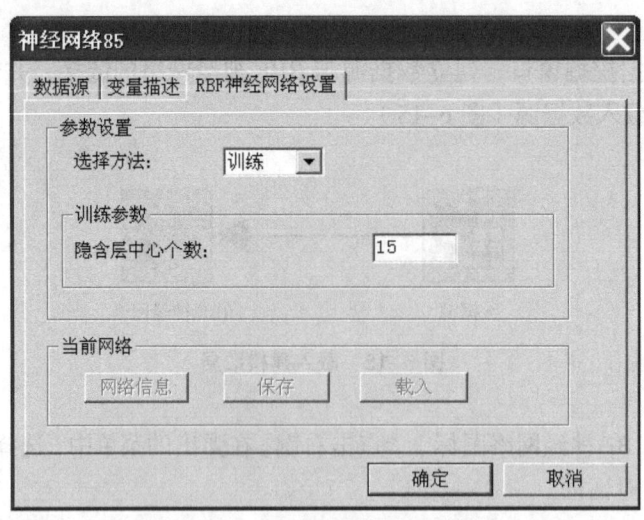

图 6-17 RBF 神经网络设置对话框

Setp 3：单击"确定"，得到 ATM 63712118 月取款金额 RBF 神经网络建模训练结果：
训练样本数：23，输入变量数：1，隐含层中心数：15；
训练总时间：0 小时 0 分钟 0.015 秒；
其中获取隐含层中心：快速聚类共迭代 2 次，耗时 0 小时 0 分钟 0 秒；
训练样本目标值和 RBF 神经网络输出值的均方误差（标准化值）=0.010643；
训练样本目标值和 RBF 神经网络输出值的均方误差（实际值）=1437.061964；
详见表 6-8、图 6-18。

表 6-8 ATM 63712118 月取款金额建模训练结果

记录号	预测值	实际值	绝对误差	相对误差
201704	316.0304	395.2100	79.1796	0.2003
201705	316.2996	326.8800	10.5804	0.0324
201706	246.6198	188.9400	57.6798	0.3053
201707	334.7185	324.5700	10.1485	0.0313
201708	230.0105	312.9500	82.9395	0.2650
201709	256.0644	263.6700	7.6056	0.0288
201710	301.9140	263.9700	37.9440	0.1437
201711	296.2131	332.4500	36.2369	0.1090
201712	281.3809	287.3700	5.9891	0.0208
201801	393.7884	392.3800	1.4084	0.0036
201802	315.9878	226.1500	89.8378	0.3972
201803	258.9193	232.0400	26.8793	0.1158

案例 6
"山重水复疑无路，柳暗花明又一村"

记录号	预测值	实际值	绝对误差	相对误差
201804	296.1111	320.3500	24.2389	0.0757
201805	208.9913	170.7100	38.2813	0.2242
201806	37.5395	27.7600	9.7795	0.3523
201807	72.0916	72.0600	0.0316	0.0004
201808	47.8782	47.7300	0.1482	0.0031
201809	95.4540	95.5400	0.0860	0.0009
201810	223.6125	223.7800	0.1675	0.0007
201811	249.3735	219.2900	30.0835	0.1372
201812	242.3716	279.6200	37.2484	0.1332
201901	174.9169	176.2100	1.2931	0.0073
201902	154.1729	170.8300	16.6571	0.0975

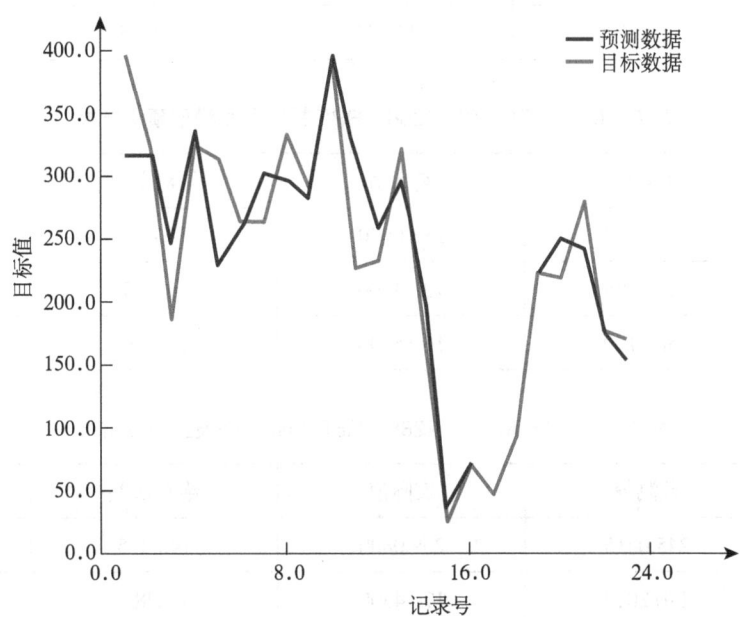

图 6-18　ATM 63712118 月取款金额 RBF 建模训练拟合

2. 模型评估，实施预测

为了对预测模型进行整体评估，吴教授让学生把模型拟合误差绘制成如图 6-19 所示的频数分布图，其中一半以上的月份预测误差小于 10%，70% 以上的月份预测误差在 20% 以内，总体平均相对误差为 11.68%。看到这样的结果，吴教授喜出望外，随即指导学生使用马克威软件对 4 台 ATM 机 2019 年 1—3 月的现金需求量进行了实际预测，预测结果如表 6-9 至表 6-12 所示。

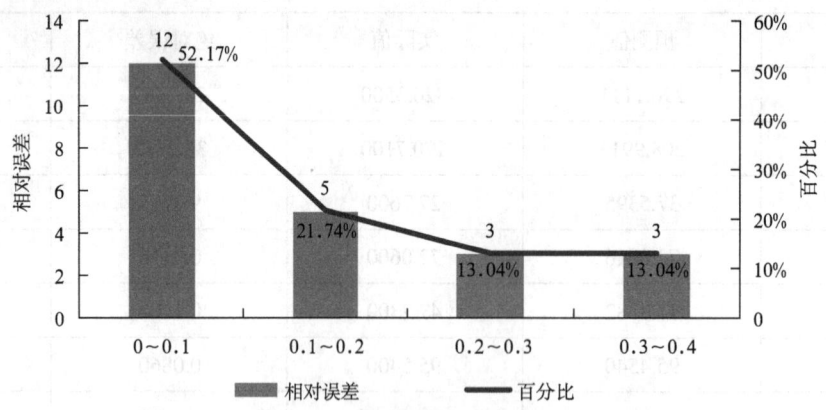

图 6-19 模型训练相对误差分布

表 6-9 "ATM 63712118" RBF 神经网络模型预测结果

记录号	预测值	实际值	绝对误差	相对误差
201901	242.3716	279.63	37.2584	15.27%
201902	174.9169	176.21	1.2481	0.71%
201903	154.1729	170.83	16.6571	10.8%

表 6-10 "ATM 63712266" RBF 神经网络模型预测结果

记录号	预测值	实际值	绝对误差	相对误差
201901	248.3223	283.0600	34.7377	12.27%
201902	127.7195	128.4600	0.7405	0.58%
201903	158.8150	130.5500	28.2650	21.65%

表 6-11 "ATM 63712288" RBF 神经网络模型预测结果

记录号	预测值	实际值	绝对误差	相对误差
201901	245.0415	259.0800	14.0385	5.42%
201902	170.2017	170.4300	0.2283	0.13%
201903	225.9022	169.4700	56.4322	33.30%

表 6-12 "ATM 63711116" RBF 神经网络模型预测结果

记录号	预测值	实际值	绝对误差	相对误差
201901	172.5899	174.1100	1.5201	0.0087
201902	157.6637	121.9000	35.7637	0.2934
201903	141.5603	151.0300	9.4697	0.0627

续表

预测结果交给银行方面后,很快给出了结论:"预测结果与实际情况虽有偏差,但与ATM机取款额的变动趋势和增减规律基本一致,对于ATM机每月的计划投放量有实际参考价值"。

得到了银行方面的肯定,吴教授心里的重担终于放下了,激动地对接洽的银行人员说:"由于缺乏日取款额的数据,这次构建的模型只能直接预测出ATM机的月取款金额,要确定每天的现金投放量,还需要做进一步的计算调整。调整的方法是用模型预测出的月取款金额除以每月的日历天数,计算出ATM机平均每天的取款金额,然后再由相关人员根据经验,结合不同月份可能发生的特殊事件(如付薪日、节假日、寒暑假等)进行适当的增减。"

四、尾声

经过一个多月的努力,克服了重重困难,终于有了结果,且模型训练、测试和预测结果效果均表现良好,可以说"山重水复疑无路,柳暗花明又一村"。预测报告很快送到了张总的办公桌上,他一边看报告,一边询问。看着看着,他舒展了眉头,微笑着说:"我们终于可以做到有计划投放了。接下来要对相关人员进行培训,让大家熟悉操作过程。"

参考文献:

[1] 武松,潘发明,等.SPSS统计分析大全[M].北京:清华大学出版社,2014.

[2] 黄晖.马克威软件与当代数据分析[M].北京:中国统计出版社,2006.

[3] 宋苏民,旷文珍,许丽,等.RBF神经网络在铁路货运量预测中的应用[J].计算机应用,2017.(1):47-51.

[4] 许琪,曹振宇,周根贵.ATM现金需求量预测研究现状与展望[C].重庆.第十一届中国青年信息与管理学者大会论文集,2009:127-131.

[5] 许琪.基于支持向量机的ATM现金需求预测研究[D].杭州:浙江工业大学,2009.

附录

附录主要为未在文中出现的其他3台ATM机取款金额的建模的相关输出结果。

1. SPSS相关输出

(1) ATM 63712266

案例处理汇总

		N	百分比
样本	训练	23	100.0%
	有效	23	100.0%
	已排除	1	
	总计	24	

		网络信息	
输入层	因子	1	ATM 63712266 取款金额（yt_1）
	单位数		23
隐藏层	单位数		15
	激活函数	Softmax	
	因变量	1	ATM 63712266 取款金额（yt）
	单位数		1
输出层	尺度因变量的重标度方法	调整标准化	
	激活函数	恒等	
	错误函数	平方和	

		模型汇总	
训练	平方和错误		.003
	相对错误		.001
	培训时间		0：00：00.00

因变量：ATM 63712266 取款金额（yt）

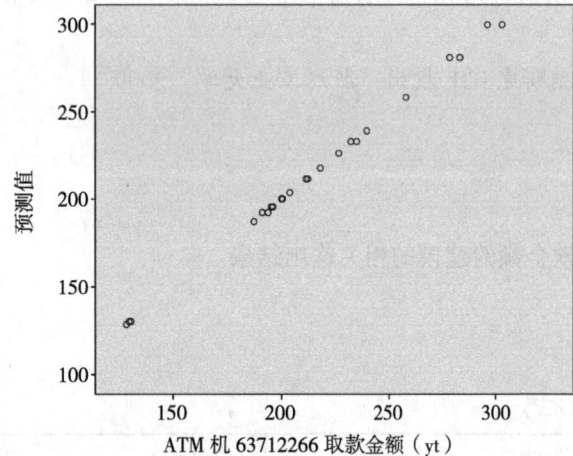

ATM 机 63712266 取款金额（yt）

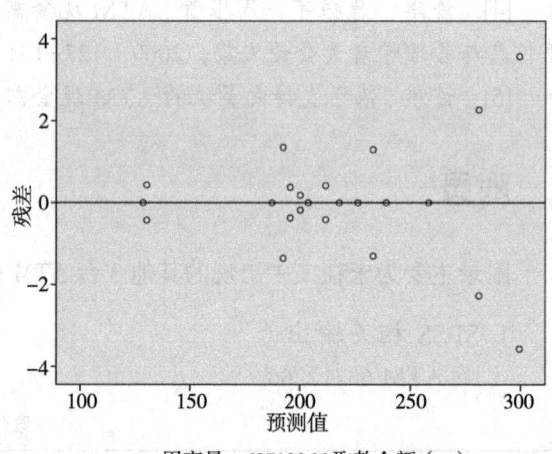

因变量：63712266 取款金额（yt）

案例 6
"山重水复疑无路,柳暗花明又一村"

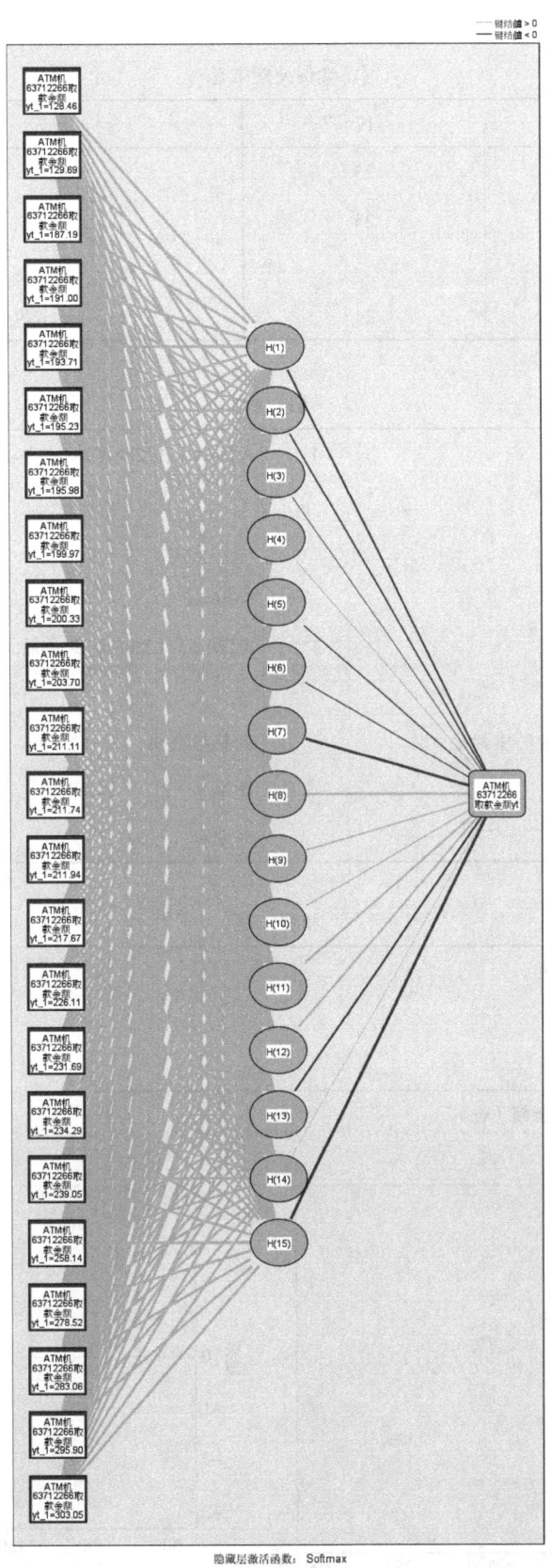

隐藏层激活函数:Softmax
输出层激活函数:恒等

（2）ATM 63712288

案例处理汇总

		N	百分比
样本	训练	23	100.0%
	有效	23	100.0%
	已排除	1	
	总计	24	

网络信息

输入层	因子	1	ATM 63712288ATM 机取款金额（yt_1）
	单位数		23
隐藏层	单位数		15
	激活函数		Softmax
	因变量	1	ATM 63712288 取款金额（yt）
	单位数		1
输出层	尺度因变量的重标度方法		调整标准化
	激活函数		恒等
	错误函数		平方和

模型汇总

训练	平方和错误	.001
	相对错误	.000
	培训时间	0：00：00.00

因变量：ATM 63712288 取款金额（yt）

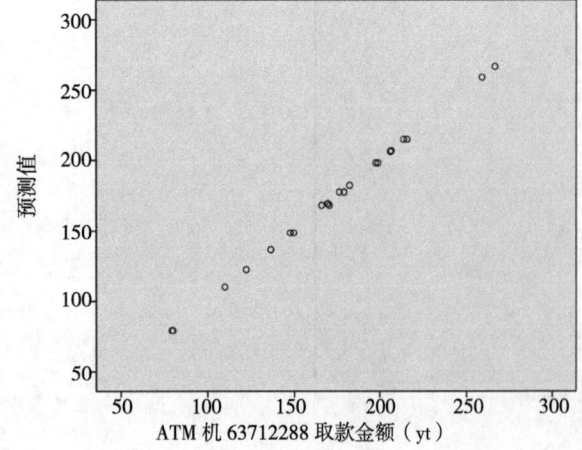
ATM 机 63712288 取款金额（yt）

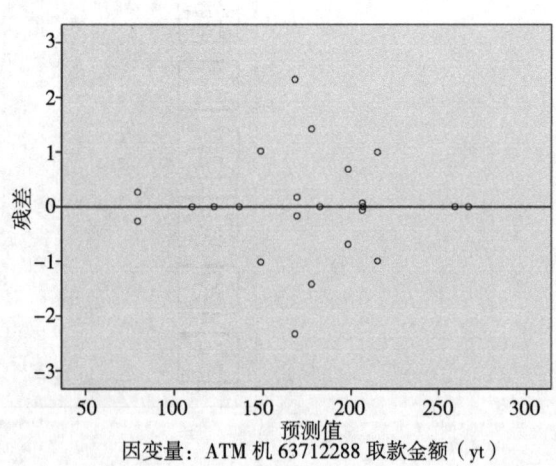
因变量：ATM 机 63712288 取款金额（yt）

案例 6
"山重水复疑无路,柳暗花明又一村"

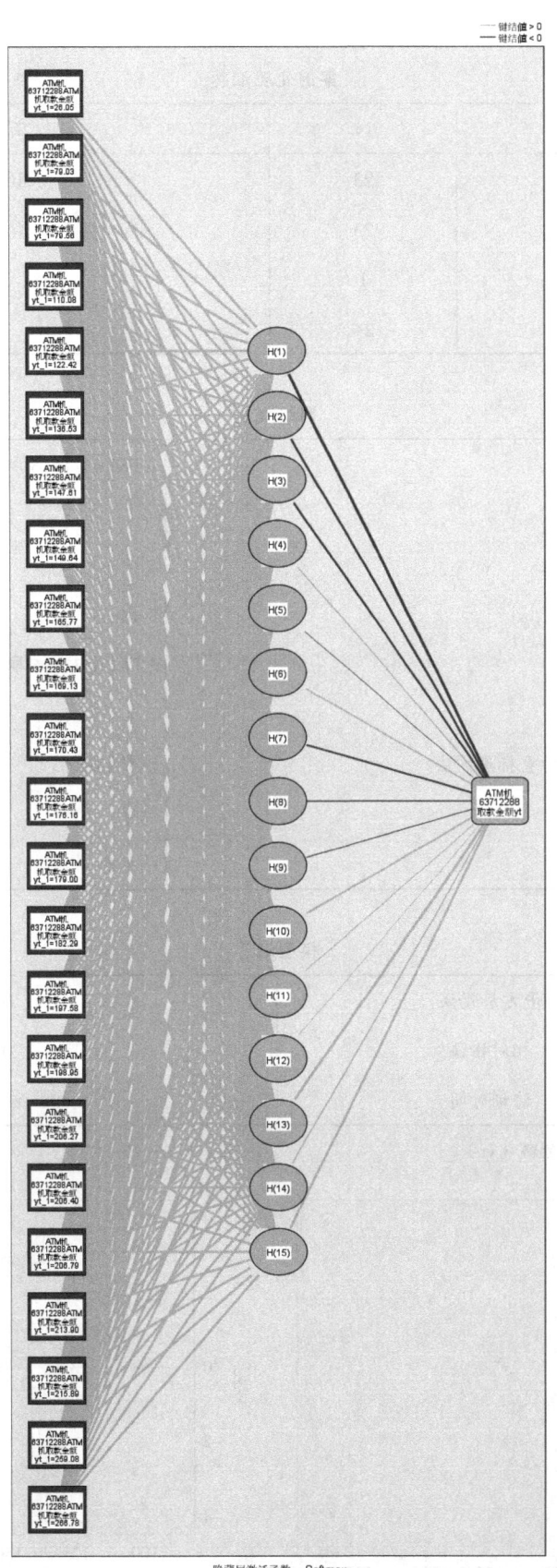

-69-

（3）ATM 63711116

案例处理汇总

		N	百分比
样本	训练	23	100.0%
	有效	23	100.0%
	已排除	1	
	总计	24	

网络信息

输入层	因子	1	ATM 6371116 取款金额（yt_1）
	单位数		23
隐藏层	单位数		15
	激活函数		Softmax
	因变量	1	ATM 6371116 取款金额（yt）
	单位数		1
输出层	尺度因变量的重标度方法		调整标准化
	激活函数		恒等
	错误函数		平方和

模型汇总

训练	平方和错误	.003
	相对错误	.001
	培训时间	0：00：00.00

因变量：ATM 6371116 取款金额（yt）

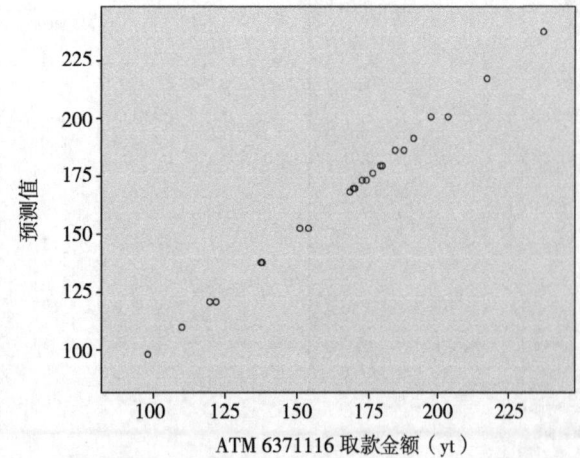

ATM 6371116 取款金额（yt）

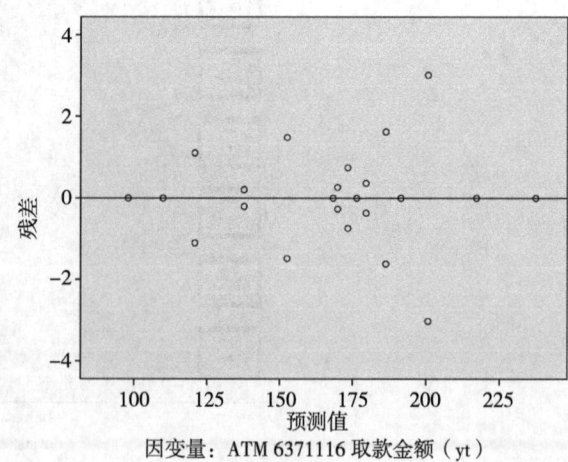

因变量：ATM 6371116 取款金额（yt）

案例 6
"山重水复疑无路，柳暗花明又一村"

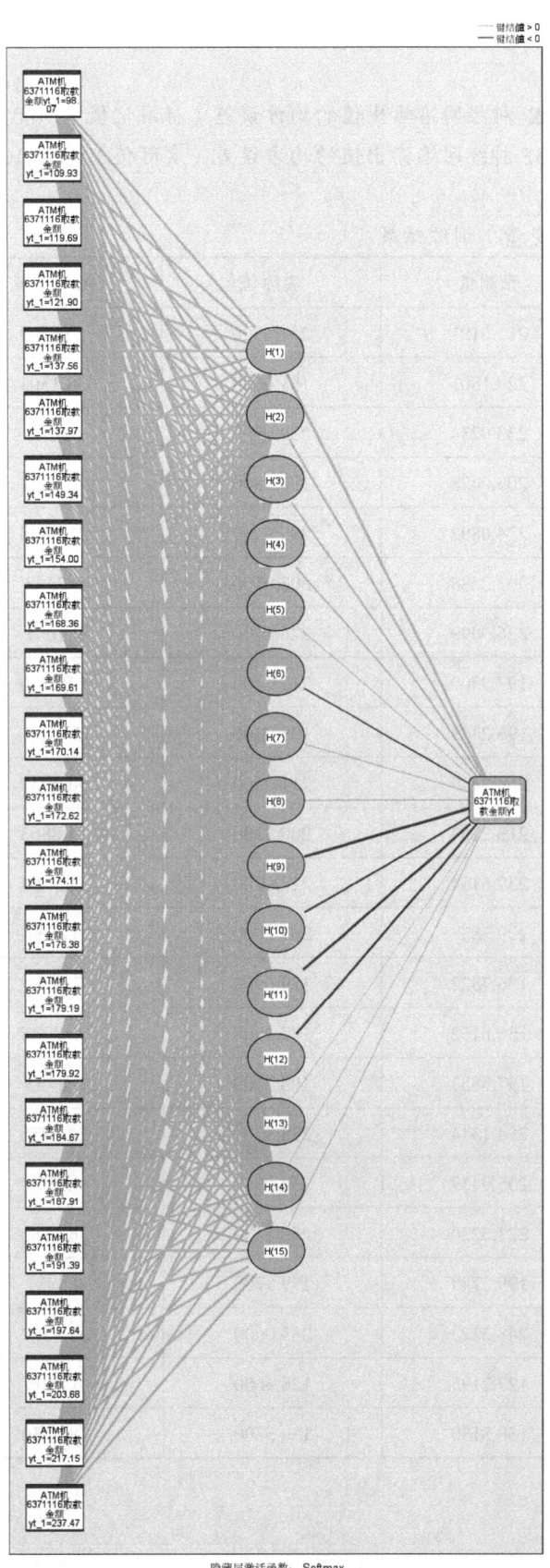

隐藏层激活函数：Softmax
输出层激活函数：恒等

2. 马克威相关输出

（1）ATM 63712266

训练样本目标值和RBF神经网络输出值的均方误差（标准化值）=0.016243

训练样本目标值和RBF神经网络输出值的均方误差（实际值）=495.104922

目标变量（训练目标变量）训练结果：

记录号	预测值	实际值	绝对误差	相对误差
1	211.0191	231.6900	20.6709	0.0892
2	229.1501	191.0000	38.1501	0.1997
3	233.0254	239.0500	6.0246	0.0252
4	205.0428	195.9800	9.0628	0.0462
5	274.0802	295.9000	21.8198	0.0737
6	303.2888	303.0500	0.2388	0.0008
7	226.0099	226.1100	0.1001	0.0004
8	197.9300	211.1100	13.1800	0.0624
9	196.2465	195.2300	1.0165	0.0052
10	268.2439	211.9400	56.3039	0.2657
11	215.2163	200.3300	14.8863	0.0743
12	239.6164	217.6700	21.9464	0.1008
13	209.5857	203.7000	5.8857	0.0289
14	136.7522	129.6900	7.0622	0.0545
15	158.8152	187.1900	28.3748	0.1516
16	197.5853	193.7100	3.8753	0.0200
17	254.1344	278.5200	24.3856	0.0876
18	235.0439	234.2900	0.7539	0.0032
19	221.3220	258.1400	36.8180	0.1426
20	199.3749	199.9700	0.5951	0.0030
21	248.3223	283.0600	34.7377	0.1227
22	127.7195	128.4600	0.7405	0.0058
23	158.8150	130.5500	28.2650	0.2165

案例 6
"山重水复疑无路，柳暗花明又一村"

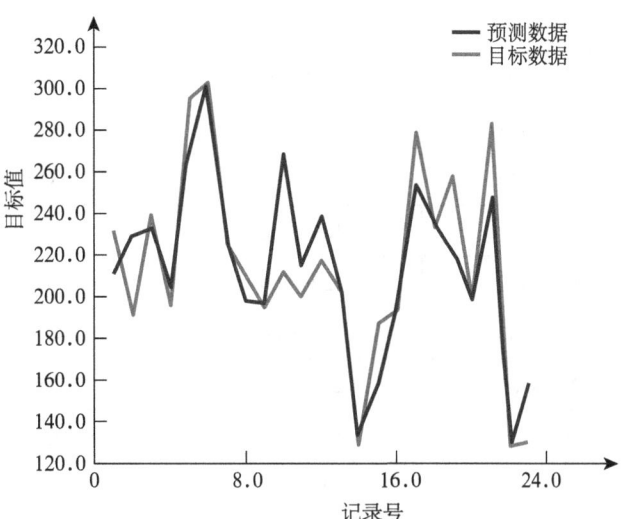

ATM63712266目标变量（训练目标变量）训练拟合

目标变量（测试目标变量）测试结果：

记录号	预测值	实际值	绝对误差	相对误差
1	199.3749	199.9700	0.5951	0.0030
2	248.3223	283.0600	34.7377	0.1227
3	127.7195	128.4600	0.7405	0.0058
4	158.8150	130.5500	28.2650	0.2165

目标变量预测结果：

记录号	预测值
1	127.7195
2	158.8150
3	157.8905

（2）ATM 63712288

训练样本目标值和RBF神经网络输出值的均方误差（标准化值）＝0.012238

训练样本目标值和RBF神经网络输出值的均方误差（实际值）＝431.385494

目标变量（训练输出变量）训练结果：

记录号	预测值	实际值	绝对误差	相对误差
1	78.9686	79.0300	0.0614	0.0008
2	94.9545	79.5600	15.3945	0.1935
3	94.5061	110.0800	15.5739	0.1415
4	136.9324	136.5300	0.4024	0.0029

续表

记录号	预测值	实际值	绝对误差	相对误差
5	146.2325	147.6100	1.3775	0.0093
6	160.1079	149.6400	10.4679	0.0700
7	155.4791	165.7700	10.2909	0.0621
8	136.1947	122.4200	13.7747	0.1125
9	179.0430	179.0000	0.0430	0.0002
10	222.9725	213.9000	9.0725	0.0424
11	190.2450	198.9500	8.7050	0.0438
12	191.3991	206.2700	14.8709	0.0721
13	199.0964	169.1300	29.9664	0.1772
14	204.7845	266.7800	61.9955	0.2324
15	206.9231	206.7900	0.1331	0.0006
16	198.8317	206.4000	7.5683	0.0367
17	199.0397	215.8900	16.8503	0.0781
18	188.9435	182.2900	6.6535	0.0365
19	194.9565	197.5800	2.6235	0.0133
20	188.0036	176.1600	11.8436	0.0672
21	245.0415	259.0800	14.0385	0.0542
22	170.2017	170.4300	0.2283	0.0013
23	225.9022	169.4700	56.4322	0.3330

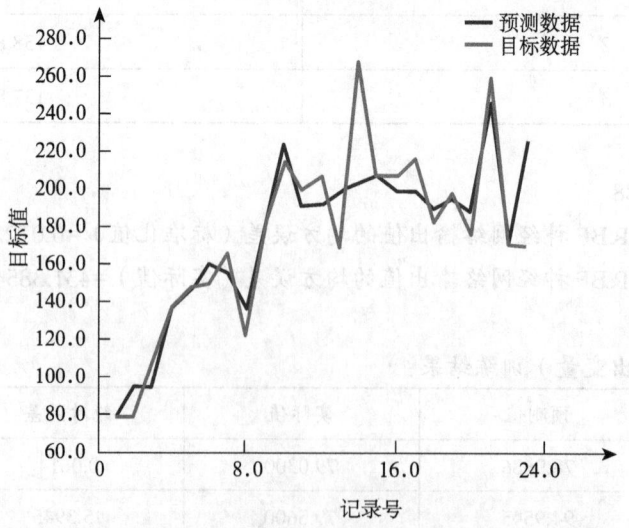

ATM63712288目标变量（训练目标变量）训练拟合

目标变量（测试输出变量）测试结果：

案例 6
"山重水复疑无路，柳暗花明又一村"

续表

记录号	预测值	实际值	绝对误差	相对误差
1	188.0036	176.1600	11.8436	0.0672
2	245.0415	259.0800	14.0385	0.0542
3	170.2017	170.4300	0.2283	0.0013
4	225.9022	169.4700	56.4322	0.3330

目标变量预测结果：

记录号	预测值
1	170.2017
2	225.9022
3	210.8099

（3）ATM 63711116

训练样本目标值和 RBF 神经网络输出值的均方误差（标准化值）=0.027669；

训练样本目标值和 RBF 神经网络输出值的均方误差（实际值）=537.680594。

目标变量（训练输出变量）训练结果

记录号	预测值	实际值	绝对误差	相对误差
1	239.3232	237.4700	1.8532	0.0078
2	170.1416	170.1400	0.0016	0.0000
3	165.8656	137.9700	27.8956	0.2022
4	160.7679	203.6800	42.9121	0.2107
5	191.4235	191.3900	0.0335	0.0002
6	183.2389	184.6700	1.4311	0.0077
7	158.8992	168.3600	9.4608	0.0562
8	173.4663	176.3800	2.9137	0.0165
9	165.4723	169.6100	4.1377	0.0244
10	168.0140	179.9200	11.9060	0.0662
11	167.5755	119.6900	47.8855	0.4001
12	163.5048	154.0000	9.5048	0.0617
13	187.0186	187.9100	0.8914	0.0047
14	184.7558	179.1900	5.5658	0.0311
15	169.7003	217.1500	47.4497	0.2185
16	172.6140	172.6200	0.0060	0.0000

续表

记录号	预测值	实际值	绝对误差	相对误差
17	157.7880	197.6400	39.8520	0.2016
18	98.0904	98.0700	0.0204	0.0002
19	137.8726	137.5600	0.3126	0.0023
20	153.0435	109.9300	43.1135	0.3922
21	172.5899	174.1100	1.5201	0.0087
22	157.6637	121.9000	35.7637	0.2934
23	141.5603	151.0300	9.4697	0.0627

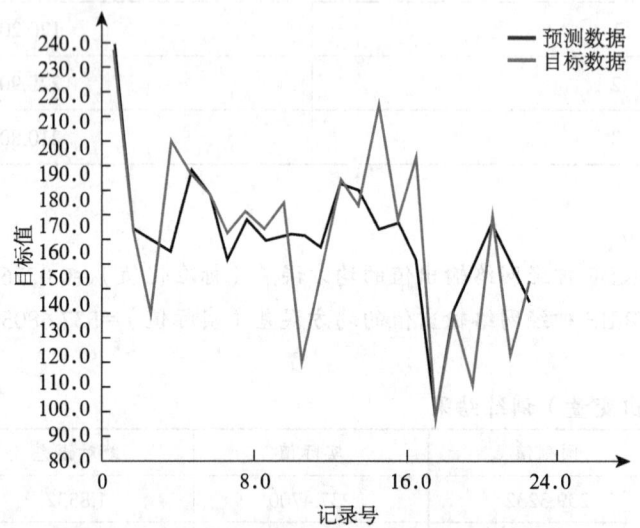

ATM63711116目标变量（训练输出变量）训练拟合

目标变量（测试输出变量）测试结果：

记录号	预测值	实际值	绝对误差	相对误差
1	153.0435	109.9300	43.1135	0.3922
2	172.5899	174.1100	1.5201	0.0087
3	157.6637	121.9000	35.7637	0.2934
4	141.5603	151.0300	9.4697	0.0627

目标变量预测结果：

记录号	预测值
1	157.6637
2	141.5603
3	216.1172

案例使用说明

一、教学目的与用途

1. 适用课程

本案例主要适用于"统计与决策""经济预测"等课程中相关内容的教学。

2. 适用对象

MBA学员、全日制硕士研究生和全日制本科生教学。

3. 教学目的

本案例的教学目的在于通过对X银行ATM现金投放量决策问题的研究,使学员深刻理解企业管理决策与预测的关系,掌握针对实际问题进行预测的基本过程和逻辑思维模式,培养学员运用定量分析方法解决实际问题的能力。通过对案例问题的讨论,使学员深刻认识到统计思维和定量分析方法在企业管理中的重要性。

二、启发思考题

① 你如何看待银行ATM的现金投放问题?

② 对于非线性的复杂相关性预测问题,应选择什么方法和模型进行预测?

③ 本案例选择的预测方法是否适当?还可以选择哪些预测方法对ATM的现金需求进行预测?

④ RBF神经网络主要适合什么问题的研究?其建模过程中的关键参数隐含层中心个数如何设置?

⑤ 预测结果应用于决策的前提条件是什么?如何对预测结果进行评估?

三、案例分析思路

教师可以根据自己的教学目的灵活使用本案例,下述分析思路仅供参考。

本案例以X银行ATM现金投放问题为背景,依据时间序列资料,遵循适用、可行、准确的原则,运用SPSS和MarkWay软件建立RBF神经网络模型,对X银行4台ATM机的月取款金额进行了预测。案例整体上按照发现问题、寻找方法、方法实现、解决问题的逻辑思维进行分析,基本思路和每个阶段采取的方法与结果如图6-20所示。

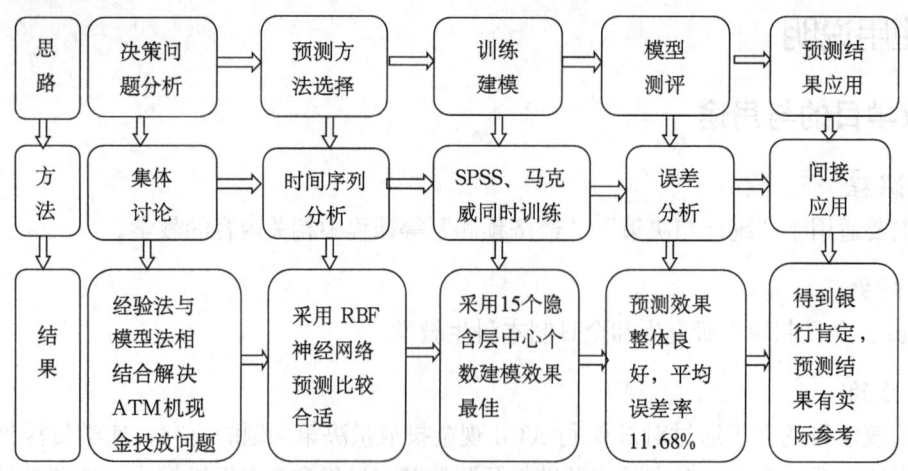

图 6-20 本案例分析的基本思路

案例 7

同教变，与智融
——XY教育，解新高考之"痛"[①]

黄当玲　李刚　毋建宏　邵蔚青　杜维　张习诚

案例正文

引言

2020年5月20日9点30分，"祝你生日快乐！祝你生日快乐……"美好的生日祝福歌准时奏响，XY教育科技集团有限公司（以下简称"XY教育"）迎来了它4周岁生日庆典。4年里，XY教育从一只个性鲜明的"小羊"逐渐茁壮成长为一只业界家喻户晓的"大羊"，从BJ到全国，从排选课发展到智慧校园整体生态建设，XY已经成为新高考赛道上的先进创新企业。

2017年"一人一课表"获得BJ市新技术新产品（服务）证书、荣膺2018年互联网教育家企业年会最佳教育解决方案奖、XY教育入围"2018年度中国创客"50强、XY教育荣膺"第76届中国教育装备展示会金奖"……公司总裁兼CEO周总看着屏幕上播放的XY教育4年来的成就，心里感慨万千，深感这些成就的来之不易。

"岁月如斯，转眼已经4个春秋冬夏。以色列人出埃及，日有云柱、夜有火柱，指引他们在旷野中前行40年。也许我们前方的路还很长，但我们XY人走进了一片新天地，也看到了前方路途中一直指引着我们的光和火！4周年，且行且坚！"周总对XY教育送上了美好的寄语。屏幕上也开始播放XY教育的"成长记"："XY教育是一家致力于基础教育科技创新的公司，成立于2016年5月……"

一、"痛"点凸显，需求浮现

党的十八大以来，随着《"互联网+"行动计划》《促进大数据发展行动纲要》等有关政策的出台，信息化已然成为国家战略重点之一。尤其是随着云计算、大数据、物联网、移动计算等新技术被广泛应用，各行业信息化步伐不断加快，人工智能对教育的革命性影响日趋凸显。

2014年，国务院印发了《关于深化考试招生制度改革的实施意见》。此次高考改革，对考试科目、高校招生录取机制都作出了重大调整。考试科目设置方面规定，高中不再分文理科，高考总成绩改由两部分组成：一部分是全国统一高考的语文、数学、外语3个科目的成绩，另一部分是从思想政治、历史、地理、物理、化学、生物6科中自主选择3个科目的成绩；招生录取机制不再仅仅依靠高考成绩，而是通过必考、选考结合，统考、学考结合，分评与综评结合的方式。

[①] 案例来源：中国管理案例共享中心，并经案例作者同意授权引用。
本案例于2021年1月20日入选中国管理案例共享中心案例库。
由于企业保密的要求，在本案例中对有关名称、数据等做了必要的掩饰性处理。
本案例只供课堂讨论之用，并无意暗示或说明某种管理行为是否有效。

这一系列政策的变化使得高中生的选课组合多达 20 余种。对学校而言，若想在排课中 100%满足学生自由选课的结果，就需要通过"走班"的教学模式来满足学生的多样化上课需求。这将是一个 N（学生数）的 N（学生数）次方问题，给学校的教务管理工作带来极大的困难。"排课"是学校教学管理最基础的工作，"走班排课"成了新高考改革制度实施过程中最大的"痛点"。

2014 年，上海、浙江作为第一批试点省份，为我国全面高考改革打响了第一枪。2016 年，高考改革将在全国范围内铺开，几十家有影响力的企业都纷纷开始着手布局教育信息化相关产品，如科大讯飞、立思辰、学乐云等，并且不断有新企业进入该领域。在国外打拼多年的周总觉得，回国创业的时机成熟了。

于是，周总召集一群商业伙伴，开始商量他们的"回国创业计划"。这是一支在教育信息化行业有着丰富经验的创业团队，周总曾任 Blackboard[①] K12 中国区负责人兼其核心产品的研发工作，王副董曾任 Blackboard K12 中国区教育关系总监，张副董曾任 Blackboard K12[②] 中国区研发总监，刘副董在教育领域深耕多年……他们都怀揣对教育的热爱与创业的梦想。

"如今新高考改革政策全面推出，这是我们回国最恰当的时间。"刘副董信心满满地说。

"虽然目前上海、浙江两个省市试点比较成功，但此次改革才开始两年，未来会如何发展还是未知，市场存在很大的不确定性。我们这个时候选择回国，有些为时过早，我认为应该继续观望一段时间。"王副董反驳道。

"其实在 2014 年的时候，我就已经开始关注国内的教育信息化市场，国内的教育信息化发展进程比较慢，我选择观望。但现如今，在高考改革政策的推进下，不断有企业进入这个领域，市场竞争会越来越激烈，我们要在此时尽早抢占市场。"周总郑重地说道。

"对，我们首先要抢占市场。"刘副董说。

"这对我们来说不是难题。走班排课是目前最大的难点，但我们有优势，走班排课是 Blackboard 的核心业务之一，并且国外走班制教学兴起较早，几乎所有公立、私立、特许中学的 8—12 年级均采用走班制，发展已经相当成熟。我们此刻回国，在教育信息化市场将大有作为。"张副董说。

"随着新高考改革进一步在全国范围内铺开，给学校带来的困难也将进一步浮现，有难点就会有需求。我们该做的就是抓住走班排课这一最大的'痛点'，满足学校对走班排课的需求，尽快抢占市场，在国内新高考领域立足。"听完几位创业伙伴的想法，周总越发坚定地说。

2016 年 2 月，周总与张副董、刘副董等人在国内创办 XY 教育。3 月，XY 教育获得阿米巴资本天使轮 1600 万元投资；4 月，XY 教育反向收购 Blackboard K12 中国区的全部业务，5 月完成收购交割。自此，XY 教育在国内正式扬帆起航。

二、整合资源，本土改造

XY 教育以走班排课为市场切入点，在经过一段时间的市场考验之后，逐渐浮现出一些问题，让市场部经理非常头疼。XY 教育引进了 Blackboard 走班排课管理系统，这一系统是基于美国普渡大学提供的核心智能搜索算法，虽然算法非常先进，但在落地学校的过程中出现了"水土不服"的现象，于是周总通知市场部、研发部召开了紧急会议。

"我们深知新高考改革的施行给学校带来最大的'痛点'就是走班排课，本以为引进的优秀算法

[①] Blackboard 是美国基础教育信息化行业龙头企业。
[②] K12 是指学前教育至高中教育的缩写，现普遍被用来代指基础教育。

能够帮助我们顺利打开市场，但现在却出现了水土不服的问题。"负责市场的王副董紧皱眉头地说。

"国内学校与国外学校在教育资源、教育政策、教育诉求等方面有很大的差异，我们引进的时候忽略了这一点。"周总分析道。

"是的，国内目前每个地区的新高考实施细则都不一致，每个学校的特点也不尽相同，标准化的走班排课系统不能满足每个学校的需求。不能满足客户的基本排课需求，肯定客户有所抱怨了。"王副董说道。

"有没有什么解决的办法呢？"周总问。

大家都陷入了沉思中……

"本土化改造！把引进 Blackboard 走班排课管理系统进行本土化改造，让它适应我们的模式，而不是我们适应它！"负责研发的张副董说道。

随后，产品部门从各个学校的刚需、技术壁垒最高的排课算法出发，对国内的学校特点与新高考改革政策进行深入的调查研究，结合国内学校的实际情况，不断对算法进行优化，最终决定通过利用打分机制实现课时均衡，为教务老师减负增效，帮助学校以最少的人力在最短的时间内排出课表。最终 XY 教育研发出了独有的可定制化、全自动交付的走班排课算法系统。

走班排课算法系统的研制成功给 XY 教育极大的信心，但是面向市场的推广也同样重要，大家一致同意打造一个样板校为客户展示最新的研究成果。周总想到了 BJ35 中。周总在 Blackboard 任职期间，曾帮助 BJ35 中引入了走班排课管理系统，但在项目实施的过程中发现，系统不能很好地满足学校需求。周总随后进行实地考察、调研，为其定制了一套走班排课管理系统，帮助 BJ35 中顺利完成了教学改革。现如今，XY 教育针对国内市场研发出了更加优化的走班排课管理系统，应用在 BJ35 中再合适不过了。周总即刻联系 BJ35 中校长商谈合作，校长大力赞成。

XY 教育优化后的走班排课算法系统在 BJ35 中应用大获成功，但也发现学校不知如何进行规划走班制教学。因此，XY 教育在推出"一人一课表"走班管理平台的同时，也推出了其配套的解决方案，其中包含了根据学校的具体情况为其提供有关教育教学改革、走班教学课程规划的策略及咨询服务，帮助学校打造适宜本校的选排课实施方案。XY 教育走班排课管理方案如图 7-1 所示。

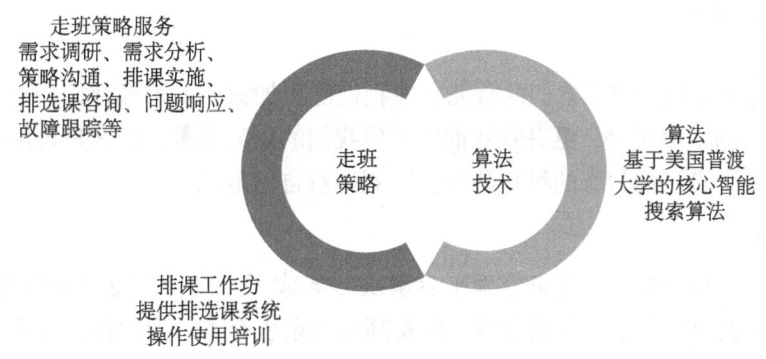

图 7-1 XY 教育走班排课管理方案

目前市场上有很多企业在做走班排课相关产品，但是只有 XY 教育的"一人一课表"走班排课管理平台能够全自动化，XY 教育凭借这一优势抢占先机，占据了大部分市场。

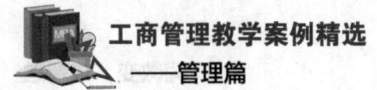

三、围绕市场，多元发展

1. XY 研究院

"一人一课表"走班管理平台产品的推出，从根本上解决了走班排课带来的难题，但仅有"一人一课表"走班管理平台解决方案这一款产品，无法满足企业后续发展的需要，周总深谙这个道理。为了发现更多的改革难点，深挖更多的市场需求，周总通知刘副董和产品部召开会议。

"我们已经把 BJ35 中打造成了 XY 教育的样板校，在学校圈里建立了良好的口碑，但是不同的学校有不同的需求，该如何保证我们的产品可以更大程度满足每个学校的需求？"负责与用户对接的李副董说。

"我们可以建立一个针对需求的研究部门，不仅是对客户需求，还可以扩大范围，研究整个行业的需求，同时也可以向社会输出我们的成果及理念。"对行业有深入研究的刘副董提议说。

"那就成立一个 XY 教育研究院，召集行业内人士对国内教育政策进行更深入的探索，研究客户与市场的需求，为我们的'一人一课表'保驾护航，为 XY 的未来发展出谋划策。"周总说。

XY 教育研究院成立之后，致力于为学校提供科学、高效、实用的专业服务，为区域教育局提供策略咨询服务，助推区域教育、学校品牌办学与师资队伍建设的整体发展，XY 教育研究院主要业务内容见表 7-1。

表 7-1　XY 教育研究院主要业务内容

项目	内容
政策法规研究	教育政策研究
发展战略研究	三步走战略、"3+2"战略
教育教学研究	课题研究、在线教师培训、企业刊物《XY 集团教育研究》
教育研修服务（核心业务）	中高考改革背景下课程改革与"走班教学"实践专项研讨；校长、教务主任、教师、班主任专业化培训；中高考形势预测及心理辅导；"同课异构"专家入校培训

资料来源：调研资料整理。

"通过 XY 教育研究院专家学者们的研究，使我们能更加深入了解教育行业的规律，通过承办和组织多层次、多形式的学术研讨，更有效地推广宣传我们的研究成果，让客户理解我们的教育理念，明白我们是要成为一个真正懂教育的科技公司。"刘副董自信地说。

2. 产品多元化

XY 教育凭借"一人一课表"走班管理平台解决方案成了新高考教育赛道的新宠儿，之后，XY 研究院的成立为 XY 教育插上了腾飞的翅膀。周总高兴之余也有了一丝担忧，还有哪些高考改革带来的难点能够形成市场需求？XY 教育该如何在竞争激烈的教育信息化行业进一步发展呢？带着这样的忧思，周总通知 XY 研究院院长、市场部及产品部召开了会议。

"与 XY 教育合作的学校越来越多，逐渐暴露出了一些问题，我们的'一人一课表'走班排课系统并不能很好地和学校原有的智慧校园兼容，大部分客户都对这个问题感到很头疼，我们也觉得很诧异，不清楚原因在哪里？"负责产品的李副董说。

"无法兼容？那可能是传统智慧校园都是依据过去的行政班划分的，无法适应高考改革后新的走班制教学导致的。"XY 研究院刘副董说道。

"对，现在市场上确实存在这些问题，虽然智慧校园领域巨头林立，科大讯飞、天喻信息等已在该领域深耕多年，但目前没有企业能够解决系统兼容问题，我认为这是一个新的市场机会。"市场部王副董说。

"嗯，这确实是一个新的市场需求，现如今我们已经在行业内站住了脚跟，确实应该将目光看向新的领域了。智慧校园领域是一个很好的选择。但要想在新的领域崭露头角，就得打造专属 XY 教育的智慧校园平台解决方案！"周总激动地说道。

随后，周总及他的团队以打造专属 XY 教育的智慧校园平台为目标，以"一人一课表"走班管理平台解决方案为核心，与中科曙光合作，采用当今国际最先进的微服务技术架构，最大程度降低平台升级与扩展的技术成本，解决了传统智慧校园中的"孤岛"问题，完美实现新高考改革需求与智慧校园的融合。

同时，为了进一步优化智慧校园，XY 教育与慕华尚测签署战略合作协议，将全球领先的走班智能芯片与慕华尚测研发的全面诊断学生的学业状况评价内容体系结合，共同助力新高考所倡导的学生个性化发展，最终 XY 教育首创推出了课表驱动的"新高考一站式智慧校园解决方案"。

新高考改革影响的不仅是学校，还有教育主管行政部门。教育主管行政部门需要对一个地区内所有实施改革的学校数据进行有效的收集、整理、分析，这是教育主管行政部门所面临的一个难题。XY 教育从问题出发，以"一人一课表"为基础，打造区域整体走班教学改革信息化支撑平台，满足区域、学校、教师和学生等多用户的不同需求，达到校园业务数据与省级大数据平台的互联互通，推出了"区域教育云平台"解决方案。

四、智慧教育，布局生态

XY 教育凭借着"一人一课表"及以其为核心的智慧校园、区域教育云平台解决方案，在教育信息化领域站稳了脚。但下一阶段该如何发展？如何让 XY 教育真正成为教育信息化行业的领头羊？周总召集市场部、XY 研究院院长开起商讨会议。

"大家觉得新高考改革给高中教育阶段带来的痛点还有哪些？"周总问道。

"目前来看，学校在教育信息化过程中，所应用的软件与系统繁多，这些应用的技术逻辑、数据标准、呈现方式都有很大的区别，要想实现应用整合，就要解决三大孤岛——'应用孤岛、硬件孤岛、数据孤岛'的问题。"产品部李副董说。

"就高中教育阶段而言，问题还存在于大平台的建设。新高考改革使得校园管理集中在学生生涯规划、选班排课、综合素质评价、学情分析、教师评价 5 个模块，当前涉及开发这些模块的企业众多，虽各有所长，但是没有一家能够将所有模块融合于同一平台。"市场部王副董说。

"如果通过大平台搭建来实现高中教育阶段的资源开放共享，那就能够同时解决"三大孤岛"和新高考各大模块分散的问题。"产品部李副董说。

"对，XY 教育如今已经站稳了脚跟，可以进一步深入新高考，尝试去解决更大的难题了。"市场部王副董说。

"其实在我国《教育信息化 2.0 行动计划》中提出的"三全两高一大"建设目标中也指出了建设一个国家枢纽和国家教育资源公共服务大平台，实现数字教育资源开放共享的重要性。大平台的发展是大势所趋。"XY 研究院院长刘副董说。

"那我们就搭建一个能够帮助高中教育阶段实现资源开放共享的大平台。虽然我们无法同时获得各家所长，但我们可以取人长补己短，融合更多合作伙伴，进一步共同孵化优质产品，实现生态发展整合。"周总总结道。

随后，XY教育依据自身现阶段的发展状况，制定了下一阶段的发展目标：通过大平台搭建实现高中教育阶段的资源开放共享，解决高中教育阶段教育信息化问题。针对这一发展目标，XY教育提出了自己的计划——"牧羊人生态"计划。"牧羊人生态"是指以核心数据为应用驱动，以软件微服务和硬件微模块两大先进技术架构为基础，全面实现智慧教育应用的生态整合。

五、尾声

为了实现智慧教育应用的生态整合，搭建一个高中教育阶段的教育资源公共服务大平台，实现教育资源互通共享，XY教育坚定地迈出了第一步——"牧羊人生态"计划。现今，得数据者得天下，高质量的发展离不开大量数据的支撑，数字化是驱动高质量发展的"原动力"，XY教育深知这一点，推出以核心数据为应用驱动的"牧羊人生态"计划。但"牧羊人生态"计划该如何进一步推进？如何保证实际推进中的可行性？在计划推进过程中又会遇到哪些阻碍？XY教育的未来充满挑战！

附录

附录1："一人一课表"排选课系统

"一人一课表"中的排选课系统帮助学校解决两大难题：学生选课、排课。对于第一个难题，选课系统支持创建多种模式选课，行政班（按科目成绩的分层选课）、走班（高考改革走班选课）、校本（传统校本选课），多种形式帮助学校制定适合自身状况的排课系统。学生选课过程中，教务处可实时查看学生选课进度、学生选课结果、课程结果，通过学生选课状况安排学生教室、教师等资源的合理分布。对于第二个难题，根据学生的选课、教师情况、教室的使用状况，学校分层走班的课程越来越多，分层课程和普通课程同时排课的问题变得越来越严峻。排课系统能够有效辅助老师编排学校课表，通过系统引导，进行基础数据录入、教师安排、设置各种排课规则和特殊情况等，在此基础上进行排课，系统还为教师在后续上课过程随时调课提供支持。"一人一课表"排选课系统架构如图7-2所示。

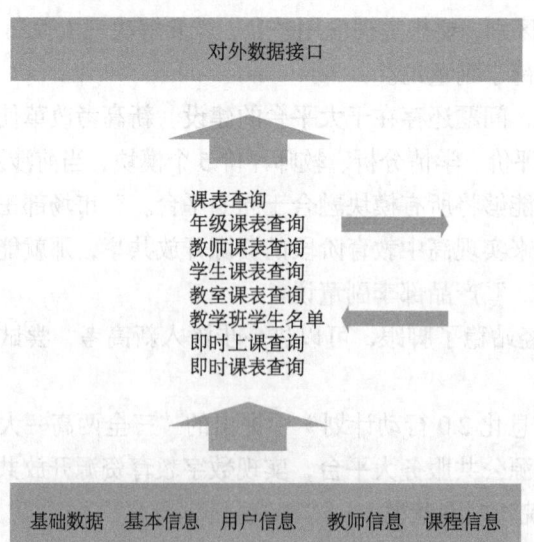

图7-2　"一人一课表"排选课系统架构

附录 2：新高考一站式智慧校园解决方案

XY 教育首创推出了课表驱动的"新高考一站式智慧校园解决方案"，将高考改革方案融入智慧校园平台，同时采用当今国际最先进的微服务技术架构，通过去中心化设计，实现数据打通和系统融合，改变传统智慧校园应用系统数据中心整合方式，将以往重量级服务的系统转变为轻量化服务，最大程度降低平台升级与扩展的技术成本，解决了传统智慧校园中的"孤岛"问题，完美实现新高考改革需求与智慧校园的融合，具体结构如图 7-3 所示。

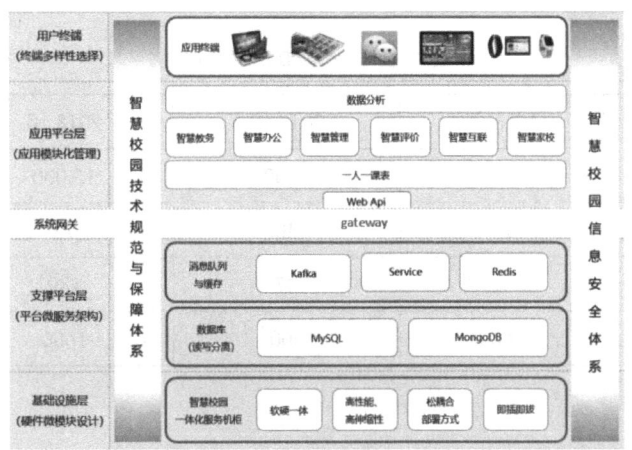

图 7-3　新高考一站式智慧校园解决方案

附录 3：区域教育云平台

XY 教育依据"以数据为导向，以应用为驱动"的建设原则，将数据标准化和技术规范化贯穿整个平台建设，以需求为导向，以数据为基础，实现物理资源与信息资源的整合，为教育应用系统搭建云服务平台，实现多级平台、多级应用、多角色用户管理，达到校园业务数据与省级大数据平台的互联互通，该平台适用于 6 选 3 和 3+1+2 不同选科模式的区域需求，具体结构如图 7-4 所示。

图 7-4　区域教育云平台

附录 4：XY 教育基本情况

2016 年 3 月，XY 教育获得由阿米巴资本领投的天使轮、A 轮投资；2018 年初，XY 教育完成由真格教育基金、字节跳动、蓝图创投领投，老股东云启资本、阿米巴资本跟投的 A+ 轮融资；2019 年 3 月完成由新东方教育文化产业基金、新东方教育科技集团、华创资本共同领投，老股东云启资本、阿米巴资本跟投的 1.5 亿元人民币 B 轮投资。XY 教育从创立之初至 2019 年，公司团队从 30 人增至 300 多人，销售收入成倍增长，2019 年达到 2.7 亿元，服务学校的数量也增加至 3000 多所。XY 教育基本情况如表 7-2 所示。

表 7-2 XY 教育基本情况

项目	2016 年	2017 年	2018 年	2019 年
销售收入 / 万元	1300	6000	15 000	27 000
研发人员数量 / 人	10	30	72	107
员工数量 / 人	32	87	189	325
服务学校数量 / 所	60	300	1600	3056

附录 5："牧羊人生态"计划

牧羊人生态计划包括"大羊融合"和"小羊放牧"两种机制：

"大羊融合"是对现有生态合作伙伴，从基础数据到业务应用，从建设方案到商务落地进行全方位整合，将行业内具有领先优势企业的核心应用与 XY 教育原有核心数据，融合互补，共同服务用户，满足教育用户的真正需求；"小羊放牧"是以 XY 教育的庞大用户群体为市场基础，核心能力框架为技术基础，强大的资本融合力量为后盾，通过挖掘、发现、投资、融合一批理解用户需求，有核心技术能力的小型技术开发团队，用统一的技术标准，有规划的产品目标，资本和组织层面的连接，孵化成一批符合国家教育发展方向的核心生态合作伙伴，具体如图 7-5 所示。

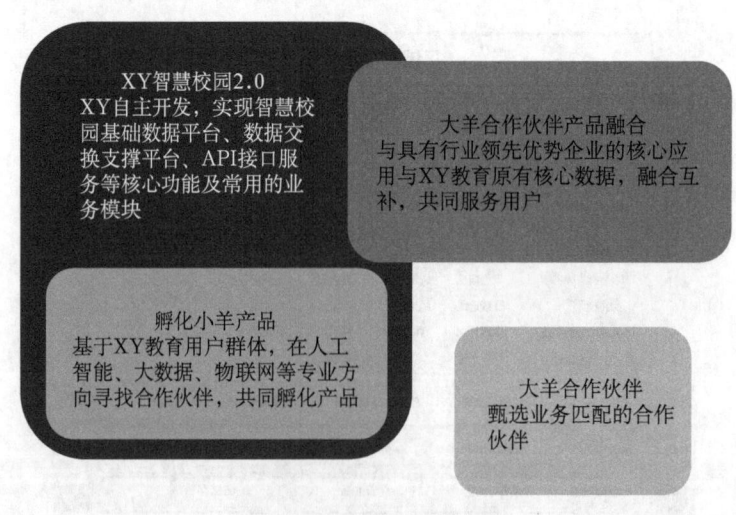

图 7-5 XY 教育产品生态

案例使用说明

一、教学目的与用途

1. 适用课程

本案例可作为综合研讨案例,用于 EMBA、MBA 的"战略管理"课程教学,也可以作为"创业与创新管理"课程创业与创新实践相关章节的延伸阅读案例。

2. 适用对象

本案例主要为 MBA 和 EMBA 开发,适合有一定工作经验的学员和管理者学习,也可以用于工商管理各本科专业相关课程。

3. 教学目的

本案例以新高考改革为背景,产品的发展历程为主线,描述了 XY 教育 CEO 周总从解决新高考"痛"点,满足市场需求的角度出发,带领 XY 教育一步步扎根于教育信息化行业新高考领域,最终布局高中教育阶段数字化教育产品生态的过程。本案例的教学目的有以下4个方面:

第一,结合 XY 教育创立之初的市场环境与政策背景,运用 PEST、波特五力模型对 XY 教育创立时的外部宏观环境、竞争环境进行分析。帮助学员了解在识别市场需求时所需要的理论,增强学员运用战略分析工具的能力。

第二,分析周总如何利用资源整合抓住了新高考改革"痛点"带来的市场需求,并运用本土化战略实现了需求的落地。帮助学员学习"资源整合""产品本土化"理论及应用方法。

第三,围绕市场需求对 XY 教育的经营战略进行分析,帮助学员学习"同心多元化"战略理论及其实施条件;分析 XY 教育 CEO 周总与其创业团队在 XY 教育发展过程中的"设计思维",帮助学员学习"设计思维"概念与步骤。

第四,通过对 XY 教育布局新高考生态圈的可行性进行讨论,引导学生从大数据驱动资源共享公共服务平台发展的角度,考虑 XY 教育该如何实现行业的生态整合。

二、启发思考题

① XY 教育创立之初,新高考改革"痛点"带来了怎样的市场需求?如何识别有效市场需求?请简要分析。

② 周总如何利用资源整合抓住了新高考改革"痛点"带来的市场需求?为了进一步落地需求,周总采取了什么样的产品策略?

③ 围绕市场需求,XY 教育采取了什么样的经营战略?推出了哪些新产品?推出新产品的依据是什么?

④ 你认为围绕新高考相关市场,XY 教育能否实现生态圈的建设?请简要分析,并对 XY 教育未来发展提出一些建议。

三、分析思路

教师可以根据自己的教学目的来灵活使用本案例。这里提出本案例的分析思路,仅供参考。

1. 案例逻辑路径图（图7-6）

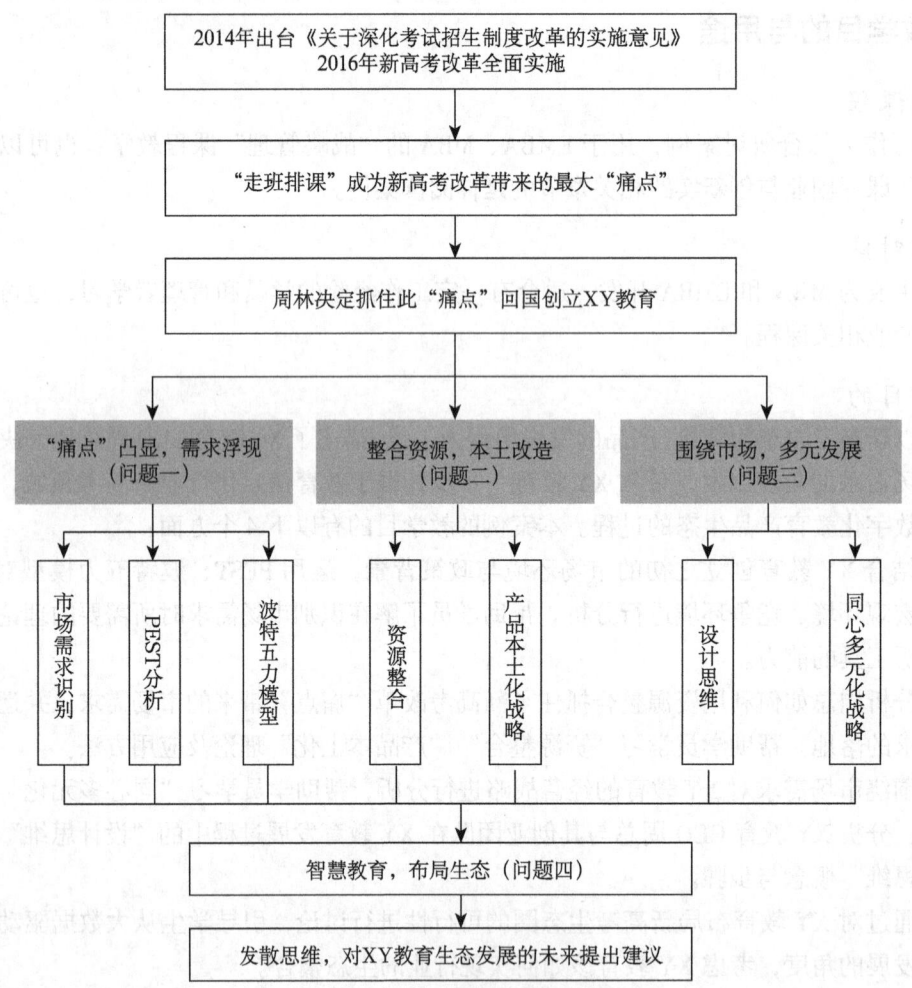

图7-6 案例逻辑路径图

2. 分析思路

问题1：XY教育创立之初，新高考改革"痛点"带来了怎样的市场需求？如何识别有效市场需求？请简要分析。

分析思路：首先，分析XY教育创立之初，新高考改革的变化以及带来的"痛点"；其次，结合市场环境与政策环境，利用战略分析工具对市场需求进行分析；最后，帮助学员了解识别有效市场需求的关键要素都有哪些。

问题2：周总如何利用资源整合抓住了新高考改革"痛点"带来的市场需求？为了进一步落地需求，周总采取了什么样的产品策略？

分析思路：结合新高考改革"痛点"带来的市场需求，首先分析周总在XY教育发展过程中整合了哪些资源抓住了需求，其次分析在推出走班排课算法系统的过程中，周总用了什么策略改善了产品，落地了需求。

问题 3：围绕市场需求，XY 教育采取了什么样的经营战略？推出了哪些新产品？推出新产品的依据是什么？

分析思路：首先，围绕市场需求，对周总采用的经营战略进行分析；其次，分析 XY 教育针对需求推出了哪些新产品；最后，对 XY 教育推出的新产品进行梳理，并结合案例正文，分析每款产品背后的设计思维。

问题 4：你认为围绕新高考相关市场 XY 教育能否实现生态圈的建设？请简要分析，并对 XY 教育未来发展提出一些建议。

分析思路：本题为开放性题目，旨在培养学员的发散思维。首先，通过对 XY 教育布局新高考生态圈的可行性进行讨论；其次，引导学生从大数据驱动创新发展的角度，考虑 XY 教育的生态整合行为。除了文中所包含的分析角度，教师与学员还可以从 C 端需求程度、投入产出、商业利益等多个角度对 XY 教育实现生态圈建设的可行性进行分析，并对 XY 教育未来发展提出一些建议，言之有理即可。

案例 8

哔哩哔哩走上平衡木
——社区化与商业化大博弈[①]

赵晓铃 邱伟丽 袁嘉忆

案例正文

引言

"招一个品牌运营部实习生,要脑洞大开、网感好、最好会玩 B 站、懂二次元。"李旎将一则招聘启事发布到朋友圈。她是 B 站运营负责人,85 后,自嘲是"前浪"。以市场运营的工作节奏来说,要时刻把握年轻人爱好什么、流行什么,对她来说是一门必修课。不过,她最近开始感到焦虑,越来越多的年轻网友们的流行梗,让她有点捉摸不透,再加上最近用户对 B 站"变味儿"的质疑声愈发强烈,她有些担心近期大胆的商业化尝试是否太过激进。

天色阴沉暗淡,落下一点小雨。徐逸拿起办公桌上的一份用户数据报告缓缓走进会议室,今天召开高管层内部会议,集体探讨平台如何在社区优先前提下,寻找更多商业突围的机会。创始人徐逸,看上去比较宅且不太说话,但内心有个大宇宙,有种跟他年纪不相符的气场,同时也是社区意见领袖的担当。他率先给大家分享了一组平台统计数据,表明近期用户数量呈现递减趋势。对于互联网企业而言,流量就是一切。顿时,各位高管面色凝重,在万籁俱寂的会议室里,CEO 陈睿突然发出一阵爽朗的笑声,他向上推了推眼镜说道:"我们的重心不是要靠内容留住用户,而是要建立好的社区氛围,只有在优质的社区化土壤上,商业化进程才能够实现百花齐放。"他的一番话让迷茫中的李旎重新找到了方向,她决定私下好好向陈睿请教一下,看能否为她接下来的商业策划提供一些新想法。

一、序幕:演绎历程

1. 由模仿到成功"补位"

2007 年 6 月,Xilin 建立了一家名为 Acfun 的视频分享网站(以下称 A 站),在国内首次启用了弹幕互动功能。这个平台主要涉及动漫和游戏等内容,播放内容多数来源于美国视频网站 YouTube,平台一上线就收获大量粉丝,迅速发展成为主流的 ACG[②](动画、漫画和游戏)宅文化分享社区,并面向全网进行文化输出。此时的 A 站完全是个人网站,管理、开发、运营和客服由一人打理,也就

[①] 案例来源:中国管理案例共享中心,并经案例作者同意授权引用。
本案例于 2021 年 5 月 7 日入选中国管理案例共享中心案例库。
由于企业保密的要求,在本案例中对有关名称、数据等做了必要的掩饰性处理。
本案例只供课堂讨论之用,并无意暗示或说明某种管理行为是否有效。

[②] ACG:动画、漫画和游戏的英文首字母。

是创始人兼第一任站长 Xilin，因此，不可避免地频繁出现服务器宕机、用户上传的视频丢失、视频审核规则不透明等问题。2009 年，A 站一度出现 3 个月服务器宕机的问题，且无法得到有效解决，只能短暂关闭，用户怨声载道，视频播放效果和用户综合体验极差，弹幕[①] 功能也大打折扣，最终陷入用户外流的境地。

2009 年 6 月，A 站管理层内部意见出现分歧；同年 7 月，A 站因为服务器瘫痪连续一个月无法访问。这两起事件让 A 站的老会员徐逸看不下去，他利用 3 天时间创建一个叫 Mikufans（初音未来的意思）的临时站点供大家使用。后来 Mikufans 更名为 Bilibili，也就是后来的 B 站。2011 年，还在猎豹移动担任联合创始人的陈睿出现了，与徐逸正好相反，他本人有资深的互联网科技行业运作经验，但内心却很宅，以天使投资人的身份主动去认识了创始人徐逸，并向 B 站做了一笔投资。公司正式把陈睿加到股东列表里是在两年后了。徐逸觉得这人很神奇："是那种给了别人钱，就把事儿给忘了的人"。不久，B 站创始人徐逸就向陈睿发出邀约，希望他成为首席执行官。出于长期对动漫的热爱，陈睿欣然接受，他在猎豹移动上市后功成身退，选择全身心地投入 B 站的商业化运营中。

2. 小而美的发展局限

徐逸是浙江省衢州市人，生性不喜欢曝光在聚光灯之下的他，2010 年毕业于北京邮电大学后，仅做了一年码农就离职去创业。当时徐逸才 22 岁，带着其他 3 个小伙伴挤在杭州一间租来的民房中运营着 B 站，他们甚至都没有注册自己的公司，网站收入主要来自搜索引擎的广告，一个月也就几万块钱的收入，而每个月网站的维护成本超过 10 万元，零资本起步且入不敷出，B 站曾被徐逸称为是"2010 年度的一个奇迹"。由于缺乏管理经验，徐逸向当时的投资人陈睿发邮件邀请他见一面，陈睿看到徐逸的社交号的头像是一个动画人物，这种违和感引发了陈睿的好奇，就是觉得"这人有点意思"，要见一下。

2012 年仲秋的午后，他们约定第一次相见。见面后两人相谈甚欢，谈到 B 站曲折的发展历程时，徐逸回忆道："B 站在成立之初，就面临营收结构单一的困扰，B 站的游戏代理业务被替代性风险极高。由于游戏在营收结构中所占的比例较大，难以调整，游戏与社区本身主营 ACG 业务相关度较高，这对 B 站来说是一个巨大的隐患。后来，随着我们平台规模的持续壮大，社区管理问题逐渐凸显，由于用户数的不断增加和用户群的不断扩展，B 站原有的初期用户和后来涌入的用户之间，由于各自价值观及标签的差异，就有可能会产生一定的摩擦。如何做好社区管理，对于此时的 B 站也是个考验……"谈到当下的境况时，徐逸又说道："B 站当前面临最主要的是版权问题，在信息化不断发展下，用户接受海量信息，对于知识产权保护意识也日益增强。B 站内容有很大一部分视频来自 UP 主们的搬运，由于大量的番剧资源和电影版权等原因被起诉，大额的罚金更是雪上加霜。作为站长，我只能勉力负担。"陈睿静静地听完徐逸的一番话后，挑了挑眉说道："光靠梦想和情怀是不能够长远发展的。B 站的单一模式不足以支撑其远航。目前视频行业几个主流平台的竞争已经白热化，各家都花重金在视频版权费领域。就爱奇艺而言，近 5 年花在内容成本上的费用在营收中占比已从 69.4% 提升至 76.7%。如果我们合体发力，B 站的困境将会被逐个击破，影响力也会无限放大……"陈睿的一番专业分析令徐逸十分动容，两人一拍即合，在陈睿的帮助下，B 站的商业化运营时代正式开启……

3. 成长要星辰大海

2014 年开春，在这乍暖还寒时节，细心的李旎注意到桌上的绿植开始抽出嫩芽，预示着它将在

---

① 弹幕：用户观看视频可以通过发送字幕发表评论意见，并与博主互动。

无尽的希望中茁壮成长。在商业管理和运营上，李旎更显专业一些，但是将 B 站从一个由小众爱好者聚集起来的社区培养成为商业化公司，实施起来也是困难重重。临危受命接手 B 站，对她来说是一次新挑战。鉴于目前 B 站用户对商业化形成免疫，其整体氛围是"谈商业化就色变"，所有用户对 UP 主接商单都非常反感，这一困境让李旎无法找到下一季策划的突破点。

迟疑片刻后，她第一时间拨通手边的座机，在电话另一边传来陈睿的声音："喂，小李啊，打电话找我有事吗？"李旎笑着回复道："陈总，今天天气真好，下午茶时间能不能留给我啊？顺便请您再帮我指点指点。"陈睿向来喜欢主动出击的年轻人，便爽快地答应了下来。李旎最后说："那稍后我将地址发给您。"挂掉电话之后，李旎将今天的工作安排好之后就出门了。二人都准时赴约，品尝了几口唇齿留香的明前茶之后，李旎愁容满面说道："陈总，我现在遇到个大难题。""噢，什么难题，说说看。"陈睿笑呵呵应道。"您看，咱们目前很大一部分用户群体都喜好二次元视频，我现在如果贸然通过商业化营销手段增加平台收入，担心用户会不会接受？如果导致用户流失的话，岂不是得不偿失？"陈睿呷了一口茶后，慢慢说道："转化旧用户的兴趣确实有难度，但你要清楚，B 站的弹幕文化、高黏性社区是一个天然的共创平台。作为共创平台，如果 UP 主用 B 站的梗创作出粉丝喜欢的内容时，这些私域流量就会全部转换成商业价值。而用户呢，只有在心理层面上认可它才会自愿去消费。"陈总的一番话使李旎茅塞顿开，比起同事关系，陈睿更像是她的授业导师，每一次谈话都使她受益匪浅。

在辞旧迎新之际，位于上海政立路的 B 站总部率先召开管理层会议，讨论社区化和商业化之间的平衡问题。负责内容的徐逸率先提出："目前二次元视频内容趋于同质化，导致用户黏性下降，社区化难以形成规模。"主管技术和产品的陈睿补充道："盲目扩充内容品类，用户结构复杂，社区管理和商业变现很难同时兼具。"看起来 30 岁出头的李旎，却拥有从业 10 年的互联网经验，她胸有成竹地发表看法："我们要在内容和商业化之间找到一条中间道路，这二者并不是天然的冲突，用户甘愿为优质的内容付费，广告主也愿意为好的内容投入预算。"她进一步解释道："B 站的社区应该是开放的，不论是品牌方还是商业主体，都可以凭借自身优势入驻平台建立自己的社区，任何品牌和广告主都可以通过 B 站变得年轻化，并且从中获得更多的收益。"李旎的发言引起不小的轰动，部分参会人员对李旎的观点表示不解，陈睿内心深处是认可李旎的大胆想法的，在大家都发言之后，他总结道："我们应该选择一条根植于 B 站社区化土壤的健康道路，搭建一家真正有内容驱动的互联网生态公司。好的社区构成需要用户的喜欢和品牌方的认可，这一点大家可以继续探讨。好了，今天接下来的跨年晚会希望各部门积极配合，散会！"

作为运营负责人，李旎不仅要了解用户喜好，还要向管理层阐释她的策划思路。在后续的商业活动策划中，李旎并没有一意孤行去大肆改革，她选择和陈睿、徐逸从长计议。正是由于这种团队协作使得 B 站从一个野蛮生长的社区，开始逐步完善管理架构。在社区化建设中，B 站并没有去 ACG 化，反而持续购买日本的番剧[①]。

2014 年夏天，李旎策划了"新番承包计划"，将优质的动漫引入国内，甚至成为第一家加入日本动画制作委员会的中国公司，并孵化和构建国产动漫社区，连续两年举办国创发布会，依然是国内最大、资源最丰富的 ACG 社区。

2015 年，李旎尝试推出直播业务。

2016 年，推出大会员制度，优质内容会员付费先看的策略使会员业务超预期增长，通过自制内容、

---

① 番剧：来源于日语的番组，指真人和动画的电视剧或综艺节目。

出品综艺给用户提供多元化的场景和服务，打造一个"万物皆可 B 站"的综合品牌社区。凭借一系列谨慎的商业化试水，为的就是平衡鱼与熊掌之间的关系。这使很多用户第一次认识到，社区化背后，B 站也是一家成功的公司。对平台而言，这既是一个阶段的结束，也是新篇章的开启。

直到 2017 年，B 站内部对于商业化的态度开始发生转变。一万个人眼中，有一万个哈姆雷特。在受到媒体急功近利的质疑时，陈睿回应道：B 站的核心是"社区"，它更像是一家物业公司，创作者和年轻用户是一个个小区业主，外界关注的是 B 站这家物业公司能不能收到物业费、收到多少物业费，而 B 站似乎更在意小区业主满不满意。

二、发展：富有想象力的小破站

2018 年，B 站推出"视频创作激励"计划，由于盲目注重视频数量，忽视了质量提升，同时因为视频审核不规范，引发很多用户不满。在上市前夕却出现这种舆论风波，陈睿意识到问题解决的紧迫性，于是紧急召开公司部门经理级会议，主要讨论视频制作和用户喜好如何精准匹配的问题。会上，陈睿首先抛出问题："为什么用户满意度持续下降？为什么不事先制定严格的视频审核流程规范？如果视频粗制滥造会产生什么后果？"面对陈睿的诸多问题，李旎提出她的对策："陈总，我们是否可以考虑临时组成几支专业团队专门处理这些问题？一个是市场公关团队，主要梳理 B 站用户的喜好、类别、年龄层次，掌握市场舆论；第二个是技术团队，负责算法和推荐，根据用户互动数据，将优质的内容实时推荐给喜欢的用户；第三是视频创作团队，主要负责将视频内容制作向专业化、垂直化、多元化、精细化靠拢，可以让这部分人专业做视频，靠兴趣来养活自己，您觉得怎么样？"陈睿说："如果队伍建设到位，对这些问题的解决的确有用。"参会的各位领导纷纷点头表示赞同李旎的看法，并表示会全力配合李旎的策划。可喜的是，在正确的解决方法和大家的共同努力下，问题均得到了快速和满意的处理。

1. 破釜沉舟求上市

由于最初的二次元"小破站"佛系经营，营业收入每况愈下，陈睿不得不为长远发展做打算，B 站开始被迫营业。2018 年 3 月 28 日晚，筹备许久的 B 站终于靴子落地，在美国纳斯达克证券交易所挂牌上市，交易代码为 BILI，发行价每股 ADS 11.50 美元，计划 IPO 融资 4.83 亿美元。

2019 年 B 站总营收 67.8 亿元（图 8-1），其中，游戏业务收入 36 亿元，在营收中占 53.10%；直播和增值业务收入 16.41 亿元，在营收中占 24.2%；广告业务收入 8.20 亿元，在营收中占 12.10%；电商业务收入 7.18 亿元，在营收中占 10.60%。B 站上市之后，陈睿开始商业化布局，在保持游戏业务稳健增长的同时，发展其他业务，尝试着从"单条腿走路"向"多驾马车并行"转型。B 站收入来自游戏、直播、广告、电商等业务，彼此关联性低，如果在某项业务或某一行业不景气时，稳定的收入结构可以更好地抵御风险。

由于公司账面长期亏损，在成本控制上陈睿也是煞费苦心（图 8-2），B 站成本构成包括分成成本、内容成本、员工成本、网络运营及其他成本。分成成本是支付给游戏开发者、分销渠道及按照分成协议支付给直播主持人和内容创作者的费用；内容成本是从版权所有者或内容分销商处购买许可内容摊销成本；员工成本是支付的职工薪酬及福利待遇；网络运营及其他成本是支付给网络运营商的服务费。经过一番探索和转型，陈睿发现公司在成本控制上得到有效提升。

2. 瞄准定位引流量

陈睿一直想把 B 站打造为中国年轻人聚集的文化社区，要做一个给年轻人交流兴趣的社区平台。

他将目标用户定位在 18～24 岁（图 8-3），多为 Z 世代人群，其中 Z 世代占比高达 70.1%。根据中信证券研究部测算，B 站潜在用户人群数约 4.3 亿人，相比目前月活用户 1.7 亿，仍有较大的渗透空间。陈睿认为，Z 世代的人普遍具有消费能力强、收入来源广、更愿意尝试新鲜事物、喜爱原创内容和重度使用互联网的特点，这些特点恰恰是 B 站相比于其他平台更能抓住 Z 世代的地方。图 8-4 给出了 2019 年二次元平台视频偏好调查。

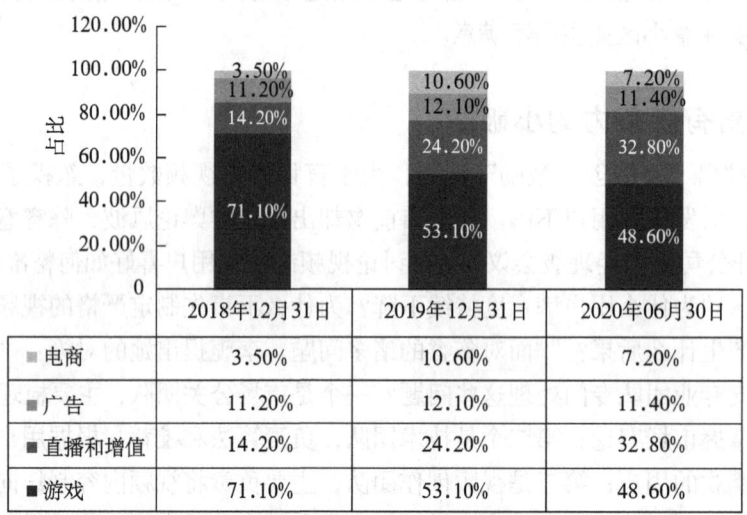

图 8-1　2018—2020 年哔哩哔哩营收结构分析[①]

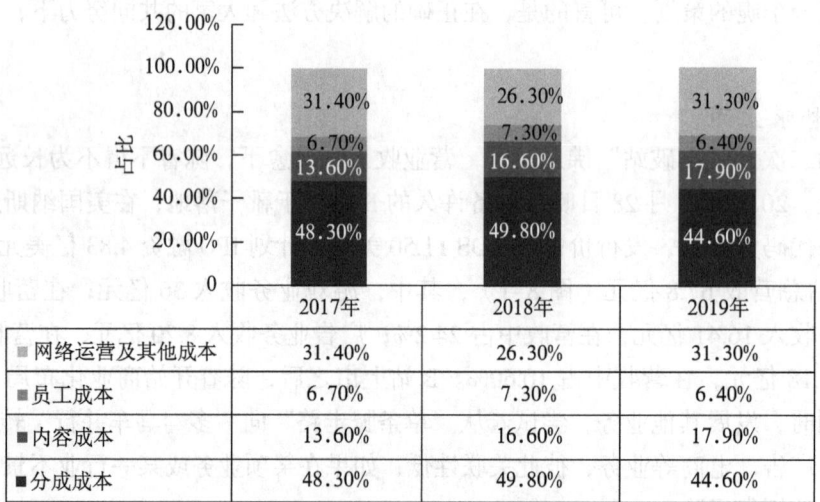

图 8-2　2017—2019 年哔哩哔哩成本结构分析[②]

[①] 哔哩哔哩官网. 2018—2020 年财务报表，ir.bilibili.com/。
[②] 哔哩哔哩官网. 2017—2019 年财务报表，ir.bilibili.com/。

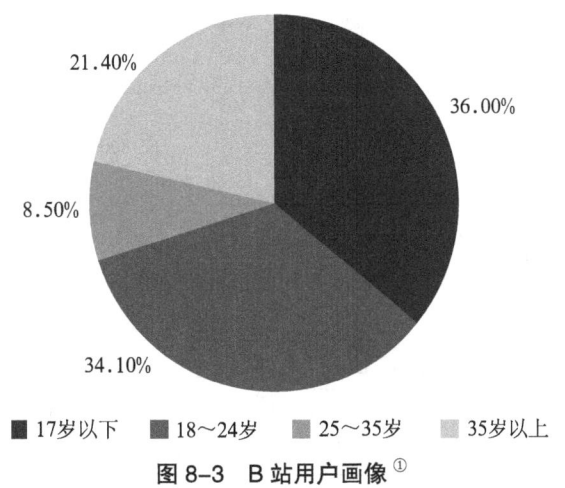

图 8-3 B 站用户画像[1]

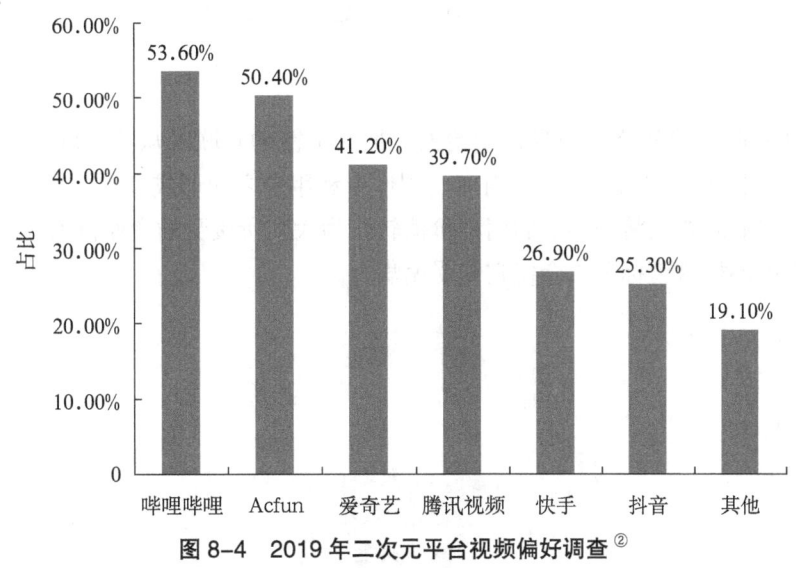

图 8-4 2019 年二次元平台视频偏好调查[2]

备受关注的是用户数据（图 8-5），B 站月活破亿，只覆盖不到一半的年轻用户，在年轻人市场依然大有可为。被称为 Z 世代的 95 后已超过千禧一代成为全球人口最多的群体，人数达 19 亿，占全球人口的 25%，中国为 Z 世代贡献约 2.65 亿人。因此，在陈睿看来，B 站即便只做年轻人市场，依旧有很大的拓展空间。

---

[1] 引自中信证券研究报告，2019 年，http://www.nxny.com/report/view_4525063.html。
[2] 引自艾媒数据中心，2019 年，data.iimedia.cn。

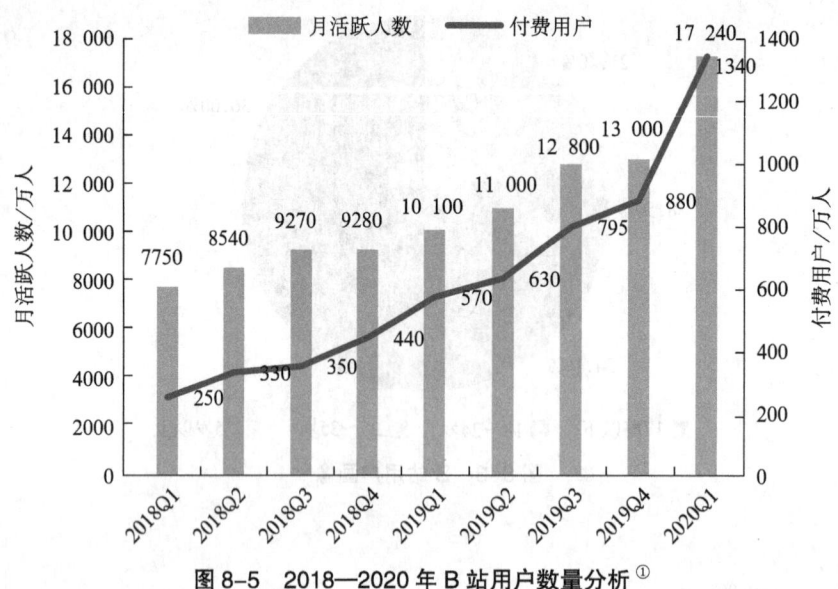

图 8-5　2018—2020 年 B 站用户数量分析[①]

3. 厚积薄发寻突破

陈睿早年担任互联网软件公司的联合创始人，拥有丰富的互联网从业经验，在他看来 B 站的重心是内容吸引粉丝，粉丝反哺创作者，在内容、创作者和用户之间形成良性的共生关系（图 8-6）。他认为，发展并非没有底线，将积淀下的用户价值转化为大众所接受的商业价值，同时也不影响社区化的存在，如果把握不好这道标尺，会使它饱受诟病。

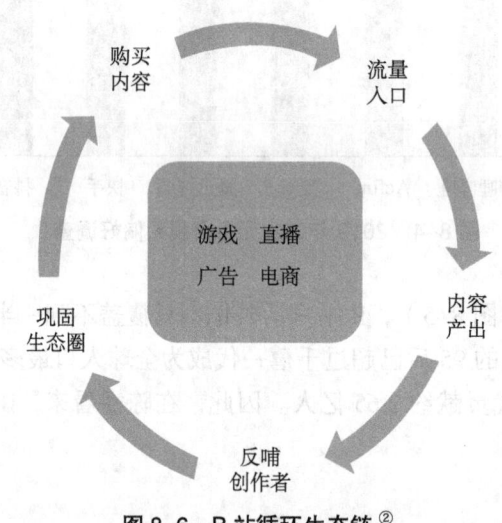

图 8-6　B 站循环生态链[②]

三、高潮：下一站品牌舆论阵地

当大地刚从晨雾中苏醒过来的时候，陈睿已经早早到达办公室，室内白色大理石铺成的地板和纯

---

① 中信证券研究报告，2018—2020 年，http://www.nxny.com/report/view_4525063.html。
② 知乎盐选，2019 年，https://www.zhihu.com/question。

黑香木桌相映衬，清新不落俗套，旁边精美的书橱中摆放着他们市场运作团队的大合照。看着这张照片，他不禁想起早期他们商业化团队只有30人，如今在互联网这一行业中，B站商业化版图不断扩大，用户数量持续增长，社区化服务质量无可挑剔……

"咚咚咚！"一阵敲门声将陈睿唤回现实，徐逸和财务部杨经理抱着一沓报表推门而入。率先开口的是徐逸，他说："陈总，我们给您汇报一下上市以来的发展情况。自从上市以来，我们的几大业务发展突飞猛进，但是这种急于求成，会不会让二次元内容黯然失色，并且产生不必要的开支？"坐在一旁的杨经理不仅懂财务，还精通业务和技术，他凭借严谨的职业素养补充道："如果我们能将收入扭亏为盈，保证基本开支，再谈商业化发展是不是更稳妥呢？"听到这，陈睿说道："你们说的有一定道理，但是你们注意到没有，我们企业有很多资产价值是无法在报表中体现的，就像我们的平台价值和用户流量，这些东西你们那些表里好像就没有吧？所以说，报表上的数据不能真实反映我们的经营状况。况且，处在我们这个行业，互联网技术更新日新月异，如果不继续发展，就会被时代所淘汰，我们很难保持在恒定不变的状态。"

1. 激流勇进扩版图

陈睿出生在四川成都一个国企职工家庭，但是在B站一直被尊称为"睿帝"，为了推进B站的商业化进程，他率先想出靠游戏发家致富。他向投资者阐释B站的商业化战略："是从二次元入手带动视频板块中的游戏解说、游戏推荐类视频的产出，通过视频产出在创作者、用户和广告商之间建立良性互动，最终完成对各个业务板块的反哺。"

2015年，陈睿给B站申请相关的资质牌照，并且开始布局游戏版权和发行，其游戏业务主要有游戏联运、联合发行、代理发行、合作研发和投资研发5种模式。游戏联运是由游戏厂商产品开发完成后和某一平台联合运营国内外的优秀游戏作品，同时将游戏平台开放给游戏开发者，为游戏开发者提供资源支持，并通过游戏收入抽成来获利；在联合发行和代理发行方面，B站与66个游戏开发商建立合作关系；投资研发方面，通过联运带动自身IP研发，投资超过33家游戏公司。为了吸引用户流，陈睿与技术部门商量，利用在各大推荐流中引入与游戏相关的推广入口，采取预约制度聚集玩家，对游戏进行专题设置，将游戏视频捆绑等方式引导新用户。哔哩哔哩史上热度最高的游戏为《Fate/Grand Order》和《碧蓝航线》，截至2020年第二季度游戏收入12.5亿元（图8-7），主要归功于新游戏《公主连接》及现有手游的持续稳定收益。

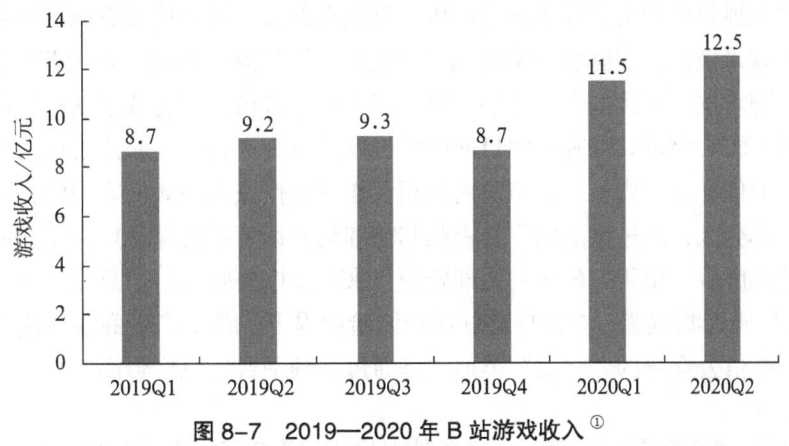

图8-7　2019—2020年B站游戏收入[①]

[①] 引自哔哩哔哩官网. 2019—2020年财务报表, ir.bilibili.com/。

由于游戏业务占比持续走高，很多用户称"B站是一个假的视频平台，它就是一个游戏公司"。陈睿曾公开解释道："游戏只是我们公司商业化的一种模式，更准确的定义是基于用户需求为满足用户而生的服务，对于我们之后的发展，请大家拭目以待。"他心里很清楚，B站需要一个能和游戏并肩的强势业务点，来摆脱其游戏公司的影子，收获更多用户群体的赞美和认可。

常常与年轻人交谈的陈睿发现，当下直播业务在年轻群体中呼声最高。考虑到公司的资金状况，他通过与市场部门的沟通，了解直播行业中还有多少奶酪可以动。谨慎查考一番后，他便决定在夹缝中冒险一试。当下哔哩哔哩直播的头部业务主要包括游戏直播、YouTube① 转播和二次元相关脱口秀直播。在游戏直播方面，哔哩哔哩引入了诸如 LPL（英雄联盟职业联赛）、KPL（王者荣耀职业联赛）等热门游戏赛事，成功将总站内部的游戏爱好者转化为直播观众，吸引了数百万用户。自 2017 年直播业务上线以来，哔哩哔哩通过签约冯提莫等头部主播、拿下英雄联盟中国区独家直播权一系列策划活动，使营收实现了快速增长。截至 2020 年第二季度，B 站直播和增值收入达 8.3 亿元（图 8-8），在总收入中占比高达 31.5%，这主要得益于陈睿推行的货币化政策，使得大会员、直播和增值服务的付费用户增加。直播作为 B 站内容生态的重要组成，在电竞、娱乐等细分板块取得了年轻群体青睐；此外，大会员、猫耳 FM 及漫画业务的蓬勃发展，也在不断拉动着该项业务收入的持续增长。

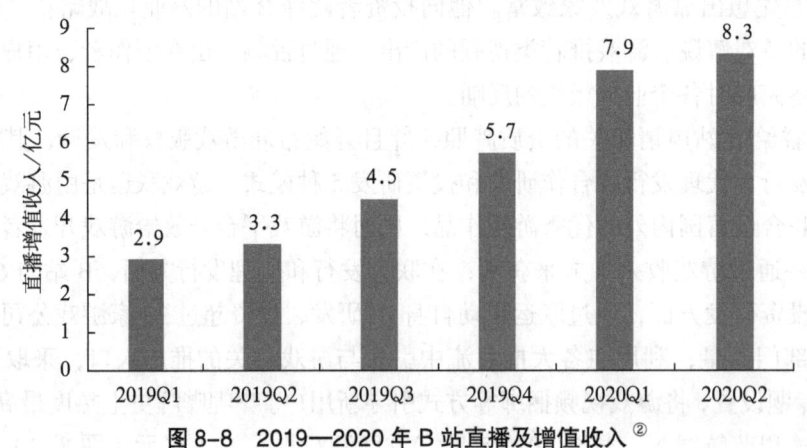

图 8-8　2019—2020 年 B 站直播及增值收入②

陈睿在广告业务试运行之前就承诺用户，并以"无贴片广告"作为宣传点，因此无法像优酷、腾讯等视频平台一样在视频的片头和片中插播广告，只能在首页、视频播放页面的顶端和底端等位置进行广告投放，转化效果极低，在陈睿看来这属于"老大难"问题。因此，在运营初期，B 站的商业化存在很大的劣势。随着技术团队的大显身手，以出其不意方式植入广告或创新广告内容，让用户喜闻乐见，使该业务有了较大突破。哔哩哔哩目前的广告模式分为 3 种：一是广告区的广告收入；二是根据大数据精准推送的信息流广告；三是与站内视频创作者合作嵌入视频内容中的原生广告。其中，广告区广告是单独开辟分区，通过优质的广告视频和精细化的运营手段保证广告视频的质量和数量，在广告区获得一定的热度后，出售广告区的头部资源位来提高广告收入；信息流广告选取首页推荐流、播放页和 PC 端等优质资源位置，在保持良好用户体验前提下，帮助广告商触达优质广告受众、兴趣圈层；原生广告与微信公众号的"软文"类似，是通过视频平台达成广告商与视频创作者的合作，通

---

① YouTube（油管）是一个视频网站，早期公司位于加利福尼亚州的圣布鲁诺。注册于 2005 年 2 月 15 日，由美籍华人陈士骏等人创立，让用户下载、观看及分享影片或短片。
② 引自哔哩哔哩官网. 2019—2020 年财务报表，ir.bilibili.com/.

过这种方式为用户精准投放。由于广告商的大量入驻，截至 2020 年第二季度，B 站广告收入达到 3.5 亿元（图 8-9），在总收入中占 13.3%。

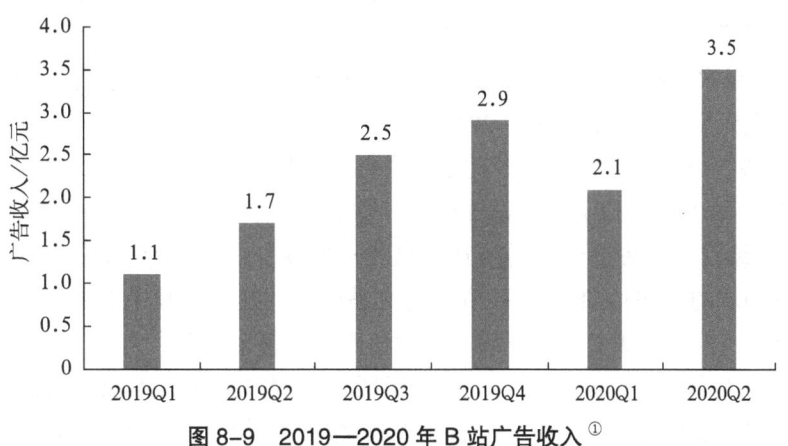

图 8-9　2019—2020 年 B 站广告收入[①]

经过一番尝试后，陈睿转念一想，现在电商涉及面很广，是不是可以依托于其他电商巨头为我们引入一些用户流呢？于是，他配合天猫和淘宝开展线上营销活动。当前 B 站电商业务主要分两部分：一部分是放在 APP 底栏的会员购，属于自营；另一部分是隐藏在 UP 主主页的商品，属于 UP 主个人店铺。其中自营业务主要是服务二次元用户，主要通过自营模式售卖二次元周边及手办等产品，以及第三方票务代销业务，并先后在天猫与淘宝平台开设了官方店铺，销售动漫周边产品。电商平台用户与 B 站用户群体正在加速交叠，由于电子商务平台销售产品增加，截至 2020 年第二季度，电商收入占比已增加到 7.6%（图 8-10）。

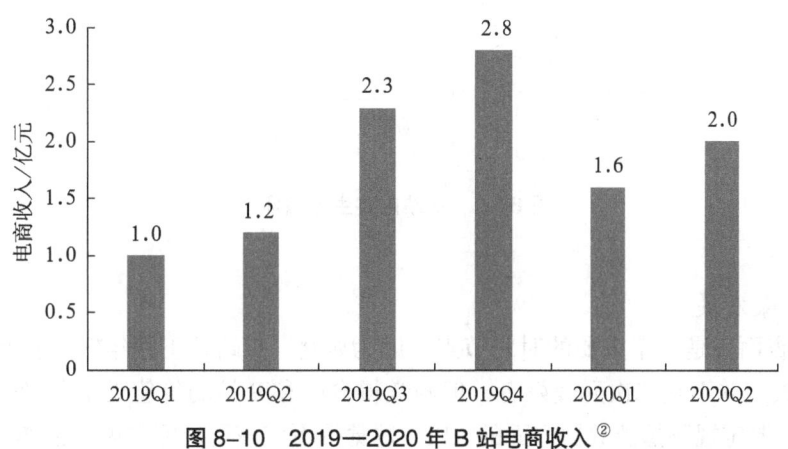

图 8-10　2019—2020 年 B 站电商收入[②]

2. 内外兼修立人设

2019 年 12 月 31 日，陈睿策划了一场最懂年轻人的跨年晚会，这也是 B 站的期末展示作业，它向外界证明自身的发展潜力。特别是《后浪》这一视频的发布，先后被各类官网和新闻媒体夸赞，这

---

① 引自哔哩哔哩官网. 2019—2020 年财务报表，ir.bilibili.com/。
② 引自哔哩哔哩官网. 2019—2020 年财务报表，ir.bilibili.com/。

不仅使B站成为引领社会舆论的平台领袖，也让它受到资本市场的青睐。第一家看重B站的资本方是IDG（美国国际数据集团），它在融资报告里称B站代表未来娱乐趋势，并直接在A轮融资投给B站4000万元。腾讯从2015年7月开始投资B站，2018年又与B站联合宣布达成战略级合作，合作内容包括动画、游戏等ACG生态链条的上下游等多方面，向B站投资3.176亿美元，截至2020年腾讯持股13.3%，成为仅次于陈睿之后的第二大股东。2018年12月，阿里巴巴在文娱领域的布局也同样考虑到了带有二次元属性的龙头B站，2019年2月，阿里巴巴通过全资子公司淘宝入股B站，目前持股比例约为7.2%，位列第四大股东，双方将围绕内容电商进行拓展，为UP主打通电商变现通路并开始探索电商广告。2018年12月，B站推出了一款短视频应用，名为轻视频，界面设计类似抖音。2020年4月，索尼陆续投资B站。同时，陈睿还很擅长对外投资，迄今为止投资科技互联网、旅游服务、文化娱乐、游戏等领域的公司达78家，投资建造完整的产业链条，其中上游企业制作动漫、音乐、影视内容，下游企业经营周边贩卖和线下活动，触角延伸至整个产业。

陈睿在一次媒体发布会上公开讲道："我希望所有的朋友在B站不用看前面的广告，不用浪费15秒、30秒甚至是70秒的人生。"他宁愿牺牲高额收益也要带给用户极致的体验感，在用户心中树立良好品牌形象。B站利用评论、直播、弹幕等方式与粉丝互动，推出"创作扶持计划"，将广告收入分成给内容创作者，激励博主持续产出优质内容。在开放手机投稿功能提升投稿数量的同时，对视频审核要求提高，反向刺激用户数量提升，高质量反馈是平台独有的优势（图8-11）。

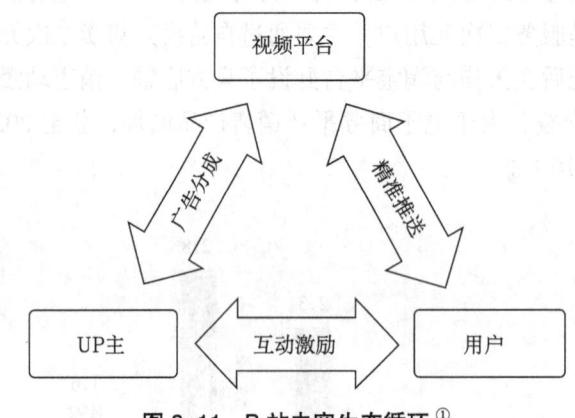

图8-11　B站内容生态循环①

3. 审时度势谋发展

2020年对李旎而言是一个重要的时间节点，因为她将"B站真正懂年轻人喜欢什么"这个点发挥到极致。李旎最初并不是二次元爱好者，但她觉得自己和B站的价值观十分契合，便毅然加入陈睿的团队。她很少制定视频播放数据方面的KPI，她觉得不应该用指标去束缚创作思维，好的创意是无限的，只需要保证输出的每个内容是经过深思熟虑的。

由于在前期的小型内容项目中逐渐积累经验，公司在内部训练出一批既理解平台运作模式又明确用户需求的市场团队。李旎和团队想尝试更专业的内容，他们便在用户喜欢的内容里筛选出说唱题材，整个团队不懂说唱，她们就把自己关在会议室里想"什么是说唱"。当把说唱还原成内容本质才明白，说唱就是大胆表达，是来自非裔美国人的街头表达，但在中国应该怎么呈现？通过提出问题，节目的

---

① 引自知乎盐选，2019年，https://www.zhihu.com/question。

思路便应运而生。2020年度，B站推出重磅自制内容《说唱新世代》，阐释了年轻一代特别在意勇敢表达，并且很想探索一些社会话题。即便说唱类综艺和青春剧等题材，早已被市场开发过无数次，但B站仍可以在众多竞品和观众渐趋疲劳的审美中突围，让一系列营销活动水到渠成。

李旎早期创立过咨询公司，她保留了务实的行事风格，她认为有好想法固然重要，但必须要有配套的落地方案，这令她常常陷入困境中。她不知道这种发展是对还是错，与行业相比，发展是快还是慢，因为她内心清楚：B站如果不向前发展，就必定面临衰落，它很难停留在一个刚刚好的状态。每当某一品类的视频或者用户积累到一定程度，平台就会开辟新的分区，在过去一年中，B站成为最大的在线学习平台，超过1亿用户在平台观看教育类视频。央视网在官方刊发了一篇名为《这届年轻人爱在B站搞学习》的文章，文中力挺B站，称其"早非昔日的二次元标签可概括"，在这里学习不会像是在自习室死读书般枯燥无味，相反可以像玩手机和游戏一样得到视觉快感的同时，还能享受到汲取知识的愉悦和满足。

不同于传统社交，代际结构的改变已经催生了中国消费者偏好的转移，消费话语权已经交到年轻人手里。李旎深知这代年轻用户热衷于通过兴趣判断彼此审美及价值观的吻合度，以此来建立认同感。她要求团队与技术部门及时沟通，凭借算法深度了解每个用户感兴趣的圈层，并举办AD TALK发布会，向外界正式传达平台将向所有品牌合作伙伴开放。在发布会上，李旎说："B站在质疑声中陪伴年轻人成长了10多年。今天打开它不管搜什么，都会发现一个新的世界，找到你想要的。虽然它没有响亮的口号，但我们想一直守护它，希望我退休的时候它依然在，所以我们不会提前消耗它，会一步一个脚印走下去。"之后，越来越多品牌方纷纷入驻平台，并与跨兴趣圈层UP主合作共创，获取用户的长期信任。

B站的一举一动，总是会成为热门话题，在2020年5月3日，也就是"五四"青年节前一天，B站率先为新一代的青年推出宣言片《后浪》，并由国家一级演员何冰配合演讲，他用坚定且极具感染力的声音寄语年轻一代："你们有幸遇见这样的时代，但时代更有幸遇见这样的你们。"这番话不仅是对年轻一代人的认可与赞美，也让不少青年人听得热泪盈眶。随后，这段演讲在各大网络平台被转发，也让更多的人重新了解了B站。

四、尾声

此刻，坐在办公室的陈睿眉头还是无法舒展，即便之前豪气万丈，但B站手头还是有点紧，在之后争夺年轻人的擂台赛上，并不单单只有B站参赛，赛场上不仅充斥着腾讯、百度、阿里等商业巨头，也遍布其他很多重量级选手，在社区化和商业化的艰难选择中，他始终难以找到平衡，最终迫不得已选择了折中的方式。眼下摆在陈睿面前的并非稳赢棋局，加速扩张带来的后遗症就是捉襟见肘，之后在用户留存上该如何取胜？同时，基于二次元社区文化起家的B站，从台前到幕后，B站商业化团队已有千人规模，管理团队之间的精诚协作还需要一段时间去磨合。

2019年底开始的疫情给了宅经济和B站一个绝佳的机会，从"最美晚会"到"毕业歌会"，再到《后浪》《入海》《喜相逢》三部曲，圈层营销让B站散发光彩，商业化举措让B站开枝散叶。但是，作为一家内容社区，过度商业化会让它失去反叛精神，最终走向平庸。微博曾有前车之鉴，娱乐化与网红经济将微博推上新台阶，与此同时虚假流量泛滥、优质内容难以提纯等过度商业化操作让微博沦陷，最终被同类新兴平台超越。当前处于激进破圈中的B站一方面强调社区优先，但是又想被主流的大众文化所接纳，想在加速中保持平衡，这道难题依然需要寻找答案……

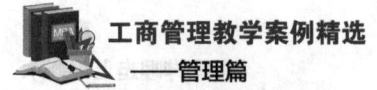

案例使用说明

一、教学目的与用途

1. 适用课程

本案例主要适用于"商业模式创新"课程中的商业模式塑造和"战略管理"课程中竞争优势理论等部分内容的教学。

2. 适用对象

本案例适用于 EMBA、MBA、MPACC 学员和全日制本科生、研究生的课程讨论,亦可作为企业管理者和内部管理培训的学习和研讨案例。

3. 教学目的

案例主要描述哔哩哔哩(以下简称"B 站")基于目前中短视频平台日益崛起的互联网背景下,以企业从模仿创立到出圈营销的发展历程为时间主线,围绕用户需求营造多场景的社区化产品和服务,在"流量为王、平台是金"的新经济模式中,塑造自身独特的商业化发展的道路,解决平台在社区化和商业化之间的平衡问题。案例旨在通过对用户需求三层次模型进行理论分析,剖析 B 站在社区化建设中,如何准确把握客户喜好,为客户推荐个性化的产品和服务,并将客户流量沉淀转化为用户,引导学员理解并掌握视频平台进行商业化布局的相关理论,从而实现以下教学目标:

①引导学员深入了解新经济背景下视频平台的商业运行环境,运用社群经济模式分析综合视频平台特征的共性与个性。

②培养学员对 B 站社区化的认知能力,运用长尾理论和竞争优势理论知识,分析平台通过海量用户形成的路径依赖,将用户流和信息流的资源整合,从而开发了其潜在商业价值,启发学员对互联网企业未来发展路径的思考。

本案例所涉及的知识点包括:

a. 社群经济模式;

b. 用户需求三层次模型;

c. 竞争优势理论;

d. 长尾理论、新经济商业模式。

二、启发思考题

①综合性视频平台的商业模式具备哪些共性?请阐述 B 站的独特性。

②结合案例分析 B 站社区化的建立过程。

③B 站在社区化和商业化之间如何做出平衡?

④结合案例分析 B 站的商业模式是什么,简述其业务收入来源。

⑤如果你是陈睿,未来你将如何保持公司竞争优势?

三、案例分析思路

本案例阐述了 B 站从模仿创立到出圈营销的转变历程,以遍地开花的业务为线索,运用商业模式要素理论,塑造综合性社区文化价值链生态闭环的过程,进一步探索企业的核心竞争优势。案例分

案例 8
哔哩哔哩走上平衡木

析思路如下（图 8-12）。

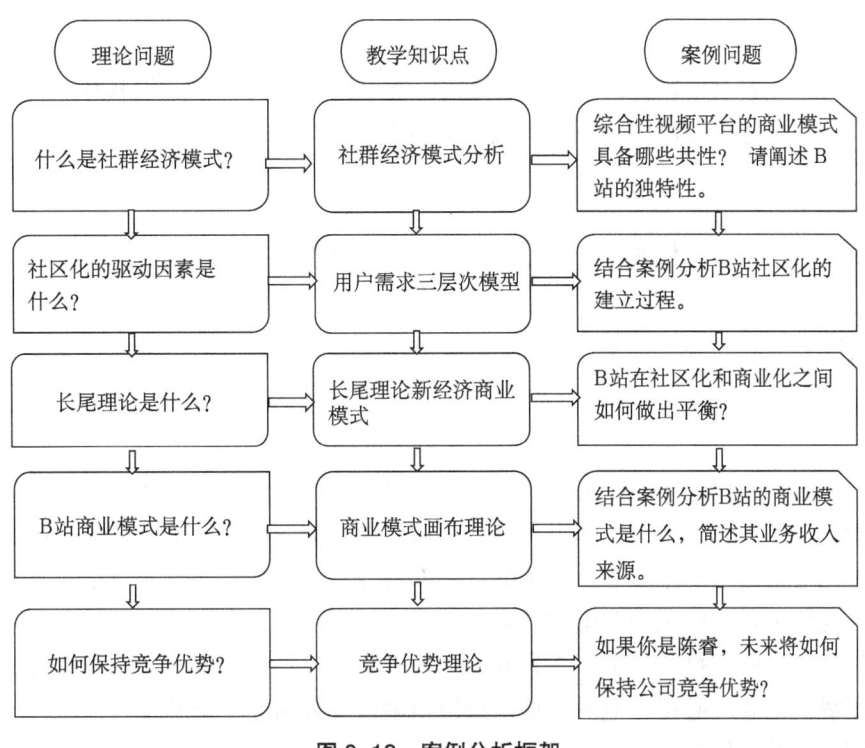

图 8-12 案例分析框架

案例 9

守正立新善思变，数拓秦地焕新颜
——ZYZX SX 分公司的组织管理创新[①]

刘立　贾卫峰　楼旭明　赵占平　邹熙　申婕　梁戈　屈星彤　李宁

案例正文

引言

2020 年 12 月 17 日，雨雪初霁，晴冬暖阳。位于西安市的 ZYZX SX 分公司年度总结大会正在如火如荼地进行着。丰富多彩的节目汇演令人心旷神怡，欢声笑语萦绕着整个会议大厅。随着时间的推移，年会进入部门业务总结汇报环节。公司的各个部门经理开始轮番上台，总结一年来的工作，尤其是疫情发生以来遇到的棘手状况和取得的成果。

Z 总望着台上部门经理的发言陷入了沉思。作为最高管理层的一员，这一年他的工作内容充满了挑战，也收获了满满的管理心得，他决定从全局的角度讲些公司近年来的发展变化。于是，他拿出时刻带在身上的记事本整理思路。

Z 总回想起公司刚成立的时候，内部员工基本由 ZGYD SX 分公司的客服话务员组成，整体学历偏低，综合业务能力也排在全国倒数第二。公司虽已从 ZGYD 集团总部剥离出来，但主营业务仍是客服热线与电话推荐套餐服务，员工工作积极性低，人才流失率高，公司财务一直处于亏损状态。同时，ZYZX SX 分公司在集权模式下设置的部门之间存在无效沟通的诟病；新市场的业务拓展速度缓慢，处理客户投诉的方法单一，彼时 ZYZX SX 分公司的运营困难重重，前路迷茫。

然而，当 2019 年新冠疫情来袭，各行各业都受到了巨大冲击之时，ZYZX SX 分公司却在这场疫情中稳稳前行，无论是全年营收还是公司市值排名，都相较于前一年有所提升，这背后的原因皆归功于公司几年来管理措施的积累。现在公司发展得欣欣向荣，也都源于管理层敢于迈出舒适圈的改革勇气和员工坚持不懈的共同努力。他思绪万千，决定以公司发展时间线为指引，带领员工回忆曾经拼搏坚持的岁月。Z 总勾勒着公司成长的时间轨迹，忆如潮水，渐渐出神……

一、数网联企引浪潮，长安城中著此身

数字经济发展的大背景下，ZGYD 集团面临独立用户个性化需求的增多和互联网社交软件抢占市场的压力，2014 年 10 月，经过集团总部的决议和整合，ZGYD 在线服务有限公司应运而生，总部设立在洛阳。ZGYD 在线服务有限公司是 ZGYD 通信集团有限公司的全资专业子公司，公司共计 3.8 万

[①] 本案例来源：中国管理案例共享中心，并经案例作者同意授权引用。
本案例于 2022 年 1 月 6 日入选中国管理案例共享中心案例库。
由于企业保密的要求，在本案例中对有关名称、数据等做了必要的掩饰性处理。
本案例只供课堂讨论之用，并无意暗示或说明某种管理行为是否有效。

在职员工，拥有77个生产经营场地，分布在全国31个省份46个城市，公司的愿景是成为客户满意、社会信赖的数字化、智能化服务专家，战略目标是成为数字化服务转型时代先锋。

ZYZX SX分公司正式成立于2016年，秉承"为客户创造便捷和快乐"的使命，公司建立10086热线、短信、微信、微博、APP等多渠道的现代服务体系，主要服务对象是SX的全网用户。同时，ZYZX SX分公司推出了中移云客服、智能安防等产品，不断深化业务转型，加快数字服务创新。公司的三大主营业务为服务营销融合、外部（5G+）拓展和智能服务。公司通过互联网、10086客服热线等多种方式为移动个人用户、海量家庭及政企客户进行服务，同时与ZGYD集团SX省公司进行合作，处理新业务及各类产品的线上营销及售中、售后。

ZYZX SX分公司成立之初，内部组织架构较为复杂，呈现传统集权直线式管理模式。经过一年多的创新改制工作后，现行组织呈网状支撑体系，主要设置一个总经理和两个副总经理分管业务，职能完备。具体结构方面，公司结合实际工作情况将组织结构规划为一个中心、两个团队、三个职能部门，创造性地打造出"小团队、中平台、大支撑"的体系。

其中，"一个中心"指服务营销中心，公司根据不同业务需求将"一个中心"分为八大团队，包括呼入团队、服务中台、精益营销团队、生产运营中心、服务质量团队、投诉团队、渠道团队、共享团队。服务营销中心的主要职责是市场营销和售中、售后服务。"两个团队"包括ZYZX SX分公司自主成立的互联网运营团队和数字化支撑团队。两个团队作为支撑服务营销中心的后台技术力量，主要负责网络新媒体点击进入移动线上业务的接口设置及SX分公司移动在线平台的搭建工作。"三个职能部门"包括党群综合部、服务运营部和市场发展部，以上3个部门主要管理公司内部党建、采购、人力和财务等综合业务及市场目标客户拓展工作。如今公司的组织结构精炼，人员分配合理，业务效率高，依托公司的后台数据库支撑，业务流程专业高效。

Z总深知，这一切的转变因果相承，皆源于有计划地逐步革新。回忆至此，他右手中的笔杆随着手指灵活地旋转着，随后又将左手托住了下颌，开始追溯公司迈向新转变的关键时间点及相对应的标志性事件，笔尖在纸上游弋……

二、鲲鹏激浪由兹始，而今迈步从头越

1. 初窥门径——互联网团队成立

2018年8月，刚刚过了ZYZX SX分公司成立两周年纪念日，公司迎来了一位新的总经理。新上任的总经理H总发现，成立两年来，ZYZX SX分公司仍呈亏损状态，而且业绩平平，没有明显的利润增长点。H总不由感到压力倍增，他认为改变当前的局面刻不容缓。

H总年轻有为，不仅专业能力过硬，思想也与时俱进。他认为，以前ZYZX SX分公司仅作为ZGYD集团SX分公司内的客服部门，以运作成本为中心，不过多考虑业务的优化和盈利能力提升的问题，而如今的ZYZX SX分公司转型成为线上多渠道营销模式的独立运营企业，必须以利润为核心来发展。而且随着互联网技术的不断进步，ZGYD的业务发展充满了机遇与挑战。例如，微信的广泛应用，使得用户之间交流基本不再需要短信服务；再如，短视频软件的兴起，使得用户对移动流量的需求日益增加。所以，经过一段时间的市场调研和内部分析，他基本确定出公司的核心主营业务和发展方向——多渠道快速拓展线上业务，实现利润增长。

H总明确清晰的决策一经提出，就受到了ZYZX SX分公司各部门运营经理的赞同。从公司业务能力角度分析，ZYZX SX分公司成立之初即为运营线上服务的专业公司，专业能力毋庸置疑，而多年来，

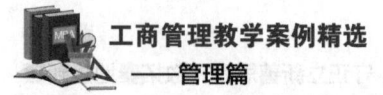

ZGYD 集团 SX 省公司及各市分公司众多内部关联的线上业务一直存在缺口，没有合适的接洽通道。同时，随着独立用户的流量需求个性化提高，营销市场不断细分，ZYZX SX 分公司线上多渠道营销不仅具有广阔的内部市场，也拥有大体量的用户需求，业务发展机遇多种多样。

从公司战略规划角度分析，全国各地的中移在线分公司都在积极成立互联网业务团队，并且业绩处于快速增长期，而 ZYZX SX 分公司还局限于传统的客服营销模式，互联网营销领域处于一片空白的状态，继续沿袭老旧业务模式对增加线上服务的市场占有率并不是正确的选择。

因此，经过对全国分公司的实地调研和综合研讨后，H 总决定成立互联网团队，拓展互联网线上市场，补上 SX 分公司在这一领域的短板。

2. 渐入佳境——数字化团队成立

Z 总临危受命，披挂上阵，被任命分管互联网团队。虽说内心充满了期望与干劲，但是互联网团队从零开始组建，需要投入大量的资金和人力资源，Z 总顿感压力倍增，不知能否在年底拿出可观的成绩。

Z 总分析，互联网业务前景广阔，定会为 SX 分公司带来正向业绩及专业合作伙伴，所以他决定再组建一支专业的数字化支撑团队，为互联网团队的业务发展提供稳定的技术支持。他积极联络省公司，申请后台技术支撑和指导；同时调动 ZYZX SX 分公司的人力资源，从话务员中挑选出学习意愿强、年轻且有激情的 14 名员工，作为数字化支撑团队的初始成员。在团队成员没有任何技术和理论基础的前提下，最初一切的工作犹如盲人摸象般前进。但是，新生的数字化支撑团队把眼前的困难当作成长的垫脚石，努力学习陌生领域的知识，从软件编程到公众号运营，再到数据分析，每个成员都愿意为团队的成长奉献自己的努力。作为团队的领头人，Z 总也时刻在工作中帮助队员跨过业务瓶颈和工作障碍，让团队的员工能够安心突破技术瓶颈，短时间内提高业务水平。

同时，公司采用动态星级管理模式来激发团队员工的工作积极性，客观准确地评价员工工作绩效，建立适应企业发展的员工管理机制，两大主要团队员工的考核按季度展开，根据绩效进行星级划分评定和奖励。

2018 年底，功夫不负有心人，在 Z 总的鼓励和团队坚持不懈的努力下，短短 4 个月时间，这两支新生的团队已经从刚成立时专业排名全国第 30 名突围到全国第 12 名。同时，ZYZX SX 分公司"10086"客服的微信公众号、服务业务对应的支付宝接入口和 APP 及相关的客户点击成功率、营销量等考核指标也名列前茅，实现了团队业绩快速增长的目标。

3. 趁热打铁——管理层竞聘

2019 年初，通过一年的两大团队建设工作，公司线上业务量激增，营销部门忙得热火朝天，并超前完成了第二季度阶段的目标。但管理层 3 位领导居安思危，考虑到企业仍存在着许多内部管理问题：公司各部门之间存在沟通障碍，业务协作和信息传递缓慢低效。如果企业要长远健康地发展，一切内部症结必须妥善解决。然而，该如何有效地解决这个问题，3 位总经理一时没有新思路。

2019 年 6 月某天，Z 总接到电话，集团总部要求他隔日前往北京参加竞聘考核。Z 总以前在省公司工作时，从未参加过这种考核，不知这突如其来的竞聘该如何应对。竞聘考核由中移在线总公司董事长组织，他召集了全国中移在线各分公司的领导团队来参加考核。从笔试到面试共 3 天，考核内容覆盖所有管理的理论知识和有针对性的案例分析。Z 总既是管理专业出身，又具有丰富的团队管理经验，顺利通过了考核。

离开北京前，Z 总询问董事长为何组织这样一场突如其来的竞聘考核。董事长解释，总部为防止下设各分公司的经理们思想固化，在分公司延续原先老旧国企治理方式，因此将全国各分公司总经理汇聚在一起进行竞聘，考核并选拔优秀管理人才。同时，几天的同吃同住，也能够促进全国各地的管理层人员相互交流学习。

听完董事长一席话，Z总茅塞顿开。ZYZX SX分公司也可以效仿这样的方式，达到遴选优秀人才，同时打开各部门之间的沟通渠道。

4. 精益求精——内部员工竞聘

回到公司后，Z总立即开展全员竞聘选拔工作。

首先进行各部门经理的考核，流程如下：3位总经理作为面试官，面试各部门经理。考核仅用一个工作日。早上8点整，所有人依次按抽签顺序上台，陈述具体工作内容和管理心得，继而由面试官提问。每个人面试时间不超过15分钟，面试官会详细询问工作的具体流程和处理突发状况的措施。

其次是公司储备干部的选拔。为了保证公正公开，同时为了避免员工的焦虑，营造良好舆论氛围，全员竞聘的流程高效简单。员工不以职能部门划分小组，完全打乱顺序，并固定小组人数。接着利用4个连续工作日，每天早上七点半开始抽签，严格按照抽签顺序进行竞聘演讲。随后由面试官针对员工的演讲和工作内容进行提问，问题包括专业理论知识和业务实践能力。最后由3位总经理打分，当天公布排名并公示生效，经过公示，排名前10的员工可作为有潜力的管理者承担部门经理等职务。3位总经理一致认为，全员竞聘的目的除了促进员工间相互熟悉，理解工作职责，效仿总公司搭建一个员工交流沟通的平台外，更是为了发现一些能力突出、但平时未被关注到的企业潜在管理人才。ZYZX SX分公司全员竞聘流程如图9-1所示。

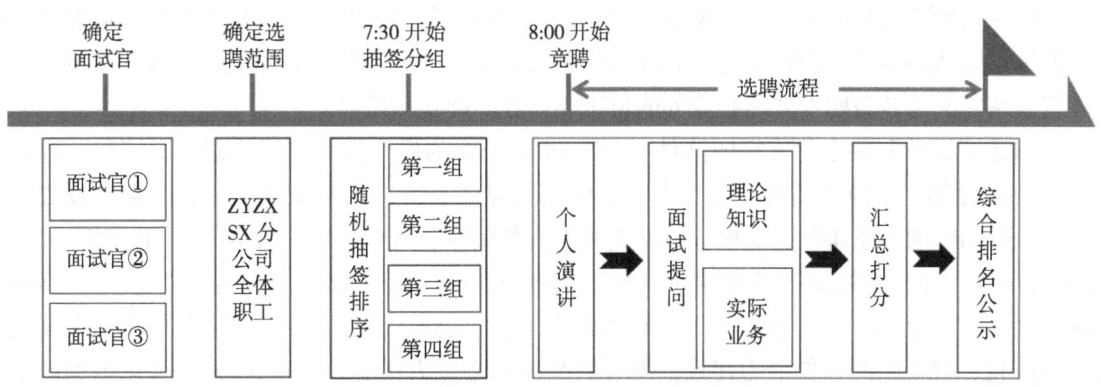

图9-1 ZYZX SX分公司全员竞聘流程

党群助理小张就是通过这个方式选拔出来的。按照原先的公司人才选拔管理模式，初入公司的小张并无升迁机会。可是，全员竞聘的方式让3位总经理注意到了他不仅具有优秀的学习能力，而且也掌握丰富的企业管理知识。除此之外，小张的思维逻辑性强，工作姿态大方，处理问题有的放矢。他优秀的个人能力得到了3位总经理的一致认可，于是被破格升迁，担任党群助理。

三、同心掀起百丈澜，一跃冲向万里涛

1. 鉴往知来——组织结构重组

公司发展犹如树木生长，枝繁叶茂虽好，但是过于冗杂的枝丫反而会令树木难以成为参天大树，成长过程中旁系繁杂的枝干会额外吸收营养，拖累着主体变得矮小。2019年10月，Z总结合当时的部门结构情况进行分析：公司组织结构繁杂，综合部业务量超载，部门人数过多，团队过于庞大。公

司综合部和党群作业部的业务重叠度高，造成了人力和财力的成本浪费。为了打破困境，提升效率，公司结构重组势在必行。

2019年11月，三位总经理经过多次的会议商讨和策划，开始着手全公司组织架构的变革工作。H总强调，客户满意度是支撑企业成长的核心部分。长期管理生产部门的W总也认为："公司的职能管理与生产运营应该分离，将生产团队的员工统一划至一个中心，成为客户价值创造的主体力量；并且，公司应该组建专职的生产运营团队，负责统筹与支撑全省集中运营和投诉的工作；行政管理工作则归属于职能部门负责。"W总在移动行业已有10余年的工作经验，十分熟悉生产运营流程，他的想法得到了管理团队的一致认可。ZYZX SX分公司经过分析外部业务发展需求和整理内部工作重点，提出建立"面向市场、服务一线"的倒三角支撑体系。

倒三角体系的中心即服务营销中心。服务营销中心由原先公司的话务部和长安分部运营团队合并而来，分为8个团队，是公司人数最多的部门。管理团队认真分析了服务营销中心的职能，设立了合适的标准职位，据此设置各团队层级管理关系，同时设立点对点沟通渠道。这些措施有效地打通了各个通道，形成了跨部门时可以有效沟通、交流与协作的保护屏障，提高了组织管理和运营管理的工作效率。

倒三角体系的支撑力量由党群综合部、服务运营部和市场发展部组成。根据内部业务需求，管理团队将综合部和党群人力部合并改称党群综合部，仅有14人，负责采购、党建、财务、人力资源和一切后勤工作，由书记和Z总直接领导。服务运营部由公司业务部更名而来，负责协助服务营销中心的工作及考核，部门内共7人，仅保留业务职能管理岗位，业务生产团队归至服务营销中心。市场发展部由市场拓展部更名而来，负责定位、开拓目标客户，部门内共8人，同样保留业务职能管理岗位，业务生产团队归至服务营销中心。职能部门的精简划分，既匹配了公司战略发展的需要，提高了组织运营效率，又为转型期发展核心业务的员工能力提升提供了保障。

互联网运营团队和数字化支撑团队是ZYZX SX分公司的后台技术支撑力量，数字化支撑团队原先称为系统支撑部。这两个团队主要负责开发网络新媒体点击进入移动线上业务的接口设置，例如"10086"客服APP的本地业务及新型营销模式的创新和微信公众号客服平台等。3位总经理一致认为，互联网孕育着巨大的数字化服务市场需求，数字化服务在市场会具有巨大的增值空间。成立互联网运营和数字化支撑的专业团队，是顺应公司转型发展的必经之路，建立这两个团队能够助力公司进行数字化、专业化、规模化的营销能力建设，发挥高品质核心能力优势。同时，SX分公司根据两个团队的岗位设置、岗位职责与评估得分的情况，对团队中的职位进行定级定编。

具体来看，ZYZX SX分公司原先组织架构包括8个部门。在改革过程中，原互联网运营中心、系统支撑部、业务部和市场部4个部门的管理职能分别合并到了现在的互联网团队、数字化支撑团队、服务运营部和市场发展部，4个部门的生产职能则全部合并到了服务营销中心。话务部和长安运营部的全体员工合并到了服务营销中心，综合部和党群工作部的全体员工合并到了党群综合部。自此形成了以服务营销中心为核心，以互联网团队和数字化支撑团队为支撑体系，以市场发展部、服务运营部和党群综合部为营销服务体系的新型组织架构。ZYZX SX分公司改革创新前后过程的组织架构设置模型如图9-2所示。经过内部组织架构的创新变革，企业内组织架构呈现扁平化，不仅有效地改变了人员冗杂、人浮于事的现象，更完全打破了企业部门之间的沟通壁垒。

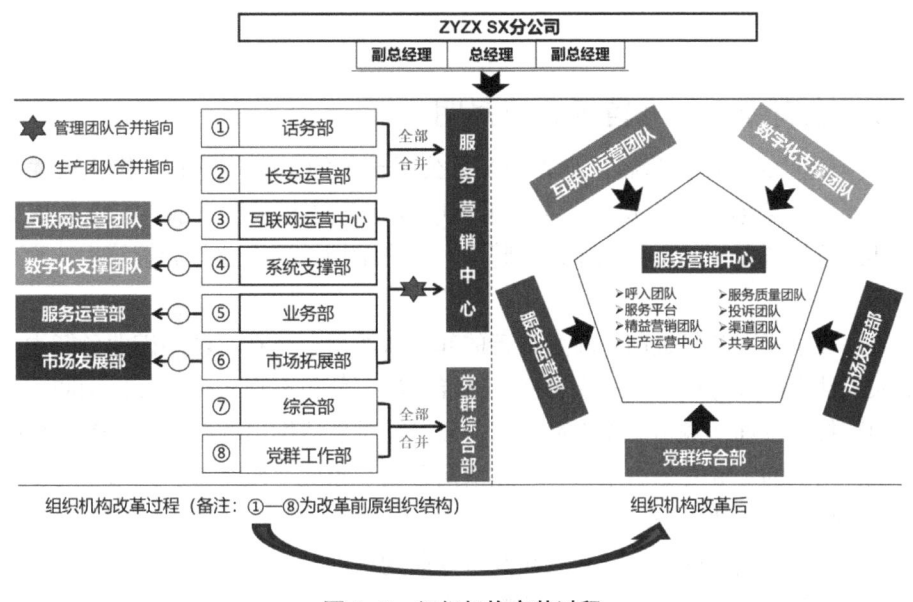

图 9-2　组织机构变革过程

2. 锦上添花——员工人文关怀

2020 年冬天，在经历了一系列创新改制措施后，Z 总翻动着手中的会议记录记事本，试图更加完善企业内部的管理工作。笔记本哗啦作响，忽然印在纸页下方的一行字引起了他的注意：人——首先是社会人，其次是经济人。Z 总若有所思，公司的发展离不开员工，保障员工的需求与发展，让员工产生归属感，员工才能全身心投入工作，更好地促进企业发展，因此，做好员工管理显得异常重要。

2020 年 4 月，在党群综合部的推动下，ZYZX SX 分公司创新性地实施了企业内部员工的文化管理工作：

首先，企业通过各部门墙体彩绘、悬挂标语等形式，帮助老员工充分了解公司现阶段的企业愿景和价值观，帮助新员工迅速理解企业文化；同时，定期举行演讲活动，让员工作为主体，陈述其所理解的组织文化和对公司文化管理工作的建议。

其次，公司餐厅每日为员工提供丰富的三餐，人力资源部门为没有固定住所的员工租赁公寓或者提供补贴。公司还定期举行文娱活动，并在休息室和健身房举办球类比赛。

再次，在工作方面，公司会不定期地邀请知名营销专家对线上销售专员进行知识和技能培训，邀请专业工程师指导互联网团队突破技术瓶颈。同时，公司还时常开展心理咨询专题会议，帮助员工疏导心理压力及规划职业路线。

最后，公司的全体员工可以通过每月的工作绩效积累积分，用以兑换实物奖品。这样的奖励模式既保证了员工生活福利，又激发了员工的工作积极性。

得益于上述管理模式，实施后首月一线员工的月薪上涨率便达到了 62%，整个公司营造出"追求卓越，勇攀高峰"的工作氛围。在这期间，公司还举办了员工梦想训练营活动，充分锻炼员工个人综合能力。人文关怀方面，公司专为女性员工设立了三期女工（孕期、产期和哺乳期）妈妈班，增设了哺乳室等设施。

这一系列的措施在加强企业内员工团结、提升归属感、给予员工充分的认同感等方面起到了至关重要的作用。公司在跨年时分更是为每位员工量身定制了别具一格的跨年祝福短信，使得员工对于公司的情感得到了进一步升华。

四、彩云常在有新天，守得云开见月明

经过将近两年时间的企业改革后，ZYZX SX 分公司员工的工作效率和工作积极性都得到了飞跃般的提升，全体员工综合素质排名跃升至全国前 10，员工工作积极性高涨，企业凝聚力快速增强。同时人力资源部注重储备员工的培养工作，招聘了大量高学历水平人才作为管培生，为分公司发展注入新生力量。

互联网团队和数字化团队经过前期较为艰苦的起步阶段后，也在不断突破业务能力。首先，是服务载体由传统人工话音向多媒体、多终端转变，这样的转变使得在新冠疫情暴发期间，公司能够快速响应，短短一周从技术层面实现员工 100% 居家办公。针对疫情推出的新流量套餐销售排名更是位列全国榜首。其次，团队的服务对象由个人客户逐渐向移动、家庭、政企及新兴市场转变，团队能够针对不同需求的客户提供多元化服务。

同时，公司营销中心员工的服务理念也在经过专业的培训后，由被动反馈转变为主动营销，员工积极利用智能化工具辅助本职工作，利用大数据软件分析挖掘客户需求，为广大个体客户和企业客户提供了高效、精准的服务。

2020 年底，在全国中移在线总公司的表彰大会上，ZYZX SX 分公司以推进"IT 换人"为导向，助力 SX 分公司降本增效，3 年间实现了公司经营的扭亏为盈，同时取得本年度销售额高达 3 亿元的佳绩，摘取了"发展速度突出企业"的荣誉称号。

五、尾声

年会进入了尾声，在主持人充满激情的邀请下，Z 总迈着自信的步伐走上台去，绘声绘色地讲述完 ZYZX SX 分公司的发展经过，而后分享了自己的心路历程。总结的最后，他再一次共享 SX 分公司的发展理念：开放合作，强化协同，打造开放的数字服务平台。此时，台下的员工也感同身受，往事历历在目，他们回想起这几年公司发展的艰难与自己不懈的坚持，很多人热泪盈眶。

Z 总总结完毕，ZYZX SX 分公司领导人 H 总上台，激情满怀地向员工们描述着公司未来的发展蓝图。Z 总环视四周，员工们眼神中流露出的信任与热爱让人动容。此时，他为自己是一名移动人而感到骄傲。他相信，ZYZX SX 分公司总有一天能乘长风破万里浪，高高挂起云帆，成为数字化服务转型时代的先锋，在时代发展的浪潮中勇往直前！

案例使用说明

一、教学目的与用途

1. 适用课程

本案例主要适用于"管理学"课程的管理创新篇章中企业组织创新章节，也可作为企业综合管理案例供教师灵活使用。

2. 适用对象

本案例的教学对象为 MBA 学员、工商管理类本科生及研究生，同样适用于企业管理人员的培训，尤其是针对移动通信企业的管理人员培训。

3. 教学目标

本案例描述了 ZGYD 在线服务有限公司 SX 分公司（以下简称为"ZYZX SX 分公司"）积极分析企业自身实际，明确发展方向，实行一系列组织管理创新措施并取得优异成果的全过程。本案例旨在帮助学员理解、识别、掌握组织管理相关理论，最终实现以下教学目标：

① 引导学员理解管理创新及组织管理创新的概念及要点；
② 引导学员分析 ZYZX SX 分公司实施创新措施所涉及的管理理论；
③ 引导学员总结 ZYZX SX 分公司实行组织管理创新的具体措施。

在能力训练上，通过对案例的认识和分析，提升学员总结知识要点的能力、逻辑分析能力、总结概括能力、理论与实际结合解决问题的能力。

在观念改变上，突出强调组织创新的全局性和整体性，从而认识到企业组织管理不断更新的本质。

二、启发思考题

① ZYZX SX 分公司进行了哪些组织管理创新措施？
② 为什么 ZYZX SX 分公司成立了互联网运营团队？你认为互联网的高速发展对 ZGYD 这样的企业有何影响？
③ ZYZX SX 分公司采用的内部竞聘流程是什么？
④ ZYZX SX 分公司如何进行组织变革？
⑤ 依据马斯洛需要层次理论，分析 ZYZX SX 分公司如何激励员工？你从中移在线的企业组织创新措施中学到了什么？

三、分析思路

本案例描述了 ZYZX SX 分公司从成立之初企业缺乏活力，通过开拓业务、重构组织结构等一系列管理措施，最终提高了公司盈利和持续发展能力的过程。本文以企业自身为载体，运用组织管理创新等相关理论知识，综合描述了 ZYZX SX 分公司实行的管理措施详情，案例分析思路如表 9-1 所示。

表 9-1 案例分析思路

案例分析概要			
理论问题	教学知识点	案例问题	对应章节
什么是管理创新？组织管理创新的措施有哪些？	学习管理创新的概念及管理创新的措施	1. ZYZX SX 分公司进行了哪些组织管理创新措施？	一
如何应用 SWOT 分析？	学习 SWOT 分析的相关内容	2. 为什么 ZYZX SX 分公司成立了互联网运营团队？你认为互联网的高速发展对 ZGYD 这样的企业有何影响？	二（1-2）
什么是内补竞聘机制？	学习内部竞聘的含义及流程	3. ZYZX SX 分公司采用的内部竞聘流程是什么？	二（3-4）
什么是组织变革？什么是结构性变革？	学习组织变革及结构性变革的概念	4. ZYZX SX 分公司如何进行组织变革？	三（1）

续表

案例分析概要			
理论问题	教学知识点	案例问题	对应章节
什么是马斯洛需要层次理论？	学习马斯洛需要层次理论的内容	5. 依据马斯洛需要层次理论，分析 ZYZX SX 分公司如何激励员工？你从 ZYZX 的企业组织创新措施中学到了什么？	三（2）

案例 10

以"柔"应变
——疫情下创新公司的战略之术①

魏明 王丹璐 冀媛

案例正文

引言

2020年春节，在这个本该团聚的日子里，却因为新冠病毒的肆虐，让每个人的心里都蒙上了一层阴霾。没有了张灯结彩的喜庆祥和，没有了合家团圆的欢声笑语，没有了熙熙攘攘的热闹景象……疫情攻坚战在不经意间悄然打响，医护人员纷纷赶往疫情前线进行支援，社区工作人员开始严格消毒管控，民众响应号召居家隔离，每个人都在为打赢这场防疫阻击战作出自己的努力。

延迟复工复产的公告让很多企业都陷入危机，然而，对于生产口罩、医用酒精、消毒剂等消毒用品的企业来说，反而迎来了生机。张朝壹就是这场"生机"中的幸运者之一，他刚刚检查完公司生产车间的各项复工条件，组织员工对工厂又进行了一遍全面消毒消杀。此刻，坐在办公桌前的他一扫之前的阴郁，静静地喝着茶，盘算着复工之后这笔订单该如何抓紧生产……

一、机缘巧合入局中

"今年过年不收礼，收礼只收脑白金。""每天两滴深海鱼油，成绩提高没问题。"近年来，保健品市场一片红火，这些保健品的广告词连3岁孩童都能脱口而出。那时的张朝壹还是一家保健品企业的销售员，能说会道、八面玲珑的他牢牢地把握住了这场东风，随着产品销售额一年年增高，他也一路升职加薪。

2010年的夏天，张朝壹又拿下了一笔大的销售订单，他喜气洋洋地返回公司，正计算着这笔订单结款成功之后拿到手的提成时，老板将他叫去了办公室。"小张，咱们公司遇到大难题了，跟咱们一直合作负责提供保健品包装瓶的企业突然停产了，你上个月签的那笔订单咱们没办法按时发货了。你赶紧联系客户，看能不能晚一个月交货。公司这边尽快找好包装供应商，抓紧生产。"

"老板，这个客户之所以跟咱们公司签订单，就是看咱们公司出货快，供货稳定，咱们推迟哪怕一天都要付违约金呀！我这今天又签了一笔订单，订单量也不小，没办法及时供货的话咱们要损失很大一笔钱的。"张朝壹急切地说道。

"你也知道，咱们生产保健品，对于包装瓶的要求还是很高的，一般生产包装瓶的厂家没办法满

---

① 资料来源：中国管理案例共享中心，并经案例作者同意授权引用。
本案例于2022年1月21日入选中国管理案例共享中心案例库。
由于企业保密的要求，在本案例中对有关名称、数据等做了必要的掩饰性处理。
本案例只供课堂讨论之用，并无意暗示或说明某种管理行为是否有效。

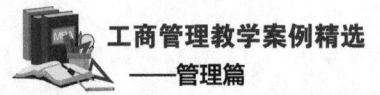

足咱们的需求。我已经让采购那边尽快敲定对口厂家，等他们确定好厂家，很快就可以恢复正常生产了。"

张朝壹垂头丧气地走出了办公室，想着如何跟客户进行沟通时，迎面撞到了急匆匆要出门的采购员何平。"何平，提供包装瓶的厂家找好了吗？咱们多久能正常出货呀？"何平回道："张哥，这厂家也不是一时半会儿就能确定的。咱们产业园附近的这些企业都在年初就已经跟别的公司签好了订单，咱们现在要找这么大产能的供应商确实是有些困难。你急我也急，我恨不得自己开个厂子能生产瓶子呢。"

张朝壹无奈地说："哎，你们也辛苦，赶紧去联系厂家吧。"望着步履匆匆的何平，张朝壹想着何平说的最后一句话：我要是有个厂子能提供包装瓶就好了。"对呀！我为啥不能开个包装瓶厂呢？"张朝壹拍着自己的大腿说道。

行动派的张朝壹立即想到了好友王旭，王旭是一家橡塑厂的技术工人，对塑料制品生产技术十分熟稔。跟好友表明意图之后，两人一拍即合，他拿出这些年攒的钱，出资成立了咸阳创新药品容器有限公司（以下简称"创新公司"）。公司生产基地位于陕西省咸阳市高新区医药产业园区内，周边聚集了修正药业、步长制药、康惠制药等多家国内知名医药企业，附近还有益海嘉里、汇源果汁等食品企业，在这样位置优越的环境中，张朝壹热火朝天地开启了自己事业的第二春……

二、屋漏偏逢连夜雨

1."蓝天保卫战"的困顿

2018年6月27日，国务院印发了《打赢蓝天保卫战三年行动计划的通知》，随后，陕西省又发布了《铁腕治霾打赢蓝天保卫战三年行动方案（2018—2020年）》等相关环保管控文件，要求"深化工业污染治理，推进重点行业污染治理升级改造，关中地区在2019年前完成超低排放改造，对废气进行收集处理"。创新公司所处的橡塑产业正属于我国高消耗、高排放的传统制造业，注塑设备在加热过程中会产生有机废气，食堂油烟废气排放也十分严重。因此，环保局要求对注塑设备和食堂油烟设备进行全面改造，加装废气处理设备，这无疑给创新公司带来了很大的资金压力。

面对环保管控的整改要求，张朝壹与生产部长王旭、财务部长南娟进行了相关整改方案的讨论。

"我叫你们俩来是讨论一下排气设备环保改造的问题。环保局要求咱们在2018年年底完成注塑废气处理设备和食堂油烟处理设备的加装改造。南部长，咱们公司现在能动用的钱有多少？"张朝壹说道。

南娟答道："张总，咱们公司去年刚刚举债建造了一个3800平方米的新厂房，虽然厂房建成之后已经对外出租给了园区内的制药厂，目前租金收入还算稳定，但是您也知道，建造厂房时的借款还没有还完。另外，公司业务虽然稳定，但是总体收入却没有明显增加，除去日常备货、人员工资等开销，想要一次性拿出这么多改造费用还是比较困难的。"

"资金再困难，改造也必须进行呀！注塑废气处理设备是咱们生产时必需的设备，不增加设备，环保局就不会让咱们进行生产。这次设备改造不就因为资金问题，让周边好多小微型企业倒闭了嘛。我认为咱们要迎难而上完成这次改造，之后争取到那些倒闭企业的订单，还担心收入不能增加？这次改造对我们来说是个转机。"王旭焦急地说。

南娟无奈地说："王部长，我知道改造设备是必须的，但是要全部承担这次的费用公司真的有点困难。我觉得要不然就只改造注塑废气处理设备，把食堂关停，食堂排气设备不仅贵，后期环保维护费用也高。咱们如果只改造注塑废气处理设备，眼下公司还能够承担得起。"

王旭严肃地回道:"食堂不能关呀!咱们公司跟一般机械加工不一样,从备料环节开始就要对原材料进行加温处理,吹塑、注塑环节设备温度常常高达150℃以上。设备一旦开启,就不能轻易关停,工人们也都是三班倒,职工食堂一旦关掉,工人们外出吃饭、休息就是大问题。本来这几年由于工资低、倒夜班等原因,招工就变得越来越难了,要是还不管三餐加夜宵,工人们怕是要走光了。"

张朝壹听完两位部长的争执,最终决定同时对注塑废气处理设备和食物油烟处理设备进行改造,这一决定也造成了创新公司现金流周转紧张的困境。

2. "权健事件"的冲击

2018年末"权健事件"曝出,保健品虚假宣传、夸大效果让人们开始对保健品望而却步。市值百亿的保健品帝国——权健的落幕不仅熄灭了这些年吹起来的购买保健品之风,也让整个中国的营养保健品行业陷入低潮期。由于创新公司的主要下游客户就有保健品的生产企业,这一事件也导致了创新公司销售的停滞。原本供货量排前三的保健品企业近半年都没有下达订单,部分机器近一个月没开工,员工们人心惶惶,张朝壹也急得团团转。这时,他想起了之前参加的企业战略研讨会,想到了专家口中的"战略柔性"。

张朝壹赶紧联系专家,讲述了公司现在的困境:"医药包装行业现在不仅竞争越来越激烈,政策、环境也愈发多变,谁能想到'环保管控'之后又遭遇了'权健事件'。现在销售量大幅减少,回款又慢,真不知道要如何经营下去了。我还记得您之前给我们开战略研讨会的时候提到过战略柔性,就是在这种多变的动态环境下,通过提高战略柔性,主动适应变化、利用变化和制造变化以提高自身竞争能力。我们公司现在面临的情况正好符合您描述的复杂多变的市场环境,提升战略柔性适用于我们这样的中小企业吗?"

"随着信息技术的变化及客户需求的多样化,当前企业面临的环境越来越不稳定,提升企业战略柔性就是为了增加企业在多变环境中的竞争力。我觉得你们公司可以尝试进行提高战略柔性来应对未来的发展。"专家思考后慢慢地说道。

挂掉电话的张朝壹认真思考着专家的话,想起了这些年公司的发展……

经过近10年的发展,创新公司已经成为一家专业生产医药、保健品及食品包装的中小型民营企业,在当地具有良好的口碑和声誉。目前,公司共有职工80余人,厂房占地面积10 000多平方米。公司由生产部、销售部和财务部构成了主要的组织架构,如图10-1所示。其中,财务部门除了负责公司日常财务活动外,还负责公司行政和综合管理工作。生产部门的生产室主要有各生产班组和机修班组。

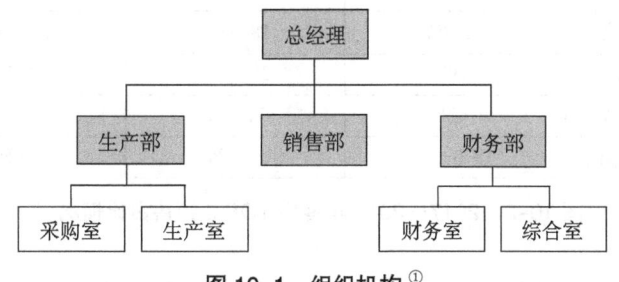

图10-1 组织机构①

---

① 资料来源:《创新公司组织机构及职能管理办法》(2019版)。

此外，公司与周边的几家医药企业达成了稳定合作。在每年年初与这些客户签订订单，之后将订单交给生产部、财务部进行审核，审核通过后形成采购和生产计划，并按期将产品交付给客户。这种订单驱动生产的模式不仅增强了创新公司的应变能力，还实现了零库存和较高的资金流转。与此同时，由于创新公司取得了《药品包装用材料和容器注册证》（GMP），能生产的产品种类也逐渐丰富起来，除了口服液瓶、试剂瓶等常规标准瓶型以外，还有蜂蜜瓶、醋瓶、奶瓶等异形瓶，以及瓶盖、量杯、量勺、冲洗器喷头等其他配套产品。

虽然创新公司整体规模和业务范围都在逐步扩大，但是在面对"环保管控""权健事件"的接连冲击后，公司的销售和经营都陷入了困境。思绪回转，张朝壹觉得提升公司战略柔性迫在眉睫，于是他召集公司骨干，成立了战略小组，探讨战略柔性提升的可行性。

三、吾将上下而求索

1. 战略柔性提升基础

张朝壹觉得提高战略柔性前还是有必要跟大家一起详细了解一下公司目前的销售和生产情况，因此他组织大家开会，由财务部长南娟进行汇报。

（1）销售能力

公司目前医药类产品客户主要是制药企业和保健品企业。从 2019 年销售收入情况来看，排在前 3 的公司分别是太极制药、康慧制药和幸福制药，其 2019 年销售收入占总销售收入的比例分别为 29.94%、20.70% 和 19.70%，3 家主要大客户的销售收入合计占比达到 70%，具体销售占比情况如图 10-2 所示。

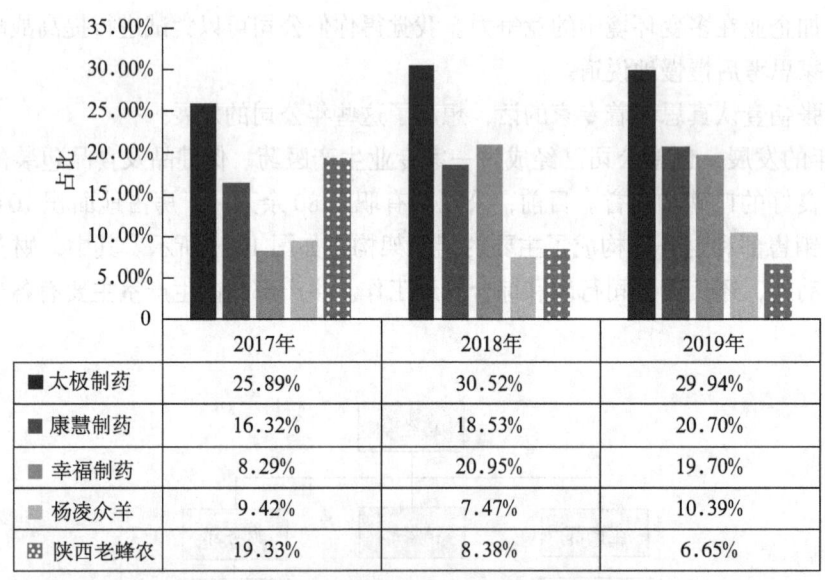

	2017年	2018年	2019年
太极制药	25.89%	30.52%	29.94%
康慧制药	16.32%	18.53%	20.70%
幸福制药	8.29%	20.95%	19.70%
杨凌众羊	9.42%	7.47%	10.39%
陕西老蜂农	19.33%	8.38%	6.65%

图 10-2　2017—2019 年客户 TOP 5 销售占比情况 ①

2019 年销售量排名第 4 和第 5 的企业分别是杨凌众羊和陕西老蜂农企业。杨凌众羊是一家羊奶制品企业，是公司新开拓的食品类客户，2019 年销售量占总销售额的 10.39%。2018 年以来，由于保

---

① 数据来源：创新公司 2017—2019 年销售信息统计。

健品行业受到重创，销售一度停滞，原供货量排在前 3 名的陕西老蜂农企业在半年多的时间内未下一单，直接导致了当年销售收入下降了 11%，2019 年销售量也仅占总销售额的 6.65%。

2018 年以来丢失了近 40% 的老客户，造成公司 2018 年的总营业收入较 2017 年下滑将近 15%，但是 2019 年营业收入几乎与 2017 年持平，主要是因为在保健品市场持续低迷的情况下，通过开拓食品类新客户较好地度过了困难时期。由于食品类包装更加注重外观设计与原材料配比，对生产能力的考验较大，因此目前只能接受几家较小的食品厂客户，因销售量不佳使得所需包装量也就不大。此外，原材料价格波动也是影响产品成本的主要因素，以上这些原因综合导致了公司 2019 年的营业成本攀升，利润总额仅为 2017 年的一半。值得一提的是，厂房租赁业务成了公司营业收入的新增长点，2019 年的租赁收入较 2017 年增加近一倍，租赁业务收入占营业总收入的比例从 8% 上升到 15%，租金收入已经成了营业收入中最为稳定的部分。

如图 10-3 所示，以 2018 年各季度销售情况为例，公司销售收入呈季节周期变化。公司长期为周边的几家医药、保健品企业供应中药口服液瓶、清洗液瓶及其配套组件。由于冬季是中药滋补佳季而夏季中药生产难度大等原因，中药产品销售存在明显的淡旺季，因此公司的销售业绩也随客户销售情况存在一定的季节性波动，通常秋冬季节是销售旺季。

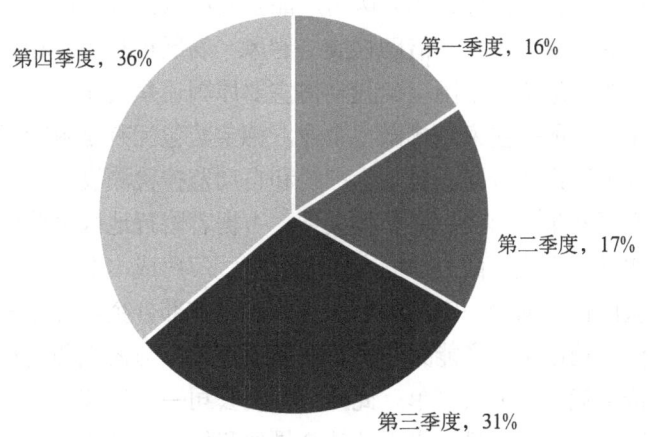

图 10-3　2018 年各季度销售收入占比 [1]

（2）生产能力

公司目前主要采用吹塑、注塑、注吹两步法等工艺技术，以两步法吹塑工艺为例，主要工序分为备料烘干、制管胚、冷却、吹瓶、灭菌。除备料烘干、冷却和灭菌按生产批次进行外，制管胚和吹瓶为 24 小时不间断作业，日产量因产品品种不同略有浮动，每工序所需人员数量也有所不同。

现有注塑机 7 台、吹塑机 4 台、吹瓶机 6 台、混料机 3 台、烘干箱 3 台及其他辅助设备，基本能够满足日常生产检验所需。根据目前的生产设备和管理水平，生产能力远低于大中型企业，一方面生产设备老化现象严重，自动化程度不高；另一方面，由于部分产品的模具所有权归客户，采购费用由客户承担，在选购模具时客户更加关注价格因素而忽略产能和生产成本的问题。实际上，模具的单次出模量决定了单位时间内产品的产出量，进而影响整批订单的生产周期。此外，生产不同种类的产品需要进行装卸模具、调整设备参数、设备预热等步骤，同时设备、模具还需要根据使用频次及时进行保养维护，这些因素都会影响产能和成本。因此，只有合理、充分地安排生产才能发挥设备和模具的

---

[1] 数据来源：创新公司 2018 年销售收入统计。

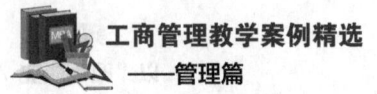

价值，进而使生产能力达到最优，降低整体运营成本。

（3）人员管理

公司的主要管理层人员结构较为稳定，除张朝壹总经理外，还有3位分管领导，分别是生产部部长王旭、财务部部长南娟及销售部部长张强。虽然几位领导在各自的领域都拥有十分丰富的经验，但年纪都已经超过45岁，管理层缺少懂技术又会管理的新晋年轻力量。这几年，公司也在尝试招聘一些企业管理、机械维修、注塑工艺等方面的专业人才，但鲜有人来应聘，因此也使得公司研发能力不足。即便是好不容易招来的人才，也因为待遇和发展空间的问题而选择跳槽。

2. 战略柔性提升关键点

为了尽快找出突破口，张朝壹听完南娟的汇报后，便与战略小组的成员对提升战略柔性的关键要点展开讨论。

"大家好，咱们现在面临的困难局面相信大家都很焦急，提升战略柔性的重要意义我就不再强调了，直接进入正题吧！谁先发言？"张朝壹说。

财务部长南娟娓娓道来："我先说说我的观点吧。近年来随着我国经济持续稳定增长，居民人均可支配收入不断增加，人们越来越注重健康保健，再加上人口结构呈老龄化趋势，慢性病患病率上升，使得对药品的需求维持稳步增长。因此，作为医药产品重要组成部分的医药包材，其需求量也呈现稳步增长的趋势。我们公司成立这么多年，借助这股'春风'发展也越来越稳定，但是在遇到'权健事件'的冲击时，还是不可避免地陷入了困境，我觉得主要原因还是公司竞争力不强。我们公司的竞争对手主要是德宝药包以及周边的一些家族式微型企业。德宝药包拥有全封闭厂房、标准净化车间、恒温生产环境及从德国、日本引进的数条全自动生产线和自动监控检测设备，管理水平和产品质量均处于国内领先水平，与大型医药集团形成战略合作关系，占据着附近地区医药包装的大部分市场份额。而其他周边的一些家族式微型企业，由于他们在人力成本、厂房成本等方面占据优势，常通过低于市场的报价来拉拢客户，从而也占据着一定的市场份额。在当前部分企业开始并购或自建包装厂使得订单量减少的情况下，我们公司由于生产能力和工艺技术没有办法与德宝药包进行竞争，而与小微企业竞争时也常常由于恶性价格竞争而失去订单。此外，我们公司一直依赖于园区内的几家医药企业，没有进一步开拓市场，而这几家客户一旦销售不佳就会导致我们公司销售订单的减少，所以我觉得提升战略柔性很有必要，关键点就在于提高竞争力互动柔性，与竞争对手在反复对抗中增强产品、价格的适应性与可调整性，能够在竞争行动中予以还击。"

销售部长张强听完后，脸色微变，焦急地说："南部长这话是在说我们销售部业绩不行导致公司面临困境喽！下游客户在选择供应商时，除了考虑产品质量、产品价格等因素外，供货周期和运输成本也是医药企业考虑的重要因素。我国医药企业主要分布在浙江、江苏和广东等地区，而周边医药包装企业足以应对医药企业生产，所以一直以来咱们公司主要客户以西北医药园区内的医药企业为主。公司较难进一步开拓市场的主要原因是生产能力不足、工艺技术较落后导致的产品成本高、质量稳定性较差。2016年，国家食品药品监督管理总局规定药包材在审批药品注册申请时一并审评审批，导致了医药企业更倾向于选择行业内规模较大、质量较高及具有品牌优势的药包材生产企业，以便药品注册审批的顺利通过。此外，由于医药行业相关规定，医药企业需要对供应商的生产环境、生产设备、检验设备、管理体系文件等进行现场审核。由于评估期较长、评估费用较高，导致了医药企业更换供应商的成本也很高，在建设生产线选择药品包装设备时，便需要考虑包装设备与药品包装的配套问题，无形中也增加了医药企业更换供应商的成本。这两方面原因共同导致了医药企业与大型药包材企业间合作的稳定，咱们公司难以'插足'。我们今年新开拓的食品类客户订单，一定程度上弥补了医药企业订单量减少带来的损失,但是食品企业的包装更新快,未来想要承接更多食品类客户订单,生产能力、工艺技术、外观设计等都需要跟上。我认为提升战略柔性的关键在于提升产能柔性,这样我们才能承接大型的医药包装订单,也容易应对复杂的食品企业包装瓶。"

"咱们都是发表自己的观点,没有刻意针对哪个部门,大家畅所欲言即可。王部长,你觉得张部长说得怎么样?"张朝壹听完两个部长的发言后问。

生产部长王旭思考了一会说道:"咱们公司大部分生产设备已经用了5年以上,产能低,效率低,从而导致了公司生产能力不足,也进一步导致了公司竞争力的下降。但是,生产能力还需要根据产品销售情况来进行适度提升,盲目扩大产能会导致资金占用、库存周转降低等问题,生产能力持续在低负荷运转还会使运营成本升高。此外,近年来医药包装设计需要在材料、功能、外形等方面进行创新,这就对企业的产品设计能力、工艺改进能力、配方研发能力等方面有了更高的要求,但这些方面恰恰是我们的弱点。"

张朝壹说:"王部长的意思概括还是要提高公司的产能柔性,生产能力既要能够满足大型企业的订单量需求,还要能够应对不同的客户的生产要求。提高生产能力,咱们就需要面临购买生产设备的问题,同时还需要对生产工艺进行改进。南部长和王部长,你们两个下去再调查一下,制定一下提高产能柔性的详细计划。"

"好的。"南娟和王旭立马应声。

会议过后,南娟和王旭针对如何优化公司生产能力,提升产能柔性制订了详细的计划。张朝壹根据反馈回来的计划,与公司骨干一起针对公司现有的情况着手开始提升公司的战略柔性。

四、芳林新叶催陈叶

张朝壹认为,现在的改革是为了以后更好地面对未来的挑战。在战略柔性中,要想使生产能力具有柔性化,就要让生产能力能够满足市场需要。如果市场对品种规划、产品质量、交货期和交货质量的要求发生变化时,产能柔性要能够适应这种变化,并满足生产的目标。

1. 产能的提升

医药包材作为直接接触药品的容器,依据原材料的不同主要分为塑料、玻璃、橡胶、金属及组合材料5大类,各类医药包材具有不同的优缺点。由于传统玻璃医药瓶在包装密封、储存运输等方面存在一些缺陷,而塑料包装和组合材料具有质轻、强度高、不易破损、密封性能好、防潮、卫生等符合药品包装特殊要求的优点,近年来其应用范围愈发广泛。创新公司主营的塑料包装瓶,其生产过程需要经过备料、填充、保压、冷却、脱模、灭菌等环节才能将塑料颗粒变成一个个形状各异的瓶子,由于各工艺步骤所需时间有严格要求,因此想要通过工艺改进来提高产能一般来说难度较大。为此,王旭特地去参加了橡塑国际展览会,了解国内外领先的生产技术经验,希望通过引进半自动或全自动设备、改进模具单次出模数量和搭配不同模具组来提高产能柔性;同时,还认识了浙江、广州一带的设备、模具供应商,相比国外机器设备,他们的产品性价比更高,与他们达成稳定的合作后能够有效缩短模具定做周期。通过这一番考察后,王旭觉得提升产能柔性可以从设备和模具入手。

相对于昂贵的进口设备,浙江、广东等地制造的塑料加工机械设备就完全能够满足公司的生产需要,新的注塑、吹塑设备不但功率大,加热更均匀,而且配备机械手臂,自动化水平高,节约人力成本。但是,更换新设备无疑需要大量的资金投入,而更新模具则不需要占用那么多的资金。注塑机、吹塑机等设备通常需要与模具配合工作,所以模具的设计和质量直接决定产能和产品质量,包装瓶的模具一旦设计好，在后续生产的过程便可以极大地节约时间，减少原材料的消耗。部分客户出于对外观专利的保护和质量的要求，更愿意自行承担模具费用，这样模具的所有权也归客户所有。总体来说，这种通过改变模具一次出模的数量来提升产能的方法虽然有一定的限制，但在生产一些较常用的、客户无特殊要求的包装瓶时便可以采用这种方式来提升产能，同时还与这些客户进行联盟，针对客户需求及时调整送货频次，为那些有仓储压力的客户提供直达生产线的定制化服务。这种"零库存"管理获得大量周边客户的青睐。

2. 设备的更新

随着自动化、信息化技术的发展，与许多制造行业一样，注塑、吹塑行业已经开始向自动化、无人化工厂的方向发展，自动化的生产线不仅能够提升生产效率，还可以减少运行成本，特别是人力成本。

负责采购的小李对购买新设备的情况进行了调研。浙江台州某注塑机制造商的一款配置自动机械臂的全新自动化注塑机，搭配一出16穴的模具，每日产量能够保证在14万件。该设备报价近40万元，模具费用另算。此外，由于自动化水平提高，原有的2人负责一台设备可改为1人巡检，极大地降低了人力成本。考虑到资金问题，小李还了解到，广东某注塑机租赁公司可以为公司提供租赁服务，租赁的设备与上述全新自动化设备的生产能力、生产的产品质量大致相同。租赁公司的要求是在租赁开始日一次性支付2万元手续费，未来每年年初支付租金10万元。为保证设备的正常使用和良好状态，租赁公司负责设备的运输和安装调试，并负责租赁期内设备的维护保养费用。但是租赁合同限期5年，5年内不得退租。对于两种采购方案，南娟与小李仔细核算比较后，根据创新公司现有的资金情况，认为租赁设备更为合适，张朝壹在听完调研结果后最终也选择了第2种租赁方案。

除了提升产能柔性以外，此次创新公司还将柔性思想自上而下地渗透到战略的各个方面，使得未来公司在动态的、不确定的环境中，战略的制定和实施变得更能主动适应变化和创造未来，从而提高竞争优势……

五、"以柔应变"战疫情

2020年，新冠疫情暴发，人们疯狂地囤积着消毒剂、洗手液和各类防护用品。除了口罩断货外，医用酒精等消毒用品也开始断货，给正在担忧无法复工的张朝壹带来了新的转机。由于清洁和消毒用品销路紧俏，一家生产消毒用品的厂家主动找上门来希望创新公司能为他们提供150ml和250ml的分装瓶，各300万套，并要求在30日内供货，物流配送由该厂家负责。张朝壹在与对方进行了详谈后快速签订了合同，这样不仅能够提前复产，解决生存问题，还可以在恶劣的市场环境中获得可观的利润，趁此机会打进日化用品市场。在面对这次疫情突发事件时，创新公司发挥了战略柔性的优势，克服了原料备货、人员复工及生产能力等方面的挑战。

首先，在原材料储备方面。由于医药塑料包装材料大多以聚乙烯（PE）、聚丙烯（PP）、聚苯乙烯（PS）等的颗粒或片材为基材，所以原油价格是影响其原材料基材价格变化的主要原因。为了保障资金流转、减少原材料库存积压，创新公司一直采取订单驱动式采购，根据订单需求发起采购任务，在满足生产需求的情况下进行小批量多批次的采购。在提升战略柔性后，创新公司采购人员开始关注原材料经销商的每日报价和通用塑料期货价格，在价格涨幅较大前根据生产计划进行适当储备。2019年年底，由于国际原油价格走低，原材料供应量充沛导致滞销，价格处于低谷，考虑到年后开工会有阶段性材料价格上涨，创新公司便低价购入一批原材料以备生产。面对这笔600万套的订单，这批低价购入的原材料正好解决燃眉之急。

其次，对于劳动密集型的塑料产品加工企业来说，人力是第一要素。创新公司需要根据相关部门要求制订《返岗职工排查花名册》《企业疫情防控方案》《企业复工复产工作方案》等材料，排查员工身体情况及近期旅居史，采购防疫物资，对厂房进行全面消杀。创新公司生产一线职工基本居住在近郊村镇，不存在外省员工难以归岗的情况，按相关部门的要求只要持有工作证明便可以正常复工。为了减少员工通勤过程的感染风险，张朝壹决定，疫情期间员工食堂和员工宿舍免费为职工提供就餐和住宿服务。

最后，这笔订单更是对创新公司生产能力柔性化的考验。按照创新公司未进行改革前的生产能力，全天24小时生产的情况下需要3个月左右才能备足货源。去年创新公司战略柔性改革的关键就是提升了产能柔性，优化生产能力。这次600万套的包装瓶的需求量，按照创新公司当前的生产能力完全可以保证按时出货。该消毒用品厂家本有专用的包装瓶设计，但是面对此次疫情需求急的情况下，重新制作一套模具再加上机器磨合等步骤过于耗费时间。因此，在与对方企业商量后，决定使用创新公司现有的模具来生产此次疫情消毒液包装瓶，外观上虽有一些差距，但是功能质量均符合客户要求。现成的模具省去了重新制作模具、机器磨合的时间，搭配之前租赁的全自动化机器设备，有效地保障了创新公司此次及时供货。

一场突如其来的疫情使很多企业濒临破产，而创新公司却抓住了疫情的机遇，以消毒包装瓶订单打开日化品市场，缓解资金困境，实现了以"柔"应变。此外，政府减免企业税负、助力企业融资等帮扶政策也拓宽了疫情下创新公司的战略柔性提升之路。

六、尾声

张朝壹看着一辆辆进出厂区的货车，脸上浮现出久违的笑容。想起了刚接这笔消毒包装瓶订单时的紧张，担心因为某个环节的延误导致订单无法按时完成，此刻一块石头终于落地，内心充满着对未来的期待。

疫情让我们关注到自身免疫力的重要性，那么企业的"免疫力"要如何增强呢？张朝壹感觉任重而道远。

案例使用说明

一、教学目的与用途

1. 适用课程

本案例适用于"战略管理"课程中关于战略柔性理论的相关章节。

2. 适用对象

本案例主要适用对象为工商管理、企业管理等相关专业学习战略柔性理论的本科生、研究生及MBA学员。

3. 教学目的

①通过阅读案例内容，了解中小企业生存现状和发展困境。

②通过了解创新公司历经"蓝天保卫战""权健事件"后做出的战略柔性提升在疫情冲击下发挥的作用，使学员进一步理解战略柔性理论。在战略柔性的改革中，将实际经营与战略柔性理论结合

起来，站在公司战略高度来思考企业全局的运营状况，分析企业所处环境的动荡性，应用基于动态能力的战略柔性理论等提出战略柔性提升方案。从战略柔性角度出发，引导学员思考企业在面对复杂多变的环境时，如何洞察变化、响应变化，从被动接受转变为主动掌控。

二、启发思考题

在案例正文阅读前将启发思考题提供给学员，并组织学员围绕以下问题展开讨论和思考。

① 历经"蓝天保卫战""权健事件"后，创新公司面临怎样的环境？

② 如果你被创新公司邀请作为战略顾问，你将如何为创新公司出谋划策？

③ 面对疫情的冲击，创新公司是如何"以柔应变"的？请从响应柔性和前瞻柔性两方面来评价创新公司的战略柔性。

④ 在未来发展中，创新公司应当如何提升"免疫力"以应对变化无常的经营环境？一味地提高战略柔性对企业有什么危害呢？

三、案例分析思路

教师可以根据自己的教学目标(目的)来灵活使用本案例。这里提出本案例的分析思路，仅供参考。

通过对案例各章节内容简要概括，使学员能够运用战略柔性理论，综合分析创新公司所处环境的动荡性和生产经营优化过程中具备的动态能力与资源，并对疫情来袭时创新公司在前瞻柔性和响应柔性方面的表现进行评价，在理解战略柔性理论的基础上为创新公司未来发展出谋划策。授课教师可以根据自己的教学目的灵活使用本案例，本案例的整体内容框架及引导分析思路，如图10-5所示。

首先，介绍案例背景，并引导学员分析创新公司目前所处环境的动荡性，掌握基于环境动荡性的战略柔性理论，从敌对性、异质性和动态性等维度来分析创新公司所处的政策、市场需求、市场竞争和技术等环境单元；同时，根据战略柔性理论思考战略柔性对企业在面临动态变化的环境时具有的积极作用。

其次，深入了解医药包装企业创新公司的发展历程和内部事务，理解战略柔性理论，掌握并运用资源及能力分析方法，从动态能力和资源角度，对创新公司的组织机构、人力资源、财务管理、生产运营、研究开发等方面进行概况总结，综合分析创新公司在生产经营优化过程中具备的机会感知能力、组织重构能力以及资源整合能力。在掌握基于动态能力的战略柔性理论的基础中上，思考企业动态能力对战略柔性提升的重要作用。

再次，在掌握响应柔性和前瞻柔性理论的基础上，通过阅读案例了解创新公司在一系列事件后的战略柔性变革及疫情期间抓紧恢复生产的举措，试分析战略柔性提升对创新公司抵御疫情冲击、抓住疫情机遇带来的帮助。通过总结创新公司在采购、生产、销售等方面的战略柔性变革，从响应柔性和前瞻柔性两方面来对战略柔性提升后的创新公司进行评价。

最后，结合以上问题的分析结果，在理解战略柔性理论的基础上，引导学员思考中小企业如何应用战略柔性理论提高企业的抗风险能力，企业提升战略柔性的规划可以从哪些方面展开。此外，引导学员进一步思考战略柔性是否越高越好，战略柔性过高会给企业带来哪些问题（图10-4）。

案例 10
以"柔"应变

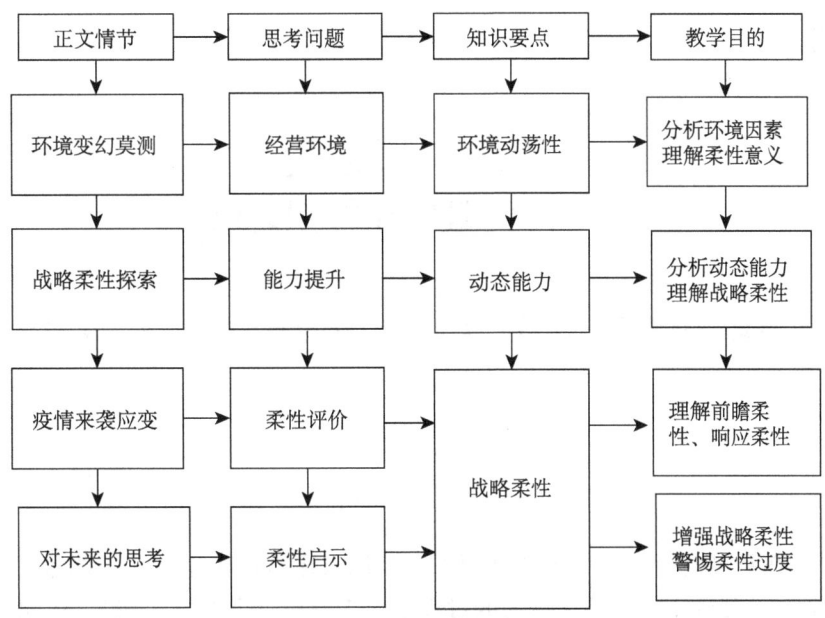

图 10-4 案例分析思路

案例 11

"燃"眉之急
——SR 的数字化转型之路①

苏锦旗　刘启雷　李晨　刘雪梅　朱哲辉　刘佳敏　李洋洋

案例正文

引言

2019 年冬天，在新冠疫情肆虐全球的环境下，我国大多数居民本着"不添乱"的原则，自觉居家隔离。居家期间，一部分用户在使用燃气的过程中由于操作不当或设备陈旧等出现了一系列问题，工作人员无法深入居民家中进行检查和维修，给居民的生活带来许多不便。而处于数字化升级阶段的 SR 集团（以下简称 SR），由于没有远程操控和安检的功能，无法及时对使用存在问题的居民进行及时的反馈，导致 SR 不得不暂停关键业务，为居民生活带来安全隐患。这让 SR 的总经理邢天虎（以下简称邢总）陷入了巨大的舆论漩涡……

在紧急召开的线上股东大会上，邢总表示，要坚决把用户安全放在第一位，在保证安全的情况下，尽最大的能力为用户提供燃气服务。面对此次突发状况，邢总更加深刻地意识到加快建设新技术、新基建的重要性，加快集团的数字化转型势在必行。

为了破除这一僵局，作为当地能源企业的"带头羊"，SR 自我加压，加快步伐，全力以赴地进行整合改革——数字化转型。

一、取势——东风已到，船未箭满

会议结束后，邢总疲惫地坐在电脑桌前，揉了揉太阳穴，陷入了沉思。回忆起自己刚入职 SR 时立下的豪言壮语："我一定要带领 SR 在能源行业闯出自己的一片天。"而今却一直没有达到理想的效果，加之疫情的阻碍，SR 的数字化转型之路更加举步维艰。

放眼全国，华为、小米等制造企业如火如荼推进数字企业的进程，中石油"智慧网管"、国家电网"智慧电网"等平台的建设，无不昭示着数字化转型势在必行。而因环境保护的需要，我国承诺在 2030 年碳氢化合物的排放达到顶峰，2060 年实现"碳中和"，同时伴随着太阳能、风能等非碳氢化合物能源的快速发展，这就意味着低碳清洁能源——天然气到了最佳发展时期。

若想蚕食石油、煤炭等能源市场占比（图 11-1），SR 必须抓住数字经济浪潮。在这次数字大作战中，SR 在邢总的带领下于 2015 年便开始了信息化建设和系统搭建，通过前端采集设备、存储设备和

---

① 案例来源：中国管理案例共享中心，并经案例作者同意授权引用。
本案例于 2022 年 4 月 13 日入选中国管理案例共享中心案例库。
由于企业保密的要求，在本案例中对有关名称、数据等做了必要的掩饰性处理。
本案例只供课堂讨论之用，并无意暗示或说明某种管理行为是否有效。

系统平台等方式使得企业内部积累了大量的数据资源,而这些数据便成了此次企业数字化转型的"主力军"。

除此之外,SR 还专门成立了制定和服务于数字化转型的科技与信息化管理部,但并没有发挥应有的作用,目前无论是领导层面还是员工层面对数字经济的认知都处于初级阶段,只是着重于对企业的物理承载的数据感知、数据采集和数据存储设施的更新换代和固定互联网宽带、移动互联网、计算机软件、系统或平台等软件设施迭代升级上,对于实现企业数字化还是缓不济急。

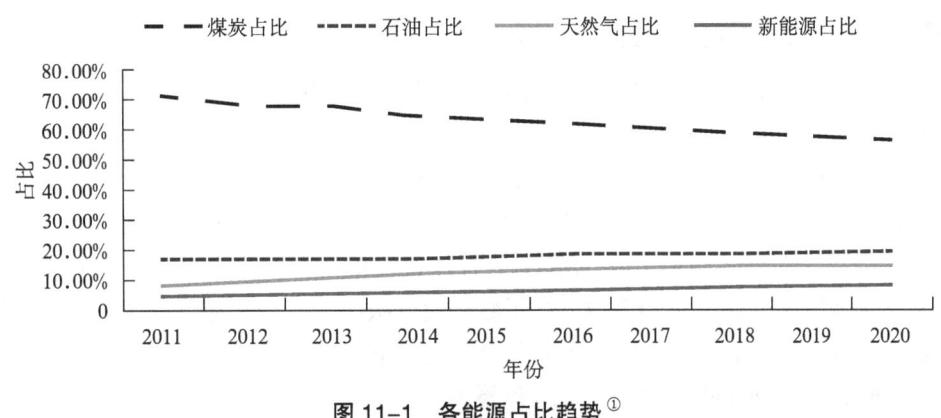

图 11-1　各能源占比趋势①

邢总明白,前方还有很多难题在等他,路漫漫其修远兮,"燃"需上下而求索……

二、伊始——合抱之木,生于毫末

2015 年"互联网+"风靡全国的时候,也是邢总进入 SR 的第二个年头,当时的他为了更加深入地了解 SR 的现状,深入基层,与一线员工一起奋战在业务前线。经过长期的摸排工作和经验积累学习,邢总认识到了能源行业的特殊性:燃气的行业特征决定了其企业数字化转型对于数据基础感知、传输存储、处理应用要求具有全面完备的设施基础。复杂的产业链各环节设备种类繁多,应用场景复杂,最关键的是下游对接的是千千万万个用户,安全的保障是重中之重。而当时的 SR 的数字化还只处于起步阶段,软硬件基础设施落后,大部分软件设施只能满足基本业务的需求。

这更加大了邢总决定开启 SR 的信息化时代的决心。在众多企业都摸索前进的过程中,SR 也迈上了属于自己的第一个数字化阶梯。在邢总的带领下,SR 购进了自己的第一批自动化设备:前端感知设备,包括各类传感器、仪表等(输入端);数据存储与处理设备,包括本地的服务器等设备(处理端);数据的展示设备,包括各类显示器、大屏等(输出端)硬件设施。自从有了新设备,员工也轻松了不少,数据容错率减少不说,还实现了机内数据储存。

光有硬件不行,得让软件也跟上,才能相得益彰。

2016 年 2 月初,在邢总的带领下,集团生产核心部门建立 SCADA 系统。该系统主要是对前端感知设备显示进行数据(场站的压力、流量、温度等)采集与监控。除此之外,不仅监控大型场站压缩机的启停,还能对各工业区的主要阀门进行远程操控。

次月,集团的财务系统引入了金蝶 EAS 系统,为集团提供财务、预算、资金和高级人才的管控体系,以及对战略采购、集中库存、集中销售与分销、协同计划及其复杂的内部交易和协同供应链的集成管

---

① 数据来源:中国煤炭市场网. 参考网址:https://www.cctd.com.cn/show-16-202635-1.html。

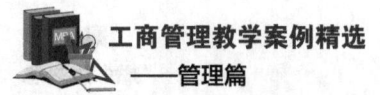

理。与此同时，邢总也关注到了行政办公方面，一个集团的效率高与否，行政办公就是最直接的体现。因此，技术部门在邢总的指导下构建了 OA（办公自动化）系统，它的应用提高了企业行政管理与经营效率同时也实现办公管理规范化和信息化。

在管理（OA）、业务（SCADA）和财务（金蝶 EAS）三大系统的加持下，SR 初步实现了基础数据、业务数据和经营管理等的信息化，在一定程度上提高了集团各部门的工作效率。一切都在向着美好的方向有条不紊地前进着……

三、革新——百尺竿头，更进一步

社会发展日新月异，越来越多的企业在数字化转型方面取得了不菲的成绩，SR 也必须要加快速度向前走，邢总在心里暗暗下定决心。

2018 年年初，SR 开始自己的第二次"变身"——数字化升级。

他们从已有的资源着手，一方面是对硬件设备进行更新。目前已有的自动化设备仪器已经跟不上企业的快速发展需求，在邢总的指引下，SR 引入智能化设备，为企业提供实时监测数据，除保障生产安全外，还对企业下属气站、车辆等均进行了数字化升级改造，与其他企业合作生产智能化燃气表并进行推广安装；输出设备方面，集团及下属部分公司设立了专门的调控中心、指挥中心等，利用大屏将监测信息即时显示，便于指挥决策、危险预警等。

另一方面，对 OA、SCADA 系统进行数字化升级。原有的 OA 系统只能在集团各部门内部实现办公的自动化、协同化，除财务系统外，各公司及部门行政办公其他子系统并未实现在集团内部的互通互联，跨部门的办公文件文档及数据传递仍依赖于传统手段。针对以上问题，技术部门对 OA 系统进行升级，主要涉及单向的业务申报、审批等，助力实现办公部门间、部门内互动；还解决了 OA 系统的访问、信息检索及查询存在的责权不清、重复设计等现象；同时，增加电子邮件系统和档案管理系统作为 OA 系统的辅助系统，主要应用于公司邮件发送、传递及档案的扫描、归集和管理。

SCADA 系统作为 SR 燃气业务的主系统，此次升级主要针对 SR 在管道全信息采集、智能巡检、智能安防等方面的流程优化。可直观看到项目建设相关信息，实时与历史数据进行对比，对问题进行预警并自动修检；并打造仿真模拟系统模拟在故障状态下管网的运行；再利用平台的数据沉淀和模型应用，进行管线巡检、抢修施工等操作，提升设备管理管控水平；并依托 SCADA 系统，实现实时监控，远程了解管网压力运行情况，动态调整管网压力。除此之外，将 GPS、GIS 与 SCADA 结合应实现 SCADA 系统的智能化决策分析能力以及全过程自动化管控。

数字化升级，对 SR 的运营带来了新飞跃……

"邢总，还有一个问题，目前 SCADA 系统更新完成后，数据量不断地扩容，传统计算机储存已经无法储存。"电梯里，业务部经理提出问题。

"我之前就注意到这个问题，后期电信公司会来和我们签订合约，增加云储存服务，用于咱们集团数据的储存和共享。"邢总回应道。走出办公楼，邢总看着天空的晚霞，微风吹过，他相信 SR 的未来一定会熠熠生辉。

2018 年 9 月，在对已有的软硬件设备更新的基础上，SR 建立了面向用户集抢修调度、用户抄表、车辆管理子系统及安全监测系统的城市燃气智慧管理平台。

四、破冰——排除万难，披荆斩棘

2019 年 5 月 6 日，劳动节假期结束后的第一个晨会，各部门领导看着手中的年度财报，脸上乌云密布。

"邢总，咱们集团科技投入的比重一年比一年高，却又没产生什么收益，要不后期对数字化的建设投入还是稍作修整吧。"一部门领导提出。

"是啊，是啊……"部分领导附和。

邢总思考片刻后说："各位领导先别急，首先，让企业实现数字化肯定不是一朝一夕就可以完成的，好比像走一条很长的路，没到终点，就不会看到终点的风景多美。就像咱们集团，数字化战略才走了一半，怎么会看到丰厚的利润呢？既然已经迈出步子了，肯定是不会收回的。其次，企业实现数字化也不是等同于业务流程信息化、决策过程信息化或者是简单地买一些智能化设备，就会给企业带来利润。这是一场持久战，我相信坚持到终点，一定会赢。最后，我也希望各位领导能够积极支持配合，助力 SR 早日成功。"

会议结束后，回到办公室的邢总看着眼前的电脑，陷入了沉思。

这几年，自己一直致力于企业软硬件设施信息化、数字化，却没有制定统一明晰的规划和方向，一直以来，SR 都是以业务需求主导企业发展方向，传统的商业模式致使领导层的思维被固化，才会出现有力不能往一处使的情况。还有被自己忽略的重要的一点，就是企业员工乃至部分领导的数字化意识培养欠缺，使他们没有明确认识到数字化与信息化在思维方式、运用范畴和业务联结等方面的区别。而且面向中下游一体化的 SR 产业价值链的各个环节，业务模式区隔性较强，对人才业务能力需求差异大，虽然建立了科技与信息部门，却没有相应的人才，难以发挥其作用。

OA 系统只满足于集团和各子公司内部的办公自动化，跨企业间办公还依赖于手传，各平台和系统之间没有实现互通互联，集成度不高，导致了各子公司之间工作效率不高。

正在邢总一筹莫展之际，一次西部数字经济研究院之行使事情有了转机。

2019 年 11 月，在西部数字经济研究院的邀请下，邢总从数字技术、数字安全、数字产业等方面深入了解了西部数字经济研究院的发展模式。为了更好地解决集团目前存在的问题，邢总邀请专家深入 SR 集团内部进行考察，成立专家小组，有针对性地为 SR 数字化战略部署作出下一步规划。

专家和领导小组多次对 SR 进行考察调研发现，集团对数据这一部分的利用还只是停留在表面，没有进行充分的利用，集团从 2015 年开始进行数字化改革，目前产生的数据也越发庞大，而内部管理数据和生产数据过于分散。而且，对外部复杂结构数据的采集相对不足，对潜在用户的数据采集、分析较为薄弱。加之目前各部门的数据都是独立收集和存储的，部门之间缺少沟通渠道，共享难度大，数据价值没有得到充分挖掘。

专家小组经过一系列调研考察，出具了一份分析报告，针对集团数字化转型存在的问题提出了相关的对策建议。邢总参考专家意见带领 SR 展开了后续工作。

2019 年冬天，疫情的突然爆发让所有人都措手不及。于 SR 而言，首要解决疫情下的用户用气安全和生产安全的问题。

2020 年 3 月初，疫情防控形势已趋于缓和，处于可控状态。为解决疫情期间存在的用气安全问题，SR 在燃气智慧平台中加入了入户安检系统及远程操控系统等，有效解决了工作人员无法及时入户检查维修的问题，同时实现了稳定、有序的生产，远程安全调控。根据城内燃气的基本需求及城市燃气负荷的变化情况，将远程调控系统的调控模式分为手动调压、手动调流、自动调压等类型。利用物联网实现了远程抄表、实时监测与精准化阶梯计费，为居民的用气安全保驾护航。

在解决了这一棘手难题后，邢总结合专家组的意见，在公司层面，健全组织体系，由集团科管部牵头，依据集团数字化转型战略部署和统一规划设计方案，对科技信息管理部进行改革重组，负责统筹管理集团下属控股公司数字资源、数字平台及关联软硬件设备；在场站层面，围绕集团四大业务板块，在生产调度、安全巡检、用户服务及工程建设等主要领域配备数字化专员，负责关键数据点管理、原始数据采集和甄选。确保集团及下属公司统一明确的转型方向，集团上下拧成一股绳，力往一处使，提高了整体的工作效率。

在健全了集团的组织体系后，对于企业管理层面，邢总采取了两手抓的策略。一方面，注重企业内部培育和孵化，通过构建企业数字人才培训平台，定期对集团领导和员工进行数字化技能培训。另一方面，加强科技及数字化人才的需求分析和定向培养，积极利用外部渠道引入数字专业人才。通过建立奖惩机制，丰富对科技人员的激励手段，改革薪酬分配体系；同时建立容错机制，加大对信息技术创新和业务创新的鼓励扶持力度。

疫情期间的 SR 在数字化平台加持下，如虎添翼，各部门和各子公司间实现了高效率信息互通，燃气实现安全输送和供给，也让集团上下对这次的战略转型都有了深切的认知，对集团未来的战略部署充满了信心。

五、优术——千淘万漉，终始到金

2020 年年底，SR 在西安经开区搭建了数据中台，这意味着其数字化战略部署打开了新的局面——数字化转型。只有把数据这种生产资料转变为数据生产力，做到了解用户，打破数据孤岛，才能在日渐激烈的竞争中长久地保持优势。

邢总逐渐意识到，数字化转型若只靠软硬件设施、人才、公司战略布局等还不行，最重要的还是数据的开发利用，必须充分发挥数据资源的价值，而不是停留在表层的收集和存储。经历过这几年的数字化改革，SR 已经实现了业务流程化、生产智能化及生产过程可视化，但数据的挖掘还是停留在最基础阶段。因此，数据中台的搭建，将充分解决企业逐年沉积及未来产生的海量数据未得到利用的难题。

目前，SR 的数据分别沉积在各个系统，缺少平台汇总，也缺乏统一的标准去分析利用。而数据中台可以把 OA 系统、SCADA 系统、燃气智慧平台及财务系统等的数据统一之后，形成标准数据，再进行存储，形成大数据资产层，将海量数据转化为高质量数据资产，进而为客户提供高效的服务。

除此之外，数据中台将信息技术人员与业务人员之间的障碍打破，信息技术人员将数据变成业务人员可阅读、易理解的内容，业务人员看到内容后能够及时结合到业务中去，才能更好地支撑企业数字化转型。同时，通过参与城市综合市政服务，构建城市燃气网络，实现城市同行业燃气信息、数据的互联互享，衍生"燃气+"增值服务，催生了供气服务新商业模式和业态。

依托人工智能和 5G 技术，研发 SR 集团 AI 客服，以数据中台为媒介，实现智能化和高效率客户服务，实现燃气知识管理、知识检索、数据统计、问题学习，可以精准对客户问题进行帮助解答和业务需求引导。

为了更好地发挥数据中台的作用，邢总在会议上针对集团目前系统平台分散的问题提出了整合集成集团公司、股份公司及各子公司的核心业务、关键经营管理流程、行政办公所产生的数据，构建一体化、集成化、智慧化管理平台，打通数据探索、数据流转和数据共享的通道。

在疫情防控常态化的现在，数据中台一方面满足集团公司及下属子公司对于集团基础数据、业务数据、经营管理数据等数据的应用需求；另一方面满足外部用户业务对接、商业洽谈等个性化服务需求，为集团的数字化转型带来了质的提升。

2021 年 6 月，集团召开 2021 年上半年工作总结会议，全面总结数字化转型的各项工作进展，安排部署下半年任务。

在会议上,邢总提出在未来产业转型方面主要实施针对技术、业务和市场的"三管齐下"战略。

首先,"一管"是管道运输板块的技术升级,遵循"生于地、产于民、服于民"理念,从"民"的角度推出长输网管的数字化改造规划。城市管道泄漏问题受到城市建设管理部门及广大民众的广泛关注,而燃气管道泄漏检测技术也因此受到高度重视。因此,SR 在推进数字化的进程中,为民安全理念始终位列前茅,打造集"多式联运、多网协同、智能控制"为一体的数字管网生态系统。

其次,"二管"则是城市燃气板块的业务升级,城市燃气直接面向产业链终端——客户,来源于终端市场的数据种类庞杂、类型众多,要求城市燃气集团在完成高效、智能管理和服务的同时,还需提供更多的增值服务。充分应用企业数据资源优势,积极参与市政综合服务,形成多元化融合发展的新局面。

最后,"三管"即基于综合利用板块和工程业务板块的市场升级。综合利用板块是 SR 加快产业一体化发展的重要延伸业务。针对液化天然气生产、运行和售气等核心业务,通过实现调峰储备、液化生产和存储销售核心业务的数字化重塑(图 11-2);并借助工业物联网的天然气供需大数据 SAAS 平台,自动采集全省天然气供需能耗数据,分析数据给出自动化储备调峰措施的数字化整体解决方案。

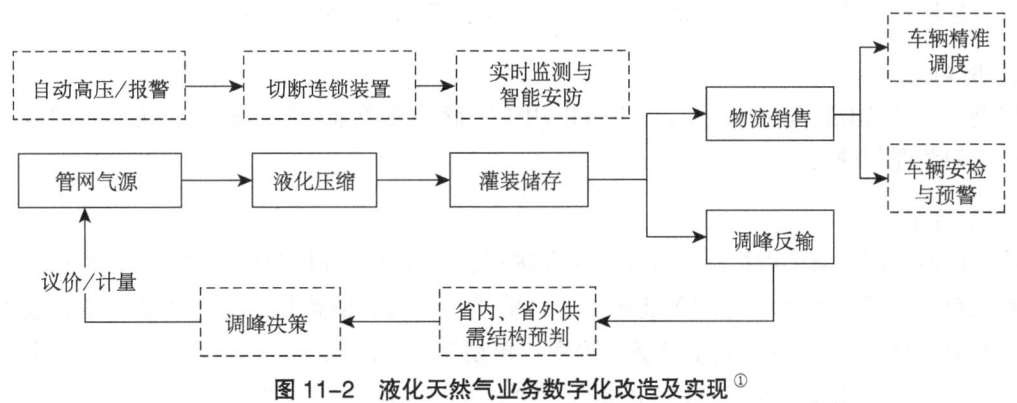

图 11-2　液化天然气业务数字化改造及实现[①]

除了"三管"齐下战略,SR 也将"所有的鸡蛋不放在一个篮子里"道理运用到其他业务的发展。面对新能源强势的发展,邢总认为,SR 要顺应潮势,也将目光投向了新能源发展数字化的领域,加快分布式能源数字化变革,加大 SR 在分布式能源市场的优势。

六、结语

以新兴技术为代表的新一轮技术革命正在迅速展开。而传统产业数字化实践蓬勃发展,开放创新的同时仍面临低端技术锁定和路径依赖的风险。能源产业是经济社会发展的基石,促进能源产业与数字经济深度融合,打造能源数字化新业态、新模式是关系到未来能源革命的一件大事。燃气作为能源产业的重要构成部分,担负着社会生产、公共服务和城市空间布局的重大使命,更是数字经济应用融合的主战场。SR 势必要改变其传统的商业模式,借助数字化让这只"鱼"得到更新鲜的水源,创造更大的价值,成为能源行业数字化转型企业的领导者。

---

① 资料来源:根据 SR 集团所提供信息整理绘制。

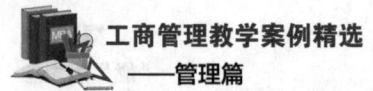

截至2021年6月底，SR集团主要经济指标由第一季度同比持平转为第二季度同比增长，实现逆势上扬，营业收入、利润总额、城市燃气管网销气量、液化天然气销售量均好于去年和年度计划，实现"双增长"，基本实现时间任务"双过半"，总体好于预期。看着财务报表的邢总露出了欣慰的笑容。

长风过隘口，奋斗正当时。借着以案促改带来的风清气正、国企改革融合的协同效应、管网设施完备的先发优势、民生保供的担当信赖，SR有信心当好促进数字化改革的主力军，展现追赶超越新作为，答好新时代高质量发展的新试卷，夯实"千亿燃气"的坚实基础。邢总明白"冰冻三尺，非一日之寒"之理，在未来的数字化进程中，也会坚定地迈出步子，拨开荆棘，朝着目标前进，不断发展壮大……

案例使用说明

一、教学目的与用途

1. 适用课程

本案例适用于"战略管理""数字化创新与转型"课程中企业转型升级的案例探讨，引导学生分析总结数字化转型的驱动因素及转型阶段，掌握企业数字化转型的关键理论知识点。

2. 适用对象

本案例适用于MBA、EMBA学员，也可以用于工商管理类全日制本科生、研究生的数字经济与数字化转型相关课程的教学。

3. 教学目的

目前，世界各国纷纷采取措施，推动数字化进程，将大数据分析及机器学习、区块链、分布式能源管理和云计算等数字技术，应用到能源生产、输送、交易、消费及监管等各个环节。很多高校的EMBA和MBA课程相继开设与数字经济、数字化转型等相关的课程，因而开发中国本土数字化转型的企业案例变得至关重要。本案例以SR集团为例，介绍其进行数字化转型的动因，描述SR在数字化发展的各个阶段（数字化转换、数字化升级、数字化转型）做出的成就和遇到的问题及如何解决出现的问题，并对SR未来的发展方向做出介绍，SR目前已经形成独具特色的天然气产业数字经济新场景、新业态，对与其业务相似的公司进行数字化转型具有参考价值。

本案例在教学过程中期望实现以下教学目标：

① 探究企业进行数字化转型的动因及其在转型过程中可能会存在的问题及其解决思路，帮助学员提升分析企业内外部环境的能力。

② 引导学员探索能源企业数字化转型的阶段性特征，掌握数字化转型理论在企业中的具体应用。

③ 基于资源编排理论的基本框架，探索数据中台在能源企业数字化转型进程中的助推作用。

二、启发思考题

为实现上述教学目标，我们编写了以下5道启发性思考题。教师宜在课前一周发布，并引导学生在阅读案例时思考这些问题，开展背景资料查询和补充，进行小组讨论，之后在课堂公开讨论。

① 分析SR集团进行数字化转型的原因。

② SR 在数字化转型过程出现了哪些问题？试分析其成因。
③ 基于数字化转型理论模型，分析 SR 数字化转型战略如何实施落地。
④ 基于资源编排理论，讨论数据中台在 SR 数字化转型过程中发挥的作用。
⑤ 结合案例，谈谈 SR 的数字化转型之路能为其他能源企业数字化转型带来哪些启示。

三、分析思路

具体案例分析思路如图 11-3 所示。

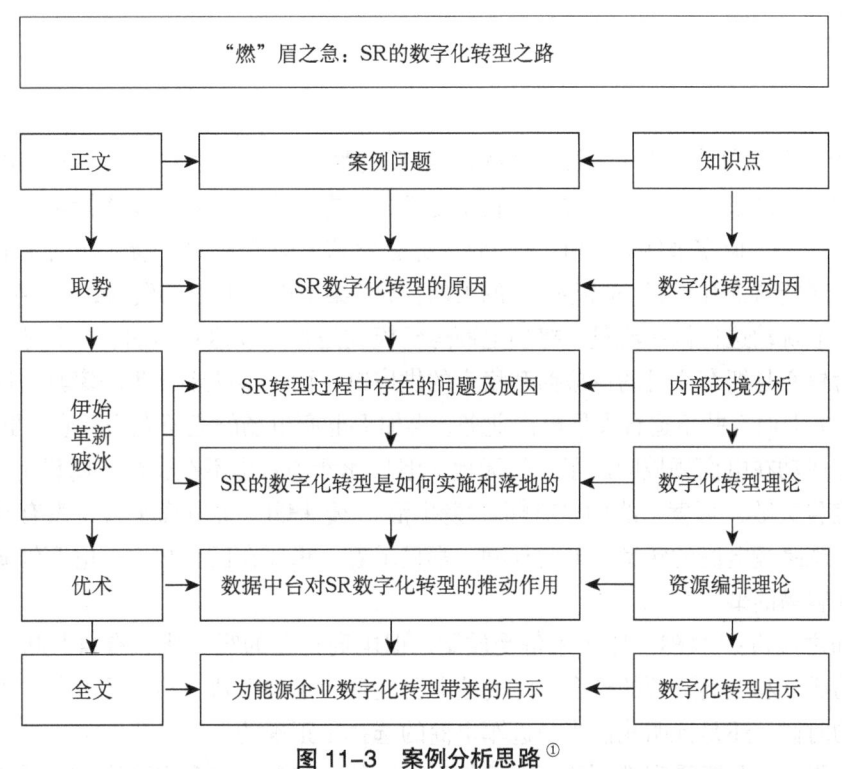

图 11-3　案例分析思路[①]

---

① 作者自行整理所得。

案例 12

电商红海千帆竞，百舸争"流"正逢时
——字节跳动电商发展之路①

赵晓铃　雷雨嫣　程杨

案例正文

引言

2020年9月，秋高气爽，丹桂飘香，疫情缓解后的城市正逐步恢复活力。北京市海淀区中航广场的一个写字楼里，来来往往的员工拿着资料游走于各个办公室，随着夜幕逐渐降临，写字楼里来往的声音逐渐归于宁静，但字节跳动CEO张一鸣的办公室依旧灯火通明。新上任的字节跳动电商部门负责人康泽宇拿着资料推开了张一鸣办公室的大门，望着桌上电商业务的资料，张一鸣不禁感慨："我也曾经怀疑过字节跳动这种依靠流量支撑的电商运营模式是否可以达到预期、顺利地发展下去，毕竟电商平台的运营核心是拥有充足的供应商和稳定的供应链，而字节跳动作为一家具备庞大流量池的互联网公司，从根本上而言并不适合发展电商业务，再加上电商市场的竞争尤为激烈，虽然阿里、京东、拼多多等平台都成功在电商领域闯出了一片天地，但战死沙场者也不在少数，腾讯上线的QQ商城、拍拍网最终都宣告失败；百度上线的'有啊''爱生活''爱采购'等电商平台也没有掀起浪花；小红书最终也未能实现跨境电商的转型。如此种种，都显示着：想要在巨头林立的电商红海市场中取得突破，并不是一件容易的事。"

康泽宇也随之说道："虽然一路走来备受质疑，但电商行业的吸金能力有目共睹，而且随着字节跳动电商部门的成立和电商资源的整合，电商业务已经逐步走向正轨。尽管还有很多不完美，但当成绩跃然于纸上的时候，还是证明我们当初进军电商的选择是正确的。"

话至此处，张一鸣和康泽宇都不约而同地放下手中的咖啡杯，起身走到窗前，看着窗外不断闪烁的霓虹灯，思绪逐渐飘远，一条风雨兼程的电商发展之路逐渐在眼前铺开……

一、开局：扬帆起航新征程

1. 连续创业奠基础

1983年，张一鸣在福建龙岩出生。他的父亲因为工作原因时常关注国内外各项先进的制造技术，他的母亲也十分开明，很早就为他营造了较为宽松的学习环境，加上父亲在电子信息领域潜移默化的影响，使得他从小就热衷于接触新鲜事物，一些体验感和参与感强的活动中经常能看到他的身影。这

---

① 案例来源：中国管理案例共享中心，并经案例作者同意授权引用。
本案例于2022年4月13日入选中国管理案例共享中心案例库。
由于企业保密的要求，在本案例中对有关名称、数据等做了必要的掩饰性处理。
本案例只供课堂讨论之用，并无意暗示或说明某种管理行为是否有效。

让张一鸣从小就与"创新"结下了不解之缘。

2001年夏天,18岁的张一鸣即将步入大学校园,此时的互联网行业已逐渐兴起,他意识到利用互联网可以将每个人的行为与想法迅速输出,因此在填报志愿时,他毫不犹豫地选择了南开大学的微电子专业。4年的大学生活让他迅速成长,2005年,刚刚大学毕业的他没有同龄人对未来的迷茫,此时的他已经运用自己的专业知识详细分析了互联网信息传播的基本逻辑,并将视线定位到信息的组建与分发上,确定了这个目标之后,他便开启了自己的创业之旅。

2005年,张一鸣带领着自己的3人团队,初步面向各大互联网企业开发了一款IAM协同办公系统,但由于当时互联网行业的寒冬刚刚过去,各大互联网门户网站的发展还没有进入成熟期,加之"协同办公"的理念在当时的互联网领域还没有普及,这样失败的市场定位虽然让张一鸣难逃创业失利的结局,但也让他汲取了教训,更让他意识到,想要在互联网领域继续发展,必须找准合适的方向。

第一次短暂又失败的创业经历并没有让张一鸣灰心,但他也没有急于开启第二次创业,而是选择进入搜索网站——酷讯。作为软件工程师,他主要负责搜索研发,凭借扎实的理论基础和实践功底,很快跃升为技术委员会主席。进入管理层的他一方面迫切想要学习大公司的管理方法,另一方面也察觉到,依赖用户主动输入信息搜索的"被动"模式很难挖掘信息的潜在价值,于是他便在2008年离开酷讯踏入微软,希望在更大的平台上学习更多。

2009年10月,海纳亚洲创投基金的加入让张一鸣开启了新一轮的创业之旅,一家关于房产信息的网站——"九九房"就此诞生。作为一家垂直房产搜索引擎,它不仅有基础的搜索功能,移动开发也融入其中,掌上租房、掌上买房等5款移动应用的上线在互联网领域迅速掀起了一股浪潮,张一鸣的这个决策让九九房斩获了150万左右的用户,稳居各大房产类应用平台第一名。

多年的创业历程让张一鸣积累了宝贵的经验,九九房在移动应用领域的成功也让他对移动市场有了新的认知,不安于现状的他又将目光放到了"移动互联网"上,准备在新的战场闯出一片天地。

2. 瞄准目标再出发

2012年初,国内的移动互联网市场逐步走向成熟,手机网民规模不断增加,自媒体也在各大信息平台悄然兴起,这股东风让众多创业者看到了新的商机。时任九九房CEO的张一鸣也彻底辞去了职位,带领着30余人的小团队,在创业大街"知春路"上租了一个民宿——锦秋家园,让这个不起眼的小公寓成为他们新一轮征程的出发点。

创业地点确定了,接下来就要为公司取一个响亮的名字,考虑到移动互联网的发展空间很大,未来甚至可能走向国际,因此公司的名字既要含有科技元素,还要体现国际范儿。经过团队内部激烈讨论,最终达成统一,就叫"ByteDance","字节跳动"这个中文名也应运而生。

3. 今日头条现雏形

地方有了,名字也定了,接下来就直接开工。张一鸣带领着团队内仅有的两名工程师一口气做了10多个产品,通过内部测试,有一个APP脱颖而出,那就是"今日头条"。他们设计这个产品的初心是"做国内最好的综合信息平台,让信息创造价值",但是如何帮助每个人迅速获取对自身最有价值的信息呢?这个问题阻碍了团队前进的脚步,就在此时,张一鸣提出了一个开拓性的思路——推荐引擎。

可行性的思路虽然有了,但在讨论时大家都面面相觑,专业能力的不足让团队再次陷入僵局,都不会怎么办?工程师太少怎么办?面对这些接踵而来的问题,张一鸣表示,技术不会就去学,人员不够就去招,想到什么就去做。秉承着这样的原则,团队中的每个人都干劲十足,张一鸣更是亲自上阵,敲出今日头条最初的推荐算法,并在反复推演中不断更新,经过1年的不懈努力,今日头条拥有超过1500万人次的用户,并不断走向成熟。

4. 电商领域求突破

今日头条的内容编辑没有人工干预，完全基于大数据和人工智能技术进行个性化的推荐，用户数量也呈现野蛮增长态势，这让头条 APP 备受广告投资商的青睐，广告投入成为字节跳动最主要的收入模式。张一鸣却发现，这样单一的收入模式在长远发展中并不占优势。

在与 BAT[①] 做比较时，张一鸣也曾说过："字节跳动的基础生态很贴合人们基本的生活需求，这一点和腾讯很像，但依赖于广告的运营模式更像百度，这样单一的广告收入一眼就能看到头。"这样的结果并不是他想看到的，因此，当广告投资像雨点般朝他打来时，他的眉头并没有舒展，看着这种一眼就能望到头的收入模式，再对比阿里巴巴、京东等在电商领域的吸金能力，让他下定决心探索以"内容"为核心的电商模式。

二、入局：初次试水未见效

1. 平台引流寻机遇

有了做电商的想法后，张一鸣就一直在思考该怎么将自己的"流量"优势融入电商发展之中，最终决定将"今日头条"平台积累的流量引入到其他传统电商平台中，以此迈出电商发展的第一步。

2014年7月，"今日特卖"作为字节跳动的首个电商平台在今日头条上线，主要以广告图引流的方式展开服装、美妆等商品导购，用户点击图片链接即可将购买页面跳转至淘宝、天猫等电商平台，进而在电商平台的店铺中完成购买。虽然这种以"引流"为主的电商商业模式用户体验感较为低下，有限的商品类目也使得用户的渗透率较低、转换效率不高，但作为电商发展的第一步，张一鸣仍然在"导购内容"的运营上投入了巨大的精力。

功夫不负有心人，虽然平台引流模式没有取得明显的成效，但这让处于转型期的传统电商平台看到了新的契机。此时，各大电商平台都在为当前垂直化的电商运营模式无法通过个性化的商品服务提高消费者忠诚度而头疼，今日头条等各类内容平台的崛起对他们而言无疑是一场及时雨，一场关于"流量"和"内容"的争夺战就此拉开帷幕，这场战争的打响不仅为各大电商平台打开了低成本的获客入口，还将内容平台的电商发展推上了新的高地。张一鸣也看准了这次机会，与大型电商平台合作成为他的下一步计划。

2016年，由京东与今日头条共同打造的"京条计划"正式上线（图12-1），"京东特卖"也成为头条 APP 的一级电商入口，这不仅拓展了"今日特卖"平台的导流模式，还充分发挥了今日头条独特的算法优势，帮助京东电商平台实现精准的用户推荐。此外，"京条计划"还通过导购、分佣等模式，让用户无需跳转，在头条 APP 内即可完成商品购买的全过程，消费闭环的实现为用户营造了较为舒适的购买环境，进一步提高了用户的黏性和忠诚度。"内容+电商"模式的顺利推行让张一鸣倍感欣慰，这种模式不仅初步打通了视频场景与购买场景之间的隔板，还为流量变现提供了保障。

虽然平台引流为字节跳动打开了通往电商领域的大门，但这种为他人作嫁衣的模式不仅缩小了盈利空间，还在一定程度上限制了电商业务的发展思路，前路依然渺茫，张一鸣再度陷入沉思。

2. 自有平台初登场

以广告引流为核心的电商模式逐步成熟是张一鸣希望看到的，与各大电商平台的合作也为他提供了更多的发展思路，但却远远不能满足他的需求，而且这种商业模式在巨头林立的电商市场中没有绝

[①] BAT：B 指百度、A 指阿里巴巴、T 指腾讯，是中国三大互联网公司百度公司（Baidu）、阿里巴巴集团（Alibaba）、腾讯公司（Tencent）首字母的缩写。

对优势。首先是商品质量、物流配送、售后服务等关键环节都掌握在别人手中；其次是当前平台的流量与电商之间的转换效率并不高。如何解决当前存在的问题，实现二者之间的高效转换呢？张一鸣将目光投向了自有电商平台的建设。

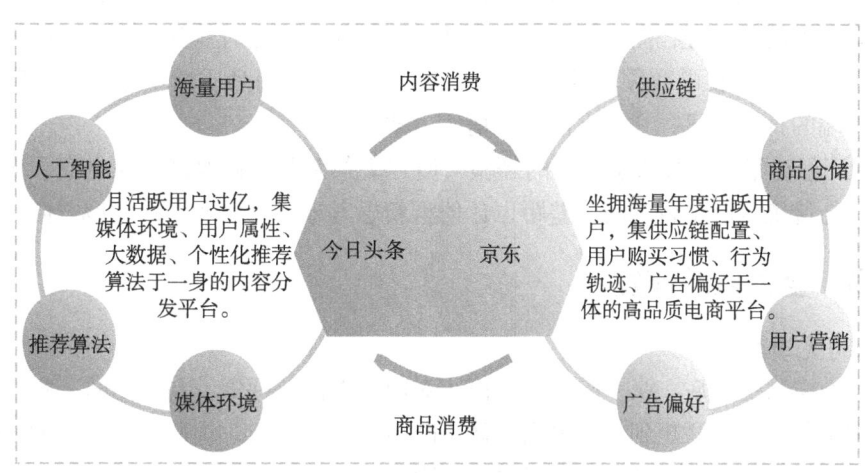

图 12-1 "京条计划"中开放的能力 ①

2017 年，"放心购"在头条 APP 上线，作为字节跳动的首个自有电商平台，它完全脱胎于"今日特卖"，电商也成为一级入口，出现在顶部功能栏，其商品销售以信息流广告为基础，提供货到付款功能（图 12-2）。但是由于"放心购"平台的功能较为单一，其他购买环节的建设还不够完善，主要的客户也集中于非主流网购人群，短时间内无法形成较大的规模效应，相较于淘宝等传统电商平台仍有较大差距。

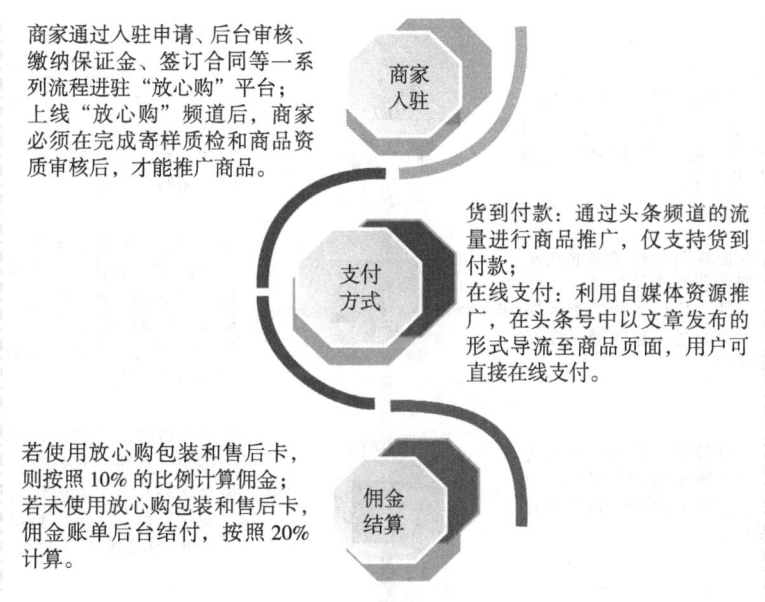

图 12-2 "放心购"电商平台的基本运营模式 ②

---

① 资料来源：2016 年 9 月 27 日，京东商城 & 今日头条战略合作发布会。
② 资料来源：今日头条"放心购"入驻规则：https://www.zhihu.com/question/266295537。

2018年，认识到差距的张一鸣再度开刀，将"放心购"平台分拆为"放心购鲁班"和"放心购3.0"两个独立的电商平台。前者仍旧在今日头条APP中以信息流的方式呈现，主要依靠头条本身积累的流量进行变现；而后者则完全独立于今日头条，脱胎换骨成为主打放心购物和优质低价的"值点商城"，主要依靠入驻商家的自主运营增加流量。这样的运营模式将大多数权力都下放给了商家，虽然能充分调动商家的积极性，但无人监管的外部环境就像一颗定时炸弹，不仅可能为消费者带来损失，还可能损害字节跳动在电商领域的信誉度。2019年，随着商品质量不达标、售后服务不完善、监管不到位等弊端的日益凸显，"值点商城"悄然下架。

4年的探索历程让张一鸣收获了宝贵的经验，但"头条系"的初次试水在电商领域的一片红海中并未激起浪花，与传统电商平台之间的差距也让他重新思考未来电商业务的发展方向。

三、破局：全力以赴谋发展

1. 抖音入局见真章

头条系的电商尝试受挫后，张一鸣并没有停止对内容电商的探索，与此同时，抖音的异军突起像及时雨一般砸中了他，让他联想到，在电商载体不断多元化的今天，优质视频场景的强传播性和短视频平台的强互动性是否能为电商开启新的流量入口呢？

有了想法之后，张一鸣说干就干，2018年6月，他通过内测账号入驻的方式率先在抖音平台开启了"购物车"，这不仅让众多的带货达人更好地利用商品标签引导消费，还能以抖音短视频作为传播媒介，将各大电商平台的商品在抖音平台进行分享和展示，在刺激消费者购买欲的基础上更好地实现流量变现。此外，张一鸣还不断打磨购物车的各类功能，利用积累的数据和流量打通电商生态。种种举措的顺利推行不仅实现了短视频与电商之间的初步融合，也逐渐显现出了以图文、短视频为载体的内容电商商业模式的独特优势（图12-3）。

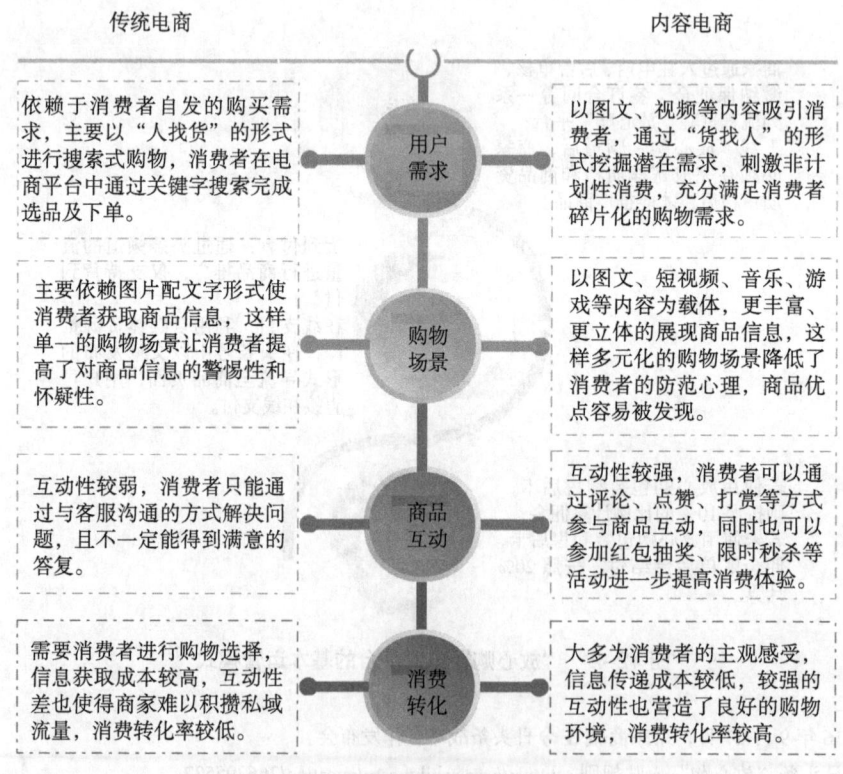

图12-3 传统电商与内容电商的对比

2018年"双11"期间,开通"购物车"功能的抖音账号单日售出的商品超过10万件,直接转化的商品销售额突破2亿元,订单增长率达到1000%;截至2018年年底,开通"购物车"的带货达人已突破6万人次[①]。这样的答卷让张一鸣一直紧绷的眉头舒展开来,也顺势全面开通了"购物车"的自助申请功能,为后续电商业务的发展奠定了基础。

"购物车"功能的开启是抖音入局电商的第一步,它的出现打通了"短视频"与"电商"之间的阻碍,为众多商家开辟了新的销售模式,这坚实的一步奠定了抖音电商的主体地位,让张一鸣看到了新的发展曙光。

2. 直播电商东风起

2019年对张一鸣来说是极具影响力的一年,这一年直播电商如雨后春笋般飞速发展,这阵东风吹遍了全国各地,让各大互联网平台都争先恐后地抢占制高点,传统电商平台与内容平台之间的相互转化已成为大势所趋(图12-4)。张一鸣自然不会落后于人,抖音平台也凭借其巨大的流量基数和多元化的销售场景,迅速成为他发展电商的下一个阵地。

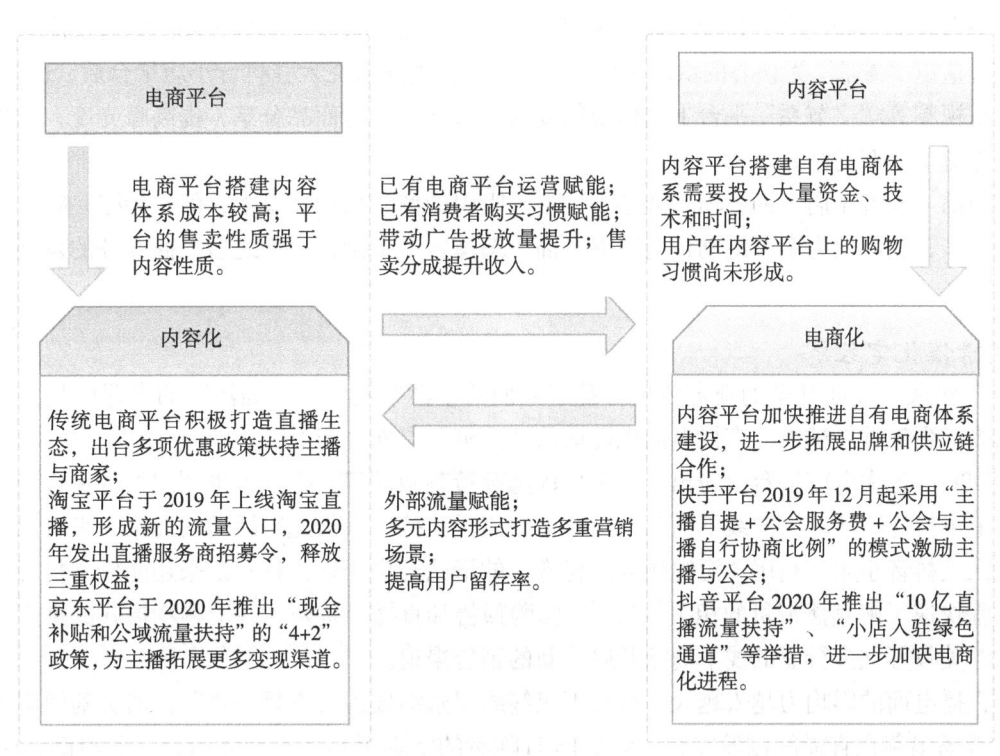

图12-4 电商平台与内容平台相互转化[②]

面对触手可及的发展机遇,张一鸣持续加大直播投入,取消了抖音平台在电商直播过程中的各种限制,不仅支持淘宝、京东等传统电商平台打通"购物车",还明确表示主播开启直播时不再限制粉丝人数,同时通过弹窗提醒、提高曝光量等方式为创作者提供更多优质资源,在实现电商直播与"购物车"之间无缝转换的基础上,充分调动优质创作者和直播达人的积极性,最大限度地提高抖音直播

---

① 数据来源:飞瓜数据—短视频+直播电商数据分析平台:抖音全场景数据分析平台:https://dy.feigua.cn/。
② 数据来源:艾瑞咨询《2020年中国直播电商生态研究报告》,https://www.iresearch.com.cn/Detail/report?id=3606&isfree=0。

的影响力。

此外,"小程序"这个门槛低、转化快的传播方式也跃入了张一鸣的视线,在抖音平台推行"小程序+短视频+电商"的想法一经出现,他便通过小程序先后打通了唯品会、小米有品等多个大型电商平台。这样新型的运营模式既能借助第三方电商平台的商品资源聚合流量资源,充分发挥直播优势,为商家和品牌电商达人拓展变现渠道,同时还能满足众多消费者的"种草①"及"拔草②"需求,为电商业务的发展开辟了更多新的方式。

尽管张一鸣一直在不断地尝试各种可能,但是抖音直播相较于快手等其他平台起步较晚,2019年直播电商的成绩单也并不亮眼,全年GMV③仅达到100亿元左右,相比淘宝1800多亿元的GMV及快手400亿元左右的GMV还有较大的差距。这个差距也让张一鸣意识到,仅靠"流量"支持的电商业务并不是长久之计,没有强大供应链支撑的电商平台就像无根的浮萍一样,难以在电商领域的一片红海中立足。

2019年,"抖音小店"的出现暂时解决了供应链问题的燃眉之急。与传统电商平台类似,它既为主播提供必要的带货工具,也为商家提供入驻抖音的开放端口,实现商家与消费者的面对面接触,充分了解消费者的购物需求,避免出现"牛鞭效应④",在不断优化商品布局、完善供应链结构的基础上逐步打造以"需求"为核心的供应链体系。此外,各类商家在入驻抖音小店平台后,也能在头条、抖音、西瓜视频等"字节系"平台上制作视频或与达人合作进行商品分享,提高曝光度,增加互动,做到电商与流量的双向结合。

虽然当前"抖音小店"的各项功能还不完备,吸引的商家数量也有限,但作为张一鸣打造供应链体系的第一步,它不仅为字节跳动建造独立电商生态奠定了基础,也为之后电商业务的发展提供了更多可能。

3. 疫情催化宅经济

2019年年底,突如其来的新冠疫情打乱了人们的生活节奏,"宅经济"的出现更是将直播电商推向了高峰,蛋糕越做越大,直播电商也逐渐从"故事"走向"产业"。

疫情期间,各大电商平台纷纷出台一系列优惠政策刺激消费,张一鸣也利用抖音平台的高互动性开启"线上不打烊"活动,向线下商家推出3亿的流量扶持。参与此次活动的商家一来可以通过绿色通道率先入驻抖音小店,利用"短视频+支付券"的形式开启团购预售;二来还能借助抖音提供的免费直播教程快速了解直播带货的相关技巧⑤。团购预售和直播带货两大线上购物模式的推广,帮助服饰、餐饮、美妆等众多行业的线下商家开启了新的销售渠道。

随着直播电商的影响力越来越大,抖音不仅签约罗永浩成为"带货一哥",演员刘敏涛也携手良品铺子总裁杨银芬在直播间派发零食,5月18日陈赫的空降更是在直播间掀起一股浪潮,8000余万元的销售额⑥也让陈赫的直播首秀完美收官。这种"直播+明星+CEO"的新兴电商模式在疫情的催化下变得风生水起,不仅成交率很高,还促使更多用户养成碎片化的消费习惯,为疫情之下的经济发

---

① 种草:表示推荐某一商品的优秀品质,以激发他人购买欲望的行为。
② 拔草:表示不再有购买欲,取消了购买的计划。
③ GMV:Gross Merchandise Volume,一定时间段内的成交总额,一般包含拍下但未支付的订单金额。
④ 牛鞭效应:指信息流从最终客户端向原始供应商端传递时,无法实现有效地信息共享,从而使得信息传递逐级放大,进而导致需求信息出现越来越大的波动,这种信息扭曲的放大作用被称为牛鞭效应。
⑤ 资料来源:抖音APP平台:抖音公告、抖音门店助手、电商小助手、《中小企业护航计划》。
⑥ 数据来源:飞瓜数据—短视频+直播电商数据分析平台:陈赫抖音直播数据报告。

展注入了新的活力。

2020年6月,随着后疫情时代经济的稳步复苏,618电商直播大战引得众多电商平台虎视眈眈,快手、抖音等内容平台的加入也改变了淘宝、京东、拼多多在电商领域"三国杀"的局面。张一鸣更是在抖音主战场为这次大战布局已久,早在4月1日,抖音第一大主播罗永浩实现GMV 1.1亿元,吸引超过4800万人次观看,商品总销售量超过90万件,创下目前已知的最高带货纪录[①]。6月17日晚,"抖音618"跨夜直播由罗永浩开启,累计观看人数达447.89万,预计销售额超过2000万元[②]。虽然这场电商直播大战的成绩与淘宝等其他平台相比还有一定的差距,但是逐步成熟的抖音电商平台让张一鸣的苦心没有白费,抖音等内容平台也初步彰显出与其他电商平台抗衡的实力。

从2019年到2020年,在这短短一年多的时间里,直播电商这阵东风在疫情的催化下已经彻底吹散了笼罩在张一鸣头顶的迷雾,虽然还有许多不完美,但电商生态闭环的雏形已经初步呈现,张一鸣也在摩拳擦掌,准备书写字节跳动电商的新篇章。

四、布局:重塑电商新格局

1. 战略升级定方向

过去的成绩值得喜悦,但问题依旧存在,此时正在摩拳擦掌的张一鸣也发现,在电商市场的茫茫红海中,直播带货的崛起虽然为自己点亮了一盏新的航灯,但电商活动尚未形成较大的规模效应、客户留存率较低、电商资源未得到充分利用等问题已经摆到了他的桌面上。想要在电商领域写下新篇章,必须先解决面前的拦路虎。

2020年6月的一天,张一鸣踏着晨光走进办公室,看着桌子上摆放的资料,脑海中不断浮现当前碎片化的电商业务,这些零散的分支渐渐在他的脑海中汇聚成一个整体,他意识到,想要在电商领域取得进一步的进展,整合电商资源势在必行。在沉思片刻后,他拿起手机拨通了张利东、张楠、谢欣等一众骨干的电话,随着一阵"咚咚咚"的敲门声,几人先后进入办公室,一场关于电商战略的讨论随之展开。

张一鸣率先开口:"今天把大家叫来,主要讨论一下公司的电商业务。之前在疫情时期,直播电商取得的成效大家有目共睹,现在是乘胜追击的好时候。但是我感觉现在的电商业务太分散,如果把目前的资源拧成一股绳,会不会取得更好的效果?"

一旁的张利东思考片刻后说:"抖音电商正逐渐走向成熟,确实需要定位进一步的发展方向。头条、西瓜视频等平台也有零散的电商业务,但成效并不显著,现在看来,把这些都凝聚在一起似乎是个不错的选择。"

张楠也随之接过话茬:"疫情的催化确实让我们的电商业务上了一个台阶,现在的确是整合资源的好时机。如果成立一级电商业务部门是不是能更好地统筹电商资源?"

这话一出,所有人都陷入了沉思,张一鸣一句"大家觉得这个提议怎么样?"将所有人思绪拉了回来,随之都纷纷点头,这样的结果让张一鸣找到了新的方向。在6·18电商大战前夕,经过大家的一致同意,张一鸣正式宣布成立以"电商"为明确命名的一级业务部门,在统筹字节跳动旗下各大平台电商业务的基础上让"电商"上升成为战略级业务。此次战略的调整让字节跳动的电商业务与其他核心产品线平行,同时也让新成立的电商部门拥有同等的资源调度能力,为之后搭建自有电商生态奠定了坚实的基础。

---

① 数据来源:新抖—抖音短视频直播带货数据分析平台:https://xd.newrank.cn/d/broadcast/6810589271821388552。
② 数据来源:新抖—抖音短视频直播带货数据分析平台:https://xd.newrank.cn/d/broadcast/6839280781815188224。

2. 前后两端齐发力

资源整合的问题解决了，前端流量也一直是字节跳动电商的优势所在，但后端的供应链问题却令张一鸣异常头疼，一个稳定、强大的供应链体系难以在短时间内形成，虽然他一直在与时间赛跑，但在没有形成电商闭环的情况下，发展前路依然困难重重。

在"内容电商"这条路上，张一鸣一直走在前面，而他后面则是淘宝、京东的强大供应链在支撑着，抖音等平台只是作为流量供应方，利用独特的推荐算法向淘宝和京东输送合适的消费群体。随着直播电商的崛起和内容电商平台的不断成熟，仅依靠"流量"的电商商业模式已经不能满足张一鸣的需求，"抖音小店"的出现也让他下定决心打造完整的供应链体系。2020年8月，在"抖音小店"之前积累商家的基础上，张一鸣开始着手限制外部电商平台，逐步摆脱对外部供应链的依赖，加速实现"抖音小店"全面化。

在实现全面"小店化"的过程中，张一鸣采取了多种方式：首先，调整佣金比例，自2020年8月20日零时起，对源于第三方电商平台的商品链接，平台将对直播带货任务收取20%的服务费（在此之前收取比例为5%），抖音小店仅收取5%；其次，切断第三方商品，自10月9日起，第三方来源的商品将不再支持进入直播间购物车，抖音小店平台的来源商品不受影响；最后，上线"抖店"，借助商家管理工具，不断完善电商后端业务，降低开店门槛，撤销最初"入驻抖音小店必须拥有30万粉丝"的硬性要求，同时只收1%的佣金①。

前后两端同时发力让字节跳动的电商平台更加成熟，以"抖音"为核心的电商格局也逐渐明朗，面对机遇与挑战齐飞的"内容电商"商业模式，张一鸣也做好了充分的准备，逐步突破供应链的束缚，进一步挖掘流量、用户、场景等优势环节的潜在价值，并将其充分融入电商战略中。全力打造独立的电商生态，已经成为他在电商道路上的下一个风向标。

五、尾声

一路走来风雨兼程，从2014年到2020年，7年的奋斗历程让"内容电商"这条路凝聚了无数人的汗水与艰辛，此时身处办公室的张一鸣和康泽宇看着跃然于纸上的成绩，都深深体会到以流量为主体的"内容电商"模式在当前信息爆炸的时代所具备的得天独厚的优势。当前字节跳动的电商发展占据着流量高地，短视频场景可以构建和转换，今日头条、抖音等平台更是网罗了多数消费者，抖音小店的商家数量也在不断激增，已经初步具备了打造电商闭环的基础条件。

然而，成绩背后隐藏的问题也让两人同时皱起了眉头。当前内容电商的弊端不断浮现，夸大商品效果、产品质量和性能不达标、主播素质参差不齐、消费者维权难、售后服务差等问题频发，加之字节跳动还没有强大的供应链支持，抖音小店仅能为商家提供有限货源，物流配送体系也尚未构建完成，无法满足消费者差异化和个性化的购物需求，在商品质量和性能无法保证、电商闭环尚未形成的背景下，很难撼动当前的电商格局。

当前的电商红海市场竞争激烈，前有阿里、京东、拼多多等传统电商平台虎视眈眈，后有属性相似的快手电商步步紧逼，字节跳动能在风起云涌的电商红海中把握机遇、扬长避短，依靠抖音电商杀出一条血路吗？一切未成定局，两人又陷入了深深的思考……

---

① 资料来源：巨量星图—抖音、头条商业内容智能交易 & 管理平台公告。

案例 12
电商红海千帆竞，百舸争"流"正逢时

案例使用说明

一、教学目的与用途

1. 适用课程

"电子商务""商业模式创新"课程中"电子商务运营与管理""商业模式设计"等相关章节内容。

2. 适用对象

本案例适用于 MBA 及 EMBA 学员、全日制研究生、工商管理类专业本科生，也适合有一定管理和工作经验的学员。

3. 教学目的

随着人口红利的逐渐消退和网购用户的渗透率趋于饱和，传统电商行业亟待找到新的流量入口，短视频平台也急需寻求新的变现渠道，电商与短视频平台的不断融合已经成为新的发展趋势。本案例介绍了字节跳动在电商领域从建立之初的平台引流，到自建电商平台的初次试水，再到抖音入局后自有电商体系建设的发展历程。通过案例学习，加深学员对内容电商、商业模式内涵和要素的理解，提高学员对内容电商商业模式核心要素、演进动因、价值实现路径等的分析能力和相关问题的识别能力，引导学员积极关注并探析电商行业的发展趋势及未来的竞争格局。

通过对案例的分析与讨论，希望达到以下教学目标：

① 引导学员理解内容电商的基本内涵，了解电商行业的外部环境和发展机遇。

② 掌握商业模式的内涵、要素与演进动因，引导学员从构成要素和演进动因的角度对商业模式进行实践分析。

③ 掌握商业模式的核心和价值共创的内在机理，结合理论知识分析内容电商平台、平台买家、平台卖家三方价值共创的实现路径。

④ 理解商业模式与核心竞争力之间的关系。

⑤ 识别内容电商在发展过程中遇到的阻力，在问题识别的基础上引导学员探索未来内容电商的发展趋势，提高学员发现问题、分析问题和运用理论解决问题的能力。

二、启发思考题

① 什么是内容电商？在电商格局不断变化的大背景下，电商行业存在哪些发展机遇？

② 结合字节跳动内容电商的发展历程，试分析其在不同发展阶段的商业模式分别是什么。

③ "头条系"的电商发展受挫后，试分析字节跳动为什么选择"抖音"打开内容电商的发展局面。

④ 随着电商产业链的不断缩短，试分析字节跳动当前以"抖音"为核心的电商商业模式是如何与其他电商主体之间实现价值共创的。

⑤ 当前字节跳动内容电商在发展过程中遇到了哪些阻力？如果你是字节跳动 CEO 张一鸣，你会如何定位公司未来内容电商的发展方向？（开放性思考题）

三、分析思路

本案例首先从分析外部宏观环境出发，探寻电商行业存在的发展机遇和对字节跳动电商发展可能产生的影响；其次，引入商业模式的内涵和要素，针对字节跳动电商的不同发展阶段进行商业模式分

析;随后,结合商业模式演进分析字节跳动选择"抖音"进行电商发展的主要驱动因素,同时对当前以"抖音"为核心的电商商业模式如何实现价值共创进行深入探讨;最后,结合商业模式和核心竞争力之间的关系,识别字节跳动内容电商在当前发展过程中遇到的阻力和挑战,以此为基础对字节跳动未来内容电商的发展方向提出合理预测和设想。教师可以根据自己的教学目标(目的)灵活使用本案例。这里提出的本案例分析思路(图12-5),仅供参考。

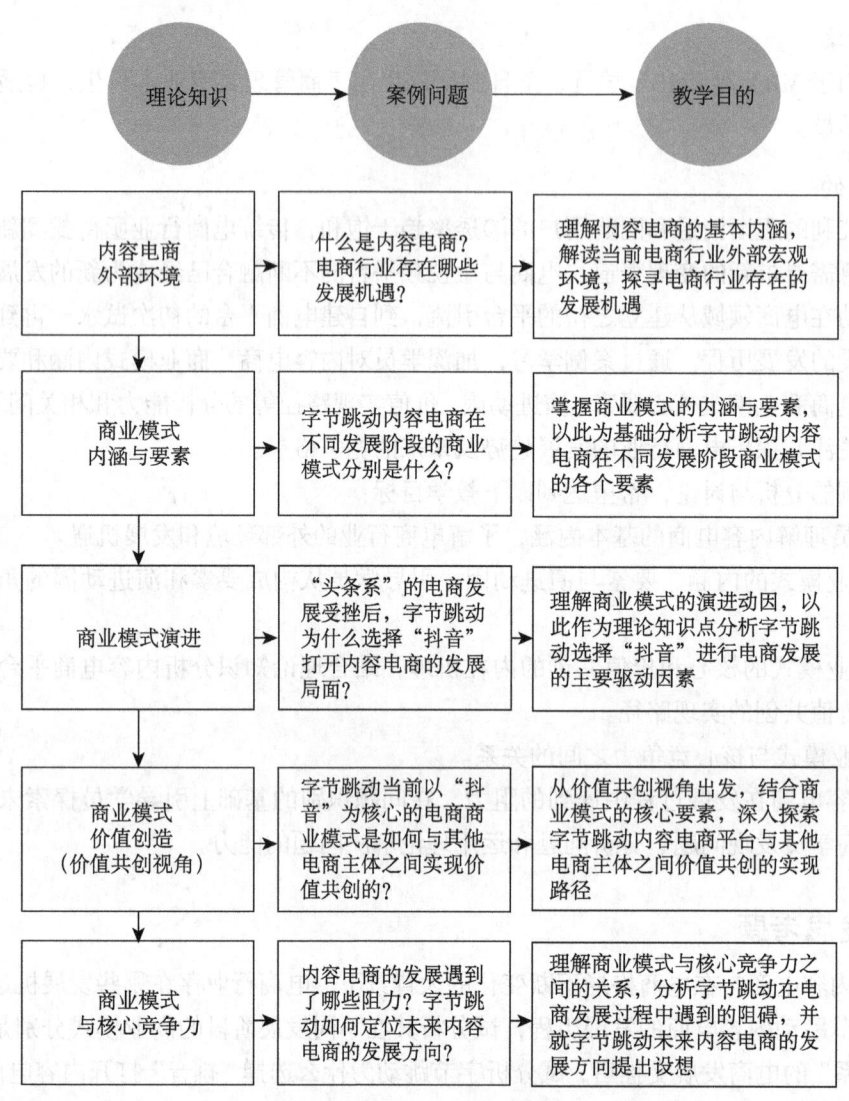

图 12-5　案例分析思路

案例 13

能否重新起航
——小红书破局之路[①]

赵晓铃 雷雨嫣 路春绵 王宇

案例正文

引言

在上海市某办公楼内,一群围绕 U 型办公桌环坐着的人个个看着屏幕眉头紧锁,寂静异常,与外面魔都夜晚的车水马龙、灯火辉煌相比,显得过于严肃了些。良久,坐在正中间一身得体西服的毛总扫视了众人一圈,眉宇中透露出一股威严。众人感受到目光,回过头来,坐在他左手边的人率先打破沉默:"毛总,我看这次路易·威登的直播首秀数据挺漂亮的,整场直播一直在小时榜的前三,并且多次到了头榜,直播人气超 600 万,互动率达 33%,这对于我们涉入直播平台是个不错的开头。而且路易·威登这是首次进行平台直播,也充分体现了他对我们小红书社区式平台的认可,说明我们直播仍然坚守种草内容是正确的选择。""我看不然吧,王总。"对面传来揶揄的声音,把大家的目光吸引过去,"这次数据确实不错,但争议也不可谓不小啊。大家一听到直播带货,首先想到的肯定是低价买入同等质量的商品,但是这种奢侈品可是不降价的!说到底我们还是企业,以营利为目的的,不然开通直播大家只看不买,人气再高有什么用,挣不了钱呀。""张总,您可不要忘了我们的初心……"一时间竟争论不休。很明显,现在形成了两种观点,大家对于直播带货是坚守内容还是商业化变现各执一词,互不相让。终于,位于正中间的毛总开口了,大家立刻安静了下来,"我看还是走两种模式吧,互动直播和带货直播,咱们既不能忘了初心,也要懂得变通。不过这两种模式需要怎么平衡,还需要各位给我一个方案。"他看了两位总监一眼:"你们俩负责,尽快出方案,散会吧。"

对于直播的模式,公司高层们一直争论不休,这次开会总算是明确了,大家都是为了小红书的发展,想到这,毛总长呼了口气,靠在椅背上,陷入了回忆……

一、破茧而出,带你看遍世间好物

"小红书的破茧而出不是偶然,而是必然。"他还记得当时曾经这么说过,一开始,小红书的前身是一个旅游购物攻略。因为他发现人们很容易找到旅游攻略,但是想在旅游的时候买些东西,却找不到有效的信息。所以他正是抓住这个痛点,萌生了创业的念头。如何能让大家足不出户就可以领略世间好物,这便是他接下来要做的事。

[①] 案例来源:中国管理案例共享中心,并经案例作者同意授权引用。
本案例于 2022 年 4 月 13 日入选中国管理案例共享中心案例库。
由于企业保密的要求,在本案例中对有关名称、数据等做了必要的掩饰性处理。
本案例只供课堂讨论之用,并无意暗示或说明某种管理行为是否有效。

由此，他和瞿芳共同创建了"海外购物红宝书"，在网站上发布了一份PDF版本的"小红书出境购物攻略"。但是，随着这份攻略的发布，他们发现，PDF里面的信息是绝对静态的，要保证和用户做到实时、准确、双向的互动机制显然是不现实的，基于此问题，一个带有UGC独特购物社区特点的APP横空出世。小红书正式启用，走入大众视野。

APP成功创立之后，接下来就该考虑到这款APP的核心用户问题。为此，他们进行了大量的调查分析，认为具有强烈消费欲望的用户正符合他们需要寻找的种子用户的特点。所以，他们将种子用户的对象确定为热衷旅游与购物的年轻女性，同时考虑到消费水平，他们又再一次将目光准确地聚焦到一线二线城市的女性白领。

此时，恰逢圣诞节的到来，小红书的第一批种子用户逐渐开始发挥作用，从最开始的只在上面浏览笔记、查看攻略到后来在APP上主动分享自己的购物笔记及心得体会，并且在平台上交流互动，这种日常的分享交流，汇集成了一个真实可信的分享平台，这也是小红书区别于其他平台的独特性。

二、脱胎换骨：为你"种草"，亦为你"拔草"

令人舒缓的景象没有维持多久，又出现了新的问题。显而易见，当用户在被"种草"了好物的同时，却无法进行"拔草"，用户的需求并不能得到满足，这就成为小红书接下来需要解决的难题。于是，小红书决定步入电商领域，在电商的后期运营中，小红书主要围绕精准把握用户需求、用户导入、采用多种盈利模式3个方面开展工作。

1. 找准方向：精准把握用户需求

小红书要完成从社区到电商的转变，这与她前期积累的用户及分享内容是密不可分的。小红书凭借自己的平台优势，可以更加精准地把握用户的消费商品种类。小红书用户来自天南海北，跨越地域，分享也是内容各异，涉及种类颇多。不管是奢侈品、平价品还是欧美商品、日韩商品，抑或是各地刚上新的商品，都可以看见小红薯们的身影。据调查统计，小红书目前已经拥有了成千上万的忠实用户，每天超高的使用时长和使用量，为小红书积累了有价值的数据。于是，2014年10月，小红书推出了"福利社"作为购买笔记中商品的渠道，解决了用户买不到的难题，真正实现了"自给自足"的模式。

2. 选对方式：用户导入

选择合适的方式实现用户的导入是平台运营的关键。小红书的用户导入主要分为明星投放、优质达人、铺量达人、素人投放及企业号。

因为明星效应及大众对流行的趋向性，小红书入驻了越来越多有影响力的明星，他们拥有大量的年轻粉丝，通过强大的购买力，带动电商的发展。

基于小红书独特的社区性，在小红书有影响力的不止明星，还有很多优质达人和铺量达人，甚至是一般素人，只要你能分享好物，得到大家的认可和兴趣，就有影响力。优质达人也称KOL，顾名思义就是各方面很优秀的人。铺量达人也称C级达人，他们的作用也不可小觑，他们可以扩展达人们没有的内容，使得分享更全面，也经常会出现一些受追捧的好物文章。素人就是平时的小红书用户了，通过明星、达人等各种分享，种草好物的同时分享自己的买家秀。大量的素人力量也是不可估量的，既增加推荐的真实性又能增加商品的流量。

小红书企业号是给品牌方开放的自运营"阵地"，产品在小红书开通企业账号可以打开知名度，确保商品真实性，对于自己品牌的推广大有好处，也让用户们可以真实无阻挡地接触产品。

3. 多样盈利：采取多种盈利模式

小红书刚步入电商行列之时，盈利模式较为单一，主要采用商品销售盈利模式。但是，仅仅靠销售商品来实现小红书的变现明显不足，随后小红书为了进一步实现流量变现，又采取了佣金分成盈利模式、搜索竞价模式、网络广告盈利模式及会员综合制服务模式促进电商的发展（图13-1）。

（1）商品销售盈利模式——全球直采

小红书一开始采用的是商品销售盈利模式，它通过全球直采，跟各国的品牌商贸易商合作。为了满足用户的紧急需要，直接将产品海外直邮给客户，或者通过先将商品存放在保税区再邮寄给客户的形式满足他们的需求。采用此种模式，既节省了时间、运输等成本，又能保证产品的质量，满足用户需求最大化。小红书于2014年12月快速搭建起自己的供应链系统，海外仓库、国内仓库和保税仓库相继投入应用，到2015年6月，其保税仓面积在全国跨境电商中排名第二。

（2）佣金分成盈利模式

小红书平台通过收取商家的保证金从中获利。商家入驻之前会与平台签订合同，确定好佣金率和保证金，小红书需要从中抽取销售佣金，如店铺关闭，会在一定时间内返还其保证金。

（3）搜索竞价模式

产品在浏览页面展示的先后顺序是影响销量的重要因素之一，卖家为了实现商品竞价，需要向小红书交付费用进行商品推送，由此增加小红书的收入来源。

（4）网络广告盈利模式

小红书也可以通过收取广告费用增加收入。小红书的传播力和影响力是增加其收入的另一重要渠道，商家借助小红书平台推送的广告增加曝光度，在客户进行搜索时，会出现一些软文推送，也就是广告，为商家带来一定流量。与此同时，小红书也可以借此服务收取广告费来增加收入。

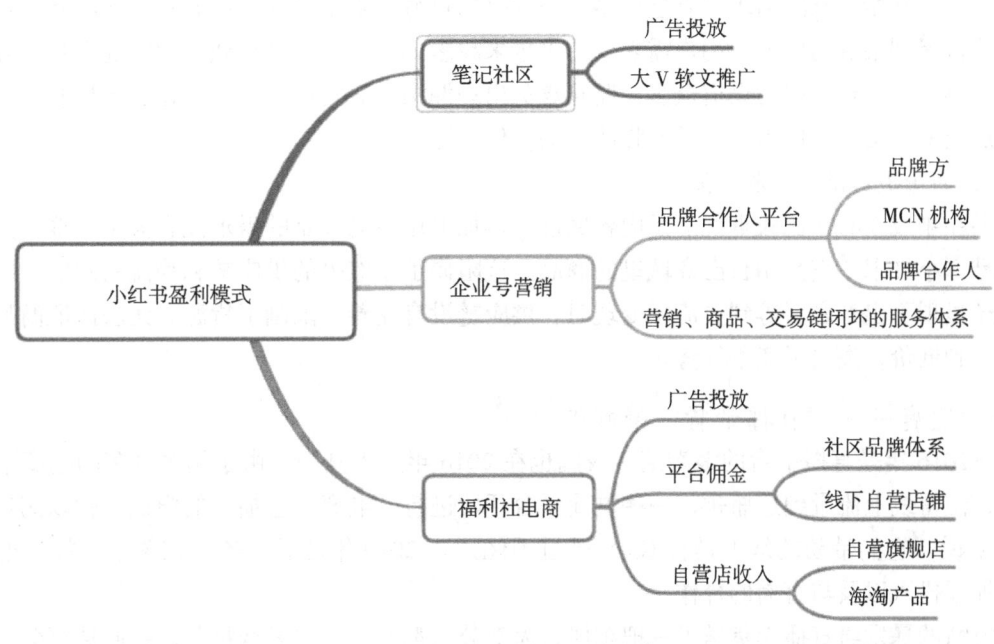

图 13-1　小红书盈利模式①

---

① 图片来源：分析小红书用户运营模式及其盈利模式，https://zhuanlan.zhihu.com/p/109505599。

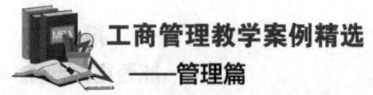

(5) 会员综合制服务模式

小红书提出会员综合制服务模式，通过让第三方商家入驻平台，收取租金和广告费用。

就这样，小红书初步完成了"社区+电商"的结合，也是小红书发展史上一次重要的改变。从此小红书完成了自己的转变，完善了内在的商业模式，成为独当一面的电商平台。

三、电商之路频频受阻，小红书"钱"途堪忧

在小红书上线福利社的时候，创始人瞿芳曾经表示："电商负责赚钱养家，内容负责貌美如花。"事实证明，想法总是完美的。虽然一开始就对小红书的商业模式有明确清晰的规划，让它实现消费闭环，但开始发展之后发现，由于小红书独特的社区属性，带来了大量的流量也削弱了挣钱的途径。小红书的电商之路路阻且长。

1. 小红书的自我迷失

(1) 变现受阻：内容社区属性过强

小红书独特的社区属性，为它带来了巨大的流量，但同样也因其与朋友圈属性较为相似，导致用户忽略其电商属性。大家下意识地在小红书上浏览分享，花费大把的时间，关注各种感兴趣的内容，等找到关注点之后立刻去别的平台搜索下单，却忽略了小红书也是个电商平台。再加上小红书虽然有自己的商城，但是入口不明显，而且大家分享好物时不会附带购物链接，所以大家忽略性极高，小红书的商城并不具有竞争力。

(2) 信任危机：深陷假货风波

小红书在创立之初，仅仅提供平台为用户分享好物，交流心得，并无商业属性，正是基于信息的真实可靠，小红书在创立初期得以吸引众多的忠实用户。但是，随着电商平台的发展，小红书用户需要购买商品，一开始大家的需求没有这么多，小红书通过海外直邮和保税区方式直接给到客户商品，它的产品质量得到很好的保障。用户需求到后来越来越多，小红书也不只做自营电商平台，开始引入品牌商家和第三方平台。因为渠道众多，监管难免出现漏洞，假货风波开始凸显，各种假货新闻相继出现。再加上退换货难，使得它开始面临严重的信任问题。

(3) 致命短板：供应链和物流

小红书在刚成立时，比较重视的是内容属性，再加上用户刚开始的需求没有大量集聚，为了保证质量和正品，小红书一直是用自己商城里的商品。这阻碍了小红书的供应链和物流的发展，刚开始因为需求少还显现不出，之后等到要流量变现时，供应链没有完善，限制了货源。无法保证商品的价格优势，拿不到低价，失去了竞争优势。

2. 群雄逐鹿——"直播带货"掀起浪潮

2015—2016年是直播平台的浪潮期，我国也在2016年加入其中。由于越来越多的电商平台竞争线上流量，使得线上流量到达瓶颈，一些电商平台开始进行"电商+直播"的尝试。就以淘宝、蘑菇街两平台来说，它们带动的线上销售GMV已过千亿元。2019年之后，各个相关平台加入电商直播的领域，加强投入以及与直播的合作。

新冠疫情的暴发给直播卖货送了一把东风，大部分人都开始了"云购物"，我们甚至会在直播中看到一些不同的货物，如富力携手李湘开启"直播卖房"。由此可见，处于疫情暴发这个特殊时期，众多企业深信"无直播，不传播"这一理念，纷纷踏入直播的行列。而小红书相较于其他平台而言更具优势，疫情期间，最受欢迎的旅游、搜寻各地美食、逛街等活动无法正常进行，恰恰这些活动正是

小红书运营内容中非常重要的一部分。在此大环境下,小红书是否要开始尝试自己的直播之路?能否走好这条路,成了小红书目前面临的问题。小红书负责人认为,尝试开通直播虽然符合目前的电商发展趋势,但也需要考虑到加入直播行列之后会给小红书带来哪些问题。从内部来看,小红书并没有依靠平台成长起来的头部KOL。如果选择加入直播行列,如何吸引优秀创作者的加入,维持社区生态平衡,就成为小红书目前工作的重中之重。

四、反躬自省,重新出发:小红书的蝶变

1. 借势起航:小红书能否突出重围?

小红书的电商之路充满坎坷。数据显示,小红书在2018年和2019年均未达到目标GM。加之率先进入直播市场的其他平台的猛烈冲击,让小红书陷入"内忧外患"的艰难局面,加入电商直播,成了小红书最后的救命稻草。电商直播风口越吹越猛的当下,小红书终于决定开始发力。

稍晚入局的小红书是否有筹码和淘宝、抖音等巨大平台相抗衡呢?首先,在核心用户上,小红书凭借长时间的社区环境运营,社区文化深入人心,面对小红书达人的推荐,大家更容易种草。加之小红书一直标榜的是口碑营销,在用户信任度上要优于其他平台。其次,小红书的受众群体更加年轻化,绝大多数用户都是"90后",而且以女性为主,集中分布在一线城市,这和电商直播的受众群体可以说基本一致,换句话说,小红书之前积累的核心用户正是电商直播的目标用户。

从发展趋势上来说,小红书起初采用的是静态的图文形式呈现,随着内容的不断深入,静态的图文形式已经不足以满足用户即时性的信息需求,随后小红书便通过短视频的形式向用户推送内容,也让用户视觉上有了更直观的感受。而从短视频形式继续发展到直播也是顺势而为,在满足用户需求的同时也增加了社区的黏性。

2. 垂直下沉:精细化运营

然而,理想与现实相差甚远。尽管小红书已经加入了直播大军的行列,但是想要迎头赶上并非轻而易举之事。首先在带货达人上,淘宝直播拥有李佳琦等众多"带货王者",带货能力不言而喻。而且,由于淘宝、拼多多等平台入局较早,已经积累了大量的粉丝用户,销量可观。相比之下,小红书就稍显落寞了,目前,小红书还没有引入具有知名度并且带货能力强的专业头部主播,也没有像罗永浩等社会话题很强的人物加持,主要是一些"素人主播"。显而易见,"素人主播"与明星自带的流量相差甚远,完全无法与之抗衡,很难为平台维持流量,并且带货数据也不容乐观。流量巨头的带货能力不容小觑,小红书如何能在巨头的包围之下打出亮点呢?

2020年4月23日,小红书通过直播举办了创作者云开放日,透露接下来将推出100亿流量向上计划。针对近半年社区出现的创作者和内容增长趋势,小红书将推出垂直类建设计划、视频创作者扶持计划、闪耀星主播扶持计划3个流量扶持计划。拿出100亿流量,帮助创作者加速视频化、直播化及内容多元化。除了对美妆时尚领域持续投入外,小红书将拿出20亿流量加码泛知识、泛娱乐领域等垂类方向的建设扩张,这里面包括财经金融、科技、教育、读书、影视、音乐、舞蹈、游戏等细分品类。未来,小红书将引入1000名垂直领域优质创作者,提供专属策划、IP定制等深度服务。不仅如此,小红书还将拿出30亿流量扶持助力优质主播,此项激励面向小红书平台所有创作者,旨在帮助创作者形成笔记流量深度曝光、直播互动人数的正向循环。

小红书针对流量不足、优质博主欠缺这一短板,采取了一系列培养计划。目前看来,已经初步取得了成效。从带货主播来说,小红书平台内部已经悄然诞生了许多优质主播,优秀的腰部达人博主已

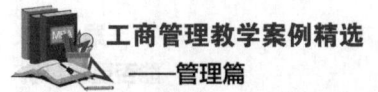

经构成了小红书主播的中坚力量，占比已经高达58%。腰部达人博主相较于初级达人博主来说，具有更强的粉丝黏性及带货能力。虽然在头部达人博主上还未取得理想化的效果，但是已经有了不小的突破，许多明星及知名博主已经纷纷入驻小红书平台，知名经纪人杨天真率先完成小红书直播首秀，随后知名美妆博主付鹏也强势加盟。

3. 另类突围：差异化直播

电商直播，简而言之就是电视导购的另一表现形式，早期电视购物的导购会在节目里向观众介绍产品的基本情况、使用方式、价格及可以获得的折扣等，主要目的就是以低价格吸引观众消费。同样，电商直播延续了这一理念，直播间中主播的角色和初期的电视导购作用类似，以全网最低的价格推广其产品，吸引消费者，从而带动直播间交易量。而小红书的直播形式与理念却反其道行之，与其他主打低价营销的电商直播不同，小红书并不追求全网最低价这一理念，更注重于与用户的交流互动，为用户提供更有价值的内容，这与初期小红书构建内容社区、口碑营销的理念也是不谋而合的。如此差异化的直播形态正是小红书区别于其他平台的关键，也是小红书的核心竞争力。小红书直播的氛围更加柔和，不会直接诱导消费者进行冲动消费，一味追求成交量，而是以和用户互动为主，相比之下更偏向于情感属性而非利益属性。基于这一理念，小红书推出了特有的直播组合服务：互动直播+带货直播。带货直播只是辅助，而互动直播才是亮点，基本占据90%，其主要是对合作品牌的推广需求策划主题活动及合作笔记。

和淘宝、抖音、快手这些老大哥相比，小红书的电商直播业务显然并不在同一量级。为了打出平台认知，小红书率先选择了杨天真和付鹏两位名人主播，但与抖音的明星带货不同，小红书强调"专业型主播"的概念：杨天真是以在大码女装、高品质穿搭等领域有专业见解的老板形象做直播；付鹏则是带着"李佳琦助理"的标签入局，在美妆领域有专业内容沉淀，粉丝的信任度也相当高。

但是，小红书的直播之路并没有想象中那么顺利。2020年3月26日，在全球疫情的大环境下，著名的奢侈品牌LV选择小红书平台进行新一季新品直播带货首秀。本次直播选择时尚博主程晓玥和演员钟楚曦担任主播，在上海某商场的LV门店进行直播，直播时长为1小时10分钟，但是总观看人数却只有1.5万。

本次直播在大众口中的评价结果不尽如人意，网友直言，怎么一向高级奢华的LV如今变得像是地摊货，"土得掉渣""low到爆炸"等词汇层出不穷。

引发网友吐槽的焦点主要是由于此次直播间的布景灯光等问题，布景稍显寒酸，与LV整体奢华高贵的气质大相径庭，灯光的设计也不太合理，衬托不出服装的华丽。反而将"土""low"和LV品牌挂上钩，让消费者丧失购买欲。

4. 补偏救弊：MCN合作计划及供应链

（1）MCN合作计划

为了进一步提升KOL用户的内容输出水平和变现能力，小红书启动MCN合作计划。所谓MCN合作计划，就是通过与MCN合作提高小红书投放效率，借助MCN的专业达到投放目标，这是小红书针对MCN进行的一项扶持计划，旨在联合MCN鼓励更多优质视频内容创作。

那么，MCN机构是如何行使连接品牌方和KOL之间的桥梁作用的？

说白了，MCN机构就相当于两者的中介，在中间起到沟通交流的作用，使品牌方和KOL能够更好地进行合作，发布更高质量的推文，不仅为KOL创造更多的合作机会，也为品牌方提供更好的营销效果，两者相互促进，实现共赢的局面。

小红书MCN合作计划是小红书视频号计划的新动作。小红书发力视频，于2020年8月15日上线小红书视频号，提供流量扶持、运营指导等权益，允许发布长达15分钟的视频笔记。小红书视频号上线一个月内吸引了超10万创作者，总曝光量超150亿，有创作者平均每天涨粉5000人。如果加入MCN计划，开通账号每月的流量扶持可以达到7500万，不仅如此，还会获得各种各样的资源，以此来加速创作者的成长，包括品牌合作、运营指导、商业化推荐、新产品体验、官方身份标识等。此外，运营团队将对视频号作者进行1V1内容指导和官方话题对接，还提供运营后台使用权和工具优先试用权；同时，可能获得合作商优先推荐与品牌合作页面优先展示，并且还有机会与小红书官方开展商业合作共创，包括创作者商业合作、联合出品等多种形式。

但是，任何事物有利就有弊。同样，小红书选择与MCN进行合作有优势也有劣势。与MCN合作优势显而易见，低成本获取优质KOL资源，内容投放可以确保及时高效；同时，与MCN合作也有很多劣势，如费用高、无法与KOL直接进行交流，依靠机构内人员间接沟通会有传达不准确的风险，导致内容推送不及时、不准确。

（2）供应链

随着社交电商的不断发展，小红书大力发展自身EC业务"企业品牌商城（相当于Instagram和Amazon结合的APP功能）"、笔记链接小红书商城、上线直播功能等，但其缺点是局限于小红书的电商平台，需要企业开设小红书商城才能实现流量变现，尤其对海外品牌而言，门槛相对较高。

对此，小红书和淘宝合作，在小红书端口开放淘宝链接，知名小红书博主"爱臭美的狗甜儿"（小红书粉丝158万）在8月16日的直播间中挂出了淘宝链接，用户点击之后可直接转跳到淘宝页面。但是，该功能目前尚未正式启用，依然处于内测阶段，只有一小部分链接可以支持与淘宝互通。外挂淘宝链接目前只能在部分KOL的小红书直播间实现，企业号和小红书笔记还没有此功能。

这次小红书与淘宝携手合作，在小红书端口开放淘宝链接，其年轻女性用户群体和社区属性，能够与阿里系电商品牌想要扩展消费群体、寻求社交领域的突破实现互补。如果最终全面开放淘宝链接，对于在小红书上进行营销活动的品牌来说，将在一定程度上补充小红书的现有商品池，提高供应链水平，实现从内容到商品交易的顺畅转化。

五、东山复起，春机再现

1. 优势凸显

回看小红书2020年加入直播浪潮以来的成效，凭借着近两亿的精准用户，粉丝黏性高的腰部达人博主及平台的流量加持，小红书带货直播数据呈现"三高一低"，即客单价高、转化率高、复购率高和退货率低。

为何一直困扰着各大直播带货平台的客单价低的难题，对于小红书来说却并不存在威胁？可想而知，小红书的目标消费群体是位于一线城市的年轻女性，而这些消费群体通常都具有较强的经济实力，并且消费理念超前，直播购物早已成为他们消费的主要渠道。由此可见，小红书在这方面具有天然优势也不足为奇了。

另外，小红书带货直播的另一个优势凸显在小红书达人的用户黏性高，譬如明星赵露思的粉丝数高达510万，其中几乎90%以上的粉丝为活跃粉丝（粉丝活跃度的计算方法为将粉丝真实数、粉丝忠诚度、粉丝互动度按照4∶2∶4的比例进行计算）。如此高的活跃粉丝占比并不新奇，小红书平台中部分头部博主的活跃粉丝占比也均达到了90%以上。

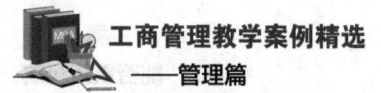

无论是小红书直播，还是小红书带货直播，直播互动率10%以上的占比均接近50%；直播互动率20%以上的分别占比18.48%、14.66%。

小红书作为直播带货领域的后起之秀，2020年以来直播数据有目共睹，这不仅是小红书在电商领域迈出的一大步，让小红书对自身的定位与直播理念有了更为清晰的认知，也成为小红书发展史上浓墨重彩的一笔。

成功的背后，隐患也随之而来，在疫情的影响下，2020年电商直播发展迅猛，小红书因其平台强大的内容优势及社区互动，在2022年加快布局电商直播。从表面看，小红书运用其内容生态、社区互动，直播发展势头正猛，但事实上却面临着坚守内容还是商业化变现的选择、缺乏供应链资源等尴尬困境。稍晚入局电商直播市场的小红书，如何能利用平台优势，走出一条属于自己的直播之路？

2. 何去何从

众所周知，小红书从创立以来一直坚持为用户提供有价值的互动、生活方式的分享，加入直播之后，难免在互动与变现之间进行取舍。是坚持以往的内容分享还是追求变现？小红书的负责人表示，小红书直播的主要目的依然是将用户感受放在首位，直播只是获取流量的一种渠道，吸引更多用户，增强粉丝黏性。对于小红书而言，内容和商业化变现就像是一块跷跷板的两端，商业化变现的一端翘高了小红书内容质量的一端。大众对于小红书的质疑，也迫使小红书不得不考虑两者之间的界限到底要如何界定。

加入电商直播是小红书顺应时代潮流所做出的重要一步，电商与内容之间的关系是相辅相成的，优质的内容质量是实现商业化变现的先决条件，也是实现小红书变现的刚需。如此一来，用户对小红书内容质量的质疑声音也层出不穷。小红书能否抓住更多变现机会，如何从直播困境中突围，还得需要从自身打造的内容生态出发，寻找商业化与内容质量之间的平衡点。

电商和社区之间的界限，是小红书不得不考虑的问题。这也意味着小红书的直播电商，发展依旧充满了艰辛。

案例使用说明

一、教学目的与用途

1. 适用课程
本案例主要适用于工商管理专业的"创新管理""创新与创业"等课程中的"商业模式"章节内容。

2. 适用对象
案例适用于工商管理专业的本科生、全日制研究生、MBA及EMBA学员，同时也适用于"商业模式创新"主题的EDP培训课程。

3. 教学目标
案例主要介绍了小红书是如何完成由一份PDF版本的旅游攻略到社区再到电商的升级蜕变。首先，小红书凭借强大的用户积累，顺利完成了由旅游攻略到社区的转变。然而，面对强烈的用户需求，小红书并没有止步于此，毅然跨入电商领域。初入电商领域的小红书也并不是一帆风顺的，相继经历了变现受阻、信任受损及供应链短板等危机。与此同时，直播行业掀起浪潮，各种因素迫使小红书不得不加入直播带货的行列，而小红书差异化的直播形态使其直播带货成绩斐然，实现了小红书的又一春。从表面看，小红书直播发展势头正猛，但事实上却面临着坚守内容还是商业化变现的选择。面对如此局面，小红书该何去何从？通过案例教学，使学员了解小红书从萌生、转型到创新的全过程，引导学员对平台商业模式的基本架构、商业模式的创新动因和途径进行思考；在案例学习的同时，训练学员的信息搜索、归纳与分析能力，理论应用能力，以及创造性解决实际问题能力。案例教学目标具体包括以下 3 个逐级递进的层次：

（1）背景了解（基础）

① 小红书从旅游攻略到社区再到电商的发展历程；

② 直播带货平台的运营特征。

（2）理论知识学习与应用（核心）

① 平台商业模式的基本架构；

② 商业模式的创新动因；

③ 商业模式的创新途径。

（3）学生能力训练（提升）

① 信息搜索、归纳与分析能力：快速捕捉案例中平台商业模式创新过程相关的案例信息，并根据启发思考题对信息进行搜集、提炼、归纳与分析的能力；

② 理论应用能力：根据商业模式的相关知识与方法，将理论运用于实践分析解决管理问题的能力；

③ 创造性解决实际问题能力：针对案例企业面临的困境，提出创造性解决方案的能力。

二、启发思考题

① 小红书初期构建了何种商业模式让其在竞争中脱颖而出？

② 步入电商行业之后，小红书遇到了哪些问题？这些问题是如何诱发小红书进行商业模式创新的？

③ 面对内忧外患的困境，小红书采取了哪些措施来走出困境？这些改进措施背后的逻辑是什么？

④ 小红书的改进措施是如何促使平台服务对象实现了收益提升？

⑤ 如果你是小红书的总经理，你认为小红书能否突出重围？

三、分析思路

本案例讲述了小红书从旅游攻略到社区再到电商的发展历程，教师可灵活使用本案例。建议围绕上述 5 个启发思考题，采用逐层递进的方式对案例中小红书发展的历程进行梳理。在每个核心知识点学习过程中，教师可以沿着"学生发言、知识点引入、分析应用"的步骤，保持分析难度高低交替进行，有助于保持学员的参与热情和学习兴趣。在此过程中，培养学员理论应用于实践的能力。最后，引导学员根据案例信息，结合拓展阅读与自身观察，分析稍晚入局电商直播市场的小红书在面对商业化与内容质量之间的边界问题时，是否能突出重围。对此进行开放式讨论和辩论，并构造出具体应对方案，锻炼学员创造性解决实际问题的能力。

1. 小红书初期构建了何种商业模式让其在竞争中脱颖而出？

该启发思考题需结合价值主张、盈利模式、关键资源和关键流程组成的"平台商业模式理论"知识点进行分析。教师可以开始逐步渗透商业模式基本架构的理论知识。首先，教师可以按照"平台服务对象有哪些→目标对象需求是什么→如何满足目标对象需求"的步骤引导学员对小红书的价值主张进行剖析。在此基础上，再继续针对盈利模式、关键资源、关键流程进行讨论并发言，最后由教师根据学员发言归纳整理。

2. 步入电商行业之后,小红书遇到了哪些问题?这些问题是如何诱发小红书进行商业模式创新的?

该启发思考题需结合"商业模式创新内外部驱动因素"知识点进行分析。首先,教师可以先向学员提问小红书在步入电商领域之后所遇到的问题,学员通过分析案例正文可以得到小红书在迅速完成了社区购物平台商业模式的初步构建之后,在随后的发展中小红书内容社区属性过强、深陷假货风波、供应链和物流处于短板等问题。紧接着老师可以继续深入提问这些问题给小红书造成了怎样的压力,学员通过交流可以认识到上述一系列问题已经导致小红书连续两年未完成电商业务的目标GMV。最后,自然而然可以得出结论,正是这些问题引起的变现压力,在小红书内外部诱发了小红书进行商业模式的创新。

3. 面对内忧外患的困境,小红书采取了哪些措施来走出困境?这些改进措施背后的逻辑是什么?

该启发思考题需结合"市场模式创新、盈利模式创新、运营模式创新、生态模式创新"知识点进行分析。首先,教师可以要求学员先在案例正文中归纳出小红书为走出困境所采取的具体措施,通过学员之间的交流可能会发现,小红书采取的这些措施,实际上是在进行商业模式创新;接着,教师可以提出商业模式创新的4种途径,即市场模式创新、运营模式创新、生态模式创新和盈利模式创新;最后,根据这4种途径的具体表现形式将小红书所采取的措施进行分类整理。

4. 小红书的改进措施促使平台服务对象在哪些方面实现了收益提升?

该启发思考题需结合"平台商业模式的网络效应"知识点进行分析。首先,教师可以先提问小红书的平台服务对象都包括哪些,学员可能会总结出用户、广告和营销客户及平台合作伙伴等等;接着,教师可以继续引导学员深入思考小红书是如何与各个服务平台实现共赢的局面,而这些问题背后的原因正是平台同边网络正效应和跨边网络正效应的发挥,促进了平台的发展。

5. 如果你是小红书的总经理,你认为小红书能否突出重围?

该启发思考题为案例讨论的最后一部分,为开放式案例方案的设计与探讨。教师引导学员综合运用前面所学习到的管理知识与方法,以及运用SWOT分析法分析小红书内外部环境,通过对小红书当前面临的商业化与内容质量之间的边界问题的困境中,对小红书是否能突出重围的理由及其应对方案进行讨论,培养学员创造性解决实际问题的能力。

这里提出案例的分析思路,具体如图13-2所示。

案例 13
能否重新起航

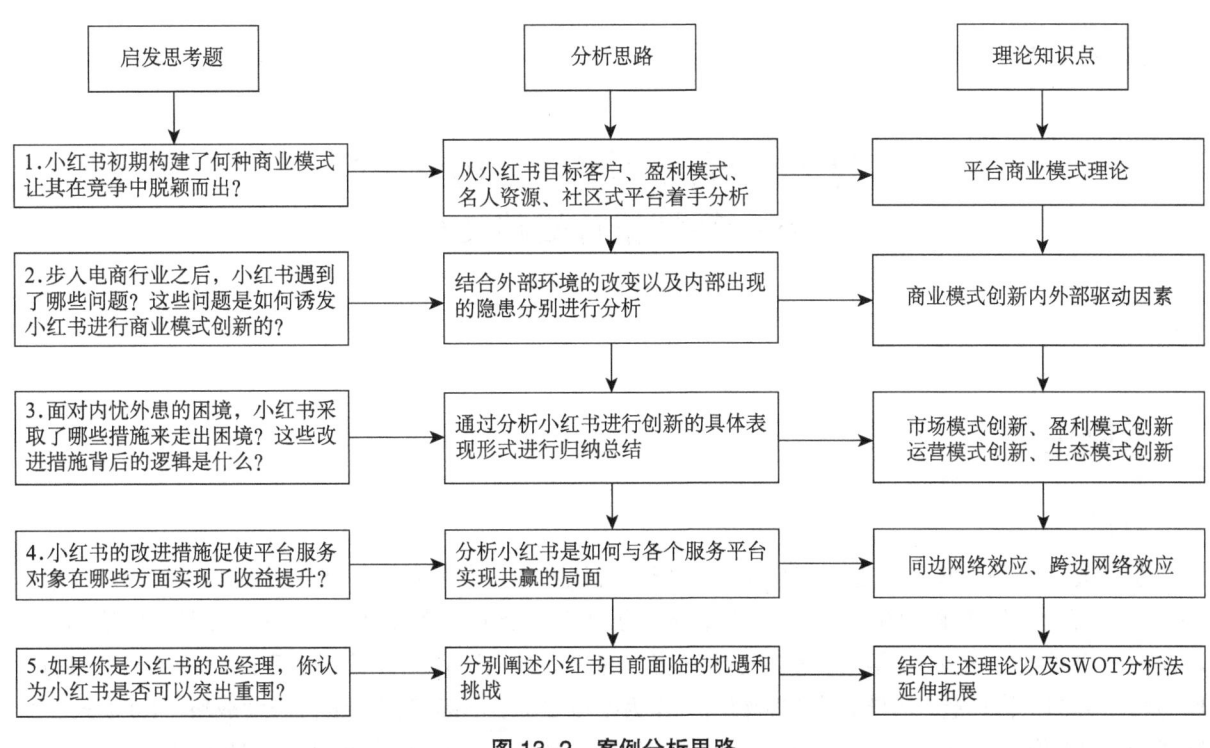

图 13-2　案例分析思路

案例 14

身材变轻，大象也可起舞
——Z 银行轻型银行战略转型之路①

案例正文

引言

春日宴，绿酒一杯歌一遍。何以歌？后疫情时代的第一份年报——973 亿元净利的傲人成绩！2020 年是经历了风霜雨雪的一年，而这个数字甚至高于两个茅台公司的利润总额。今日共饮庆功酒，以谢经年破浪时。成立 34 年来，Z 银行始终将"客户为导向"作为经营服务理念、将"轻型银行"作为转型方向、将打造"最佳客户体验银行"作为终极目标，不断打磨 Z 银行经营战略，1.0 模式、2.0 模式乃至 3.0 模式……许是上天眷顾那匹跳脱牢笼的"黑羊"，在 34 年不断的坚持和努力下，Z 银行逐渐扩大经营规模，市场占有率连年攀升，终于成为国内首屈一指的商业银行，同时享誉国际。细数当年走过的路，其战略之变幻，改革之繁多，无不值得细细道来……

一、创业艰难百战多

1. 公司简介

1987 年，中国第一家经企业创办并由企业自主经营、独立核算、自负盈亏的股份制商业银行——Z 银行，在深圳蛇口一隅悄然揭开帷幕。Z 银行由招商局集团轮船股份有限公司出资注册，于 2002 年和 2006 年分别在上海证券交易所和香港证券交易所挂牌上市。Z 银行成立之初，是一家仅拥有三间房屋和一个营业网点的小银行，在 34 年后的今天，这家曾经鲜为人知的小银行已经成长为沪港两地上市的世界 500 强企业。截至 2020 年年末，Z 银行已经拥有超过 1800 家境内外分支机构，其中中国境内共有 142 家分行和 1724 家支行，遍布 130 多个城市，员工超过 8 万人。据 2020 年年报显示，Z 银行总资产达 8.36 万亿元，全年营收 2905 亿元，净利润近 980 亿元，业绩增速在行业中名列前茅。

2. 荆棘满途

愁闻几处，凄风苦雨，一川烟草，满城风絮。Z 银行行长坐在办公室俯瞰车流熙攘，眉头紧锁。2004 年前，大多数商业银行采用的是"重资本、顺周期"的传统银行 1.0 模式，主要通过资产规模扩张带动营收增加，从而带动利润增长。银行 1.0 模式的收益主要依靠的是对公业务，所以那时的银行普遍不重视零售业务。虽然当时 Z 银行因其良好的经营管理已经处于股份制银行的第一阶层，但是

---

① 案例来源：中国管理案例共享中心，并经案例作者同意授权引用。
本案例于 2022 年 6 月 23 日入选中国管理案例共享中心案例库。
由于企业保密的要求，在本案例中对有关名称、数据等做了必要的掩饰性处理。
本案例只供课堂讨论之用，并无意暗示或说明某种管理行为是否有效。

由于其总部地理位置受限,加之母公司是招商局,所以在竞争激烈的对公业务中,无论是价格还是规模,Z银行都不占优势。未来通向何处,让行长陷入沉思。此时的他还没料到,这将是一次长达数十年的漫长改革……

二、创意造言不相师

1. 将零售作为突破口

"既然对公业务做不到行业内最优,那我们就另辟蹊径,将零售业务作为我们的特色。"在创新产品和服务方面,Z银行早就开发出了相关零售产品:1995年推出一卡通,开创借记卡的客户号管理模式;1997年推出一网通,成为业内首家提供网上银行服务的公司;2002年推出金葵花理财,为高端客户打造专属理财产品(图14-1)。

2004年,Z银行通过分析行业情况、自身发展及国内银行的主要业务,选择了以零售作为突破口,从对公向零售业务转型突破。当时Z银行行长提出了"不做对公,今天没饭吃;不做零售,将来没饭吃"的口号,着眼未来而非现在。自此,Z银行正式开启了它的轻型银行改革之路。

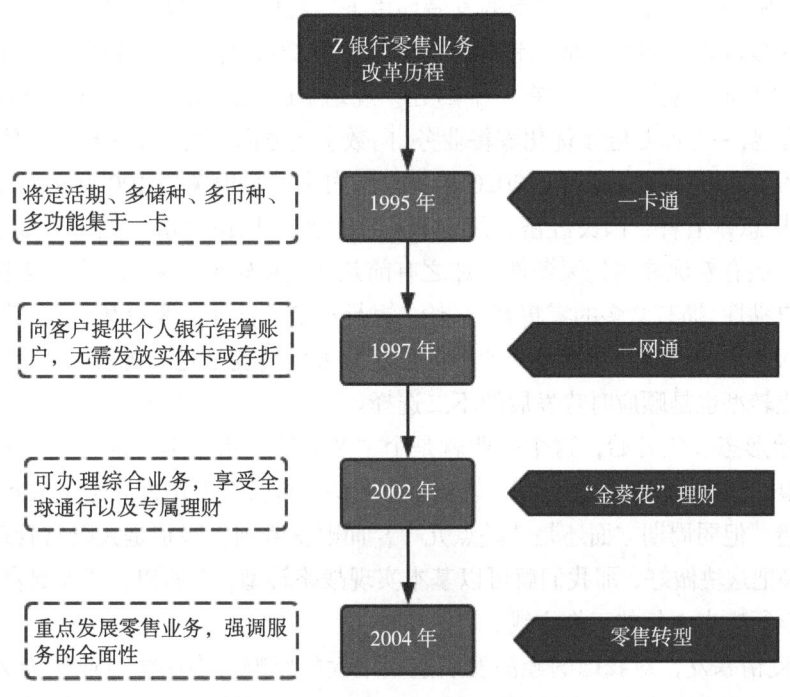

图 14-1　Z银行零售业务改革历程[①]

这次改革带来了非常好的成效。如附录1所示,各项指标均实现跨越式增长。正是这次转型,一举奠定了今天Z银行在股份制银行中第一把交椅的地位。

2. 进入2.0模式——"一体两翼"轻型银行

在经历过2004年的零售业务转型之后,Z银行的业务结构已经有了明显的调整。但随着2008年金融危机的爆发,在"4万亿"、连续降准降息等特殊背景下,Z银行出现了首次利润负增长的局面,

---

① 数据来源:Z银行不同阶段改革整理绘制。

也成为同行业中唯一一个业绩倒退的银行。如何在业务规模不断扩大的同时降低成本,成为Z银行管理层必须思考的首要问题。

2014年,Z银行行长再次部署,正式开启了Z银行2.0模式——"一体两翼"的轻型银行。"一体两翼"就是以零售金融业务为一体,以公司业务、同业业务为两翼,实现"一体"和"两翼"的协同发展,打造差异化竞争优势。轻型银行的"轻",主要表现为轻资产、轻运营和轻管理。Z银行一方面通过管理提升、科技投入、员工效能3方面,将原有的外延粗放型经营模式转变为内涵集约式;另一方面大力发展"小贷通""助力贷"等Z银行的特色产品,通过网上自助贷款平台为创新型成长企业提供便捷快速的金融服务,提升了Z银行在资产定价方面的能力。

经过2004年和2014年的两次战略调整,Z银行的零售业务在规模、收入、利润等方面已然占据自身业务的"半壁江山",在财富管理、零售存款、私人银行、零售信贷、消费金融、信用卡等核心业务领域大幅领先同行可比企业,在国内市场形成了客户、产品、渠道、品牌等差异化优势。

三、沉舟侧畔千帆过

2021年是"十四五"的开局之年,未来5年我们将进入"百年未有之大变局",全球政治、经济和科技发展将面临全新的挑战。在全新的发展环境下,银行业会更加注重追求高质量发展,逐渐实现数字化转型,所以轻资产经营将成为银行战略首选。在2020年年底Z银行召开的业绩发布会上,Z银行行长说道:"我似乎看到了我们在'十四五'规划中的大战略方向,就是全面推进轻型银行转型。"Z银行此次转型,一方面是继续优化零售业务,向数字化方向转变,另一方面就是推出大财富战略。

国家统计局发布的统计数据显示,2020年我国国内生产总值突破100万亿元,人均可支配收入达到32 189元。从总体上看,国民经济持续健康稳步发展,居民财富也处于不断上升水平,所以Z银行零售业务的发展有着优渥的先天条件;加之有前几次成功转型带来的优势,Z银行在长期积淀中形成了较高的客户黏性,拥有众多的零售客户,给Z银行奠定了良好的客户基础。在数字化时代的今天,数字银行逐渐进入人们的视野,所以零售业务向数字化方向转变已是大势所趋。因此,Z银行零售业务进行零售数字化转型也是顺应时势发展的不二选择。

从银行的初始形态钱庄开始,这个行业就是个"亲周期、重资本"的行业,而Z银行管理层却反其道行之,期望把它变得相对"弱周期、轻资本"一些。行长在业绩发布会上表示,在轻资本方面,咱们银行做得不错,但弱周期方面还是"差点儿",而财富管理,特别是大财富管理是可以达到弱周期效果的。"如果把这块做好,那我们就可以基本实现战略转型。"所以,"大财富管理价值循环链"应运而生,作为全行未来5年的工作主线。

2019年新冠疫情暴发,对我国的经济发展造成很大的影响。中小微企业作为Z银行零售业务主力军,其经营效益的重创,也给Z银行带来了重大影响,怎样控制不良贷款的发生也成为Z银行面临的最大问题。

"改"如逆水行舟,不进则退。随着技术的发展,Z银行原有的一网通技术体系,已经不再适应互联网金融时代。随着市场进一步发展,2.0模式的红利边际逐渐递减。Z银行从2017年前便开始了3.0模式的探索,从2017年到2020年这4年的时间里,Z银行分别提出了"金融科技银行""MAU北极星""开放融合"3个新的战略(图14-2),作为Z银行3.0模式的一个实践。

这3个概念一脉相承,为后面Z银行数字化建设为导向、大财富管理为核心的私人银行打下坚实的基础。

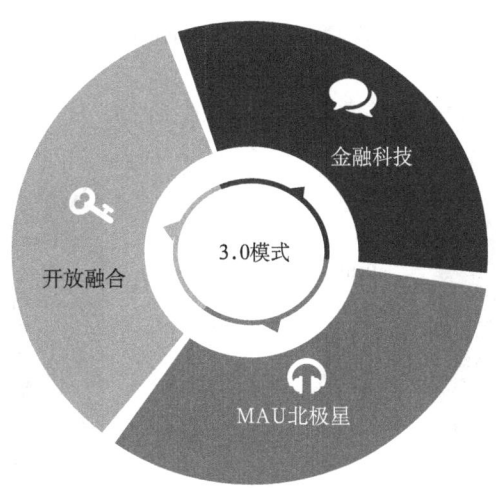

图 14-2　Z 银行 3.0 战略模式 [①]

四、草木百年新雨露

互联网引发的变革就像一场洪流，多年后史书上可能会记载这一伟大的变革，但当下我们仍是砥砺前行的旅人。数字化如同一张网，交错织就着各个行业的位置，同时它又像是人脑中亿万个神经元结点，每一次细小改变都通向不同的方向。一直作为行业领头人的 Z 银行躬身入局，努力寻找着属于自己打开未来大门的那把钥匙。

古人云：不积跬步无以至千里，不积小流无以成江海。站在当下回望过去，以第三次金融科技改革为起点，以开放与融合为地基，如今 Z 银行迎来了历史性的转变，时任行长将其定性为"轻型银行的高级形态"，这是行业内第一次将数字化与大财富战略结合，也是颠覆传统银行向个性化定制的私人银行迈出的重要一步。

1. 深化数字化变革

（1）从 MAU 到 AUM

早在 2018 年 Z 银行就吹响了数字化的号角，以手机为战场发布了 Z 银行专属 APP 的新版本，从 MAU 入手牵引 Z 银行的数字化转型。Z 银行有两大 APP，分别主管综合金融服务和外部生活接入，得益于之前版本的迭代，这两大 APP 已经积累了大量的用户并且可以承接许多业务，为更高级的应用打下了坚实基础。

以 MAU 为核心的数字化指标其实在互联网并不新鲜，因为互联网的长尾效应使得 APP 的掌控者更注重用户的数量与在线时长，这不仅增加了沟通机会，也促使个性化服务的诞生。为了增加用户量，银行不得不提供更丰富的选择，在此过程中 Z 银行获得了更多的用户信息，从而提供了更精确的分析与预测，形成一个良好的双向循环。根据 Z 银行 2020 年报数据统计，Z 银行自行开发的 APP 累计使用用户总数达到 255 亿户之多，是 2017 年末的 2.31 倍；APP 月活数量达 1.07 亿户，是 2017 年末的 2.14 倍（图 14-3）。在庞大的用户数量支撑下，理财投资金额占比 78.41%，理财投资客户数占全行理财投资客户数的 93.17%。Z 银行 APP 基础的收支等 8 个场景 MAU 过千万，范围覆盖全国数百个城市。

[①] 数据来源：腾讯网新闻，https://new.qq.com/omn/20210626/20210626A00TY900.html。

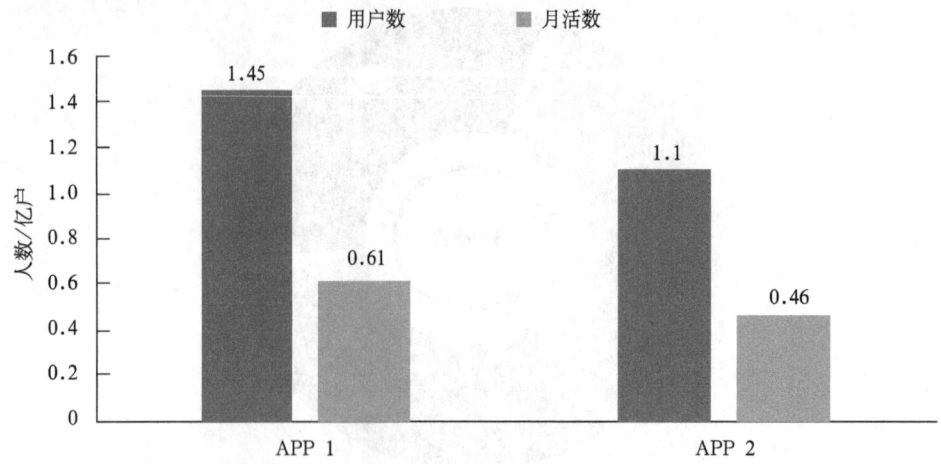

图 14-3 活跃人数增长柱状图 ①

随着银行市场化的不断进行，纵观国内外商业银行的发展轨迹，仅靠 MAU 指标略显捉襟见肘，难道一个银行只要流量就够了吗？当然不是。MAU 仅仅是数字化转变的起步而已。丰富的经验告诉银行的管理者，金融服务与互联网公司本质上是共通的——都是将合适的产品卖给适合的客户，MAU 即活跃人数，代表的是未来的变现能力。经过近 10 年的积累转化，在如此庞大的月活人数的基础上，更进一步变现的时机已经成熟，由此 Z 银行提出了从 MAU 向 AUM 的转变。这一转变主要是将资产管理规模列为重要的评判指标，对于零售银行而言就是把需要产品、资产管理和投资顾问的客户资产规模列在了首要位置。

借鉴国内外银行的发展经验并结合中国市场的发展道路，发现交易服务利润空间越来越低，而国家抑制炒房等政策使人们更加依赖于财富管理，那么银行选择轻交易客户取代重交易客户就是理所当然了。Z 银行依托两大 APP 平台的功能打造个性化理财服务，相关负责人解释说，"我们组织成立了自己的专业产品评审会用于资产管理产品选择，评审会拥有专业的人员和规范的流程从不同维度在全市场选择产品，力求打造一个客户—银行—优秀资产管理人共赢的生态平台。" 2020 年 Z 银行在自研 APP 9.0 版本中解锁"同屏解说"功能，在终端实现财务管理的专业服务，让客户不出家门就可以选择所需要的理财业务。该功能不限于文字语音的输入方式，在理财过程中遇到任何问题均可一键连线客户经理，得到解答甚至视频讲解，整个过程尽力营造沉浸式交互体验，让线上业务不再冰冷机械而是充满温度与精准。该功能联动之前发布的朝朝宝、指数通、来定投等低门槛的流量型产品等基础理财业务，来吸引年轻的长尾客户，丰富产品体系，从而强调出平台优势，将理财放在了突出的位置，这也为后续的大财富管理战略奠定了重要的基础。

（2）客户的旅程思维

MUA 和 AUM 从来都不是对立的关系，而是一种双向促进的过程。一汪水源要清澈就需要源源不断的活水注入生机，MAU 就是这一生机，在客户到达了这一汪水域之后如何让这片区域形成生态良性循环就是 AUM 管理的作用。

Z 银行多年来一直大力发展零售业务，"为客户创造价值"已经是刻在灵魂里的原则。那么在强调 AUM 转化的过程中，如何让已经到达的客户感到宾至如归呢？建立客户旅程思维。举个例子，曾

---

① 数据来源：Z 银行《2017 年度财务报告》《2020 年度财务报告》。

经你办一张信用卡需要到离家最近的银行网点，而现在你只需要在 APP 上进行操作，银行会将信用卡寄到你的手里，甚至在你不需要这张卡后，只需要轻松地打一个电话就可以完成注销，再也不需要大费周章。而这只是整个 Z 银行 APP 生态冰山中极其微不足道的一部分。在以零售为基础的生态中，从电影到餐馆，从信用卡到理财社区，这一系列的活动形成了一个服务闭环，因此，在用户旅程思维的引导下，Z 银行的客户虽然办理的是一项业务，但享受到的却是全场景服务。从最开始发觉用户的"痛点"、提升客户的满意度，到线上线下全流程整合提供无缝衔接的跨渠道客户体验，再到如今利用生态系统强调客户价值，驱动客户体验重塑以超越客户预期的方式达成客户的愿望，这种客户旅程思维也在实践中不断升级（图 14-4）。

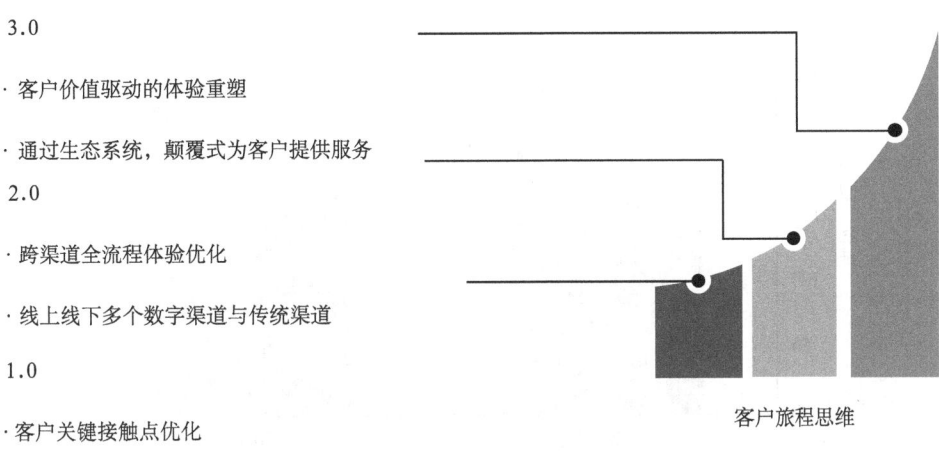

图 14-4　客户旅程的发展趋势[①]

实现这样完整的生态依赖于 Z 银行全面更新的数字化、智能化、10+N 的数字中台。因其此次更新堪称历史版本之最，负责人骄傲地称其为 Z 银行的"新基建"。这次数字化的变革能成功做到。当 88% 的用户线上提出问题时，其中 92% 都能通过智能 AI 得以解决。正如 Z 银行负责人所说："数字经济时代，每个个体都不是孤岛。"

截至 2020 年 6 月，Z 银行 APP 的 9.0 版本更新了以内容为导向的全旅程的"财富陪伴"，同步接入了全国大部分城市的社保、公积金、交通罚款等场景。此外，Z 银行还先后打通了 30 余个城市的不动产和税务服务。通过数字化实现的全生态链接，使得 Z 银行的 AUM 单季增量 2020 年达到了4300 亿元，总资产增长了 9442 亿元（附录 2），堪称一骑绝尘。

2. 大财富管理战略

自千禧年至今已过了 20 个春秋，银行业经过了几番沧海沉浮，Z 银行也经历了多年风雨，有了前期数字化的铺垫，Z 银行终于下定决心开启他们早已准备好的全新副本——大财富管理价值循环链。这一次改革不再是完全创新，而是前路的"集大成者"。这更像是 Z 银行 Online 的一次高质量融合，将前 10 年所积攒的"材料"进行合成，共同谱写"轻型银行的高级形态"。十年磨一剑，Z 银行第一次勾勒出了它的宏伟蓝图，一盘大棋终于轮廓显现。

（1）从银行资产负债表到客户资产负债表

回顾过去两年 Z 银行的利润表可以发现，在 2019—2020 年疫情地打击与国家政策的影响下，Z

---

① 数据来源：https://insights.thoughtworks.cn/redefine-customer-journey/。

银行的营业收入和净利润已经开始放缓，取而代之的是代理服务手续费及信托佣金的增长（图14-5及附录3），而代理和托管正是与财富密切相关的业务。在存贷利差下降，佣金费用提高的环境下，继续加强大财富战略仿佛是大势所趋。事实也正是如此，国家发布三大政策：完善小康社会、房住不炒、社会养老。这让居民的流动资金比例提高，金融资产配置需求也大幅增加，对理财的质量要求也越发严苛。同时，国家适度打击类似蚂蚁金服这类企业，意图让银行更多的承担社会金融责任，Z银行把握机会大力发展表外业务。但基于当前环境仅靠银行的一张表无法解决这些复杂的升级，Z银行同时引入客户定制方案，让自己变成了一座桥梁，让资产与"资产"在这里相遇。

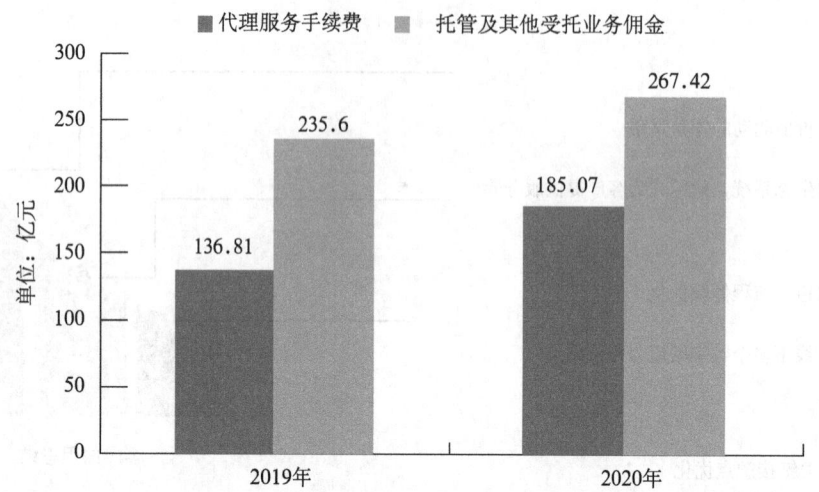

图14-5 Z银行服务手续费及受托业务佣金增长对比 ①

在轻型银行的准备期，Z银行就已经开始强调"轻资产"，经过10多年的发展，Z银行已经达到了轻资本、轻运营的战略目标，在此期间轻文化也牢牢植入每一个Z银行管理者的管理模式中。在Z银行率先用AUM代替存款作为考核指标的时候，就在为外来业务做准备。因而，Z银行有资本、有底气提出这样的发展规划，落实到业务层就是集约化利用已有的资产，跳出局限，撬动表外资源，创造更大的价值。

与之对应的是批发条线的指标转变。Z银行利用FPA考核指标与AUM遥相呼应。FPA指标不仅包含传统的贷款业务，还包括债券承销、资产支持证券等表外业务，这样的衡量体系旨在强调"客户由我服务"，而资产是否由银行提供就显得不重要了，这同样是跳出银行自身视角，从客户出发来考虑问题。为了达到这样的量化思路，Z银行对内以数字化为基础为中台赋能，打通全行资源为企业复杂需求服务；对外强化客户选择、改变客户的行业认知。经过不懈的努力，Z银行凭借其投商行一体化优势让360、格力等大型企业在股份改革与资产重组配置时都毫不犹豫地选择了自己。功夫不负有心人，2020年年末Z银行集团的FPA达到4.26万亿元，并成功将零散的批发业务转变为体系化、高协作的业务模式，从而获得了一大批优质企业客户。由此，Z银行有充足的资金运营表与表的转化，形成了以投资银行为开端，经过资产管理，最后以财富管理为终点的价值循环链。

在这一循环中，Z银行向需要的企业提供并购贷款从而获得优质资产，这些资产经由资产管理部门联合相关机构包装运作成私募基金，从零售端口发行给私人客户，业务在这一过程中实现了流转与

---

① 数据来源：Z银行《2019年年度财务报告》《2020年年度财务报告》。

增值,从"供应商"到"消费者"被有机串联起来。若银行客户本身也是企业主,自身也有融资和筹资、企业日常业务的需求,那么又可以引发新一轮的价值循环。

从图14-6不难发现,在该"资产价值循环"的背后,还有一层隐形的价值链循环,即客户间的价值链循环。银行通过专业且集成的一体化经营吸引了大批优质客户,这些优质客户资产规模大且资产质量优秀,他们的存款额占了全行存款总额的2/3,这让银行欢欣鼓舞,因为有他们银行将拥有大笔的运营资金,从而逃避了负债所带来的高成本负担。而这些客户也会变成银行"简历"上的一员,用来抓住年轻且富有潜力的新客户,这个时候,对公业务不再是单纯的只对公输出,而是通过对公业务支持零售信贷。这样,银行的客群得到了升级,企业高管客户增加又再一次带来了新的批发业务。老客户带动新客户,新客户回馈老客户,交易成为一个闭环,周而复始,生生不息。

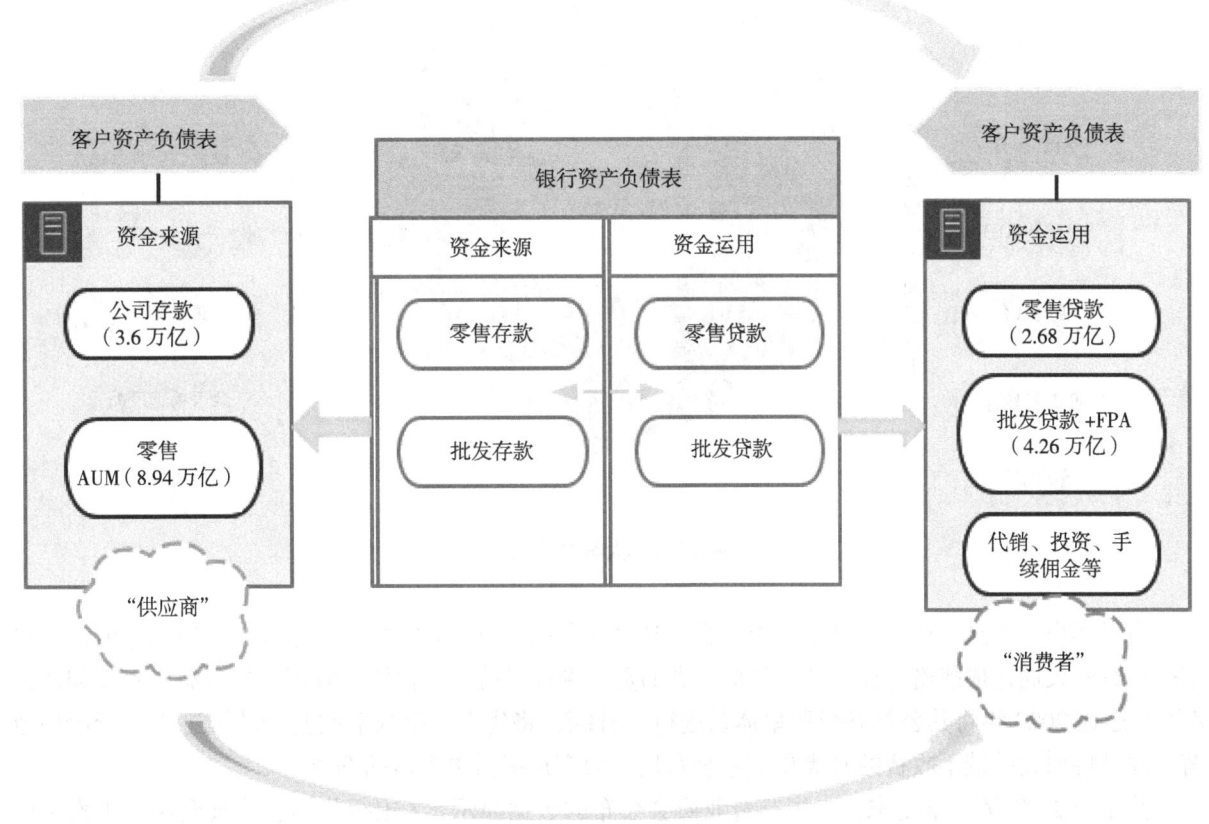

图14-6 大财富资产价值循环[①]

(2)大客群与高效能

曾经,金融科技颠覆了银行业的传统,如今数字化是有待探索的财富密码,市场竞争不光是某产品和业务线之间的竞争,而是整体生态的竞争。当Z银行走上财富管理的战场时,面对的将不再是同业的追逐,而是包括私募、基金公司等众多金融公司分庭抗礼的碰撞,想要在群雄割据的"逐鹿之战"中获得一席之地甚至主宰一方,就需要更大的客群和高效的管理组织。

[①] 数据来源:Z银行综合部资料整理。

① 大客群：平台的开放与产品矩阵的丰富

所谓大客群将不再是狭隘的大体量大资产的客户，而是希望通过提供专业咨询服务，让财富管理进入大众视野，除了零售客户，也服务于企业与政府的财富管理需求。银行根据财富管理市场的成本结构，对客户按照资产规模进行分类，服务资源向占比20%的中高端客户倾斜，并且大部分收入来自这20%的客户。当数字化与金融业对接时，庞大的资源敞开怀抱，经典的取舍思维就可以逃出藩篱，以Z银行亿级生态为基础让长尾更长，并由此形成更强劲的中高端客群输送能力（图14-7）。

在后端，数字中台将作为强劲的辅助力量，将科技与资源捆绑，客户群精确分级精准推送，制定个性化运营模式，用将近零的成本招揽更多客户，使原本不能同时达到的目标在更高维度里相辅相成。

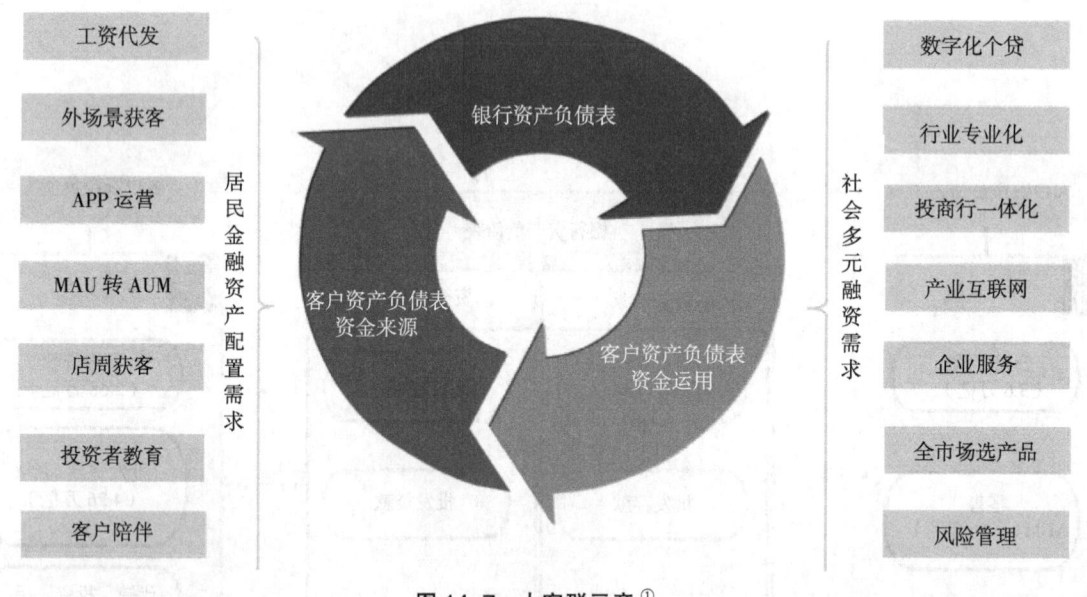

图14-7 大客群示意 ①

为了客户不再选择产品而是银行引领客户选择服务的目标，Z银行与全球首屈一指的全能银行典范——摩根大通达成战略合作。利用摩根先进的资产管理经验，丰富资产管理配置资源。不仅如此，Z银行还在2020年将其公募基金费率体系进行了升级，将优选一批权益类基金陆续进入一折销售范畴，并且将加大前端不收费的C类份额基金布局，为客户提供更丰富的选择。

截至2021年第一季度末，中国基金业协会公布的数据显示，Z银行代销公募基金保有规模中股票+混合公募基金保有规模以6711亿元荣耀登顶，而非货币市场公募基金保有规模高达7079亿元，仅次于蚂蚁金服，为各大银行之首（附录3）。时至今日，Z银行通过自研平台筛选的产品囊括了全市场绝大多数的主流产品和特色产品，其专业的团队配置使得激进的投资组合年化回报率也达到了9.73%，这无疑是丰富的产品矩阵带来的惊喜。

② 高效能：组织架构的变革，财富陪伴的进阶

为更好地进行大财富战略，Z银行将组织架构也进行了调整（附录5）。调整后的组织架构在保留原一级部门零售金融总部的基础上，将该部门的大部分团队与原财富管理部合并，组建财富平台部门。

---

① 数据来源：Z银行经营业务整体规划整理所得。

改组后的零售金融总部业务层面的职能较少，更多的是统筹其余各部门业务、客户服务方面的合作沟通，其余各部门分别服务不同业务条线下的客户。新零售银行架构可以在分部门管理各业务条线的同时，联动各业务线，实现业务背后的客户联动。Z银行可以更好地实现对各机构基金经理的追踪与沟通，尽最大努力做出专业而全面的评价，尽力降低客户的资产风险，同时广泛沟通各家机构将Z银行打造成一个开放的财富平台。

2019年，信息科技部也将架构进行了细化更新（图14-8），优化了资源配置并制定了"清风公约"，将"轻"文化渗透在方方面面。2019年12月下旬，Z银行将原信息技术架构由"一部三中心"细化为"一部六中心"，取消原有的研发中心，新设零售业务、对公业务、硬件及软件基础设施及数据化转型4个研发中心。此次调整按业务类型、服务客群重新配置研发团队，将技术资源配置在业务条线里，各条线技术、产品、服务得到最大化衔接，达到术业有专攻的效果。零售条线不必依赖于传统研发团队，而是由专门的零售应用研发中心对接，整合技术资源并应用于产品和服务，有效提升财富管理的服务水平。

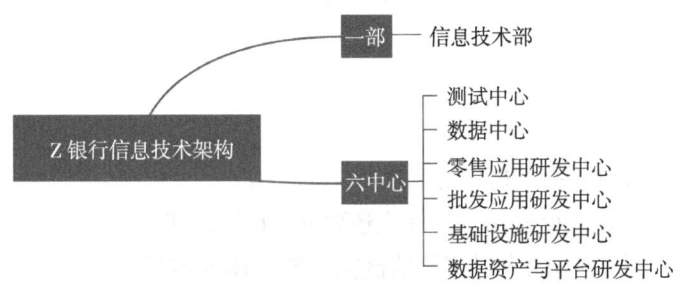

图 14-8 Z银行信息技术架构[①]

客户群的再一次升级与组织结构的整合成为大财富战略的又一块基石，配合大财富价值链循环，让Z银行大财富管理在客群、产品、队伍建设、IT系统等方面建立了全方位的体系化优势，护卫着Z银行在高级轻型银行的道路上不断迈进。正如外界预测的那样，Z银行或许会从"零售之王"成为"财富管理之王"。

五、路漫漫其修远兮

大财富战略以势如破竹的架势快速发展，截至2021年7月，Z银行零售AUM时点规模首破10万亿元大关，2021年上半年集团实现利润同比上升21.46%。产品矩阵方面，开放的财富平台已入驻100多家基金公司、40多家私募机构、25家信托公司、9家银行理财子公司，累计销售超过8500款投资产品。

尽管改革的势头一片大好，但我们仍不能忽视其中潜藏的危险。艰难中满怀希望，顺利时谨慎小心。这句话对于大财富管理战略的改革尤为适用。在傲人的业绩下，Z银行也面临诸多问题：银行的资产组织和产品创设能力如何在市场的更新迭代中进一步提升；在新式产品配置与资产创设下如何保持高水准的风险管控；如何将金融科技与财富管理更有效地结合等都需要一步步改进。路漫漫其修远兮，吾将上下而求索。作为轻型银行改革的领头人，属于他们的改革仍在继续……

---

① 数据来源：Z银行2020年股东大会实录整理，http://file.cmbimg.com/cmbir/202106/b190a963-944e-4164-98a2-35416f87da8b.pdf。

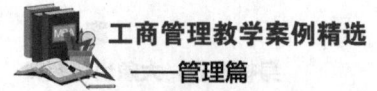

案例使用说明

一、教学目的与用途

1. 适用课程
本案例主要适用于与"战略管理"相关的课程。

2. 教学对象
本案例适用于MBA、EMBA学员，也适用于管理专业及会计专业硕士研究生。此外，本案例也可用于高年级的工商管理类全日制本科生的教学工作。

3. 教学目标
本案例以Z银行为案例对象，以Z银行高级轻型银行转型过程为分析主线，加深同学们对战略构型等相关理论的认知与理解，通过Z银行在每个转型节点的战略选择与举措，引导学员思考如何结合企业对市场环境进行分析，了解企业的战略转型的内容以及决策的逻辑框架，培养学员的分析能力及敢于求变求新的决策能力。

二、启发思考题

① Z银行2.0模式下轻型银行"轻"在哪里？
② Z银行的2.0模式已经取得成功，为什么还要向3.0模式转型？
③ 数字化背景下Z银行实施的大财富价值链循环的具体内容是什么？
④ 面对不断发展的市场，Z银行是如何实现大财富管理战略的？
⑤ 结合案例讨论，Z银行的战略发展之路还有哪些值得优化的地方？对其他银行有何启示？

三、分析思路

教师可以根据自己的教学目标（目的）来灵活使用本案例。这里提出本案例的分析思路（图14-9），仅供参考。本案例的讨论与分析可以Z银行改革节点为顺序，按以下思路引导学员讨论剖析该案例：

① 教师可以先带领学员进行课堂预热，向学员们介绍有关Z银行的基本情况和发展历程，结合市场环境的转变对比传统银行的特点，由此引入轻型化转型的概念（第1题），让同学们对轻型银行有基本的了解。

② 在了解轻型银行后，教师可以带领学员剖析案例，分析Z银行在2.0模式下已经取得了基本成功，为什么又开启了向3.0模式的转型之路（第2题）。通过对Z银行内外部环境进行分析，让学员们理解战略构型理论并掌握PEST分析方法和RBV理论。

③ 教师可以从多角度和学员一起讨论面对不断变化的环境，Z银行是如何调整战略应对变化的。选择将"数字化与大财富管理并重"作为发展战略是结合了哪些战略理论，引入战略管理思维与相关理论，如长尾效应及平台化战略和组织结构等知识（第3、第4题）。

④ 教师可以情景带入，让学员独立思考：Z银行在3.0模式下还存在哪些问题，通过提出有关问题来对Z银行3.0模式进行全面思考，加深对企业管理的认知、举一反三（第5题）。

案例 14
身材变轻,大象也可起舞

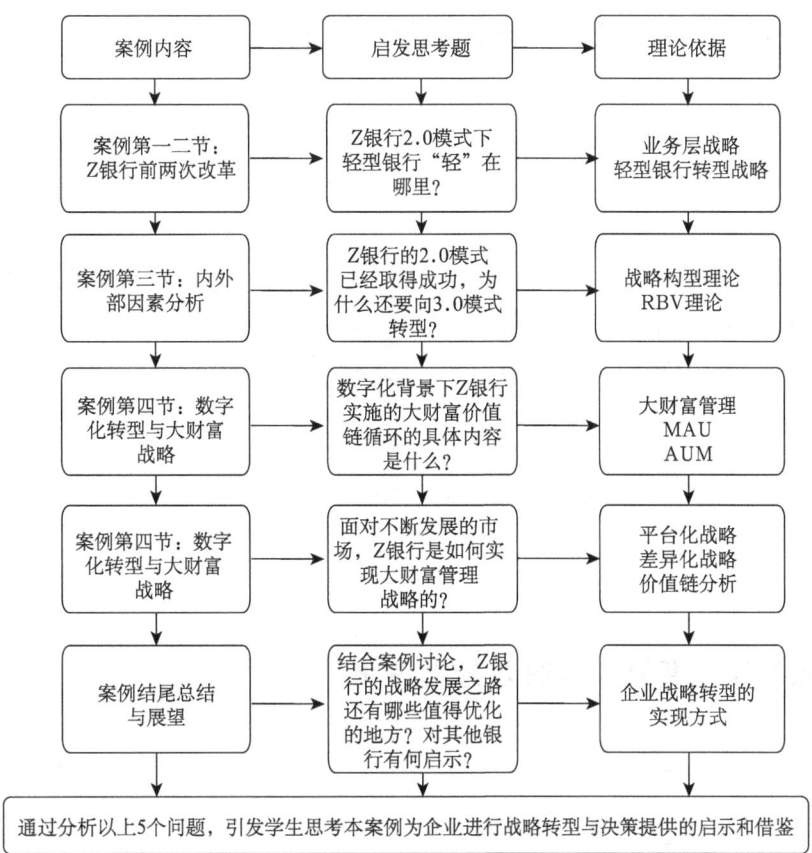

图 14-9 案例分析思路

附录 1:Z 银行 2004 年、2008 年改革初期各指标变化情况[①]

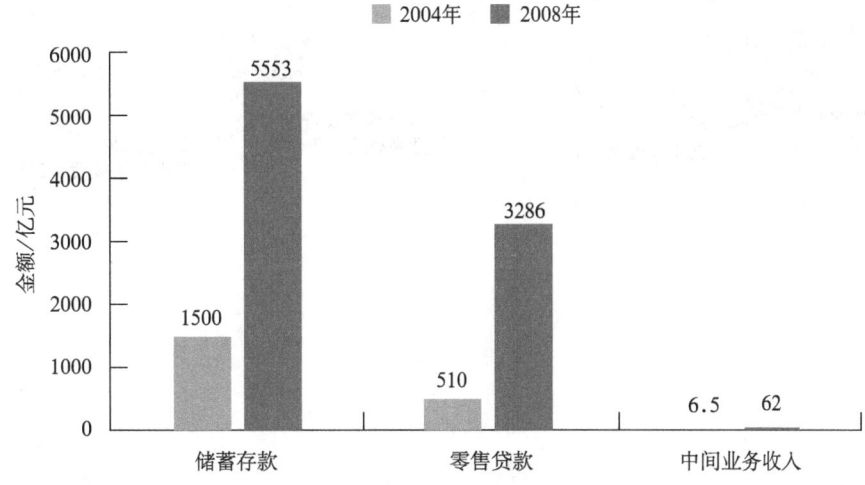

---

① 数据来源:Z 银行《2004 年度财务报告》《2008 年度财务报告》。

附录2：Z银行2016—2020年总资产及增速情况[①]

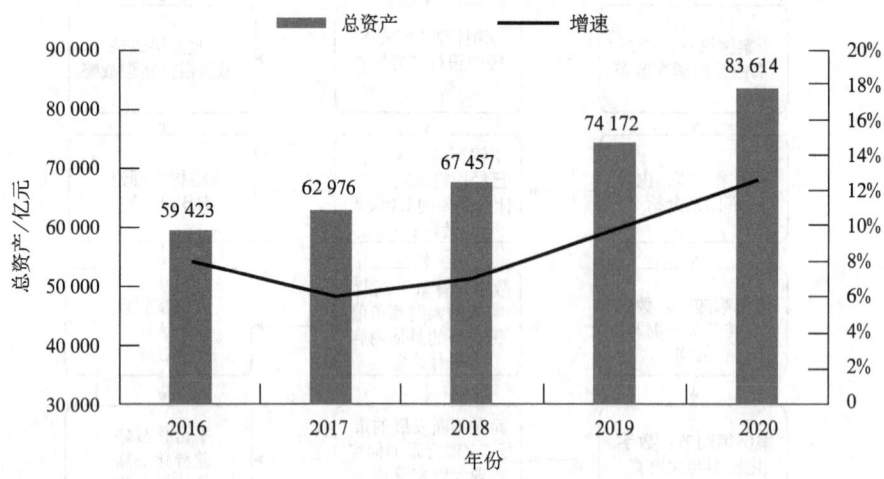

附录3：银行手续费及佣金收入分类占比[②]

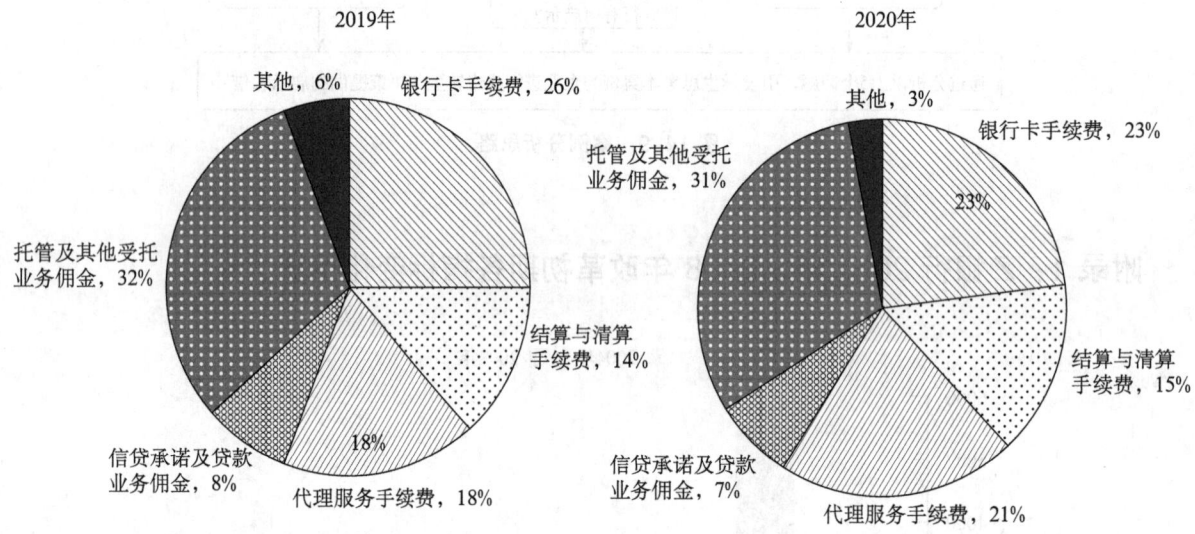

[①] 数据来源：Z银行2016—2020年年报总资产资料整理。
[②] 数据来源：Z银行《2019年度财务报告》《2020年度财务报告》。

附录 4：销售机构代销公募基金保有量[1]

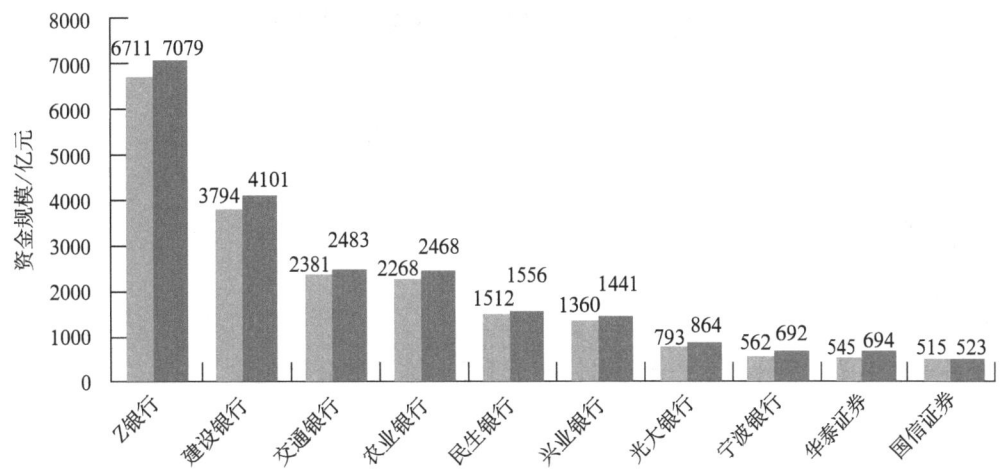

附录 5：Z 银行组织架构新旧对比[2]

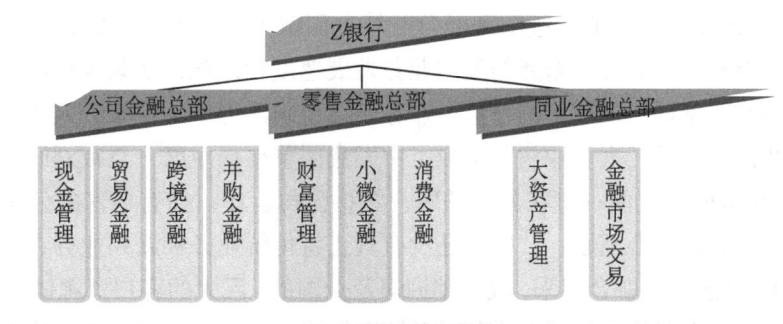

Z银行旧组织架构

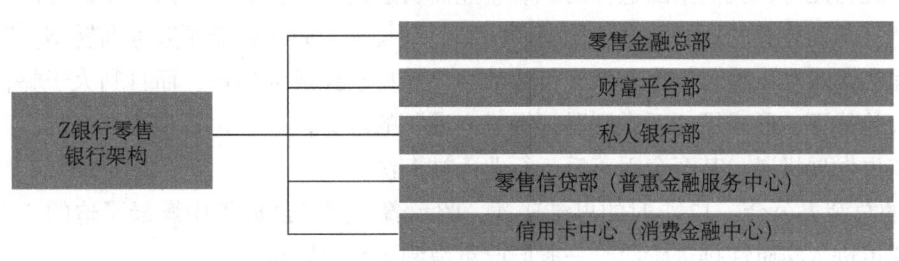

Z银行新组织架构（部分）[3]

---

[1] 数据来源：中国基金业协会发布 2021Q1 代销公募基金保有量的机构排名。
[2] 数据来源：Z 银行综合部资料整理所得。
[3] 数据来源：Z 银行 2020 年股东大会实录整理，http://file.cmbimg.com/cmbir/202106/b190a963-944e-4164-98a2-35416f87da8b.pdf。

案例 15

深耕燃气二十载，领异标新二月花
——中国燃气数字化转型之路

李瑞　郝培羽　楼澜

案例正文

引言

这个世界永远不是会干什么才去干什么，而是干了什么就学会什么了。

——刘明辉

2021年的阳春四月，在中国燃气2021新财年各项工作进入有序推进、实施阶段之际，集团在深圳总部举行了以"大变革"为主题的总裁办公会，中国燃气核心管理层人员均出席会议。此次会议立足集团当下现状，聚焦集团业务转型升级、管理变革、组织再造等焦点问题，讨论从早上9:30一直持续到晚上9:30。

公司经历近20年的发展，在业务版图和经营业绩方面取得了长足的成效，已成为行业的头部企业，但是在数字化赋能和引领方面却未能与集团业务发展速度相匹配，从某种程度上影响了集团的发展，存在总部组织管控效率低、区域定位不清、业务一线组织活力不足及核心人才青黄不接等痛点和难点。而这些掣肘集团发展的"大企业病"也成了中燃集团董事局主席、总裁刘明辉的"心病"。刘明辉自2002年创立中国燃气起便一直在公司任职，熟悉公司运作，拥有丰富的公司管理经验，他一针见血地指出了中燃发展的核心问题："中燃还没有真正将传统业务和新兴业务在网络化、信息化、数据化、智能化的基础上捆绑、融合起来，没有挖掘遍及全国的、巨大的客户资源体系所带来的价值。"

"我们现在面对着'上游资源配置能力'、'下游溢价能力'及'中段精细化管理能力'三重能力考验。为克服经营压力，我们集团这样的城燃企业需要通过数字化手段开拓更多的增值服务和盈利渠道，推进天然气与新能源的更好融合，挖掘新的利润增长点，向综合能源服务商转型。"

转型会面临困难和风险，但是天然气行业数字化转型已经成为趋势，而且利大于弊，特别是在碳中和带来的大趋势下，形成了"不进则退，慢进亦退"的形势，数字化转型势在必行。如果不顺应形势转型，将错失发展机遇，甚至会因落后于行业而被淘汰。

12小时的总裁办公会，12小时的思维碰撞，昭示着转型已经成了中燃最紧迫的"刚需"，也代表着集团大变革进入实质性推进阶段，一股股改革浪潮正在集团掀开！

---

① 案例来源：中国管理案例共享中心，并经案例作者同意授权引用。
本案例于2022年6月29日入选中国管理案例共享中心案例库。
由于企业保密的要求，在本案例中对有关名称、数据等做了必要的掩饰性处理。
本案例只供课堂讨论之用，并无意暗示或说明某种管理行为是否有效。

案例 15

深耕燃气二十载，领异标新二月花

一、公司概况[①]

中国燃气控股有限公司是中国最大的跨区域综合能源供应及服务企业之一，在香港联交所主板上市。目前，中国燃气集团旗下公司超1500家，拥有600多个有专营权的管道燃气项目、110多个液化石油气终端分销项目、110多个多能互补综合能源供应项目，燃气管网总长40多万公里，各类管道燃气用户超过4000万户，瓶装液化石油气用户600多万户，燃气供应覆盖城镇人口超过1.5亿，雄踞全球燃气分销行业龙头。

为了衔接各区域及项目公司与总部的工作，中国燃气实施"总部—区域经营管理中心—项目公司"的区域化管控模式，逐步分级授权，提高管理效率。总部负责战略和决策制订、预算、监督等职能；区域经营管理中心作为总部管理的延伸机构，承接和落实本集团的重要管理职能；项目公司作为利润中心和经营实体，独立核算单位，纳入合并管理。通过总部的战略牵引、区域的管理承接和项目公司重心经营，激发管理机制的创造力与活力。

二、机遇

1. 宏观政策环境

在全球倡导节能减排、绿色转型的时代背景下，2020年9月，国家领导人在第75届联合国大会上首次提出我国的"双碳"发展目标。要实现我国的碳减排目标，目前最根本的途径是促进能源消费结构转型，即从供给侧进行低碳化转型，促进化石能源低碳利用、大力发展非化石能源，从根源上减少二氧化碳的产生。天然气虽然和煤炭、石油都同属于化石燃料，但天然气同时亦是清洁燃料，有利于保障能源安全、实现能源供应清洁化。并且，目前我国的电动汽车电池技术尚未完全成熟、氢能技术尚处于前期阶段、城市实现完全电气化尚有一段距离，天然气作为清洁能源将会成为从传统能源向新能源结构转型的重要基础。此外，天然气在城市燃气、工业、交通等领域仍有广阔空间，且天然气发电具有独特的低碳、调峰优势，能够有效助力电力领域绿色转型。因此，短期内，天然气难以被非化石能源替代，将在能源转型中起到桥梁和支撑作用。

"十三五"以来，我国天然气行业发展迅速，天然气在能源结构中的比重稳步提高，全国天然气产量快速增长，产量增速连续两年快于消费增速（图15-1）。2020年，全国天然气产量1925亿立方米，同比增长9.8%；天然气消费量3280亿立方米，同比增长6.9%，占一次能源消费总量的8.4%[②]。未来，在"双碳"目标和"双控"制度的约束下，天然气作为清洁高效的化石能源将保持长期增长趋势；就中长期能源结构而言，天然气在一次能源结构中的占比也将进一步提高。因此，燃气企业在制定自身发展战略的同时，需切合国家政策，加强双碳战略路径研究，拓展天然气与新能源协同发展业务，同时还应加快数字技术的发展来应对新的业务领域，充分发挥数字创新的支撑作用。

2. 经济环境

2019年12月9日，国家石油天然气管网集团有限公司挂牌成立，这标志着我国油气体制改革迈出了关键一步，也为中国燃气这样的大型城燃公司带来了新的竞争格局。我国油气体制改革的基本思路是"管住中间，放开两头"，是包括上中下游全产业链的改革。上游领域方面，随着勘探开发的政策性壁垒被打破、资源运输通道彻底打通，将促进中、下游企业积极向勘探、开发、进口等上游领域

---

① 数据来源：公司简章。
② 数据来源：2021年中国天然气发展报告。

延伸，最终激发行业活力。中游领域，按照"全国一张网"的规划，部分区域性管网公司或省级管网公司将逐渐纳入或服从国家管网公司统一调度，最终形成国家管网与部分省级管网公司并存的市场格局。下游领域，由于上游资源量的增加，下游领域竞争将进一步加剧，有利于价格的市场化，使油气价格更加合理。目前，我国天然气市场化改革已进入冲刺阶段，在"X+1+X"市场体系的顶层设计下，天然气市场迎来一波密集改革政策。2020年3月16日，国家发改委发布新版《中央定价目录》，这表明政府在天然气产业链中定价范围继续缩小，市场化改革加速，这将给下游用户带来更多选择权。

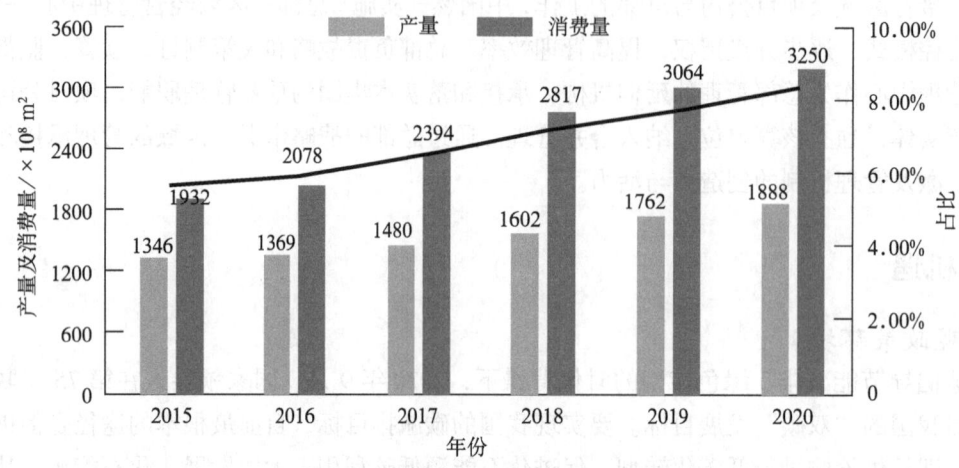

图15-1 我国天然气产量及消费量（2015—2020年）[①]

三、挑战

1. 增长引擎失速

当前城燃企业已由增量竞争逐步进入了存量竞争。一方面，作为下游市场的主要参与者，中国燃气面临全新的市场环境。从需求端来看，我国天然气需求高速增长的时代已经过去，消费增幅持续下滑是城市燃气企业面临的最大的挑战。2020年，中国天然气表观消费量为3240亿立方米，较上年同期增长了6.94%，增速较上年同期回落1.76个百分点[②]。另一方面，2019年的新冠疫情也使企业生产经营面临压力，导致终端市场需求缓慢恢复，社会消费及生产大幅萎缩，对工商业用气的需求减少。2020年2月，我国天然气消费量同比降低约15%，某些东南沿海城市天然气消费量同比下降20%左右。此外，为促进中小企业健康可持续发展，我国各地政府相继出台应对疫情的帮扶政策，并要求城燃企业有针对性地采用降价、延期缴费等优惠措施，这对城燃企业的收费回款都带来一定的影响。

消费量低增长叠加市场化加速的政策环境，行业下游的竞争格局势必发生改变。从供给端来看，城市燃气特许经营、"跑马圈地"阶段基本结束，行业格局基本确立。同时，随着国内外天然气供给能力增强，产供储销体系建设持续推进，逐渐呈现供应宽松的多元化供应格局。2020年，行业整合重组进一步加剧，并购机会增多，市场集中度进一步提升。城燃市场逐渐枯竭，优质市场资源基本上瓜分殆尽，只剩下乡镇等少量空白市场。并且，面对激烈的市场竞争，随着管道天然气普及率的提升，在天然气产品几乎达到同质、用户趋于饱和及用户需求不断发生变化的情况下，传统城市燃气项目发

---

① 资料来源：国家统计局、国家发展改革委。
② 数据来源：国家发展改革委。

展空间较小，企业发展面临"天花板"。因此，城燃公司高增长驱动的业务模式与市场增量机会衰减之间存在矛盾，在高压业绩驱动惯性下导致了动作变形，不断增加的业务与组织规模和复杂程度增加了管理难度。

2. 利润空间承压

由于国家加强对燃气等公用事业价格监管，取消燃气企业通过配气价格回收成本的收费项目，降低企业盈利能力，使企业面临较大的资金压力。城燃最主要两项收入来源是接驳+销气。第一是配气价格监管方面，2020年12月，国家出台相关规定，明确城镇配气价格应纳入地方定价目录，实行政府定价或政府指导价[①]。第二，接驳费监管方面，2019年6月，发改委明确规定工程安装费（接驳费）定价监管框架由成本监审、成本利润率以及增值税率3部分组成，且限制成本利润率不得超过10%[②]。同时，在价格稳定性层面，由于天然气通过交易中心进行线上交易的广度和深度日益增强，市场在资源配置中的作用越发明显，这将导致天然气价格会随着市场的波动出现更大的变化。

目前，随着三年"煤改气"项目已基本完成，城燃企业依靠国家政策推动消费的红利逐渐释放完毕。并且，由于燃气行业投资规模大、管网维护费用高、工程建设周期长，叠加用户增长和用气量提升缓慢、行业发展培育周期长等因素，在居民用气价格倒挂和国家天然气价格改革未完全到位的情况下，仅仅依靠传统的销气业务维持利润增长的盈利模式，难以支撑城燃企业健康持续发展。

四、高屋建瓴，制定智慧方案

早在2018年，在能源行业转型的大趋势中，中国燃气就具有前瞻性地制定了集团数字化转型的总体战略——"云化中燃、数字中燃、智慧中燃"，并全面规划其实施路径。近两年来，中国燃气共投资近5亿元，用于提升企业的信息化水平，取得了多个维度的数字化成果。2021财年，后疫情时代，外部环境瞬息万变，经营复杂度明显提高，企业已进入数字化转型分水岭的关键时期。实现智能运营，由此在整个企业中不断发掘新的价值来源，正是企业应对时代挑战、提质增效、精益生产、高质量发展的关键。刘明辉不禁开始思考，如何优化企业内部信息化系统，明确价值定位？如何汇聚数字化时代的核心价值，实现智慧运营？未来中燃要如何探索由"能源服务商"向"轻资产能源数据服务商"的转型之路，以实现"第二增长曲线"？

"数字创新是技术与思想全面协同的系统性变革，在环境、社会、公司治理各方面都会带来深刻的变化。我们要在原来战略的基础上，从技术、流程和团队等各个维度进行革新，实现智能运营，才能加快智慧转型的步伐，提升企业整体的韧性、敏捷性和竞争力。"

"在转型的过程中，既要避免'故步自封'与'叶公好龙'，也不能'东施效颦'盲目照搬。"

经过无数次会议和讨论，2021年6月，以刘明辉为代表的中国燃气领导层高瞻远瞩，整合原总部企划信息部信息管理职能，并将相关业务和人员进行重组，形成合力，成立新的业务部门，由刘明辉亲自命名为"数字化发展事业部"。数字化发展事业部在保障集团原34个系统安全运维的基础上，将全面布局、赋能主营业务，有序推进集团大数据平台、物联网平台、OMP（生产运营管理）平台、智慧城市及智慧能源项目等一批重点项目。

为了更好借鉴其他企业的数字化经验，中国燃气邀请华为云副总裁苏立清对"华为数字创新"的经验进行了介绍和分享。苏立清对华为的数字创新历程、数字化应用及管理体系、数字化实践等方面

---

① 指《关于清理规范城镇供水供电供气供暖行业收费促进行业高质量发展的意见》。
② 指2019年6月国家发改委出台的政策：《关于规范城镇燃气工程安装收费的指导意见》。

进行了全面、系统的介绍，并指出持续的变革和数字化建设是华为成功的关键。

与此同时，中国燃气构建了全新"双轮驱动"数字化战略：对内"+数字化"，打造基于行业顶层设计，承接中国燃气业务支撑，面向全球服务的燃气行业工业互联网数字化系统，推动公司从能源行业基础运营商向城市化轻资产服务商转型；对外"数字化+"，打造面向最终客户价值主张的数据化服务平台，形成以中国燃气现有要素为依托的服务生态体系。

五、精耕细作，智慧能源显成效

1. 数字化企业管理[①]

（1）"华章二号"计划

近几年，伴随着集团规模扩大、市场拓展与业务复杂性的提升，集团组织内部逐渐涌现出传统管理模式无法适配数字化流程的弊病。然而，企业转型想要落到实处，必须先充分了解具体亟待解决的问题，于是，企划管理部贾经理主持了一次讨论会，邀请各区域和项目公司负责人反映工作中遇到的阻滞。

"我们集团2018财年就已经有1000多家项目公司了，并且分布于30多个省份，覆盖的城市人口超过1.5亿，这么大的企业数量，总部对项目公司管控的难度很大啊。"

"燃气工程建设的规模小、时间短、数量多，并且项目现场分散，企业普遍配备的工程管理人员不足，这导致现场质量安全管理十分困难。"

"采购政策固化难，执行监控更难；需求管理薄弱，采购计划不够及时准确；缺乏有效平衡利库，物资存在积压。"

"企业合作单位数量多，但服务质量参差不齐；并且缺乏统一管理，项目现场情况也难以掌握。"

贾经理详细剖析了大家反映的问题，经过充分的调研与论证，2019年2月，承接集团2017年开展的ERP系统一期建设成果，总部企划管理部和人资文化部联合启动中国燃气"华章二号"计划。

在一期项目中，中国燃气已经搭建了全面财务系统。"华章二号"承接中燃信息化规划成果，构建以ERP平台、CRM平台及OMP平台为核心的业务系统，简称"CEO"系统。在项目管理方式上，实现开发平台、流程平台、接口平台和数据平台的四大平台的统一，全面支撑决策分析、经营管理、综合管理与专业生产管理需求。通过实现财务集成，彻底打通财务系统和业务系统，完成业财一体化，达到贯通业财流程、自动财务核算和强化经营管控目标。

（2）赋能管理提升效率

如图15-2所示，"华章二号"的项目功能范围覆盖项目管理、物资管理、增值管理、设备管理、财务集成与集团门户等。其中，项目管理覆盖项目全过程，关注项目现场管理，并实现与物资、财务的无缝集成。通过工程管理模块、物资管理模块、财务管理模块，对工程进行全生命周期管理，以实现规范业务、数据信息归集、落实管控的管理目标。

在项目质量安全管理方面，系统梳理了项目质量安全标准，将行业规范与企业管理结合，按项目类型，施工工序梳理质量安全检查项，共计梳理43大项、77中项、129小项，484条检查标准，范围覆盖质量、安全及文明施工检查，由此实现项目质量与安全的闭环管理。此外，通过项目移动应用平台支持项目质量与项目安全的现场检查，以确保检查数据准确有效。

针对项目现场管理的难题，系统将关键施工环节管理拓展到移动端，实现施工单位、建设单位、

---

① 数据来源：企业内部资料。

监理单位、设计单位及各相关专业部门,在同一平台的业务协同和信息共享,构建集团工程管理生态圈,重点加强工程现场管控能力。

在采购物资时,按物资类别和管理需求集中采购,提高对供应商的议价能力与管控力度,降低材料购置成本。流程上,先由集团总部确定年度采购协议,再由成员公司根据自身需求结合采购协议创建采购订单。同时,所有采购计划均需执行平衡利库,"自采"到一级,"集采"回二级;通过一级与二级平衡利库,自动生成建议的采购申请数。实现采购与库存联动,防范需求量与库存量脱节;促进存货周转率提高,降低资金占用;并通过分析库存物资周转率与消耗量,设定合理的库存定额。此外,为防止出现积压物资,将需求计划与项目关联,明确计划来源和需求,控制超量采购;并建立积压物资共享平台,可在需求阶段查询到各公司的共享积压物资情况。明确物资来源和物资采购提前期,降低新增积压物资风险、保证积压物资可追溯以及促进积压物资流转和消耗。

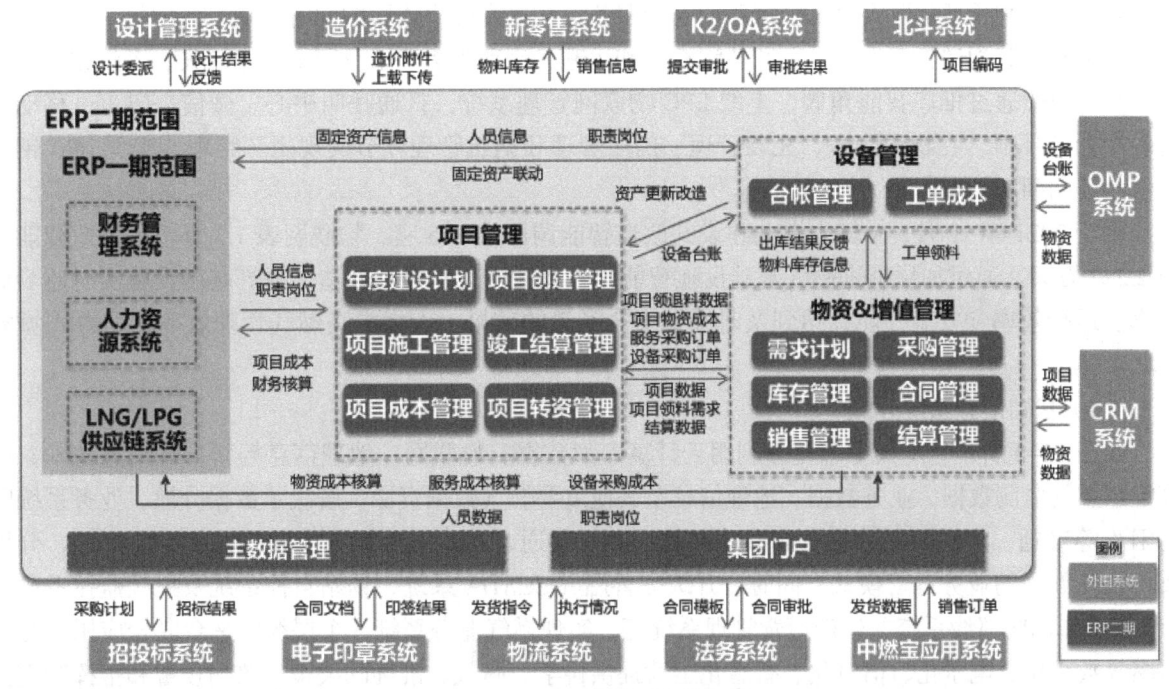

图 15-2 项目功能覆盖范围[1]

通过该项目的实施,中国燃气提供了统一的应用入口,解决了数据共享、单点登录和数据交换问题;对接了各业务模块与外围系统,消除了信息孤岛;并应用良好的推广策略,利用数据收集工具和培训最终用户,保证上线实施效果。正如贾经理在启动仪式上的讲话:"我们要推动集团上下逐步实现用数据说话、用数据管理、用数据做决策依据,全面提升集团经营管理数字化水平。"

2. 数字化生产运营[2]

(1)试点 A 城智慧燃气

2021 年,数字化发展事业部积极践行智慧燃气创新发展战略,申报并入选国家住房城乡建设部

---

[1] 图片来源:企业内部资料。
[2] 数据来源:企业内部资料。

新城建专项试点——A城智慧燃气试点项目①。A城作为国家住房城乡建设部确定的"新基建"试点城市之一，当地燃气系统存在安全隐患多、事故频发、安全监管信息共享差、用户安全意识淡薄及缺乏有效管控手段等安全监管问题；并且，由于A城存在大量老旧小区和边缘地区，部分居民用气难、缴费难，冬季易出现停气等异常状况，保供面临较大压力。

（2）基础设施升级改造

A城中燃在原有设施的基础上，继续普及调压站远程数据采集点的建设。智能调压站可将进站、出站压力以及调压柜泄漏报警信号上传SCADA系统。在已经上传42个站点的基础上，实现400个区域调压站全覆盖。

同时，A城中燃通过到期燃气表的更换，在民用远程皮膜表的基础上扩大物联网燃气表的安装数量，并建设新物联网表具平台，实现自动化抄收、在线监测，支撑用气预测分析，实现供需平衡，提升运营效率。在安全方面，通过异常恒流告警、压力异常告警、泄漏告警等功能，提供用户服务安全，保障联网安全和长期运营安全3个维度的安全服务，在提升用户体验的同时实现提质增效。

在钢瓶充装配送管控方面，存在非法充装和运输、流动贩卖严重及安全服务缺失、事故频发等问题。A城中燃通过推广智能角阀，上线LPG物联网管理系统，打通呼叫中心、微信、门市、移动配送各个业务环节，在物流配送、充装管理、门店管理和钢瓶管理环节实现闭环管理，实现LPG钢瓶全生命周期溯源管理。

截至2021年12月，A城中燃共建设并改造智能调压站105座、物联网表1.3万块、钢瓶智能角阀2.227万只。通过加快推进燃气基础设施智能化、物联网化建设和改造，提高基础设施实时监测覆盖率、运行效率和安全性能，达到及时感知安全隐患的效果，大大提高燃气管理效率，助力A城智慧城市建设。

（3）基础信息系统升级

如图15-3所示，A城中燃充分利用云计算、大数据、物联网、地理信息等新一代信息技术，统筹集团燃气监测数据、业务数据、地理信息及其他重要燃气数据资源，解决了数据分散、业务系统联动困难等难题，实现燃气数据资源共建共享、互联互通，初步形成燃气大数据的引接、处理、分析及可视化展现的业务运营模式。同时，升级完善燃气SCADA系统、场站自控系统及视频监控系统、GIS系统、GPS巡线系统、生产运营管理系统等，实现燃气业务系统3个层级跨平台联合应用，为集团燃气数字化、电子化、信息化、智慧化运营提供科学、高效、准确的决策、监测预警和指挥调度支持能力。

截至2021年12月，SCADA调度中心、管网GIS系统、巡检系统整合完成，融和为统一的智慧燃气运营管理平台。CRM系统通过升级可提供资料核验服务、业务咨询与查询服务、业务办理服务、在线缴费服务、信息预警、信息共享服务、政企平台交互、业务流程优化及营商环境评价和预警管控。目前CRM系统已经实现"95013"统一呼叫，覆盖A城及周边的多个城市，涵盖城市燃气和液化石油气两个业务层面，成功建立了便民利民的服务机制。

（4）智慧燃气产品及场景建设

A城中燃以业务场景为切入点，设计智慧燃气场景，破除数据壁垒，实现数据共享，通过AI辅助城市燃气智能化运作，实现场站安全生产—燃气输配—终端用气全程安全监管，全方位提升城市用

---

① 2020年住建部出台《关于加快推进新型城市基础设施建设的指导意见》，随后A城被确定为智慧燃气试点城市，A城作为国家住房城乡建设部确定的"新基建"试点城市之一，A城中燃作为国内智能管网建设的探索者和先行者，与市住建局先后多次研讨智慧燃气试点方案，并将智慧燃气项目纳入A城智慧城市三年行动计划（2020—2022年）。

气安全，实现智慧燃气建设价值，形成可复制与可推广的智慧燃气成果积累。

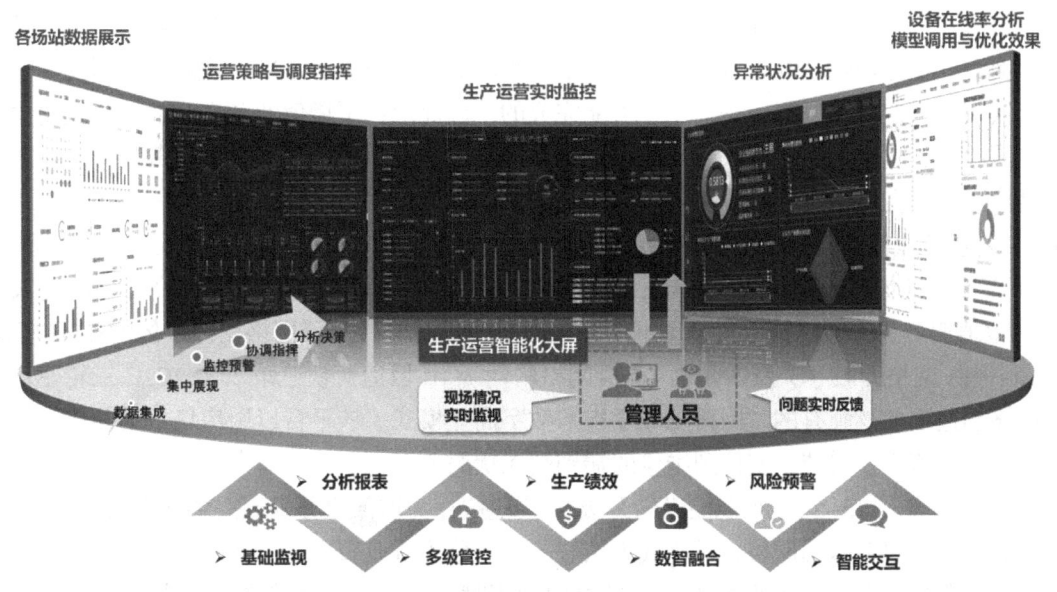

图 15-3　生产运营态势 IOC 可视化建设，提升燃气安全监管能力①

在场站安全生产方面，在原有的综合型安防系统、站控系统和日常抄表及巡检的基础上，通过 AI 辅助进行场站升级，建设增强型智慧场站，使得从进入燃气场、安全装备识别、AI 人脸身份识别，再到行为检测和事件归档整个生产经营过程均输出智慧场站标准，打造无人值守样板。针对危运车辆运输所造成的安全隐患，通过层层对接的管理平台，用数据为业务运营及安全监管服务，展示车辆运输路线、车况，分析违规操作行为。最后，在燃气管线输配过程中，利用雪亮工程视频，叠加 AI 分析，实现三方施工智能监控，提供全覆盖、准实时、高精度的常态化线路安全运营监测和预警，构建管网全息一张图，协同 SCADA 系统、GIS 系统、巡检系统，感知管网运行脉络。

截至 2021 年 12 月，A 城已成功搭建智慧燃气综合管理平台、建设 6 个智慧场站，并将智慧管网巡线系统成功接入雪亮工程 760 个主干道摄像头，实现了对危运车、钢瓶接入全生命周期溯源监管。

3. 数字化增值业务②

"始于燃气，不止于燃气；始于厨房，不止于厨房；始于产品，不止于产品；始于中燃，不止于中燃。"这是中国燃气刘副总裁在增值业务 3.0 发布会上对集团增值服务未来发展的概述。中国燃气在巩固壮大核心燃气业务的基础上，重拳出击实施增值业务"同心多角化"战略，并把增值业务作为中燃未来发展的第二增长点，打造行业级综合服务平台，实现从"能源服务商"向"综合服务商"的转型。

（1）六年高速增长的秘诀

背靠着中燃集团发展起来的增值业务与集团主营业务的结合非常紧密。首先，4000 万户的用户基数带来的巨大的存量市场，为增值业务创造了得天独厚的市场基础，而且这个数字还在以每年 500 多万的数值不断增长。同时，传统行业带来的诸多用户触点也逐一被增值服务发掘并加以利用。他们

---

① 图片来源：企业内部资料。
② 数据来源：企业内部资料。

以天然气主营业务作为切入点，利用其他零售行业所无法企及的线下与消费者交流的机会，包括新户报装、安检抄表、线下缴费、线上服务等，在用户从入户到使用的全周期内，可以掌握多达 21 个用户触点。另外，一个对于增值服务来说非常重要的资源禀赋是广泛的下沉网点铺设。中燃拥有 1000 多个营业网点，覆盖超过 700 个城镇专营权，下沉市场的网点布局非常广，这对于普通的零售行业来说是一个巨大的固定资本投资，是几乎不可能完成的，因此形成了增值业务产品的核心竞争力。

"中国燃气，这 4 个字说出去就能获得消费者信任，这个品牌形象对我们业务的开展是最好的背书。"增值服务事业部周总经理说。

（2）创新商业模式，打造中燃"独角兽"

2021 年 8 月 14 日，增值服务 3.0 系统（图 15-4）正式从战略与业务规划阶段全面进入落地实施阶段。"增值服务 3.0"通过打造集公用事业基础网格、赋能网格、社群网格三位一体的 GaaS 模式（Grid as a Service——网格即服务）及 3*3*3（三层网格联动 × 私域运营铁三角 ×2B2C2G 三轮驱动）营销体系，最终创造出中燃独有的"网格私域零售"数字商业模式。该平台以厨房场景为起点，提供厨房场景相关产品的售卖、安装、安检到维修的端到端无忧服务。

"三层网格"（图 15-5）根据职能纵向升级，层层递进，为增值服务发展提供强有力的支撑与保障。其中第一层为公用事业基础网格，以燃气为核心，引入公用事业服务，打造基础网格切实为终端用户提供基础生活保障。第二层是赋能网格，通过中燃禀赋的用户触达优势在网格内实施潜在 KOC（即关键意见消费者）的挖掘与招募、KOC 的培训与赋能。同时，赋能网格提供政府合作支持，融合政府网格职能，履行社会职责，共创社会价值，提升社会公信力。第三层为社群网格，通过 KOC 运营与大数据分析赋能提升社群运营效果，快速实现用户裂变、用户转化，是网站成交金额的主要增长点。

"私域运营铁三角"由人、线上平台与线下营业厅组成，不同网格承担不同的角色与职能，以确保每层网格不仅能够独立运营，还能紧密联动，互相支持。"2B2C2G"（图 15-6）三轮紧紧相扣，互补互助。通过中燃独有的 C 端私域网格运营形成数据资产，在为 B 端企业提供数据洞察与生意参谋的同时还为企业提供平台用户流量支持，并扶持企业销售商品与回笼资金。不仅可以实现企业快速增长与发展，而且能提高当地 G 端政府的税收增效，获得政策支持，打造政企合作典范。同时，通过与 G 端政府合作，协助公共服务工作，提高社会信誉度，提升企业形象，更加有助于提升 C 端用户信任感，助力企业快速发展。

（3）全力推进新零售系统落地

作为中国首家以社区为纽带的城市综合服务类平台，中燃慧生活新零售平台注册用户数已超过 1000 万个家庭。在公司内部，通过将更多增值服务与员工绩效挂钩，不但能为员工创造更多的收入来源，还能进一步激发员工的积极主动服务意识，为客户提供更细致全面的贴心服务。另外，通过该系统平台，还可实现助农扶贫，将优质的农产品通过新零售平台推广至用户，解决农产品营销渠道不足、容易滞销等难题，实现精准扶贫。在抗疫期间，中燃慧生活系列平台发挥独特网格化服务优势，改变原有的传统接触式服务，借助中国燃气分布在全国 400 多个城市的 1000 多家公司，以及覆盖的 1.5 亿人口社区服务网格，通过电话、微信、短信等沟通方式提供非接触式在线实时服务，并针对用户的应急之需，平价上架各种防疫产品，有效地为居民提供日常生活必需品。

案例 15

深耕燃气二十载，领异标新二月花

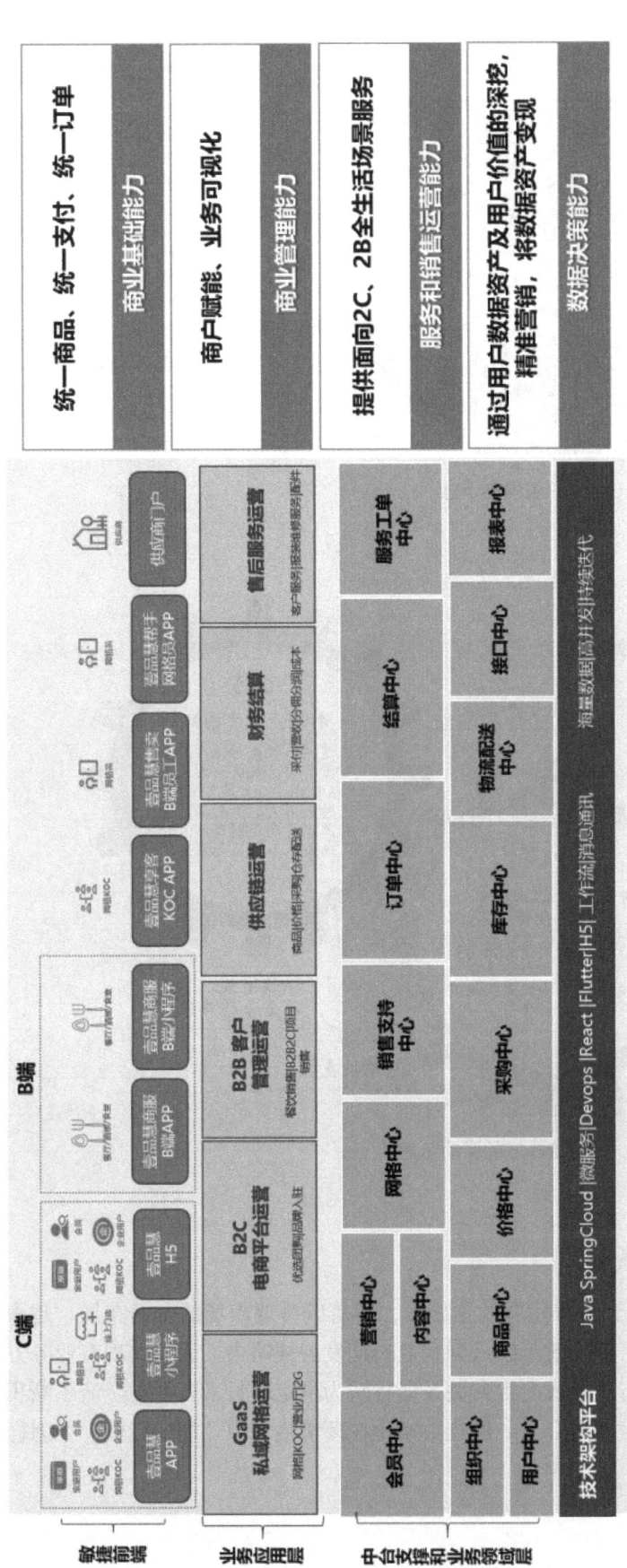

图 15-4 增值服务 3.0 系统业务架构[1]

[1] 图片来源：企业内部资料。

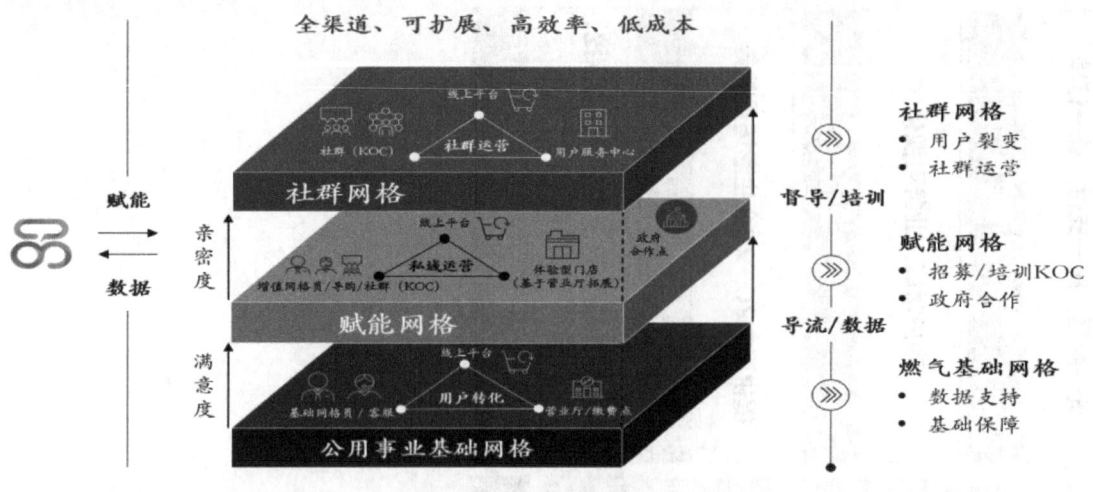

图15-5 三层网格示意①

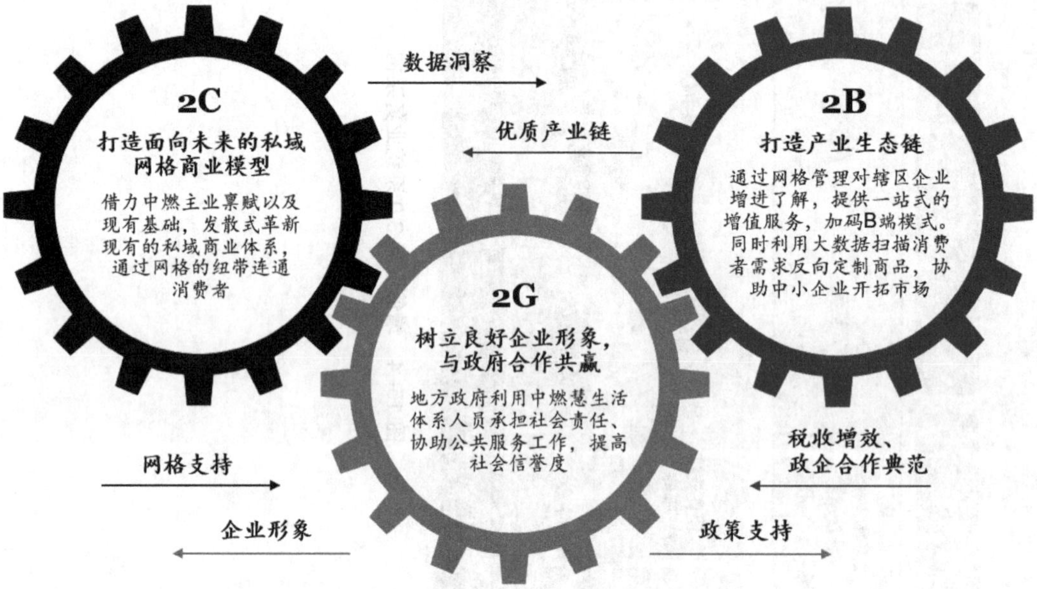

图15-6 2B2C2G 三轮驱动示意②

六、双碳数字化：通向未来的大门

当今时代，"双碳"和绿色发展已经成为全球发展的主旋律，随着碳排放市场的全面布局，越来越多的行业及企业开始关注绿色发展，并将双碳政策纳入到企业长期发展战略中。无论在现有业务方面，抑或是后续第二曲线的高度，在传统行业模式、生产关系即将转为稳定增长、自由现金流不断积累的当下，准确的布局势必带来新的边际效益提升。如何让数字化在环境治理中"加速行驶"，怎样

---

① 图片来源：企业内部资料。
② 图片来源：企业内部资料。

抢抓"绿色双碳"新赛道以"数字化"赋能智慧城市生态圈成为中国燃气未来发展布局的新方向。2021年9月17日，中国燃气与百度订立战略合作框架，双方将在智慧城市建设与运营、数字资产利用及数字化转型、光伏绿电与氢能利用等新能源业务的数字化等方面开展全面合作，加速拓展"一城一网"业务。2021年11月29日，中国燃气与东风汽车合作，构建双碳数字化管理平台，共同深耕双碳业务，以建设企业碳管理体系，增强企业绿色竞争力。未来，中国燃气能否顺应时代变化，巧借"双碳"政策的东风，利用自身资源禀赋成为核心受益群体中的一员？我们拭目以待……

案例使用说明

一、教学目的与用途

1. 适用课程

本案例适用于"战略管理""管理学"课程，尤其适用于"战略管理"课程中"数字创新"和"数字化转型"等教学模块。

2. 适用对象

本案例适用对象为MBA、EMBA学员，还适合有一定工作经验的学员和管理者。此外，也可用于工商管理类本科生及硕士生相关课程的教学。

3. 教学目标

本案例全面描述了中国燃气集团推行数字化转型的过程，有助于引导学生理解面对"双碳"大考，企业选择适合自身的路径和方法拥抱数字化新技术，实现技术与思想全面协同的系统性变革，通过管理模式、生产运营模式及商业模式等多方面的创新，在整个企业中不断发掘新的价值来源，正是企业应对时代挑战、提质增效、实现高质量发展的关键。通过对案例的学习，可以帮助学生掌握：①数字创新的驱动因素；②企业数字创新的路径和模式；③如何利用数字技术将私域流量转化为经济效益；④如何在实现经济效益的同时践行环境和社会责任；⑤能源企业如何实现能源数字化加速等。

二、启发思考题

① 结合双碳目标，试分析中国燃气进行数字创新的驱动因素。

② 结合本案例，试分析中国燃气在转型过程中如何进行数字创新，并谈谈中燃是如何将私域流量转化为经济效益的。

③ 结合案例，说明中国燃气是如何利用数字创新将经济效益与社会责任相融合的。

④ 结合双碳背景，思考中国燃气的数字创新对我国其他能源企业的转型发展有何借鉴之处。

三、案例分析思路

教师可以根据自己的教学目标来灵活使用本案例。图15-7提出本案例的分析思路，仅供参考。

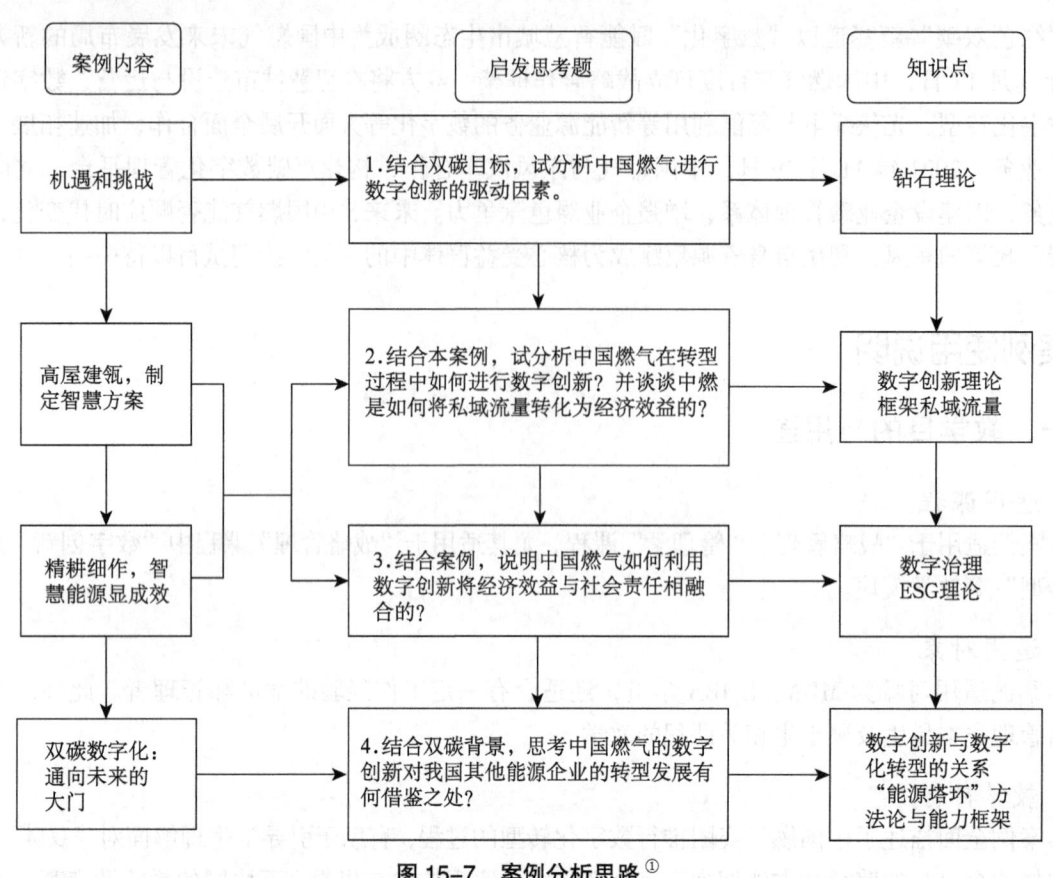

图15-7 案例分析思路①

---

① 资料来源：本文作者绘制。

案例 16

这个"老电工"到底该咋用?
——SD 污水处理厂郝厂长的用人之困[①]

赵会娟　孙萌焌　康淑敏　张晓娇　齐崇

案例正文

引言

2014 年春节刚过，万物复苏，处处都焕发出春的气息。"一年之计在于春"，42 岁的郝伟也迎来了自己职业生涯的春天，即将就任某市水务集团下属的 SD 污水处理厂厂长。虽然郝伟在水务集团担任生产运营部主任多年，熟悉污水处理厂的生产工艺流程，也积累了不少管理经验，但是毕竟要全面领导一个 30 多人的中型污水处理厂，对他来说既充满期待，也富有挑战。

SD 污水处理厂地处西部某中心城市，主要负责城南区工业废水和生活污水的净化处理。该厂始建于 2007 年，占地 150 亩，日处理能力 10 万吨，共投入 5 套处理设备、1 套防汛设备，总投资 3.24 亿元（含配套管网），全年 24 小时运行。该污水处理厂原本是政府投资的国有企业，投产运行后不久，就被某东部城市的大型水务集团收购，改制为民营企业。郝厂长刚一上任，便开始着手翻新厂区设施，引进先进污水处理设备，规范生产运营和管理流程。经过两年的努力，污水处理厂在郝厂长的带领下焕然一新。正当郝厂长为污水处理厂发生的变化感到欣慰之时，他却越来越感觉到厂里有一股"负能量"存在，工作多年的几个老员工成了厂里的"老油条"，影响着厂里正常的工作秩序和氛围，也不断消耗着郝厂长的精力，让他十分苦恼，其中最让他头疼的就是员工老任了。

老任 40 岁出头，大专毕业，西北人，性格豪爽，热情开朗，是厂里电工班的一名电工，主要工作就是负责厂里日常供电、用电保障及电力故障维修等。电工班工作量总体不大，但是在污水处理厂的生产运行中却最为关键，设备全年 24 小时运行，一刻都不能缺少电力保障。厂里同事都叫他老任，不是因为他年龄有多大，而是因为他从建厂初期就进了厂，算得上是元老级的员工，老任做事比较圆滑，看起来在厂里的人缘也还不错。可就是这样一个老员工，工作上不断出现各种不大不小的问题，让郝厂长伤透了脑筋。为了改变这种局面，郝厂长费尽心思先后给老任调整了 3 次岗位，但结果却不尽人意。

一、第一次调岗

老任所在的电工班共有 6 人，分三班倒。电工属于特殊工种，当地电工的平均月工资 6500 元左右。但是因为污水处理厂建厂多年，形成自己独有的薪酬体系，员工职级少，工资差距小，工资水平

[①] 案例来源：中国管理案例共享中心，并经案例作者同意授权引用。
本案例 2018 年被评为中国管理案例共享中心百优案例，并于 2018 年 8 月 9 日入选中国管理案例共享中心案例库。
由于企业保密的要求，在本案例中对有关名称、数据等做了必要的掩饰性处理。
本案例只供课堂讨论之用，并无意暗示或说明某种管理行为是否有效。

也不高。除了"五险一金"之外，加上加班费，电工实际月平均工资只有4500元左右。由于收入不高，加上厂子离市区较远，电工班年轻员工的流失率很高，企业每年都在招人，但通常是出的比进的多。老任算是死心踏地待在厂里的老员工了，这一点让郝厂长很欣慰。

但是郝厂长发现，老任的工作越来越不用心，其他部门的员工对老任也越来越不满，说老任工作敷衍，不好好配合其他部门的工作。例如，有一次仓库过道的灯坏了，找老任来修，老任满口答应，但是过了一个星期也没看到他来处理，结果一位女职工因为光线不好把脚崴了，休病假两个星期。郝厂长心想，可能是老任在厂里待的时间久，做电工时间也长，没了激情，工作有些懈怠。没过两个月，电工班原来的班长因为身体原因辞职了。电工班本来人员流动性就大，这下群龙无首，就更乱了。尽快任命一个新班长，整治一下懒散的作风成了当务之急。究竟任命谁呢？郝厂长思前想后，年轻电工小李，能力较强，工作态度积极主动，但是毕竟刚进厂半年，对污水处理工艺还不是很了解；而电工老任经验丰富，踏踏实实待了这么多年，人缘也不错，为了调动老任的工作积极性，郝厂长考虑再三，决定任命老任为电工班的新班长。

按照污水处理厂的组织结构和岗位职责，电工班班长不仅要负责电工班的日常管理工作，而且要承担电工的部分技术工作。老任接到班长的任命之后，心里十分欣喜。别看这小小的班长，在老任眼里可不小，不仅每月工资涨了500元，最关键的是具体事务做得也少了，还有了一点小权力。相应的，其他电工知道老任做了班长，也对老任更加尊敬了。这样，老任的虚荣心得到了极大的满足，当然也打心里感激郝厂长。

汛期快到了，每年这个时候，郝厂长的神经就开始紧绷。他知道，这个时候设备检修和保养是重中之重。一旦汛情发生，水量上升，排水不畅，就需要加大所有设备的投入。根据当时的机构设置，电工班不仅要负责与供电部门交流，及时处理高压故障和倒闸，保证厂内供电的可靠性，还要负责热源厂的运行设备、生活照明和电气自控仪表的检修维护工作，是保障全厂生产系统正常运行的关键部门。考虑到这些，郝厂长在周一的例会上，重点强调了防汛设备安全检修问题，"关于防汛保障问题，虽然咱们厂早就采取了'三用两备'的措施，但还是要格外重视。为了防患于未然，从今天起，每周对所有设备进行检查，及时汇报，这个任务老任你一定要好好抓一下……"

"放心吧，郝厂长，包在我身上。"老任不假思索地答应道。

大约一周后的傍晚，整个市区突降暴雨。郝厂长看着外面的大雨不由得忧心起来，赶快查了天气预报，得知未来一周内还有更大的暴雨。郝厂长心里琢磨，不知道厂里的防汛设备准备得怎么样了。于是第二天一大早，郝厂长便急匆匆赶到电工班突击检查。到了老任办公室，正在看报的老任慌忙迎了上去，得知厂长来意，便陪着郝厂长一起向配电值班室走去。

听到郝厂长和班长说话的声音，正在值班室打"王者"游戏的小李慌忙收起了手机。

郝厂长开门见山说明来意，要求小李把设备运行记录拿过来查看，并指示小李打开防汛设备检查运行情况。

小李有些不解，这些防汛设备一直没用过，闲置在那里很久了，班长这几天也没有要求检查保养，不知道厂长为什么突然来检查？于是他忐忑不安地打开了防汛设备。还好，打开的两台防汛设备运行都正常，郝厂长心里明显轻松了一些："不错，顺便把这台备用的防洪提升泵也打开看看。"可这一次，设备只是隆隆地响了几声，就是启动不了，估计是很久没保养的缘故。

这时候，老任的额头冒出冷汗。郝厂长刚刚轻松的脸上，明显露出了不悦的表情。老任赶忙上前训斥小李："怎么回事？我不是叫你们及时检查吗？说了多少次了？现在怎么开不了？你们怎么检查的？"

小李一脸委屈，但也无话可说。老任本来还想继续发作，批评小李。但是郝厂长也没空听他在这里吵，立刻召集全部电工，对厂里所有的防汛设备重新逐一检查，有问题马上维修或更换。

郝厂长实在不能理解，老任作为一名老电工，应该知道防汛设备的重要性，而且上周例会刚强调过的事情，怎么能出这么大的问题。虽然这些设备使用机会微乎其微，但一旦发生洪涝灾害，防汛设备如果不能正常启动，将会造成极大的安全事故。郝厂长蹙着眉头转身看向老任："老任，你是怎么搞的，为什么不检查这些设备？你不知道……"郝厂长的话还没有说完，就被老任的道歉声打断了："郝厂长，是我疏忽了，您放心，下次一定仔细检查！"

幸亏这次检查及时，没有酿成大祸。但是，发生这件事情以后，郝厂长不由得担心起来，老任能带好电工班吗？让他做班长是不是错了？

二、第二次调岗

为了提高运行效率和服务质量，经过几个月考察之后，郝厂长和领导班子其他成员研究决定，对全厂组织结构进行调整，将原来组织架构重新简化为4个部门，将工作职责最为重要的电工班划拨到24小时轮岗作业的运行管理部；把化验班分离出来增设了质量控制部，同时撤销了作业小组，将能力强的班长提升为部长，其他班长统一调整为副部长，优化了管理层级，加强了质量控制。在这次机构调整中，老任并没有跟随电工班编入运行管理部。郝厂长另外指派了一名技术水平不错的电工，负责电工班的日常工作，将老任继续留在设备保障部担任副部长一职。郝厂长做出这个决定主要还是不放心老任，担心他办事不靠谱，给厂里带来大麻烦。而且，郝厂长虽然任命老任做了设备保障部副部长，但把机修班的技术核心工作交给部长主要负责，老任这个副部长则只负责与各部门及公司领导的工作沟通，以及制定下属各岗位规范和操作流程，督促下属员工执行岗位责任等事务。郝厂长心里想："这些工作不涉及核心技术业务，既不会直接'干扰'电工班的工作，也比较适合老任的性格，况且和老任同一批进厂的人，都已经是部长了，就让他干吧！"

老任担任副部长之后不久，就做了一件让人哭笑不得的事情，引起厂里一阵闲言碎语。当时又是一年雨季，防汛工作紧锣密鼓地展开了。那天正下着暴雨，为做好防汛工作，厂长和领导班子其他成员都坚持在防洪第一线，沉着指挥，和职工一起站在冰冷的雨水中搬运沙袋，通宵不眠。老任呢，倒是也冲到了最前方，然而他并没有加入紧张的防汛工作中，而是西装革履地为穿着雨衣的厂长撑起了伞。这不仅让在场的同事看了不满，连郝厂长都觉得很虚伪，但是又很无奈，心想："虚伪就虚伪吧，毕竟这么多年了，他也没惹出过什么大事！"

然而郝厂长慢慢发现，老任不仅没有尽到副部长的职责，反而在他的影响下，部门员工的纪律性还越来越差，最终让郝厂长忍无可忍。

刚入冬的一天，寒风"呼呼"地刮着，郝厂长外出参加会议，设备保障部的部长也正好休假，机修班的几个员工竟然在办公室喝起了酒，一群人喝得东倒西歪的时候，被提早回厂的郝厂长撞了个正着。

正当郝厂长面色铁青厉声训斥着这群"醉鬼"的时候，老任闻声赶来，连忙赔笑。

"老任，他们上班时候竟然在办公室喝酒，你难道没发现吗？你这个部长是怎么当的？机器还都开着，你说万一出点什么意外，这责任谁来承担？谁担得起？"郝厂长怒斥道。

老任频频点头："是我疏忽了，平时看他们工作辛苦，就没有严格要求。您也知道的，他们平时在厂里工作都是积极认真的，别发这么大的火了，不至于，等他们酒醒了，我一个一个地教训！"

"不至于？那非要等到真出事了才至于吗？老任，你还是没有意识到问题的严重性！这次必须严肃处理，谁都不许替他们说情！还有你，身为部门领导，领导不力，也记严重警告处分！"

郝厂长愤懑地走出了办公室,这个老任实在是太让人失望了,本以为这次调整后,他会有些醒悟,没想到他非但不思进取,反而误导下属,给厂里带来这样恶劣的影响,这个副部长真是越来越不放心让他继续做下去了。

三、第三次调岗

一天下午,郝厂长翻开这个季度的绩效考评报告。自组织结构调整后,其他部门的各项绩效指标都有明显提高,尤其是电工班提升得最快,这让郝厂长很是欣慰。但一看到设备保障部的指标时,不由得皱起了眉头,虽然整体上也有提高,但是喝酒的那几个员工还是老样子。郝厂长估计,上次喝酒事件,老任还是没当回事,他的不作为已经给厂里带来了很不好的影响。

其实撤职的念头曾在郝厂长的脑海里出现过,他也跟副厂长和几位部长沟通过。但是他们都觉得老任毕竟没有给厂里造成重大损失,而且一旦撤职,老任可能就在厂里待不下去了,他都40多岁了,再找个工作确实很难,无论谁都于心不忍。

撤职的方案很快被否定了。老任毕竟是个老员工了,厂里其他员工对他的评价也不错。郝厂长再三考虑权衡,决定保留老任的职位,但是再不愿给老任安排实质性的工作了。刚好厂里有一项"厂区绿化工程"的项目,是为了改善厂区环境,在厂里栽树种花。郝厂长心想:"不如安排老任负责绿化吧,绿化工作属于厂里的后勤管理工作,技术含量比较低,负责人所要承担的责任也不重。"于是就安排下去了。对于这个任务,老任倒是没有什么意见,毕竟没有改变他原有的级别和工资水平,他也"乐得轻松"。

然而好景不长,两个月后,这"树"竟然也种出问题了。

一天,郝厂长刚在办公桌旁坐下,财务处小张急匆匆地进来,愁眉苦脸地说:"郝厂长,老任这回可给我们惹了个麻烦事,您看该怎么处理?"郝厂长一听脸色立马沉了下来,心想:"当时就是害怕他出岔子,才特意让他去管绿化,难道这种树也能出什么差错?"听财务处小张说完,郝厂长明白了。原来3月份,老任找了一帮工人来厂区种树,现在树是种好了,但是他没有按照厂里的流程办事,种树总共花费了30多万元,合同、发票、明细、单据……什么凭证都没有,因此不符合厂里的规定,财务也就没法处理这笔账。郝厂长眉头紧蹙,心想:"这个老任,难怪管理不好班组员工,自己也太无组织、无纪律了,厂里的规章制度、工作流程真是一样都不上心,连这绿化的小事都能搞砸。"

郝厂长立刻把老任叫到办公室,还没开口,老任就先抱怨起来。

"厂长,自从上次您嘱咐我把咱厂的绿化好好搞搞,我可是下了工夫了。您看看咱厂区现在这环境,是不是美得很?我雇工人的时候可是跟人家说好了,一完工就结账,可今天去财务那儿,财务却说这钱报不了,工人不停打电话催我,您看这该怎么办?"

"老任呀老任,你都是老员工了,怎么办事不按规矩来?你找人来搞绿化,都没签合同,现在一句话就要报30多万元,也没个依据,你说,这怎么可能?"郝厂长生气地说道。

老任语塞,郝厂长也无奈,承包绿化工作的包工头多次来厂里要账。最终郝厂长实在没办法,只好和包工头协商,补签合同,重新核定项目工作量,请了两位专业人员参与评估;此外,还多次与施工方工人核实工作量,前前后后用了一个月的时间才把这件事处理完。这件事情造成的影响和损失,气得郝厂长郁闷了好一阵子,也对老任彻底失望了。

四、尾声

郝厂长接手污水处理厂的这几年,厂里的经济效益和运行效率都有明显提高了,就是对老任的安排让他很迷茫,实在想不清楚自己哪里做错了,也不知道到底该怎么安排老任才好?

案例使用说明

一、教学目的与用途

1. 适用课程

本案例适用于"领导科学与艺术"课程中"领导用人决策""组织行为学"课程中"个体心理与行为""管理学"课程中"人员配备",也可以在"管理技能开发"课程等相关章节教学中使用。

2. 适用对象

本案例篇幅不长,难度适中,主要为 MBA/MPA、EMBA 和领导力培训而开发,适用于有一定工作经验的学员和管理者学习。同时,也适用于本科生和研究生人力资源管理和领导力相关课程教学。

3. 教学目的

本案例属于决策型案例,通过 SD 污水处理厂郝厂长对电工老任 3 次调岗引起的"负能量"员工管理困境的分析与讨论,引导学生理解人岗匹配基本原理,了解人岗匹配的动态过程,分析人员配置决策的影响因素,人岗不匹配产生的绩效问题。通过案例分析与讨论,引发学生深入思考企业如何有效管理"负能量"员工,如何实现个体与岗位、个体与组织一致性等问题。具体目标有以下 3 个层次。

（1）学习知识点

① 人岗匹配基本原理;

② 动态人岗匹配的几种模式;

③ 人岗匹配的原则及决策过程;

④ 人员配置决策的影响因素。

（2）能力提升点

① 以人岗匹配理论为基础,系统思考人员配置的科学决策过程,并能合理应用理论模型分析领导用人决策的现实问题。

② 通过帮助郝厂长提出解决用人困境方案,形成识别、梳理、平衡组织各种利益关系,有效提升领导决策力。

③ 结合案例故事涉及的现实问题,诊断郝厂长用人决策过程,引起学生对"负能量"员工管理、领导力、组织变革等问题的深入思考,提升整合知识和系统思考能力。

④ 在案例的学习与交流过程中,培养、强化和提高学生沟通技能,表达能力和团队协作,以及学习能力。

（3）观念态度改变点

① 人岗匹配是一个动态过程,领导者需要树立科学的用人观念,在评价员工个体特征和岗位胜任力基础上,科学配置员工,才能实现人岗匹配,解决人与组织目标一致性问题。

② 人岗匹配会受到诸多来自组织内外环境因素的影响,领导者需要根据组织发展动态过程,通过培训、员工激励、职业开发等手段,实现员工与组织共同成长。

二、启发思考题

① 案例中郝厂长为什么要对老任 3 次调岗？

② 郝厂长对老任的 3 次调岗是否有效？为什么？

③ 你认为案例中哪些因素影响郝厂长的用人决策？

④ 你认为像老任这样的老员工的管理难点在哪里？如何解决？
⑤ 如果你是郝厂长，你将如何安排老任的工作？

三、案例分析思路

本案例按照时间顺序向学习者讲述了 SD 污水处理厂郝厂长，对该厂电工老任的 3 次调岗，描述了领导者在"负能量"员工管理中出现的人岗匹配困境，引导学习者跟随郝厂长的用人决策过程，理解人岗匹配基本原理，了解人岗匹配的动态性及其影响因素，启发学习者探讨"负能量"员工管理问题。案例具体分析思路如下。

第一，引导学习者回顾郝厂长对老任 3 次调岗的过程，通过案例事实的梳理，了解郝厂长对老任岗位调整的整个决策过程，提醒学习者每次调整岗位就是一次领导用人决策过程，注意用人决策的前提、决策目标、决策方案及结果。实际上让学生全面了解整个案例描述的决策问题，并引导学习者回顾以前领导力相关知识和观念，思考领导用人决策的实质与过程。

第二，根据故事时间顺序，将案例中老任的 3 次调岗作为关键事件，引导学习者分别讨论郝厂长调岗的原因、预期绩效目标、新岗位职责变化及老任个性特征。实际上让学习者将关注点转移到案例的关键事件上来，通过每一次岗位调整前后的比较，使学习者不仅理解人岗匹配的必要性，更能引起学习者主动建构人岗匹配的基本原理、动态过程及影响因素等一系列新知识。

第三，通过老任 3 次岗位调整的分别讨论，引导学习者系统建构人岗匹配动态平衡过程认知，归纳总结影响人岗匹配有效性的因素，建立人员素质能力与岗位职责匹配的动态模型。实际上通过案例讨论结果的总结，加深对案例背后知识线的梳理，帮助学习者建构合理的人岗匹配知识体系，也引起学习者对人岗匹配理论问题的深入思考。

第四，在对案例内容与决策问题充分认知基础上，让学习者将关注点放到郝厂长对老任态度的变化上，引导学习者思考郝厂长的领导风格，讨论案例最关键的决策问题。郝厂长究竟应该怎么安排老任，才能既满足老任的利益诉求，又符合郝厂长的领导风格，更符合企业发展的目标要求？实际上启发学习者结合案例企业面临的内外环境，分析案例并回答采取怎样的解决方案是合理的。

第五，回顾案例讨论结果，综合学习者的观点和意见，总结并鼓励学习者讨论并提出新的研究命题，例如人岗匹配的制约因素、"负能量"员工的激励和发展问题、个体与组织目标一致性理论，等等，为后续的课程和相关命题研究做准备。

案例 17

厂长的烦恼
——技术革新该怎么推动？[①]

赵会娟　张晓娇　李珠瑞　夏凯凯　张明敏　刘怡静

案例正文

引言

2019年的春天悄然而至，不知不觉郝伟在SD污水处理厂已经工作了5个年头。SD污水处理厂地处西部某中心城市，主要负责城南区工业废水和生活污水的净化处理。该厂始建于2007年，占地150亩，日处理能力10万吨，总投资3.24亿元（含配套管网），全年24小时连续运行。该厂原为政府投资的国有企业，投产运行后不久，就被某东部城市的大型水务集团收购，改制为民营企业。这5年里，在郝伟的带领下，SD污水处理厂的污水处理量与处理工艺得到了极大提升，他的工作也得到了上级部门的认可。其中，氧化沟技术革新项目算得上是郝伟上任后最浓墨重彩的一笔，但每当有人提起这个项目，他心中更多的是烦恼和担忧。

一、上任之初的挑战

2014年郝伟初任厂长，恰逢省环保部门出台了《黄河流域污水综合排放标准》，该标准规定黄河流域污水处理厂出水排放标准由一级标准B提升至一级标准A[②]，意味着SD污水处理厂的出水质量必须提高一个等级。相关部门对这个标准的执行态度也很坚决，要求不达标企业限期治理，若治理后仍不达标必须停产。郝厂长清楚此项标准执行好坏事关本厂的生死存亡，必须认真对待。这对于刚刚上任的郝厂长来说是巨大的挑战。本来厂里的污水处理系统就面临着很大的压力：一方面，由于推行河长制（即由各级党政主要负责人担任"河长"，负责组织领导相应河湖的管理和保护工作），污水纳管[③]截污比例明显上升，污水处理厂的月进水量由原先的90多万方增长至180多万方；另一方面，随着纳管水量增多，进水水质恶化严重，污水处理系统经常处于超负荷状态，月出水总量与出水水质很难达到新标准的规定要求。于是，郝厂长找来厂里的总工程师商量对策。总工程师提出：降低溶氧值[④]可以有效提高污水处理能力，而氧化沟作为污水处理厂的核心系统，可以将溶氧值控制在污水净

[①] 案例来源：中国案例共享中心，并经案例作者同意授权引用。
　　本案例2019年被评为中国管理案例共享中心百优案例，并于2019年11月6日入选中国管理案例共享中心案例库。
　　由于企业保密的要求，在本案例中对有关名称、数据等做了必要的掩饰性处理。
　　本案例只供课堂讨论之用，并无意暗示或说明某种管理行为是否有效。
[②] 这里的B级和A级是指《城镇污水排放标准 GB 18918—2002》所规定的污水处理标准中的等级。其中，一级标准的B标准要求处理后的污水溶解氧浓度小于1.5mg/L，而A标准要求溶解氧浓度小于1.0mg/L。
[③] 污水纳管：污染源单位把污水截流纳入污水截污收集管系统进行集中处理。此种方法在城镇污水处理中发挥了重要作用。
[④] 溶解氧：溶解于水中的分子态氧称为溶解氧，水中溶解氧的多少是衡量水体自净能力的一个指标。

化过程中所规定的范围之内，从而保证出水水质。因此，总工程师提出的最佳方案就是对原先采用的卡鲁赛尔氧化沟工艺进行技术升级。于是，郝厂长专门组织相关领域专家进行了氧化沟技术革新项目的可行性论证，后经上级部门批准后，氧化沟技术革新项目开始正式投资建设。该项目共耗时两年，总投资1100万元，于2016年4月正式运行。

当初项目开工的时候，厂里上上下下都充满了期待，大家觉得新氧化沟工艺先进，配置的都是高大上的新设备，一定会让厂里改头换面，以后说不定干活也不那么累了，厂里效益也会越来越好。为了尽快适应新系统，在正式交付使用前，负责氧化沟项目建设的专业公司派人对厂里的技术人员专门进行了一次关于新设备操作、故障排除及应急处理等方面的培训。2016年4月20日，在大家的期待中，新氧化沟系统正式投产运行了。郝厂长对厂里生产技术水平上了一个新台阶感到由衷的高兴，也对出水水质改善充满了信心。但好景不长……

二、第一次设备故障

老张和小王都是运行部的技术工人，老张是工作20年多的老员工，小王则参加工作不到两年。跟大家一样，他们也期盼着新氧化沟系统早日投入运行，但对新设备系统培训的态度却截然相反。老张工作多年经验丰富，自认为新系统操作用一用就能很快掌握，学习嘛应该是年轻人的事，懒得去学。于是老张借故"缺席"了新设备投入运行前的技术培训。小王与大多数工人的想法一样，认为氧化沟工艺升级后，设备自动化水平高了，干活也会轻松不少，工作量会相应降低，当然小王也清楚新设备操作一定变化不少，因此他认认真真地参加了培训。没承想，新的氧化沟系统正式运行后，老张和小王在工作中都不同程度地出现了问题……

氧化沟系统技术革新前，省环保部门规定的污水处理标准较低，即便溶氧值指标有所波动，一定程度上会影响出水水质，但出水水质通常仍可达到规定的标准要求，因此不需要检测所有工艺段的溶氧值。但氧化沟系统技术革新后，由于环保部门规定的污水处理标准提升，溶氧值一旦偏离正常值，将会直接导致出水水质不达标。而新氧化沟系统本身技术要求更精细，所有工艺段的溶氧值指标都必须进行检测，若检测后发现指标异常，必须及时查明原因，调整设备参数，否则设备就会中断运行。这样，实际上新系统的检测点由原先的5个增加至20个，而且每个点的检测都需要记录检测时间、实时指标值、操作人等相关信息，保证"责任到人"。

新氧化沟系统开始运行的一个月里，一切都很顺利，没出什么问题。就在大家认为新系统的运行已经走上正轨之时，一天，正轮到小王上夜班，交班没多久，氧化沟系统突然无法正常运行。小王清楚，如果不立即处理这个问题，出水水质就会受到很大影响。虽然当初培训时专业人员讲过处理办法，但这种事故毕竟是第一次发生，又涉及以前归设备部负责的参数调整，一时间他也乱了阵脚，没有及时采取正确的补救措施，最终给厂里带来了不小的损失。郝厂长很生气，让总工程师调查原因，结果在查阅工作日志时发现了问题。原来，这次事故是由于6号工艺段溶氧值高出警戒线造成的，而且工作日志上反映，早在小王接班前白班老张所记录的6号工艺段溶氧值就已经偏离了正常值，但老张没当回事，根本没及时上报。

郝厂长为此专门约谈了老张和小王。老张直言："以前溶氧值差一点不会出啥问题，没想到现在这新系统要求这么高，差一点都不行。"而小王呢，觉得自己很委屈，他说，新系统运行以后，作业量增大、节奏加快不说，责任比以前大很多，上班压力也比以前大不少。最后还负气地说："这活如果还这么干，也不涨工资，那我就只能辞职了。"郝厂长之前真没想到，厂里搞个技术革新还会生出这些事。可是郝厂长一时也没办法，毕竟工资也不是说涨就能涨的，所以当时只是批评批评，再强调一下纪律，这事就过去了。

三、设备故障责任风波

运行部与设备部是污水厂的两个核心部门，运行部负责氧化沟系统日常的运行与管理，溶氧值采集和监测就是他们的主要工作任务之一。设备部则负责系统设备的维修与日常保养，两部门共同配合以保证污水处理系统的正常运行。在氧化沟系统改造前，这两个部门连续多年都被评为"安全生产部门"。因此，新氧化沟系统投入运行后，厂里也没做什么调整，只是要求运行部和设备部严格遵守新系统操作规则，保证系统正常运行。

此时新的氧化沟系统已经投入运行快半年了，污水处理厂的进水量增长了一倍，入水水质波动幅度也越来越大。原先的氧化沟系统工艺较简单，污水处理压力也小，一般设备部的工作就是定期调整参数并保养设备。但新系统在运行过程中必须根据进水量和水质的实时监测情况，随时调整设备参数，才能保证出水水质的稳定。因此，根据新设备运行操作流程，调整设备参数的工作便由设备部自然而然地转到了运行部。

这一天风机房中的红色警告灯开始闪烁，氧化沟系统的重要设备1号空悬鼓风机[①]突然停止作业，在工人紧急启用备用风机后，风机房才恢复了平静。郝厂长听说此事后，急忙赶到风机房查看现场情况。设备部部长不安地说："厂长，我们刚才查明了故障原因，运行部的工人今天没有按操作规则及时调整参数，才导致了这次事故，我认为……"还没等他把话说完，站在一旁的运行部部长就打断了他："厂长，这个锅我们运行部不背！自从新上了这个系统，他们设备部的活都让我们给干了，以前调整设备参数都是由他们负责，现在这活儿也成了我们的啦，出了问题我们还得担责任。"运行部部长满脸委屈地说："本来我们只负责采集监测数据，新系统上了以后，按照设备操作流程，采集监测数据和设备参数调整的活都归我们管了，大家意见本来就很大。可是您看看，设备部以前保养设备起码得用两小时，现在一个小时就够了，这问题出了还跟他们没关系，我们部门这活还怎么干？"设备部部长听了这话，反驳道："新设备调整参数要随时处理，这是操作流程规定的，况且我们设备部总共就十几个人，厂里其他设备的保养和维护也得由我们管，现在这新设备参数调整我们部门没法负责啊。"郝厂长气得真想骂人："既然这样，你们说咋办？"运行部长开始叫苦了："您也是知道的，我们运行部里老员工偏多，调整设备参数对他们有难度，操作中也容易出差错，我觉得参数调整的工作还是由设备部负责……"

郝厂长第一次见到两个部门的部长如此针锋相对，又生气又困惑，没想到上个新系统还这么多事，幸好处理及时没有造成大影响。最后他批评了运行部长，警告他下不为例，对于设备部他也不好说什么了。郝厂长认识到必须解决参数调整工作的分工问题了，千万不能让这种烂事威胁系统稳定性，否则就是大麻烦了。

四、运行部新增"潜规则"

转眼新氧化沟系统投入使用已近1年了，在项目阶段性考核会议上，郝厂长向上级部门汇报了新系统运行后的经济效益：吨水耗电量由0.9度降至0.6度，降幅超过30%。污水处理厂原本就是城南区的耗电大户，对于这个结果，参会领导都十分满意，他们充分肯定了郝厂长的工作。郝厂长满心欢

---

① 空悬鼓风机：产生气流的机械，常见的是在蜗牛状的外壳里装着叶轮，用于各种炉灶的送风，建筑物和矿井的通风、排气等。

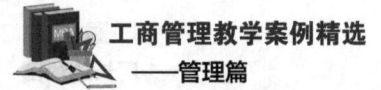

喜，看来花大价钱引进的新系统确实值。

考核会结束没几天，质控部部长便急匆匆地来到了郝厂长办公室，拿出一份报告焦急地说："今天已经是3月25日了，按照省里给我们定的绩效目标，我们这个月上传的出水水质监测达标率①要达到80%，可是咱们这个月的出水水质上传达标率只完成了70%，到月末仅剩6天，意味着这六天时间出水水质必须100%达标，否则这个月上传达标率根本完不成监测目标任务。这压力太大了，怎么办呢？"郝厂长知道出水水质100%达标，一点差错不能出是很难的。这样问题就很严重了，要知道，上传达标率就是污水处理A级标准中的关键指标，达标率不合格的后果郝厂长很清楚。怎么到现在才完成70%？新氧化沟系统运行稳定性出问题啦？想到这里，郝厂长突然想起半年前运行部与设备部因为事故责任扯皮的事。哎，上级会议多，厂里事情也多，没留神半年过去了，一直也没顾上处理这事。想到这里，郝厂长随即通知各部长召开紧急会议。

结果，真是旧麻烦还在，新问题又出现了。最终查阅工作记录后发现，3月3日、6日、9日……只要是运行部三班当班的日子，操作控制都会出现问题，尤其是氧化沟中溶氧值指标，平均值比其他几个班组高了不少。溶氧值指标与出水水质息息相关，该指标偏离正常值就会导致污水处理难度增大，出水水质下降。运行部部长解释说："其实三班我了解，也没办法。他们这群年轻人就因为新系统上线后，工作量增大但工资没变，上班的时候就开始投机取巧，能少管点事就少管点事，自己当班时只关注溶氧值是不是在警戒值以内，下班拍屁股走人。长此以往，溶氧值误差累积导致污水处理效果下降，最终出水水质不稳定情况增多。"郝厂长很恼火，"你咋当的部长？知道问题怎么不及时解决？保证出水水质才是最终目标！"运行部部长继续解释说："我也没办法，参数调整让我们运行部负责，工作量确实大，我以前跟您说过。何况按目前系统设置要求，本来溶氧值只要在警戒值以内，工人们也就算完成分内工作。"运行部部长又无奈地补充道："现在不只是三班，二班工人上班也是这个态度，我一个部长也解决不了这个问题……"

郝厂长听到这儿特别生气，原来新系统指标不稳定的问题又出在了运行部，真是一个没用的部长！郝厂长心里暗自骂道。会上他担忧地说："这三班的做法代表了大多数技术工人的态度。大家都认为只要在自己负责的8个小时里溶氧值在警戒值以内就算完成任务，今天你高一点，明天他高一点，长此以往，月末的时候我们的出水水质指标怎么能保证完成？"最终，郝厂长只好把三班的问题暂时放到一边，为了这个月的达标率，集中精力制定了"六天零差错"行动方案。

五、厂长的烦恼

会议结束后回到办公室，郝厂长回想起技术革新后这一年，陷入了沉思……这时，办公桌上2018年新版的《水污染防治法》又吸引了他的目光，该法是对我国水环境治理体系和保障国家水安全的制度再次创新，预示着国家下一步还会对各项污水处理标准有较大幅度的提升，溶氧值控制压力会更大。现在这个新系统还这么不稳定，就像定时炸弹，随时有可能出大麻烦。想到这里，郝厂长对新技术应用真是又爱又恨，甚至有点害怕，如果将来又有新的污水处理标准出台，还得继续进行技术革新，真不知道这技术革新该怎么推动好？

俗话说，人无远虑必有近忧，但是今天的郝厂长既有远虑，又有近忧。

---

① 出水水质监测达标率：上传至相关检测部门的达标出水量占总出水量的百分比。水质达标率=（达标指标数/指标总数）×100%。

案例使用说明

一、教学目的与用途

1. 适用课程

本案例适用于"组织行为学""领导力开发""技术创新管理"等课程中"组织变革与发展""变革管理""技术变革管理"等相关章节的教学使用。

2. 适用对象

本案例篇幅不长,关注点在技术变革对技术工人的行为影响,涉及因素较少,易于理解,难度适中,主要为MBA、MPA、EMBA和领导力培训而开发,适用于有一定工作经验的学员和管理者学习。同时,也适用于本科生和研究生相关课程教学。

3. 教学目的

本案例属于决策型案例,通过描述SD污水处理厂氧化沟技术革新引发的一连串组织管理问题,使学习者了解技术革新对组织行为的影响,引导学习者理解以技术为中心的组织变革,掌握变革的动力、阻力及推动变革的策略,以提升学习者的变革领导力。同时,通过本案例的学习,启发学习者进一步深入思考技术变革对个体、群体内和群体间行为的影响,探讨中小企业技术变革管理。

二、启发思考题

① 组织变革有哪些类型?你认为氧化沟技术革新属于什么类型?
② 郝厂长为什么要对氧化沟进行技术革新?
③ 新氧化沟系统运行后郝厂长遇到哪些麻烦事?其产生的根源是什么?
④ 如果你是郝厂长,你会如何推动氧化沟技术革新?

三、案例分析思路

本案例总体思路由易到难,由部分到总体,将学习者引入郝厂长面对的技术变革情境中,跟随郝厂长遇到的问题,学习技术变革理论,探讨领导者如何推动有效变革。案例具体分析思路与步骤如下:

第一,引导学习者回顾案例描述的事实过程,按照时间顺序理解郝厂长从氧化沟工艺革新发起,新设备投入运行,新设备运行过程引起的冲突,让学习者对以技术为中心的组织变革建立基本认知。

第二,让学习者将关注点集中到变革的预期目标与驱动力上,引导学习者讨论SD污水处理厂氧化沟技术革新的预期目标和变革动力,使学习者主动建构变革及其驱动力知识体系,启发学习者理解有计划的技术变革。

第三,重点讨论新技术设备运行后令郝厂长烦恼的3个事件,引导学习者分别理解技术变革对个体、群体间及群体内行为的影响,启发学习者理解技术变革的阻力,帮助学习者探究变革阻力的来源,及克服阻力的方法。

第四,引导学习者将关注点放到郝厂长身上,启发学习者思考郝厂长在变革中的角色。通过总结归纳以上分析结果,讨论最关键的决策问题,让学习者结合SD污水处理厂面临的内外环境,提出既满足员工利益诉求,又符合企业预期目标的变革行动方案。

案例 18

崔班长的创新初体验
——S 邮区中心局一线员工创新管理显成效[①]

赵会娟　施毅　李佳荣　李怡宁　南玉婷

案例正文

引言

2020年"6·18"那天，S邮区中心局邮件处理中心内异常忙碌，叉车来回穿梭在仓库之间，传送带上需要分拣的快件也比平常多了许多。就在忙得如火如荼之际，D区的传送带突然发生故障，崔班长带领维护班迅速赶往作业区检查，经历了一个多小时的维修作业，总算处理完了故障。最近设备总是出问题，维护班牢骚满腹。崔班长在机器旁边来回踱步，口中喃喃道："最近正值'6·18'，设备可不敢再出什么大问题了……"

一、苦恼：频繁卡件

2020年1月份，受新冠疫情影响，邮件、快件业务量低位运行，首现负增长；但是2月份邮政快递业快速恢复，转为正增长；进入第二季度，全国复工复产复市持续推进，邮件、快件业务增速明显加快，并重回疫情前30%的增速；4月起全国日均处理邮件、快件超过2亿件；5月和6月业务量规模超过2019年峰值，"6·18"[②]期间日均处理量达2.6亿件。急剧增长的快递量给维护班带来了巨大的工作压力，他们必须保证所有设备正常运行。刚刚处理完设备故障的崔班长，本想着坐下休息会，没想到让他恼火的事正悄然而至……

突然，E区内所有传送带瞬间停止，对讲机内传来了呼喊声："小件分拣机E区a段，卡件，运行班和维护班速到。"听到呼喊，崔班长非常诧异，新型小件分拣系统不是刚刚上线吗，怎么会出现卡件问题？来不及细想，他马上就组织维护班进行抢修。没过多久，对讲机再次传来呼喊声："E区a段，又卡件了，运行班和维护班速到。"听到呼喊后，崔班长有些恼火了："这个新型分拣系统咋回事啊，今天怎么一直卡件……"

其实崔班长知道，这个小型分拣机是集团公司为了提高轻小件分拣效率，专门给全国7个一级邮区中心局购置的，但是分拣机标准化设计很难保证不同形态规格的小件顺利分拣，卡件也正常，可这

[①] 案例来源：中国案例共享中心，并经案例作者同意授权引用。
本案例2019年被评为中国管理案例共享中心百优案例，并于2019年11月6日入选中国管理案例共享中心案例库。
由于企业保密的要求，在本案例中对有关名称、数据等做了必要的掩饰性处理。
本案例只供课堂讨论之用，并无意暗示或说明某种管理行为是否有效。

[②] "6·18"又称"京东6·18"，即每年6月18日的京东店庆日。在店庆月，京东会推出一系列的大型促销活动，以"火红六月"为宣传点，其中6月18日是京东促销力度最大的一天，一度将"京东6·18"变成与"双11"遥相呼应的又一大全民网购狂欢节。

也太频繁了。崔班长一边心中窝着火，一边小步疾跑到休息室，准备组织维护班、运行班抢修。此时休息室内，运行班小王瘫坐在椅子上，抱怨着："今天全累在卡件上啦，你们维护班也不想想办法，这日子啥时候是个头呀？"此时运行班的另一名员工说道："你快不要说咧，俺都快一周没见过娃咧，一回去娃都睡着了，想说句话都说不上。哎，不说了，赶紧休息，休息完赶紧干活，争取早点回去。"休息室门口的崔班长目睹了这一切，有些为难但也无奈地走进去说："大家伙赶紧准备准备，传送带又卡件了，现在需要人手处理。""这已经是今天第3次传送带卡件。""唉，又要加班了……"

当崔班长一行人赶到E区a段现场时，发现郑局长刚好来分拣区视察工作。郑局长看到崔班长，皱着眉头问道："小崔，这是咋回事？"崔班长回答道："郑局，今天分拣机a段老是卡件，已经是第3次了。""小崔，这样可不行！再过两个月，全省为期百日的秋收会战就要打响，紧接着就是双11旺季，上级可是很重视咱们的工作质量和效率的，这个问题务必要解决掉。""行，郑局，我知道了"。

卡件其实就是传递带回传线拐弯处，由于邮件、快件规格大小不标准堵在那里不能前进，这时如果传送带不及时停下来，后面邮件、快件会不停传过来堆积起来。崔班长看着传送带上堆积如山的邮件、快件，对着大家伙说道："大家别看着了，现在赶紧先把这些件都搬下来，尽快疏通吧！"随后，崔班长带领维护班、运行班把邮件、快件一件件搬下来，疏通好传送带后，时间都过去30多分钟了。接着，大家再将邮件、快件重新一件一件搬上传送带，开启分拣系统，这才恢复正常运行。崔班长心里盘算着：每次卡件都要维修一个小时左右，这也太耽搁事了……崔班长看着大家拖着疲惫不堪的身体离开维修现场，心里又想到郑局长的催促，眼神越发坚定，看来解决卡件问题迫在眉睫……

二、希望：有了新主意

"6·18"过去了一段时间，业务量逐渐回落，设备也闲下来了，手头活也不多了。崔班长来到了这几次卡件的a段回传线运输带旁边，开始琢磨怎么解决卡件问题，盯着看了半天也没有好的解决方案，崔班长一筹莫展。但他心想：这总是个事儿啊，作为班长总要想办法解决吧。

崔班长个头不高，看起来清瘦，人却很精干。4年前他从邮电职业技术学院机械工程专业毕业，然后就进入S邮区中心局。大学时，他就很喜欢机械工程，平常没事就喜欢鼓捣机械零件和电子元器件，局里好多修不好的设备都找他。这两年帮局里解决了许多设备故障，是局里的技术能手。就因为这，局里安排他做了设备维护班的班长。崔班长没办法，想知道其他局有没有这个问题，抽空和其他几个邮区中心局熟悉的技术人员打了电话，这才得知大家都有类似问题，都很"头痛"。但是，其他局的技术人员都认为很难解决，况且这不是一线人员该操心的事儿，大家哪有能力处理这么复杂的设备。崔班长听完左右为难，不知道自己到底该不该管这事了。"不行，我还是得想个办法解决这个'难题'，'双11'马上来了，不能再耽误了。"崔班长自言自语道。崔班长又开始联系设备的供应商，供应商回复说，没办法解决。崔班长陷入深思，他决定自己动手研究卡件问题。勤于钻研的崔班长对分拣区卡件问题进行了深入研究，功夫不负有心人，终于，他发现了问题的关键所在。原来，业务量波动导致个别时段回传线超负荷传送邮件、快件，并且邮件、快件形状各异、大小不一，特别是那些形状不规则的轻小件在超负荷工作的回传线上特别容易被卡塞，若不及时控制前端邮件、快件的汇入，一旦形成传送带抱死就需要人工清理和维修，就是把这些邮件、快件搬下来，在疏通好后再搬上来，造成分拣运行效率低。崔班长开始思考，想要彻底解决卡件问题就得全部更换传输带，设计新型的分拣传输设备，基本不能实现。既然解决不了卡件问题，那么能不能缩短卡件的处理时间呢，这也能有效缓解卡件带来的停工损失呀。最关键的解决办法就是要实现快速响应，通过及时暂停部分设备系统，就能减少卡件面积，减少停工时长，从而降低损失。如果能安装一个一键暂停运行系统就好了。想到这里，崔班长兴奋不已，不禁喃喃自语："对，运行中的问题就得自己想办法！现在不是遥控和智能系统应用很广泛嘛，安装一个遥控控制装置应该可以实现分拣系统的暂停。"

三、满意：设计草图成形

那究竟怎么做呢？没办法，只能自己想办法，继续努力。崔班长告诉自己，一定会有办法解决的。于是，说干就干，崔班长开始着手设计工艺草图。

为了设计出这个实用有效的遥控控制装置，崔班长不仅自己琢磨，还请教了电控设计方面的技术员。随后两三个星期里，崔班长一有空闲就在纸上圈圈画画、涂涂改改，构思这个遥控控制系统运行的草图。他工作时间仔细观察整个分拣区的系统装置，休息时间与其他员工交流经验，下班后查阅相关资料、学习新技术。经过一段时间的钻研，崔班长对控制系统运作流程有了大概的构思：将遥控交给主管区域的负责人，负责人可直接通过遥控进行操作。当出现某段回传线压力过大时，通过遥控一键减速，即从传送带第一级爬坡桥至问题点的每一段都开始减速，这样就可以有效缓解超负荷区域易卡件的状况。但是这样：卡件问题出现时操作人员沟通造成时间的浪费还是没能解决，这可怎么办呢？很快，崔班长灵机一动，想到通过遥控即时停止，不再依靠人通过对讲机进行沟通。也就是说，当某个点出现卡件时，只需要按一个键就可以让前端所有点停止，然后给出"问题点"的信号灯，操作人员就能知道出现问题的精确位置在哪里，并及时到现场解决。当该点问题处理完之后，也可以通过遥控一键复位。在明确自己的想法和实施计划以后，崔班长与电控设计技术员们沟通了自己的初步想法，经过一段时间的思索与研究，终于，崔班长的草图成形了。他不由得深深地呼了一口气。

四、开心：确定立项啦

崔班长还是很担心自己的想法得不到同事的认可和领导的支持。于是，他怀着惴惴不安的心情带着设计草图找运行班、维护班的同事交流，说明如何缓解卡件造成的影响、如何运行等具体细节，受到了大家的肯定，大家一致认为这是可行之策，并鼓励他深入研究，以解决快递包裹传输分拣作业中普遍出现的问题。这无疑更加坚定了崔班长继续研究的信心。

在得到同事的认可后，信心倍增的崔班长主动联系了郑局长，崔班长在电话里向郑局长详细介绍了自己的创意如何提高分拣系统运行效率。郑局长听到崔班长的介绍后非常开心，心里想着：前些年，为了鼓励大家积极创新，我还专门组织大家成立了创新工作室，想着工作室成立后一定会有很多创新成果，谁承想，工作室成立了这么多年，一直也没做出来点成绩，我都快要放弃这个工作室了，崔班长这个想法可真是让我又重新看到了希望啊。郑局长高兴地说着："不错啊小崔，你这想法真的是非常好，回头我就组织咱们创新工作室的同志们一起开会，商量商量你这个想法可行不可行。"崔班长不好意思地挠了挠头，腼腆地说道："谢谢领导的鼓励，但是，我们要安装这个遥控装置的话，需要些经费支持呢。"郑局长拍着胸脯对崔班长说："经费的事你不用担心，最近咱省公司也下达了文件，鼓励大家去积极申报科技项目，项目做好了还能有奖金呢。你就大胆搞，咱局里现在就缺你这样大胆创新的人才。"

郑局长雷厉风行，隔天就组织大家开会讨论崔班长的提议。会议上，郑局长先让崔班长给大家说一说他的想法，随后让创新工作室成员讲一讲自己的看法。这时候小李积极发言："我觉得老崔这个想法很好，改造起来花钱也不多，咱可以试一下。"小南却道："你看着是不难，这要真实施起来，我们不得停线啊？你可别忘了，咱这可是一级邮区中心，管着全国的邮件、快件呢，咱可停不起。"老杨附和道："是啊，技术改造可不是一件容易事，这方案听起来是不复杂，花费也不大，但谁来负责这个事，而且你说的这个信号灯安在哪呢？"大家各抒己见。最终，通过创新工作室成员无记名投票，少数服从多数的原则，郑局长宣布崔班长这个项目通过了前期的可行性分析，下一步可以着手准备立项了，并安排小赵专门负责这个项目的协调工作。

紧接着，郑局长又将最新的项目奖励政策给大家详细地解读了一下。政策是这样规定的：项目成功运行后，局里给团队奖励 5000～10 000 元；年底如果申报省公司科技创新项目，一等奖奖金 6 万元、二等奖奖金 3 万元、三等奖奖金 1 万元；同时，负责人和主要团队成员都有机会晋升职级，年终考核还有相应的加分，年终奖也会增加不少。

听到这，崔班长有些惊喜，心里盘算着：没想到啊，我原本只是想把工作上的问题解决，谁料上级领导支持力度这么大，奖励也不少，能顶两个月工资呢，这下可好啦，只要有钱，找人帮忙也容易多啦。

会议结束后，崔班长就联系小赵开始撰写项目申报书。申报书上交之后，果然不出意外，通过了审批，这个项目就算正式立项了，崔班长开心极了。

五、信心：有了帮手

确实，这个项目技术并不难，也就是采购简单的遥控装置，电路板，设计一个电路系统就可以。费用也不多，不到 900 元就能搞定。但是从设计、安装、调试到试运行等各个环节都需要花费不少时间。崔班长觉得一个人做肯定干不完，得选两个得力帮手共同完成。那找谁帮忙呢？他心想：这个技术改造项目的实施，需要考虑专业技能、工作时间的协调、工作态度，车间小南、老杨好像都不太合适，那就只剩下小王和老周了。小王还是年轻的退伍军人，虽然刚来不久，对维修工作不是很熟悉，但有时候还挺有想法的，做事认真负责、积极主动、不怕吃苦。老周是中心局的老技术员了，也很熟悉分拣机回流传输带，工作还特别细心认真，工作这么多年来从来没出过大的差错。他俩是最合适的人选了。

想到这，崔班长刚好在车间看见了小王，邀请他参加工艺改造项目。小王听后很开心地说："可以呀，正好我也有机会多多学习，有啥事只管叫我就行。"小王痛快地答应也给了崔班长很大的信心。他心里一下子有了去找老周的底气。于是，崔班长和小王寒暄了几句后，便兴冲冲地去找老周了。在向老周说明了情况后，老周不假思索地说："我不干。"崔班长有些为难，继续说道："这个工艺改造很简单，都已经立项了。咱局里也特别支持，领导都同意了，完成之后还有丰厚的奖励。"老周仍然不动声色地说："搞工艺改造会有很多不确定的因素，风险还大，做不成咱们还得挨领导批评呢。我不想这样来回折腾，安安稳稳地照常上班就很好。"崔班长听后有些泄气，但还是硬着头皮好说歹说，老周就是不同意参加这个工艺改造项目。崔班长很无奈，只好去找郑局长。

郑局长了解情况后，一天下班后专门叫住老周："走，我请你吃个饭去。"饭桌上，郑局一边拌着碗里的臊子面一边说道："最近小崔要搞个工艺改造项目，你听说了吧？你觉得他这想法怎么样？"老周放下筷子说："小崔这孩子技术强能吃苦，他这想法确实不错。不过创新有风险，能不能成我可不敢说。"郑局长笑着说："所以才需要你这个老师傅帮忙啊！你可是咱局老员工了，工作能力强，我都看在眼里，有你的指导，这项目肯定能成。"老周面露难色："我跟小崔不一样，小崔年轻敢闯敢拼，我都是快退休的人了，万一这项目没做成，我也丢不起这个人呀。"郑局打断了老周的话："你不用担心这个，现在省公司都在鼓励大家报科技项目。项目嘛，有成功就有失败，有什么责任我担着，你放手去干！"老周听到郑局长的话，也不好再推辞了，最终点头答应了。

六、惊险：改造实战

终于，在郑局长的协调下，由崔班长带领的项目攻关小组成立了。3人很快再次研究了一遍项目方案，列出项目所需的线路板、遥控设备、指识灯等物资明细，并交给小赵去采购。同时，这个项目需要利用分拣机停运的时候施工，于是崔班长又找运行班班长协商，确定项目工期、进度计划、作业时段等。就这样，崔班长的项目准备工作基本就绪。

在崔班长的带领下，项目如期实施，运行班、维护班的同事听说他们的项目施工了，都想去瞧瞧。但是项目实施的过程并不像预先想的那样一帆风顺，在他们进行到遥控控制装置试运行阶段时，发现遥控装置感应不灵敏，而且还有反应延迟的现象。这与当初的设想相差甚远。崔班长、老周和小王连续奋战，加班加点进行了多次实验，可是结果都没有大的改变。这时老周和小王打起了"退堂鼓"，抱怨道："辛辛苦苦这么多天，没一点眉目，太丢人了，要不就算了吧！我看我们也弄不成，趁这会儿还没浪费多少钱，领导也不会怪罪我们。"崔班长却没有气馁，他把老周、小王叫到跟前说："咱们既然决定搞了，就一定得搞好！半途而废才是真的丢人啊，我相信我们一定能做成！"在他的鼓励下，老周和小王终于放下了"包袱"。还是老办法，崔班长又去请教懂机械设备、电子元件的技术员，查阅相关资料，经过几天研究，崔班长有了解决的方向。他发现卡件处邮件、快件的大量堆积导致遥控装置感应不灵敏，反应延迟。那怎么解决呢？崔班长心想：能不能在回传带的转弯分拣处加入泄洪滑槽。这样既可以解决遥控感应不灵敏的问题，又可以预留出一定时间，通过对讲机呼叫现场分拣人员及时清理堵塞邮件。崔班长带领老周、小王开始了新一轮的方案调整。方案调整后，他们马上抽出时间调整了线路结构，在回传线每个转弯处安装了泄洪滑槽。当崔班长试运行这个遥控装置时，3个人都捏着一把汗，心里七上八下。但经过他们试运行几次后，结果非常可靠，设备叫停比以前快了几分钟，堵塞的邮件也及时地流入泄洪滑槽里面，给现场工作人员足够条件进行清理。最终卡件导致的卷夹故障停机处置时长缩短至10分钟以内，试运行成功！崔班长、老周和小王看到连续一个月的奋战终于有了结果，内心非常喜悦，崔班长如释重负地舒了一口气。3人拖着疲惫的身体离开了施工现场，终于可以睡个好觉啦。

七、尾声

"双11"顺利过去，卡件的影响越来越小，年底郑局长很高兴。郑局长觉得，虽然崔班长工艺改造只是邮区中心局工艺创新过程中的一个小缩影，但对于所有的参与者来说，这个不大的项目实实在在地提高了分拣作业效率，并且减轻了工作人员的负担，这便是最有价值的创新。于是，郑局长积极申报了省公司科技创新成果奖。最终，这个项目获得了省公司年度科技创新项目二等奖，实现了创新工作室在这个考核项目上零的突破。郑局长把这次科技创新作为典型案例在全局进行推广，影响更多像崔班长这样的一线技术能手加入创新队伍。

发奖金的那天，郑局长特别表扬了一下崔班长，并鼓励大家要向崔班长学习。崔班长也发自内心地高兴，他不仅得到了一笔丰厚的奖金，而且收获了荣誉和成就感。老周和小王通过这次的经历，对工艺改造项目的兴趣也浓厚了，信心也增强了，在向崔班长表达佩服与感激之情的同时，还表示如果有机会他们也想申报科技创兴项目。运行班的人看到崔班长取得的成绩后，也纷纷投来了羡慕的目光。从这之后，整个车间的氛围变得积极，有人已经开始跃跃欲试……

案例使用说明

一、教学目的与用途

1. 适用课程

本案例属于描述型案例，主要适用于"组织行为学"课程中"个体心理与行为""员工创新行为"等内容，也可以在"管理学"课程的"创新管理"等相关章节的教学中使用。

2. 适用对象

本案例篇幅不长，难度适中，主要适用于本科生、MBA、MPA 和 EMBA 学员进行分析和讨论。

3. 教学目标

① 通过崔班长自己想办法解决卡件问题的动机和原因的讨论，了解员工创新行为动因及前置动力来源；

② 回顾在这次技术改造过程中崔班长的经历、遇到的困难、解决办法及由此产生的情绪体验，理解员工创新行为过程；

③ 系统分析崔班长创新成功的关键因素，领会并建构员工创新行为影响因素模型；

④ 总结案例，启发学员多角度思考，学习管理一线员工创新行为措施。

二、启发思考题

① 崔班长遇到什么苦恼的事？他为什么要自己想办法解决？

② 案例中崔班长经历了怎样的创新体验？

③ 崔班长成功完成工艺改造的影响因素有哪些？

④ 通过本案例学习，你认为企业该如何推动一线员工创新？

三、案例分析思路

本案例主要讲述 S 邮区中心局技术员崔班长，为了解决小件分拣机频繁出现卡件问题，尝试自己摸索并设计工艺改造方案，在郑局长的帮助下一步步将方案变成现实，并取得了省公司科技成果奖励。通过案例学习，使学员了解员工创新行为动因，领会员工创新行为过程，主动建构员工创新行为模型，重点理解领导者、同事等主体，以及组织创新激励制度对员工创新行为的影响，引导并启发学员讨论如何有效管理员工创新行为，推动一线员工积极参与创新活动。

首先，引导学员关注案例中令崔班长感到苦恼的事情，并详细梳理崔班长面对卡件问题，尝试自己想办法的心路历程，指导学员分析崔班长创新行为动因，深入思考员工创新行为的前因动力来源。

其次，关注崔班长的体验变化，从构想工艺改造方案，到立项实施整个过程，引导学员分析崔班长在工艺改造过程中不同阶段的情绪、态度与行为变化，理解员工创新行为过程，思考崔班长产生心理与行为变化的原因，从而引导学员理解员工创新行为过程。

再次，回顾崔班长创新项目成功过程，引导学员从崔班长、郑局长、小周、老王及创新工作室、企业科技奖励、组织文化氛围等多个角度讨论这次工艺改造成功的关键因素，启发学员从个体、领导、群体和组织多个维度建构影响员工创新行为的因素模型，研究影响内在机制。

最后，基于员工创新行为影响因素模型，引导学员讨论崔班长创新行为与管理措施之间的内在机制，启发思考企业推动一线员工创新行为的管理措施。

案例详细分析思路与步骤如图 18-1 所示。

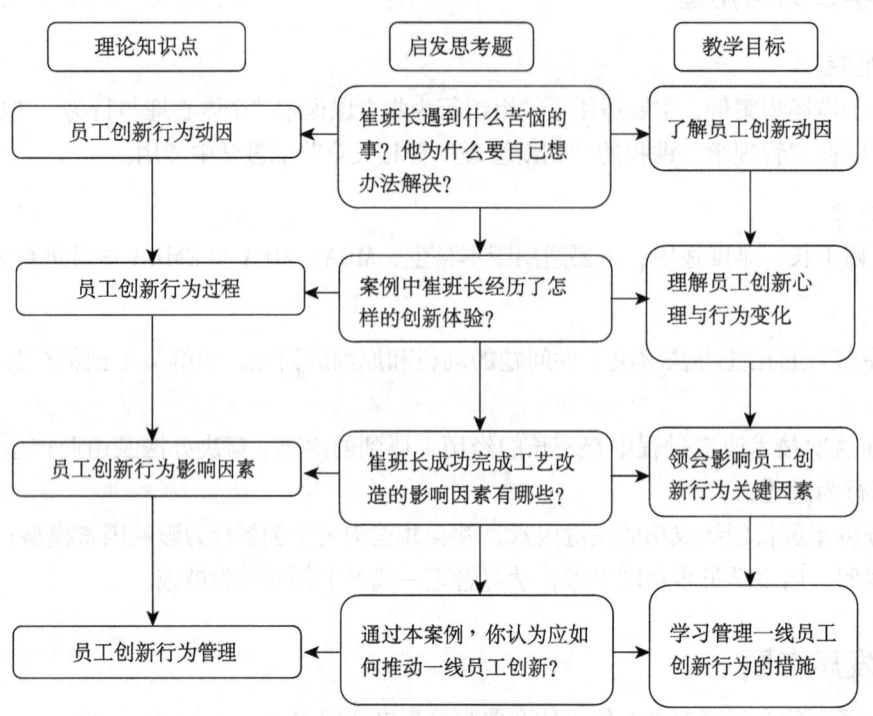

图 18-1 案例详细分析思路与步骤

案例 19

齐"薪"合力
——初创阶段的秦巴物流高管薪酬设计[①]

赵会娟　程洁　李晓丹　张婷　王志航

案例正文

引言

"客户又投诉了，这事咋还没解决？""赵总，圆通投诉流程我熟，其他公司的我不熟，到底哪个领导管呢……""赵总，分拣机出故障啦，咋办呀？""赵总，中通业务上的事，找杨总，还是找你？""赵总，财务系统现在还各自独立，资金支付结算这块找谁签字？"……这些混乱局面是赵山整合了县里 6 家快递加盟商以来每天都要面对的。虽说现在这些加盟商老板进入了公司，成为领导班子成员，但心里却还都打着自己的小算盘，况且这些人综合能力良莠不齐，加上身份转变带来的心理落差，这些人能否高效投入工作？领导班子能否稳定运转？赵山其实心里也没什么底。但他明白，高管薪酬是首先要解决的问题，如何制定高管薪酬，成为他此时面临的一大难题。

一、秦巴物流，迎难而上

秦巴物流有限公司（简称秦巴物流）创立于 2020 年 5 月，是创始人赵山为响应国家乡村振兴战略，落实国家邮政局提出的"快递进村"行动方案[②]，在当地政府的支持下，主动协商整合该县中通、申通、天天、百世、圆通、德邦快递 6 家快递加盟商而创建的。

组建一开始，作为公司董事长兼总经理的赵山就已筹划好了公司的发展蓝图，践行着"让每一份期待都温暖抵达"的经营理念。他要让秦巴物流成为全县物流的主动脉，将优质的物流服务延伸到全县的每个镇每个村，在乡亲们享受到便捷快递服务的同时，让"农产品进城"，帮助村民走上致富路。

但农村快递配送成本高，业务量不足，快递市场的"价格战"愈演愈烈，企业主要收入来源的派送费却一降再降。这让赵山不得不开始思考：企业成本该如何控制？大家刚组成一个团队，哪些人适合公司发展需求？岗位职责该如何划分？……一系列问题都有待商榷。因此，赵山决定自上而下开始行动，第一步就是解决高管薪酬问题。

[①] 案例来源：中国案例共享中心，并经案例作者同意授权引用。
本案例 2021 年被评为中国管理案例共享中心百优案例，并于 2022 年 1 月 19 日入选中国管理案例共享中心案例库。
由于企业保密的要求，在本案例中对有关名称、数据等做了必要的掩饰性处理。
本案例只供课堂讨论之用，并无意暗示或说明某种管理行为是否有效。

[②] 2020 年 4 月，国家邮政局印发了《快递进村三年行动方案（2020—2022 年）》，提出到 2022 年年底符合条件的建制村基本实现"村村通快递"。

二、第一次薪酬设计：均等低薪制

对于高管薪酬，赵山认为现阶段低薪酬水平较为合适，但是他也明白，当初6家快递加盟商老板同意将加盟经营权转让给自己，将公司资产整合创立新公司，就是希望生意比以前好做些，提高自己的收入。思考再三，赵山去了解了周围县里其他物流公司高管们的薪酬水平，他觉得当下最重要的还是怎么把真心实意为公司出力的人凝聚在一起，高管们齐心协力才能让公司快速成长。但是目前公司刚成立，经营处境艰难，高管薪酬过高难以负担，他也知道不能让这些高管们月月空手而归。在他们这个小县城，生活节奏慢，消费水平也不高，最低工资标准每月1280元。怎么定呢？为了公司长远发展，赵山决定每人每月发2000元基本薪资。

说干就干，赵山为此专门召开了高管会议，会上说出了自己的想法，还补充说，想听听大家的意见。话音刚落，会议室一片哗然，"赵总，咱们在座的各位，之前好赖也算是个老板，这2000元也太低了吧？"有人嘀咕："要不是日子难过，谁想合到一起？""我们自己干的时候，再难也不会这么少。""公司快递员一个月都四、五千元了。"大家七嘴八舌地议论着。赵山耐着性子说道："大家的心情我都理解，我的想法是，目前公司还处于起步阶段，咱们是公司领导，就得带头勒紧裤腰带过日子。大家都听说了吧，邻县刚成立的物流公司，第一个月高管每人15 000元的薪资，不是很快就运营不下去了吗？我相信只要咱们团结一致，公司发展起来后，再调整薪酬不是问题。"听了赵山这席话，其他高管即使有所顾虑，也不好说什么了。最终，秦巴物流的高管们就领着2000元的薪资过了多半年。

果然，在这段时间里，原百世加盟商老板、主管公司货物分拣流通的齐副总觉得拿这点薪资，还不如在外面打工挣得多，决定出去干点别的营生。当他把这个想法告诉赵山后，赵山也就爽快地答应了。知道齐副总要走，其他几位副总心里也开始犯嘀咕，自己继续留在公司是不是明智的选择。了解到这种情况，赵总随即把大家召集到一起："我当初把大家整合到一起，主要是想打造全县内外循环的综合物流通道，造福咱们的家乡，并不是为了眼前的蝇头小利。众人拾柴火焰高，公司未来的发展还是需要大家齐心合力……"说到这里，几位副总想想这段时间以来业务发展越来越好，也觉得有了盼头，确实得从长计议。

经过这大半年的共事，几位高管谁工作能力强，谁工作能力弱，谁全心全意为公司，谁敷衍了事混日子，赵山了然于心。现在留下来的几位高管均是诚心诚意地为公司付出，各尽其责：杨副总负责管理物流安全、王副总负责社区团购、李副总负责客户关系维护、赵总负责对外联络和业务发展，一切都井然有序。

三、第二次薪酬设计：投票定薪制

好景不长，最近赵山明显感觉到大家工作上有些懈怠，上班没事溜号的、开会讨论没想法的、在公司懒散无纪律的、迟到早退的，明显没有以前那股干劲了，工作效率大不如从前。偶然间，赵山听到两位高管私下议论："我都不知道赵总咋想的，我一天累死累活的，和那天天摸鱼的工资一样，刚进公司那股热乎劲都给我磨没了。""可不是嘛，反正干多干少都一样，谁还想出力。"赵山思虑良久，觉得2000元的固定薪资已经不适用于现在的高管团队了，是时候做出改变。

晚上，赵山翻来覆去睡不着，一直思考着这个薪酬制度应该怎么改？他知道，现在很多的中小企业高管薪酬主要采用年薪制或者持股制，但他们公司现在还不具备这个条件。再说，这些高管工作付出也存在差异，考核又挺麻烦，就几个人，根本没必要。但如何做到公平呢？"无记名投票！让高管们自己决定自己的薪资。"赵山脑子里闪出这个念头。仔细一合计，大家每天做了多少工作，为公司作了多大贡献，自己心里有数，大家也都有目共睹，自主投票岂不是简单又实用？

于是，在高管定薪会上，赵山表明了自己的主张，几位高管打心眼里佩服起赵总来，"这个方法好，新颖！""还是赵总点子多呀！"大家满意的是总算不像前几个月拿2000元工资了，而且自己也有了决定权。于是一起详细制定了投票细节，便开始投票。赵总说："那就从我开始吧！就公司现在的情况，大家觉得我应该月薪是多少，就写多少，最后取平均数。"终于，所有人的投票结果都出来了，赵总的最终月薪为7000元，杨副总与王副总的月薪都为4700元，而李副总的最终月薪为3200元。看到这个结果，赵山很感动，但他婉拒了7000元的月薪，说道，"感谢大家对我工作的肯定，但还是跟大家一样吧，4700元就行了。只要咱们齐心合力好好干，等公司业绩好了，大家的薪酬也会越来越高的。"谁也没想到，赵总会自愿降低自己的薪酬，几位高管不由得对他的敬意多了几分。会议结束后，赵总还特意找了李副总，"你对这次投票结果有啥想法？"李副总表示没有异议，他其实知道自己一直吊儿郎当的，这样的结果也算公平。赵总最后鼓励了他几句："接下来工作上多用点心，以后还会重新投票的，只要你好好干，涨工资的机会多着呢。"

新的薪酬制度实施了一段时间，赵山看到高管们在工作上比以前配合得更默契了，大家各司其职，相互配合，有条不紊地进行着各项工作。尤其是李副总，明显感觉到他一改往日的懒散作风，对工作越来越上心了。在这几位高管的带领下，员工的积极性也提高了，干劲越来越大……

四、尾声

看着高管团队逐渐稳定，凝聚力越来越强，赵山很欣慰。在大家的齐心合力下，公司很快进入成长期，不到一年时间，已建立了4条稳定的运输班线，50%以上建制村都通了快递，快递配送效率提升50%，成本缩减30%，乡村网点收入也增加了，投诉率直线下降，公司业务量也大幅提升，最近还计划着开拓衍生业务，比如"家电下乡"、与烟酒公司合作等。同时，秦巴物流也被评为县级优秀快递模范试点，并且作为物流整合典范被商务部办公厅、国家邮政局推广，几乎每天都有人员来公司参观学习。但是快递"价格战"还在升级，快递加盟企业仍举步维艰，赵山知道公司未来的路还很长，但他始终会坚守着一个目标，那就是"让每一份期待都温暖抵达"。

案例使用说明

一、教学目的与用途

1. 适用课程

本案例属于描述型案例，主要适用于"人力资源管理"和"薪酬管理"课程中"薪酬设计""战略性薪酬""高管薪酬"等相关章节的教学。

2. 适用对象

本案例适用于本科生、MBA和EMBA学员分析及讨论。

3. 教学目的

① 通过分析秦巴物流高管薪酬决策面临的环境与问题，引导学习者认识高管薪酬基本问题、高管薪酬管理的目标等基本理论；

② 梳理赵山两次设计高管薪酬的过程，引导学习者了解高管薪酬设计方式、设计策略及设计过程；

③ 剖析均等低薪制与投票定薪制两种高管薪酬水平设计方法的特点，引导学习者理解高管薪酬的主流理论，思考初创期高管薪酬契约与高管薪酬差距实现的可行性和有效性问题；

④ 启发学习者思考秦巴物流高管薪酬设计模式的适用条件及推广价值，从而引导学习者领会高管薪酬设计与组织的匹配问题。

二、启发思考题

① 初创阶段秦巴物流高管薪酬决策面临什么环境？需要解决什么问题？
② 赵山采取了什么定薪方式？他是如何设计高管薪酬的？
③ 案例中均等低薪制和投票定薪制有何特点？为什么在秦巴物流公司可行？
④ 该公司高管薪酬设计模式是否适用于其他企业？需具备什么条件？

三、案例分析思路

本案例描述了秦巴物流创始人赵山面临初创阶段高管团队人心不齐、队伍不稳、干劲不足的问题，以企业战略为导向创新高管薪酬设计，打造齐心合力的高管团队的过程。通过案例分析，使学习者了解高管薪酬理论，理解高管薪酬设计方式与过程，认识高管薪酬契约与薪酬差距，启发学习者树立薪酬创新理念，思考高管薪酬与组织的匹配。

首先，回顾企业创立的背景、企业战略以及初创阶段面临的挑战等环境，分析高管薪酬设计需要解决的问题，启发学习者理解高管薪酬的基本理论。

其次，梳理赵山两次进行高管薪酬设计的过程，引导学习者按照"目标—方案—实施"分析高管薪酬设计的思想，使学习者理解高管薪酬设计的主要方式，认识高管薪酬设计策略与过程。

再次，讨论均等低薪制和投票定薪制实施的效果，结合企业内外部环境特点，分析其特点和可行性，引导学习者掌握高管薪酬的主流理论，认识高管薪酬契约与高管薪酬差距。

最后，回顾案例整体脉络，引导学习者进一步思考该公司高管理薪酬设计模式的适用性，启发学习者理解高管薪酬设计与组织匹配的相关理论问题，进一步引导学习者研究。案例分析思路详见图19-1。

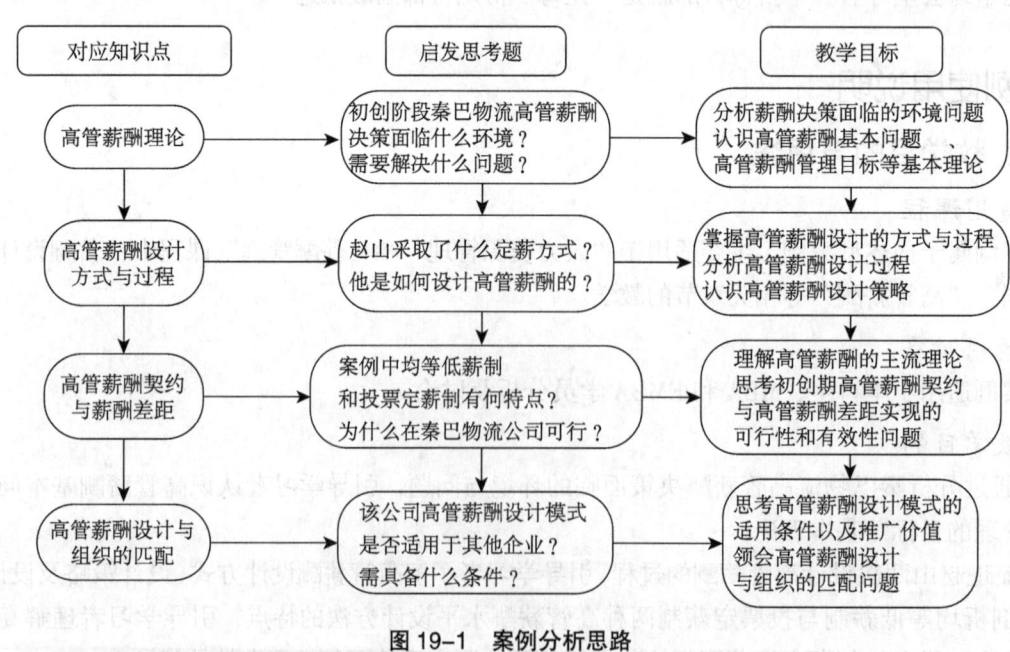

图 19-1　案例分析思路

案例 20

立马长安终有日　百战更始得人心
——ZYZX SX 分公司人力资源管理的破局之战[①]

刘立　楼旭明　贾卫峰　赵占平　邹熙　许元　刘燕云　曹润康　马潇

案例正文

引言

2020 年 12 月，是 ZYZX SX 分公司从中国移动通信集团有限公司陕西分公司（以下简称"中国移动陕西分公司"）分离出来的第 4 年。Z 总走过办公大楼前的标语墙，"正德厚生，臻于至善"的标语映入眼帘，穿过办公区，埋头工作的员工纷纷起身向 Z 总问好。这井然有序的景象有如机械里精密的齿轮般环环相扣。殊不知，在 2019 年之前，气氛低沉是办公室的常态，员工们的脸上没有一丝笑容，经过公司人力资源部门大刀阔斧的改革，才有了今日的和谐景象。

"咚咚咚"，一阵清脆的敲门声打破了办公室的宁静气氛，Z 总起身将门外的来访者迎了进来，邀请他们坐在旁边的椅子上。来访者开门见山地提出访问目的："Z 总，据我们了解，ZYZX SX 分公司从中国移动陕西分公司分离后打破困局，在两年间实现了迅速崛起，其中全新的人力资源管理体系起到了关键作用。您能给我们讲一下这段经历背后的故事吗？"

Z 总心领神会，绘声绘色地向来访者讲述起了 ZYZX SX 分公司分离后的几年里经历的花开花落、起起伏伏。Z 总的话犹如牵丝引线一样，带大家穿过 3 年的拼搏历程，落在了 ZYZX SX 分公司改革的那一年。

一、长安旧事始回顾，蓬勃路上忆古今

ZYZX SX 分公司正式成立于 2016 年，主要服务对象是陕西的全网用户。同时，ZYZX SX 分公司不断深化业务转型，加快数字服务创新，推出中移云客服、智能安防等产品。公司的三大主营业务为服务营销融合、外部（5G+）拓展、智能服务引领，通过互联网、10086 客服热线等多种方式为移动个人用户、海量家庭及政企客户服务。

ZYZX SX 分公司打造了"小团队、中平台、大支撑"的组织机构，以建立"面向市场、服务一线"的倒三角支撑体系为核心，结合实际情况将组织机构调整为一个中心、两个团队、三个职能部门。整个公司分为 6 个部分：党群综合部、服务运营部、市场发展部、服务营销中心、互联网运营团队及数字化支撑团队。其中党群综合部所负责的事务最为复杂，除党建、财务和综合支撑工作外，还包括了

[①] 本案例来源：中国管理案例共享中心，并经案例作者同意授权引用。
本案例于 2022 年 1 月 19 日入选中国管理案例共享中心案例库。
由于企业保密的要求，在本案例中对有关名称、数据等做了必要的掩饰性处理。
本案例只供课堂讨论之用，并无意暗示或说明某种管理行为是否有效。

最关键的人力资源管理工作。

从管理层到人力资源部门的公司组织结构如图20-1所示。

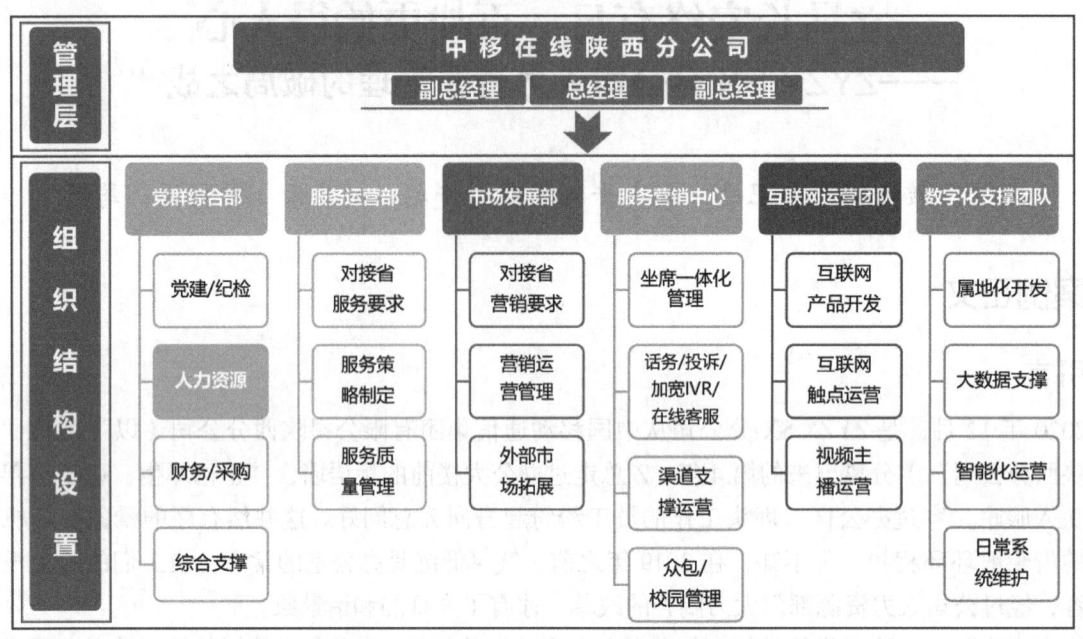

图20-1 ZYZX SX分公司的组织结构

人力资源部门作为公司中最关键的部门之一，保障了员工的福利，极力做到理解员工的人性化需求。在薪酬方面，贯彻"以人民为中心"的发展思想，按照"业绩升、薪酬升，业绩降、薪酬降"的管理导向，客观、准确地评价员工工作业绩。在职位方面，在公司内部营造公平、公正、公开的竞争机制，规范公司员工的晋升、晋级发展通道，充分调动全体员工的主动性和积极性，达到发现人才、培养人才、留住人才的目的。人力资源部门成了员工权益能够有效保障的坚实后盾。

改革后的ZYZX SX分公司实现了成功转型，公司氛围良好，员工充满朝气，一片欣欣向荣，成了以客服系统、营销及互联网为核心业务的在线服务公司。但谁又能想到，一年前的ZYZX SX分公司处在怎样的困局当中呢？

二、乘风破浪会有时，与君同渡改革路

1. 改革萌芽，破土而出

2019年6月，ZYZX SX分公司正式开始转型，人力资源方面的问题如雨后春笋般冒了出来，公司领导班子为解决公司人力资源问题苦思"破局之道"。

首先，ZYZX SX分公司成立之初，90%的员工属于中国移动陕西分公司的话务部门，整体受教育水平偏低，如何让他们不断地学习进步，跟上时代的发展就成了一个难题。

其次，闻道有先后，术业有专攻。想要在业务上成功转型，公司必然需要综合素质较高且符合专业要求的新鲜血液加入，帮助企业完成业务的拓展，而ZYZX SX分公司在人才获取与培养上依旧沿用了原公司的系统，并不符合当前的需求。

再次，许多员工认为原先的薪酬结构存在一些漏洞，没有做到足够透明化和信息化，无法有效保障员工的权益，组织对员工也缺乏关怀。这种问题导致员工的幸福感偏低，对公司缺乏归属感。

最后，作为一个"新成立的旧公司"，ZYZX SX 分公司内的多数老员工都拥有 8 年工龄但却没有得到晋升机会，逐渐失去了对未来职业生涯的憧憬。这个问题导致员工没有上进心，只关注眼前的话务工作而不关注自身的职业规划，整体工作风气十分低沉。

Z 总作为分管领导将问题梳理了一遍，抬头看了一眼墙上的日程表，又确认了一遍明天会议时间后，缓缓地走出了办公室。在第二天的会议中，Z 总与在座的各部门经理主管分享了自己总结出的问题，与大家共同探寻 ZYZX SX 分公司未来的破局道路。Z 总提出改变现有的人力资源管理模式，这一想法引起了大家的激烈讨论，其中有支持者也有怀疑者，在大家你一言我一语的讨论中，改革的萌芽破土而出……

2. 进退两难，大幕将启

改革之路并不是一帆风顺，Z 总皱着的眉头还没来得及舒展，下一个问题接踵而至。听闻公司改革的消息，员工对于未知事情的抵触使得公司上下躁动起来，抱怨也一股脑地涌了出来。公司内部的部分员工发出了不愿继续培育改革的声音，改革路上出现了许多冲突和碰撞，ZYZX SX 分公司走在了进退两难的独木桥上。

往往内与外的拉扯是最具威力的，当新时代数字市场对线上服务的需求出现，推动着 ZYZX SX 分公司进行人力资源管理体系改革，而员工却不愿接受变化时，这持续地挣扎就会出现一道道触目惊心的裂痕。这样的拉扯最后以前一任领导班子主动提出解散画上了句号。不破不立。2019 年 3 月，ZYZX SX 分公司终于摆脱了进退两难的困境，开始了大刀阔斧的业务转型改革之路，第二届领导班子在此时正式成立。

三、潜心修炼定乾坤，革旧维新斩荆棘

金色的阳光透过玻璃窗，照在了会议室里 Z 总的身上，透出一份义无反顾的孤勇。在广泛调查与研究的基础上，他召集包括公司人力资源部门主管在内的 9 名负责人，成立了人力资源管理体系改革小组，其目的只有一个：打赢这场 ZYZX SX 分公司人力资源管理体系的"破局之战"！改革之花在这间温暖的会议室中悄然绽放……

1. 筛选人才，人岗匹配

改革小组成立后，首要面临的就是人才匮乏问题，ZYZX SX 分公司转型急需相关的专业人员。根据总公司下发的招聘要求，改革小组进行了优化完善，在第一轮招聘工作开展时，改革小组在各部门人才需求的基础上将总公司的名额根据岗位进行了分配，由相应部门确认后将招聘人员的需求细则列出，反馈到党群综合部，由此处统计整理后组织招聘工作。

招聘工作分为社会招聘和校园招聘两部分。官网上发布招聘公告后，简历不停地进入邮箱，发出"叮咚、叮咚"的提示音。另一边，校招也在如火如荼地进行，校园宣讲会召开并组织校园招聘，学生们一沓沓的简历被带回公司。L 主管想着：改革的第一步总算是迈了出去。简历收集完成后，要对所有简历进行初步筛选，然后组织面试者参加笔试考评；笔试合格的应聘者才被允许参加面试，面试包括一面、二面、三面 3 次考评；面试完成后，人力资源部门将 3 次总成绩综合评估，选出成绩符合要求的面试者予以录取。如果是校招，公司会与录取者签订三方协议，待正式入职后使用学位证书和毕业证书置换劳务合同；如果是社招，被录用者要在签订劳务合同后先经历试用期，通过试用期才被

允许转为正式员工。在招聘活动结束后，公司人力资源部门负责对本次招聘效果进行评估，优化招聘流程，为开展下次招聘工作积累经验。

ZYZX SX 分公司员工的招聘流程如图 20-2 所示。

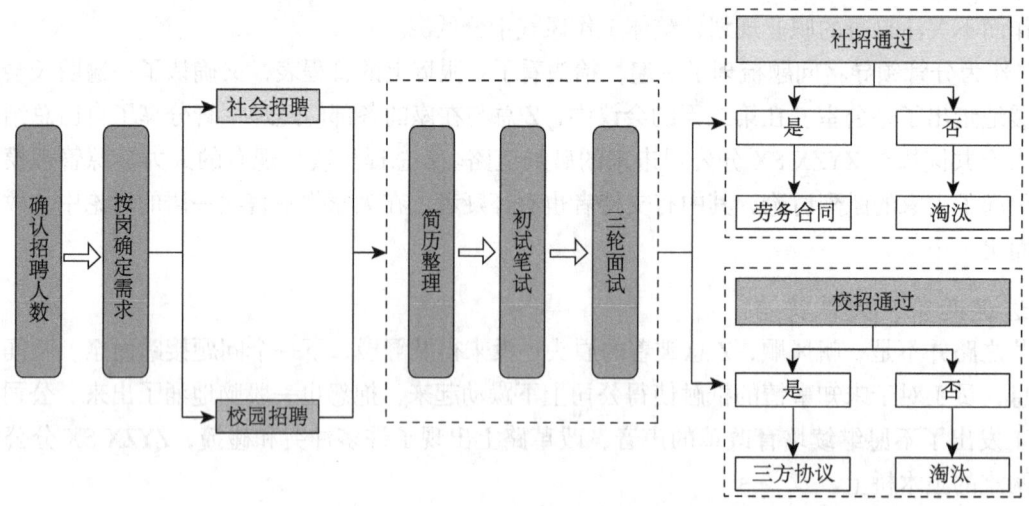

图 20-2　ZYZX SX 分公司员工招聘流程

2. 内部培育，助力梦想

新员工加入公司后，Z 总又犯了难：一来，职业上升过程中，员工们总是感受到自己与目标间的巨大差距，尤其是在知识量方面，更觉匮乏；二来，新员工需要快速熟悉业务，尽快融入集体，却不知如何加强和团队成员之间的交流。怎样才能解决这些问题呢？

在办公室中踱步的 Z 总灵光一现：为何不提供一个可以提升员工知识储备，又可以增强团队感情交流的地方呢？当他们知识储备不断提高的同时，也为公司发展储备了人才，真是个一举两得的方法！Z 总拍了一下脑门，喜笑颜开，随即召开了会议。该怎么命名呢，既要实现员工的期望，又要为公司储备人才。梦想？训练员工提升知识储备为公司储备人才，就叫梦想训练营！经过投票表决后，这个项目的名字算是敲定了，但具体实施方案仍需要构思。

经过大家的一番讨论后，实施方案逐渐有了些眉目。梦想训练营的人员由教练、老师和学员 3 部分组成。为了保证培训的效果，人数不宜太多，在经过试验后，改革小组认为每一期的参营人数在 20 人左右为宜。学习目标则由学员根据 SMART 原则自己制定，即目标要具体（Specific）、可衡量（Measureable）、可实现（Achievable）、切合实际（Realistic）且在规定的时间内（Timed）完成。

教练从公司内的部门经理中选取，主要负责不断调整团队方向，跟进个人行动计划；而老师则从公司的前辈中择优选取。学员入营后的第一件事就是由老师向员工分享自己的奋斗经历，之后为员工讲解公司的发展规划，加深新员工对公司的了解程度，增强员工的归属感。在参营的每一阶段中，学员如果没有完成对应的目标和课程考核就要被淘汰，完成的学员可顺利结业，下次创营时可以继续报名参加。

创办梦想训练营的消息一经放出，受到员工们的大力支持，大家纷纷踊跃报名参加。在梦想训练营中，学员们不仅完成了自己的目标，还对企业文化有了进一步的理解，并通过层层考核成功结业。

案例 20
立马长安终有日　百战更始得人心

这些学员成功的案例给了公司很大的信心，使员工和公司同频共振，工作也有了动力，业绩明显提升，在工作中团队的凝聚力也明显增强。梦想训练营取得了超预期的效果，培养出了一批真正有理想、有担当、有知识的后备力量。

3. 薪酬优化，保障权益

梦想训练营只有部分员工可以参与，想要激发全部员工的内在驱动力便成了接下来的难题。Z总一边想一边和改革小组的成员商量，什么是涉及全员利益的关键要素呢？

Z总想到了和人力资源部门的C主管商讨，C主管一路从基层奋斗到现在，对于各个阶段的员工需求都了如指掌，尤其是薪酬方面。C主管提出，员工最重视的还是工资薪酬，改革小组也一致认为薪酬才是最实际的。Z总当机立断：就从薪酬开始着手进行调整！C主管认为由固定薪酬、可变薪酬、间接薪酬及各种福利等组成的薪酬结构已趋于成熟，提议将薪酬结构在固定薪酬和五险二金（基本养老保险、基本医疗保险、失业保险、工伤保险、生育保险、住房公积金、企业年金）的基础上进行一些优化调整。首先可以在日常工作中加入积分制，根据工作目标的完成率积分，每个季度汇总一次，员工可以根据需求用相应数量的积分兑换各种电器奖品，实现短期薪酬激励与长期积分激励。

在薪酬方面，改革小组决定将薪资条目明细化、信息化，员工线上就可以查询工资的详细内容，以此明确自己的努力方向，提高工作效率。公司还为员工新增了员工申诉渠道，在薪资数目遇到问题时，可以通过线上渠道进行实时核实和申诉，有效保障了员工的正当权利，鼓舞了员工们的士气。另外，在遵守国家的政策法规前提下，改革小组参考行业福利水平，结合企业文化，适应工会组织要求，制定出了更加完善的福利制度，包括交通补贴、餐饮补贴、话费补贴、防暑降温、采暖费、独生子女费等在内的一系列补贴。

这一举措很快带来了成效，公司氛围重新焕发了生机，大家都铆足了劲向前冲，立志成为积分最多的优秀员工。

4. 人文关怀，后顾无忧

Z总认为，要想做到全方位的改革，对员工的关怀也要重视起来。改革小组随即展开了员工在公司内需求的调研工作。调研结果显示，70%的员工对请假制度比较关心，又考虑到男员工与女员工对假期种类的需求不同，人力资源部门对调研结果讨论后决定对休假制度进行修改和完善，制定了包括年休假、产假、流产假、产检假、哺乳假、计划生育假、男员工护理假、病假、事假、工伤假、探亲假、婚假、丧假等在内的各类假期，并且全部实现线上请假、销假等操作，员工可根据自身需求申请假期。此外，改革小组又增加了对三期员工（孕期、产期和哺乳期）关怀措施的条例：处于孕期8个月及以上的员工，班次全部安排为白班，以此来照顾员工的身心健康，产期员工可带薪休产假，哺乳期员工可使用公司建立的母婴室，拥有必要的私人空间。在保证业绩的基础上，产后员工还可以申请居家办公，有效解决了员工上班和哺乳矛盾的问题。

人在满足了基本的生理和安全需求后，就会有更高级的情感需求。基于此，公司从人文关怀角度出台了一系列措施。例如，公司为入职3个月并通过考核的员工定制蛋糕；邀请入职6个月的员工给两年后的自己写一封信，并在两年后寄回给员工，加强员工和企业的情感交流。

ZYZX SX分公司关注每一位员工的努力，重视他们的付出，不让他们的汗水淹没在茫茫人海中。人文关怀是一种不同于物质激励的精神激励，增强了员工的幸福感及员工对组织的认同感和归属感，是ZYZX SX分公司的精神文化所在。

5. 横纵结合，激发创造

Z总了解到，一线员工常常干活多，薪资少，付出和回报不成正比，也是员工缺乏积极性的根本原因。这一现象引起了公司高度重视，为了调动员工的积极性，改革小组提出了横纵结合的绩效考核制度方案：星级动态管理和竞聘相结合，为员工提供全方位的才能施展舞台。

纵向星级动态管理是将服务营销中心的生产岗位计件类、非计件类员工及班组管理人员定为星级管理岗位，每一个季度对员工的星级进行一次考核评估，评估完成后就可以根据结果来判定员工是否晋升，薪资是否增加等。横向发展包括统一竞聘和组织的调配，竞聘时先根据公司的编制分岗，将所有岗位分为3批下放到6个部门，然后静等员工投递竞聘简历，两天后人力资源部门对参加竞聘的员工进行资格审查，组织审查通过的员工参加面试，由参试者抽签决定自己的面试顺序，面试过后由各部门负责人组成的评委团为其打分，最后将竞聘者按照成绩排名公示拟录取结果。公示期过后，在固定时间为竞聘成功的员工发放聘任通知，随后正式转岗。组织调配则由总公司实施，所有员工只需听从相关部署安排即可。

星级动态管理的内容和竞聘流程如图20-3所示。

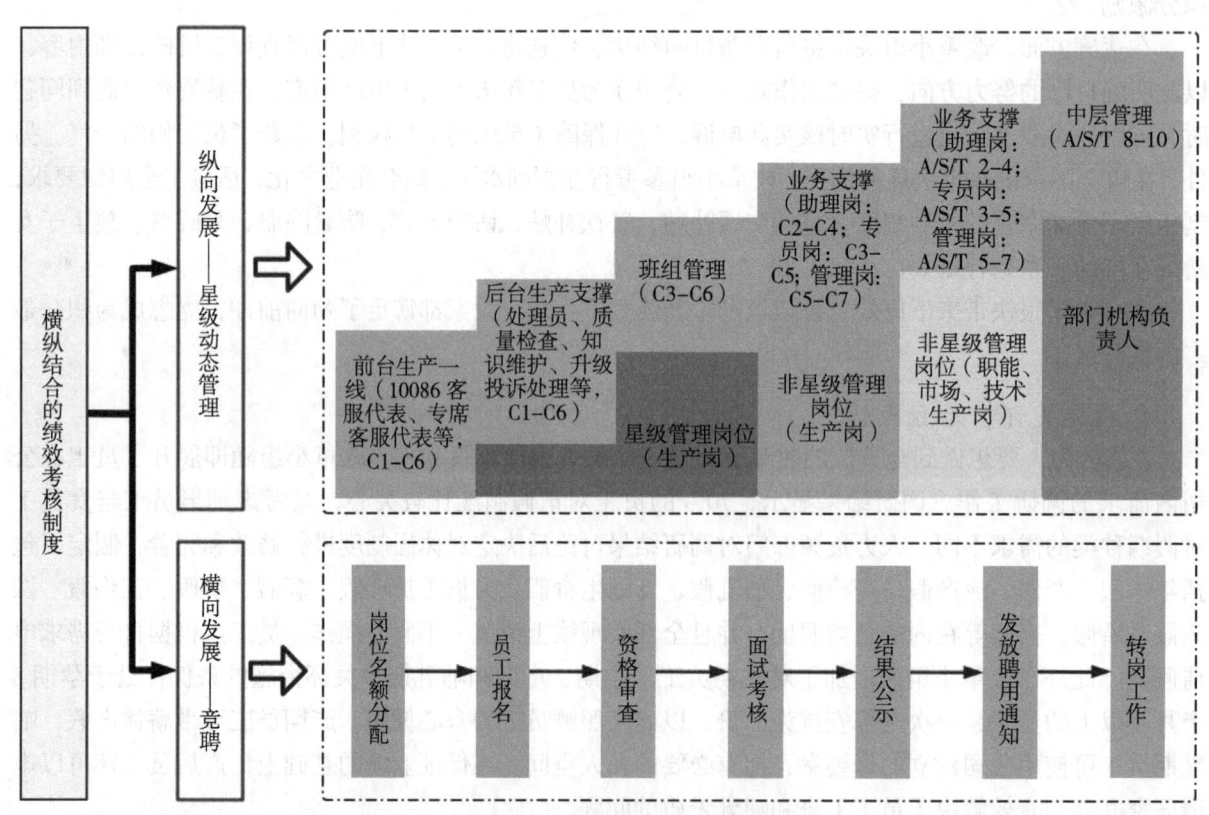

图20-3　星级动态管理的内容和竞聘流程

四、一往无前万里行，拨开云雾见光明

1. 欣欣向荣，未来可期

寒随一夜去，晓从东方来。忙碌一天的Z总从椅子上站起来，长舒一口气后脸上露出了欣慰的笑容，

带着对未来的憧憬离开了办公大楼……

全新的人力资源政策激活了个体，调动了广大员工的积极性和创造性，ZYZX SX 分公司顺利步入了发展的快车道，一切都在朝着好的方向发展。在员工方面，公司持续优化人力结构，本科以上人员占比提升 10%，为发展注入新生力量，全体员工综合素质排名跃升至全国前 10；新的人力资源体系施行后，员工的月薪上涨率达到 62%，12 类不同岗位中有 10 类岗位的月薪上涨人数均大于降低人数，员工工作积极性高涨，企业凝聚力快速增强，极大激发了员工的工作积极性。在成果方面，ZYZX SX 分公司在 3 年间实现扭亏为盈，取得了高达 3 亿元的销售佳绩，同时公司因勇于创先争优、敢于担当责任，在业内树立了良好的企业口碑和企业形象，先后荣获陕西省国防工会"五一巾帼标兵岗"、省级"青年文明号"、省级"先进集体"等荣誉称号。这些与 ZYZX SX 分公司大胆的人力资源改革有着密不可分的联系。

一波未平一波又起，2019 年年底初突如其来的疫情在全国蔓延，ZYZX SX 分公司通过制定对策，采取应急措施，迅速实现全员居家办公，成为通信三巨头中最快实现线上办公的公司。ZYZX SX 分公司的应对措施，为响应国家号召"非必要不出门"的消费者们提供了一个便利的网络环境，同时也为战胜疫情贡献了自己的一份力量。

2. 尾声

"叮咚"，午餐时间，恰在食堂吃饭的公司员工都收到了 Z 总发来的短信："时光荏苒，转眼就要和艰难的 2020 告别了。这一年，难忘我们在无常变化中的砥砺奋进，难忘彼此平凡点滴间的温暖感动！因为每一个人的坚守与责任，分公司在严防疫情的同时，还取得了良好的业绩。此刻，我代表公司要深深向你们说一声感谢，感谢你的相信，感谢你的努力，更感谢你的贡献！2021 让我们凝心聚力，筑梦在线，继续写下属于我们的故事……"事实上，正是因为一起经历过磨难，大家才会同心协力地跨过这艰难的 2020 年。

发完短信后，Z 总独自一人来到了 ZYZX SX 分公司的荣誉墙面前，望着满墙的奖状，他展现出了属于中移人的那份从容和坚定。懦夫永不启程，强者勇攀高峰，即使身处逆境，依然努力上升！这场一往无前的改革，真正做到了拨开云雾见光明！

案例使用说明

一、教学目的与用途

1. 适用课程
"人力资源管理"。

2. 适用对象
MBA 学员、人力资源管理类硕士研究生、本科生。同样适用于企业人力资源管理体系的优化，尤其是针对移动通信企业的人力资源管理。

3. 教学目的
本案例以 ZYZX SX 分公司人力资源改革为主线，描述了 ZYZX SX 分公司人力资源优化改革的过程，其中包括招聘、薪酬绩效、开发与培训、晋升等方面内容。本案例旨在通过对实践行为的分析，探索 ZYZX SX 分公司人力资源结构的优化过程，帮助学员了解人力资源的基本职能，提高学员对实际问题的分析能力和解决能力。具体而言，本案例的教学目标包括以下几方面：
① 引导学员理解人力资源管理的意义；
② 帮助学员学习招聘的基本流程；
③ 引导学员掌握薪酬结构的相关内容；
④ 帮助学员了解培训与开发的方式；
⑤ 启发学员对员工晋升通道形式的思考。

本案例所涉及的知识点如下：
① 招聘流程；
② 薪酬绩效管理；
③ 培训与开发；
④ 晋升通道的形式。

二、启发思考题

① ZYZX SX 分公司构建全新的人力资源管理体系时采取了哪些措施？为公司带来了什么成果？
② 试分析 ZYZX SX 分公司的员工招聘有哪些流程。
③ ZYZX SX 分公司在薪酬方面是如何优化的？
④ ZYZX SX 分公司设立梦想训练营的目的是什么？
⑤ 在员工晋升通道和人文关怀方面，ZYZX SX 分公司是怎样改进的？

三、分析思路

教师可以根据自己的教学目标（目的）灵活使用本案例。这里提出本案例的分析思路，仅供参考。

本案例主要对 ZYZX SX 分公司在业务转型时，遇到的人力资源方面的问题进行了梳理。首先，案例讲述了 ZYZX SX 分公司的分离背景，引发学员对公司困境的思考，帮助学员了解人力资源管理基本职能的内容；然后，案例通过讲述 ZYZX SX 分公司在招聘、薪酬、培训与开发、晋升等方面的优化和改革过程，引导学员学习人力资源管理的具体措施；最后，案例通过讲述 ZYZX SX 分公司改革后取得的成果，帮助学员理解人力资源管理对公司发展的重要性，引导学员学会在解决实际问题时合理运用相关理论。

该案例的具体分析思路如图 20-4 所示。

案例 20
立马长安终有日　百战更始得人心

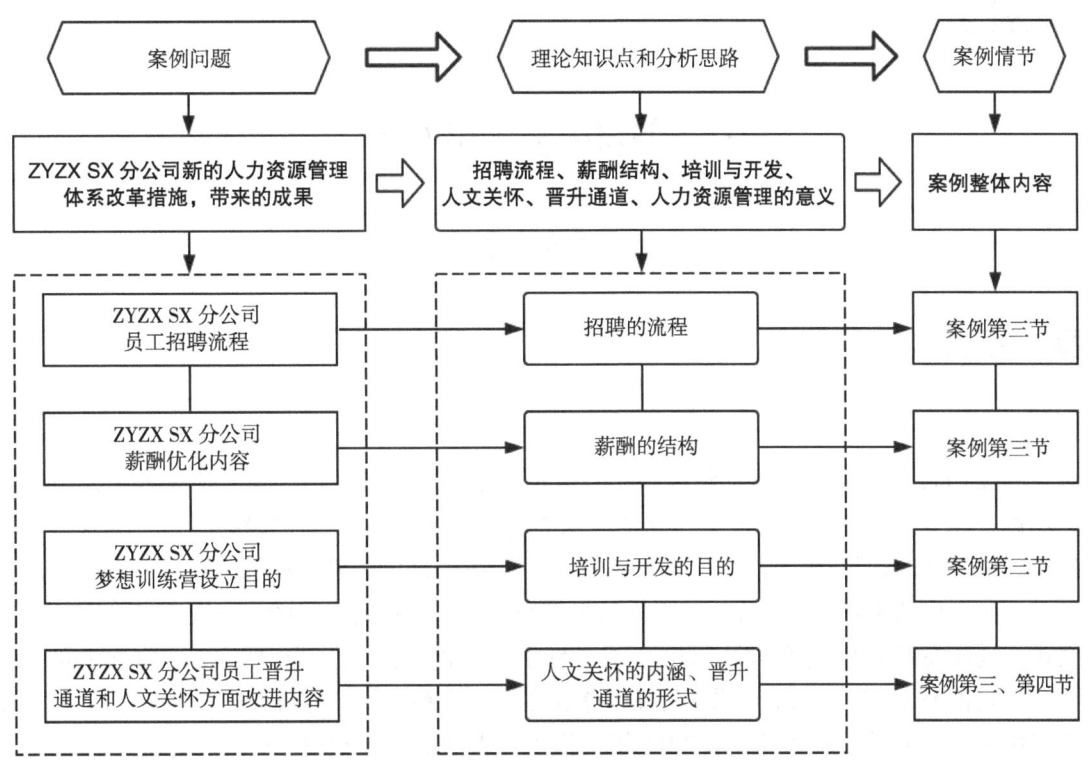

图 20-4　该案例的具体分析思路

案例 21

一滴香油的百年征程[①]

薛君 黄当玲 张利 雷琴

案例正文

引言

对于张安而言，2017年既是忙碌的一年，也是收获的一年。在这一年，他完善了公司的网络销售系统建设，建立健全了网络销售管理制度。到2017年年底，一年的忙碌终于初见成效：公司线下销售额达到了9600万元，线上销售额则突破了2000万元，总销售额首次过亿元！看着面前的销售报表，坐在办公室里的张安感慨万分：从最初的乡镇小油坊，到销售过亿的行业翘楚；从商场超市单一销售模式，到现在顺应电子商务发展潮流，开始线上线下相结合的新销售模式，只有他清楚自己为此付出了多少艰苦努力。这丰硕的成果，见证了张安在创业之路上的坚持与艰辛，更是对他在"张兴邦"发展道路中一次次艰难抉择的肯定。2017年，张兴邦香油坊建立整整100周年，而早在两年前，张兴邦小磨香油已位列国家非物质文化遗产行列。如张安所言："'张兴邦'是我老爷爷的名字，他是油坊的创始人。当时品牌命名的初衷就是好好做香油，做出好香油，不愧对祖先的名号。"看到企业今天的发展势头，我们不禁好奇，从一个乡镇香油作坊发展到年销售额过亿的企业，这背后到底有着怎样的故事？怀揣着对这个传承了100年的国家非遗产品的好奇，笔者深入了解了这一滴香油诉说的跌宕起伏的故事。

一、前世今生

1. 千里逃荒，油坊兴家

20世纪初，大批因黄泛受灾的山东人逃荒大迁徙，其中就包括张兴邦一行人。他们从老家山东菏泽来到陕西省三原县西阳镇，有的投奔亲友生活才有着落，像张兴邦这样无处依靠的便以要饭为生。那个时候的张兴邦，无地可种，无房可住，在土原上挖出来个窑洞，能给一家人遮风避雨，这便是他最初的家。传闻张兴邦身高2.1米，并因力大无穷而在镇上颇有名气。后来适逢镇上有个大财主，得了匹无人能驯服的好马，听闻张兴邦身强力壮，便请他来驯马。张兴邦利用自己的身高优势，一把抱住马脖子将其摔倒，成功将这匹好马驯服。说来也怪，这匹马后来只认张兴邦，只有张兴邦一人能驯服它。无奈之下，财主只好留下他养马。自此张兴邦从原上的土窑洞搬下来，每天给财主喂马。随着双方逐渐熟悉，两人的关系也日益亲近。一次，财主在聊天中听说张兴邦会磨油，便以换工的名义给

[①] 案例来源：中国管理案例共享中心，并经案例作者同意授权引用。
本案例于2018年11月12日入选中国管理案例共享中心案例库。
由于企业保密的要求，在本案例中对有关名称、数据等做了必要的掩饰性处理。
本案例只供课堂讨论之用，并无意暗示或说明某种管理行为是否有效。

了他几间房，一盘磨，老张家小磨香油坊就这么开起来了。

三原县西阳镇自古以来就是关中出口要塞，更是历来商家云集之地，被誉为关中的"旱码头"。借着商贸资源丰富的地理优势、财主的帮助及张兴邦自身的努力，靠着香油质地醇香和诚信经营，老张家小磨香油坊的生意蒸蒸日上。后来，在积累了一定资本后，张兴邦向财主买下了油坊产权，从此以老张家小磨香油坊的名号闻名于三原大地。

老张家小磨香油坊在近代历史浪潮中度过了几十载春秋后，已经从起初的小作坊变成镇上首屈一指的大油坊，在邻里之间颇受好评。中华人民共和国成立后，张兴邦主动将油坊上交国家，他和他的儿子开始在自家油坊上班挣工分。随着时势发展，油坊逐渐被分拆，张兴邦和他的儿子也逐渐退出了油坊，自此老张家的香油坊逐渐消失在历史的尘埃里。

2. 涅槃重生，踏上征程

改革开放后，由于三原历史上便以香油制作闻名，因此在后来的几年里，香油作坊成为西阳镇的热门产业。1990年，初中毕业后回乡工作的张安偶然之间听爷爷讲起当年自家油坊的往事，便产生了重开油坊的想法。于是，他辞去村电工职务，从小油坊起步，开始了自己的小磨香油制作之旅。创业之初，由于家里油坊已多年未开，张安并不懂得香油制作工艺，于是他开始请教家族里的老人，坐在炕上听他们述说当年的故事，讲解香油制作的细节和自家香油当年独有的"制作秘籍"；同时，凭借做电工时和附近几家油坊建立的交情，上门讨教制作香油之道。掌握基本工艺后，他又通过书籍等各种渠道获得外部信息，了解香油行业的国家标准，比较外省和陕西的香油制作工艺差异。经过几年持续的努力学习，张安的油坊逐渐做得有模有样，规模也不断扩大，1996年更是建起了一个拥有多达280口油锅的香油加工厂，产量实现了质的飞跃，张安也变成了大家口中的西阳镇香油王。

2002年，受市场上品牌化发展趋势的启发，张安开始考虑建立自家的香油品牌，当他提出想以老爷爷张兴邦的名字作为自己的香油品牌时，家族里的老人们表达了他们的忧虑，他们担心他做不好香油，保证不了油品的质量而辱没了前辈的名声。面对长辈们复杂的目光，张安铿锵有力地作出了保证：用前辈的名字做自己的品牌，就是为了时刻警醒自己，不做坑人骗人的事情，以好质量好名声的产品为家族为前辈争光！最终，他赢得了家族中老人们的一致信任，以自己老爷爷的名字为注册商标，开办了三原兴邦油品有限公司，从此，"张兴邦"这个名字第一次作为品牌出现在人们的视野中。经过多年努力后，"张兴邦"逐渐成为三原乃至整个陕西香油制造业响当当的金字招牌。除了对自身发展的有力促进，张安的品牌之路对陕西香油制造业的品牌化发展也起到了引导作用。自此，老张家香油坊以"张兴邦"之名开启了新时代的新旅程。

二、品牌之路

1. 回马陕西，小试牛刀

在我国，虽然河南省和河北省是主要的小磨香油生产基地，但陕西省三原香油无论从产量还是品质来讲在业界一直较受肯定，是国内香油调味品业的排头兵。由于该县历史上一直有生产香油的传统，所以香油产业在三原县一直较为兴盛。目前，在三原县15万城区人口中，从事香油生产制作的有2000余人。为了支持香油产业的发展，政府还建立了香油产业园，在税收政策等方面对入园企业进行支持。据不完全统计，三原香油产量大约占全国香油总产量的17%。早在2013年，该县香油产业已实现产值8亿元，利税2000多万元。

考虑到当地香油生产的实际情况，在品牌建立之初，张安将主要精力放在开发东北、云南等地市场，2003年又进入银川、兰州市场，一直到2005年，积累了足够的市场运作经验后，张安才决定进入陕西市场。入市之初，张安就决定走超市代销之路，与当地华润万家大卖场合作进行销售，自此"张兴邦"香油正式集中精力，进军大本营——陕西本土市场，并凭借良好的产品质量和强大的营销攻势，很快在陕西市场一炮打响。

2. 追求品质，找准定位

"张兴邦"顺利进入陕西市场后，销售量日渐提高，市场形势一片大好。就在大家都松了一口气，想要庆祝入市大捷时，张安却陷入了对当时市场产品和销售情况的深刻反思：香油产业是一个高利润的行当，从原材料到生产加工，再到销售，本就存在着较高的利润差，然而他发现当时的陕西香油市场鱼龙混杂，大部分商家为了谋求更高利润，往往在香油里掺杂其他种类油料，以次充好。张安回忆起当时的市场状况，说道："当时香油行业中一直流传着这样的一句话：'油掺油，鬼见愁'，纯芝麻油中掺杂10%的花生油，就可以提高30%的利润，可见当时香油市场的混乱。"面对高额利润的诱惑，张安开始思考自己到底应当怎么办？该为了利润而随波逐流吗？他回忆起自己创立品牌的初衷，想到自己的品牌承载着祖先的声誉和父辈的期望，不容因当下的利益而玷污。同时，他也意识到在纯香油和调和油共存的情况下，"张兴邦"这个品牌难以得到消费者的长久信任，如果利润来源主要是调和油，自己也没有信心去冲击全国香油品牌前列，企业更不可能得到长远的发展。

2007年，经过认真思考，反复考证，他决定将自己的品牌定位于坚持品质、货真价实，哪怕利润降低，也不以掺杂其他油类来欺骗消费者。很快，在公司大会上，张安宣布了一个让所有人惊讶的决定：砍掉"张兴邦"牌调和油，专心制作石磨磨制的纯香油。这个决定一出，无疑是要给三原兴邦油品有限公司进行一场大手术。占据公司全部订单近60%的调和油订单全部取消，只靠剩下的为数不多的纯香油订单维持，工厂设备大量闲置停工，工人没有活干，销售额出现大幅下滑。市场销售人员怨声载道，甚至身边的家人和朋友也不认同他这种做法，认为他这样做既损害了其他经销商的利益，又影响了自己的收益，完全是损人不利己。但一切困难都在张安的预料之中，他也已经做好了足够的准备迎接这场风波的到来。他鼓励自己的员工说："这样的阵痛在企业发展中是难以避免的，我们已经准备了足够的资金扛过这场风浪。大家要坚定信念，相信风雨过后会见到彩虹！"经过反复做工作，员工逐渐接受了张安的想法，做好了共渡难关的准备。张安坚信，眼前的困难都是暂时的，从长远看，一流的产品质量终会创造一流的品牌，也终会奠基百年的基业。至此，他们终于明确了"张兴邦"的品牌定位，找到了企业在发展前进中的方向。

3. "香正""谷王"，横空出世

1998年，厂区位于西安某城中村的"香正"牌香油进入陕西市场，因为同样专注于产品质量的稳定和提高，逐渐在陕西市场声名鹊起，占据了不可或缺的地位。2005年，随着"张兴邦"进入陕西市场，双方不可避免地展开了市场竞争。当时，"张兴邦"的品牌知名度虽然大过"香正"，然而"香正"由于在陕西有一定客户基础，所以依然占据着较大的市场份额。有趣的是，由于双方在经营理念上有诸多契合之处，张安和"香正"董事长在竞争中竟然惺惺相惜，逐渐变成了朋友。2013年，城中村拆迁改造，"香正"厂房不得不迁址，考虑到重新建厂区投资过高，且当时"香正"董事长身体欠佳，于是萌生了退出市场之意。张安回忆起当时的情况，说："我们在竞争中成了互相了解对方品牌的朋友，他觉得没有人比我更懂他的品牌，于是希望我能收购'香正'。"于是，两人经过深入交谈，最终张安决定满足老朋友的心愿，正式收购"香正"。

收购"香正"后，考虑到"张兴邦"作为企业目前的唯一品牌，未来的发展方向是走向全国，树立高端产品形象,"香正"于是被定位为继续延续原有的制作工艺,利用原有的客户资源优势,作为企业在陕西当地市场上的形象代言品牌予以培育。之后几年,在经过一系列的品牌整顿和价格调整后,张安将"香正"品牌定位为西北市场的主打品牌,虽然当时其产品价格比一线大品牌如金龙鱼高近30%,但依靠过硬的产品质量和长期以来在消费者心目中积累的优良口碑,"香正"的市场销量依然可喜。

此后,三原兴邦油品有限公司针对餐饮类市场需求量大,成本控制严苛的特殊需求,又注册和经营了专门面向餐饮类市场的"谷王"品牌。至此,三原兴邦油品有限公司形成了全面覆盖高、中、低端市场的三大品牌:"张兴邦"面向全国市场,树立高端品牌形象,从配料、包装、价格等方面精确定位,满足高端市场需求;"香正"面向西北市场,在保证质量稳定并高于同类品牌的基础上,与同类产品保持同水平价格,回馈企业所在地市场;"谷王"品牌则主要面向餐饮市场,流向各大城市餐饮行业,坚持质量更优、价格更低的宗旨。经过这番调整,公司不同品牌产品运作协调,销量也日渐提高,形成了对香油市场的全面品牌覆盖,具备了在各个分市场展开竞争的实力。

三、发展征程

1. 抓住机遇,拓疆网络

伴随着近年来电子商务的高速发展,诞生了众多卓越的电子商务销售实践成果。在对众多企业的电子商务实践进行了解分析后,张安认识到传统企业要想稳固发展,必须紧跟科技发展的脚步。在保持传统的地区代理制及商场超市销售模式的基础上,张安开始大兴网络营销,将公司产品销售模式转型为线上线下相结合,充分利用互联网发展网络平台销售业务。2015年,张安开始尝试微商代销,2016年,"张兴邦"品牌入驻淘宝、天猫等电子商务平台,面向广大网上消费者。借着电子商务的东风和"张兴邦"卓越的品牌知名度及用户黏性,三原兴邦油品有限公司网上销售额蒸蒸日上,屡创新高。如图21-1所示,目前公司网上销售额已突破2000万元。根据公司网上销售的发展需要,凭借对未来电子商务发展的充足信心,张安注册了西安新农人电子商务有限公司,开始逐渐完善公司的电子商务业务及网络营销体系。

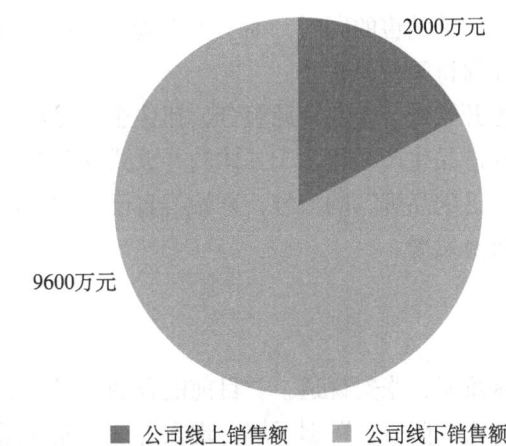

图 21-1 三原兴邦油品有限公司线上线下销售额对比

目前,三原兴邦油品有限公司的网络销售体系日益完善,已经形成了多元化的网络销售模式。除在淘宝、天猫等传统的电子商务平台销售产品外,逐渐拓展到与今合网、公益中国(公益中行)等共享平台进行合作。张安认为，从费用高昂的传统电商平台逐渐转移到像"公益中行"这样的扶贫平台，实现将平台的支出费用转移到回馈消费者和贫困人群，是"张兴邦"探索的有效电商之路。在网络销售渠道多元化发展的基础上，张安对公司的网络销售业务实行专人专职的项目管理制，每个项目负责人主管自己的电子商务平台销售及网络营销工作，具体操作事项无需通报经理，而经理只需负责对接各个项目。同时，对于各项目负责人的薪酬制度，张安实行合伙制的运行模式，即每个网络平台销售项目按照其利润额提取一定的比例作为项目负责人的业绩提成，这样一来，极大地刺激了每个负责人的积极性，进而提高了网络平台的产品销量。

在电子商务风头强劲的今天，张安逐渐认识到，产品的销售模式将发生变化，网上销量会逐渐提高。他深刻意识到，公司即将伴随时代发展进入一个新的阶段，因此他开始有意减少商超大卖场的投入。"为避免固定的线下商超销售额逐渐被网络销售替代的风险，我们正在进一步完善公司电子商务销售系统，紧紧跟随时代变迁，实现公司与时代的同步发展。"

2. 开拓思路，多元发展

近年来，随着公司管理和销售工作日趋稳定，张安在坚守小磨香油拳头产品质量的同时，开始对公司进行多元化发展的尝试。首先，张安利用自己在长期生产中积累的经验，开发油品生产设备并进行市场销售。众所周知，小磨香油由石磨盘磨制，经水代法萃取方能完整保留芝麻中的营养成分，在整个生产过程中，石磨是保证产品质量和决定生产效率的关键。为了提高产量，张安自主研发了高质量的石磨，并申请了专利，大大提高了石磨磨制的产量和效率，同时保持石磨磨制的原理不变。由于该磨盘方便、实用，因此受到很多香油生产商的欢迎，目前市场销售稳步上升。

此外，2017年，张安成立了子公司——陕西兴邦餐饮文化管理有限公司，推出"张兴邦"岐山擀面皮连锁加盟项目，针对长期以来这一民间小吃广受欢迎但保质期短难以远程销售的现状，运用现代企业生产和管理模式，将这一陕西特色民俗小吃按照国家标准进行生产，严格操作程序，对生产过程中的各个环节进行HACCP（食品安全认证）管控，建立了有效的质量管理体系和一系列完善的规章制度，最终在国家和省级部门多次抽检中合格率达到了100%。他们在调料中使用"张兴邦"自有产品，从而形成了自己的产品特色，保证了产品质量，并在销售中借力"张兴邦"品牌在消费者心目中已有的良好声誉，大力开展连锁加盟项目。目前，该项目已经受到消费者和经销商的广泛关注，开发了200余家连锁店铺。在线下店铺销售的同时，加工生产袋装"张兴邦擀面皮"进行线上销售。如今兴邦餐饮渐渐走上正轨，产品深得消费者喜爱。

在产品生产的同时，张安也开始进行企业资源组合，抓住企业优势，利用公司特有的生产设备，将公司产品生产线发展成集自身产品生产和代工于一体的开放式共享型平台。他们提出了"就算你没有自己的工厂，你也可以构建自己的品牌"的口号，开始将自己的加工厂当作孵化器，在不断满足其他企业产品需求的基础上实现自身发展。

四、未来展望

当提及企业发展中遇到的困难时，张安说道："目前的香油国家标准不太适合我国现实，这对于香油行业的长远发展来说具有很大的阻碍。"据了解，现在香油产业的国家标准沿用的是欧洲法典，在本质上并不适用中国的情况。在欧盟国家，香油一直是生榨制取，不像中国需要将芝麻炒熟磨制，因此其麻油中苯并芘的含量要求差别巨大。中国的芝麻油是熟性，是香油，而国外只有芝麻油，没有香油的概念，因此直接将欧洲法典作为国家标准，对香油行业的发展造成了某种程度的限制。张安说：

"目前我也只能尽量回避这一限制,用平台化发展等模式谋求企业的发展。希望未来有那么一天,当'张兴邦'品牌占据行业前端后,自己可以拥有话语权,对香油行业标准的制定提出合理的建议,谋求行业的更快发展,同时也让'张兴邦'这一品牌更大更强。"

案例使用说明

一、教学目的与用途

1. 适用课程

本案例适用于 MBA 教学中的"营销管理""品牌管理""创新管理"等课程。

2. 适用对象

本案例可以用于 45~60 分钟的课堂讨论,适用于 MBA 教学、企业管理人员培训等项目。

3. 教学目的

本案例以三原兴邦油品有限公司为例,展示了品牌策略在企业成长和发展壮大过程中的重要作用,可以为其他企业提供借鉴和参考。品牌策略是营销管理课程中的重要内容,通过对该案例的学习和探讨,可以帮助学生了解和掌握以下知识点:

① 品牌的定义及品牌化决策的适用性;
② 品牌定位的含义及内容;
③ 单一品牌和多品牌策略的内容及使用的约束条件;
④ 品牌延伸策略的相关内容。

二、启发思考题

① 根据案例描述,三原兴邦油品有限公司从一个地方小油坊发展成为一个产品年销量过亿的企业,其关键性因素有哪些?

② 根据案例描述,分析三原兴邦油品有限公司采用的品牌定位策略。并根据其品牌定位策略的实施结果,分析品牌定位在企业营销过程中的重要作用。

③ 根据案例提供的素材,讨论三原兴邦油品有限公司的单一品牌和多品牌策略,并进一步探讨单一品牌和多品牌策略应用中应注意的事项。

三、案例分析思路

教师可以根据自己的教学目标(目的)灵活使用本案例,这里提出本案例的分析思路,仅供参考。其分析思路和逻辑路线如图 21-2 所示。

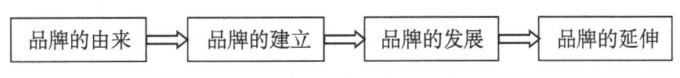

图 21-2 案例分析思路及逻辑路线

本案例的整体分析思路是,首先以张兴邦的百年发展历程为主线,描述"张兴邦"这一品牌的由来,介绍了该品牌从无到有的建立过程;在此基础上,从品牌定位的角度介绍了企业从单一品牌到多品牌并举的发展历程,并关注了企业目前实施的品牌延伸策略,从而使案例使用者了解品牌策略的实施对于企业发展的重要作用。同时,案例在以品牌策略实施为主要关注点的同时,通过对企业进军电子商务领域、实施多元化战略的过程描述，使案例使用者体会企业家勇于创新、开拓新领域的精神对于企业发展的重要作用。最终通过上述内容，引出品牌策略、电子商务等对于企业生存和发展的重要性，并帮助案例使用者理解上述企业营销基本理论的内容和在现实中的应用，最终通过详细的案例说明，突出品牌意识、品牌策略、创新意识三者的概念及重要作用。

案例 22

JJ 食品：乘电商扶贫之风，破企业发展之浪[①]

黄当玲　薛君　唐家琳　张会　张慧芳　吴昱

案例正文

引言

2020 年 3 月 27 日，"京源助农·产地帮扶直播销货"之 SL 市农产品网上推介活动在 SY 县开播，SL 市商务局韩副局长、SY 县金副县长在直播间与网友亲切互动，推荐 JJ 产品。"大家看看 JJ 琥珀核桃仁，是 SY 的一大特产，核桃全部选自 SY 当地。""没错，而且不添加任何防腐剂，营养丰富，是休闲养生的必备零食。""SY 的山好水好环境好，非常适宜核桃生长，产的核桃个儿大皮儿薄，口感很好，大家可以放心购买。"短短两个小时，直播观看人数达 81 万人次，销售农产品 25.4 万元，直播现场异常火热，JJ 产品被一扫而空。

直播结束后，JJ 商贸有限责任公司老总谢总激动地心情难以平静，回想起创业 20 年来的艰辛，过去的一幕幕就像电影一样闪现在他的脑海里……

一、公司简介

SY 县 JJ 商贸有限责任公司创立于 2000 年，地处环境优美的 SX 省 SL 市 SY 县，是一个"八山一水一分田"的山区农业县，同时也是国家扶贫开发重点县。公司于 2012 年进驻 SY 县工业园区，占地 35 亩，发展至今经历 20 余年，已成为西北地区核桃自主加工能力最大的民营企业，主要从事核桃露和琥珀核桃仁的生产和销售。

JJ 商贸严格采用"分级管理、分段负责、质效挂钩、奖罚分明、成品追溯"的管理方法，积极推行 ISO9001 质量管理体系和 HACCP 食品安全管理体系，同时将电子标签、条形码信息技术应用在产品上。在生产中严格执行各项食品生产标准，完全还原了食品的自然颜色和味道，其产品安全可靠、味道独特。在当今社会人们崇尚绿色、回归自然的大趋势下，JJ 牌食品从问世的那一天起，就受到了广大消费者的追捧和青睐。公司先后被评为省重点出口企业、外贸销售国家 AAA 级重质量守信用企业、SX 省 SL 市农业产业化龙头企业，"JJ"牌商标被 SX 省工商局评为"著名商标"，SX 省人民政府授予 JJ 牌琥珀核桃仁为"SX 省名牌产品"。

[①] 案例来源：中国管理案例共享中心，并经案例作者同意授权引用。

本案例于 2020 年 11 月 11 日入选中国管理案例共享中心案例库。

由于企业保密的要求，在本案例中对有关名称、数据等做了必要的掩饰性处理。

本案例只供课堂讨论之用，并无意暗示或说明某种管理行为是否有效。

二、初创期：辉煌的开篇

1. 创业缘起

1996年的中秋节，谢总回老家过节。此时，小村的上空升起袅袅炊烟，田野里不时飘来泥土的芳香。放眼望去，满眼都是累累硕果。路边坐着好多农户，身旁放着装满了核桃的篮子，等待收购商的到来。老乡们看到谢总慢慢走近，热情地打招呼："JJ回来了，现在在哪工作呢？"谢总开心地答道："叔，我在SX省经贸局呢。""哟，那是个好工作啊。"就在这时，一位穿戴整齐的男子走了过来，老乡们纷纷把目光投到了他的身上，开始吆喝道，"来看看我家的，个儿大皮薄肉多。""来来来，尝尝，包您满意。"这位男子环顾了一周，走到了谢老四面前，掂量了掂量，尝了尝："我要300斤，给你三块钱一斤。"谢老四一听价格这么低，不同意，两个人开始讨价还价。几番周折后，谢老四的眼角泛着泪光，叹了口气，强忍了回去，豆粒儿大的汗珠，顺着他青筋暴露的脖颈滑落："成！"就这样把核桃卖了出去。谢总问道，"今年行情不好吗？价格怎么这么低？""今年大丰收啊，全国滞销，价格很低，俺们就靠核桃生存了，这可怎么办啊？"谢老四擦了把汗，继续说道："但是俺的核桃是真的好啊，味美皮薄，口感香酥，就是卖不上价啊。"听到这里，谢总心里很不是滋味，最近几年每次回到家乡，总感觉家乡变得越来越凄凉，年轻人大多都外出打工，村子里留下的都是些老弱病残，靠一点田地种植核桃生存。自己在外有着稳定的工作，过着不错的生活，但是与自己血脉相连的父老乡亲却生活得这般艰辛，如果有机会，一定要改变农村现状，帮助乡亲脱贫致富。但是怎么做才好呢？

谢总出身农村，对农村始终有一份难以割舍的情怀。回去后，每天晚上辗转反侧，思考帮乡亲们摆脱贫困的方法，脑海里浮现了早年间从军时的情景……

每次回家，身边的朋友都会托他带SY核桃。谢总问他们："这都多少年了，SY核桃还没吃腻吗？"朋友笑着说："你是没吃过其他地区的核桃吗？个头小，仁儿小也就算了，苦仁儿还多。不像你们那里的，个头大，皮还薄，吃着可香了。难怪毛主席都夸赞你们那里的核桃呢！"另一个人接着说："你说它是怎么长的，为啥就比我们家乡的好吃？"谢总说："那是因为我们那的环境适合核桃生长，气候湿润，光照充足，降水丰富。"从小在SY长大的谢JJ对家乡的环境了如指掌。住上铺的小伙子问道："听说在SY县的山边、路边、河边，都可以看到漫山遍野的核桃树，我从小爱吃核桃，但是都没见过核桃树。"谢总哈哈大笑："是的，SY核桃已有1000多年的栽培历史，有机会带你这个城里小伙子去我家乡瞅瞅。"

SY县是个贫困县，几乎家家户户都以种植核桃为生，SY核桃口感、质量都不错，从军期间身边的朋友对其评价也颇高，应该有不错的市场前景。谢总灵光一闪：乡亲们守着家乡的富贵果，日子却如此贫苦，如果可以解决核桃销路的问题，那么他们的生活就可以得到很大的改善，这是个好主意啊！

2. 公司成立

经过深思熟虑的谢总终于鼓足勇气，在1997年辞掉了SX省经贸局的工作，放弃了那个多少人梦寐以求的铁饭碗，回乡创业，从事核桃贸易，帮农户们解决核桃滞销、低价贱卖的问题，带动当地经济发展。他自学营销学，开始下海经商，用一年时间，联系到了11家核桃进货商，核桃的滞销问题大部分都得到了解决。在随后的几年间，生意越做越大，客户订单纷至沓来。

谢总发现，核桃价格连年上升，原因可归结为以下几点：一是越来越多的消费者认识到核桃的营养和药用价值，消费比例上升；二是核桃加工业兴起，核桃仁可制成食品、油料等，广泛的用途使核桃销量大幅增加；三是国际市场需求量增加。于是谢总对核桃深加工市场进行了调查，发现利用丰富的核桃资源，开拓新型食品的加工，将原料出售转换为产品的销售，将会有更大的经济效益。于是谢总决定成立公司，做核桃深加工，以 SY 优质核桃为原材料，生产健康、绿色、无添加的产品，打造属于 SY、属于自己的品牌，这样不仅可以增加核桃的附加值，还能解决乡亲们的工作问题。

光阴荏苒，时光如梭，转眼到了 2000 年，凭借前期经商积累的资本，谢总成立了商贸公司，注册资金 2000 万元。为了提高品牌辨识度，增强消费者对公司产品的信任，谢总取个人名字中"JJ"二字，创立了"JJ 商贸有限责任公司"，将自己和公司构成一个命运共同体，同舟共济，荣辱与共。采取"公司+基地（核桃）+农户"的模式，公司采购的所有核桃均为 SY 农户种植，此外还成立了扶贫车间，带动 1000 农户一起发展核桃产业。

由于 JJ 公司的产品健康、绿色、无添加，一经问世便深受当地消费者喜爱，成了礼品市场的首选和节日期间的馈赠佳品，赢得了不错的口碑，销售也渐入佳境，公司销售额由 2000 年的 180 万元上升到 2004 年的 350 万元。在陕西地区各大超市、便利店、县乡零售店等都能看到 JJ 产品。2005 年，谢总成立出口公司，将 SL 的农产品出口至波兰、荷兰、日本等国家，并在国外广受消费者喜爱。至 2012 年底，公司销售额已达 980 万元（图 22-1）。

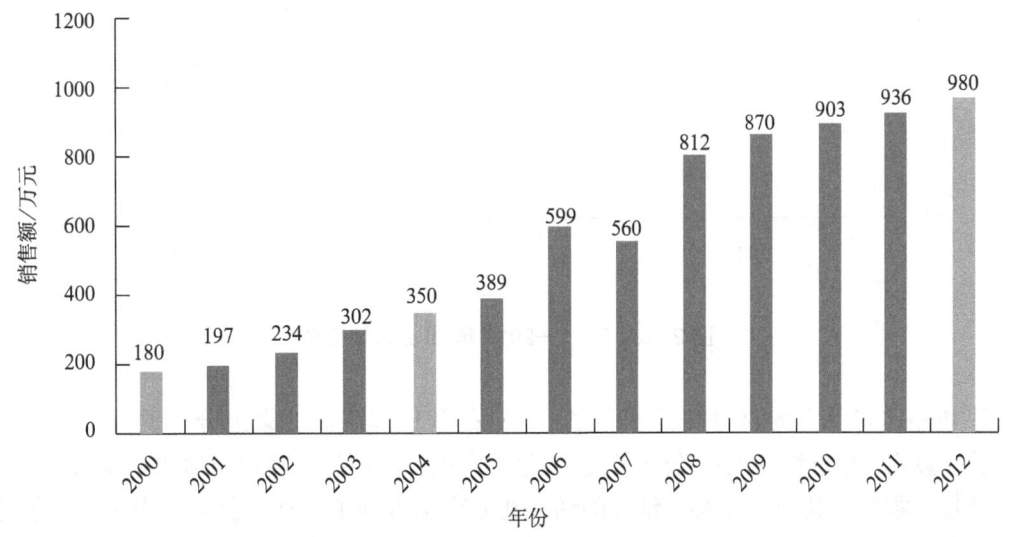

图 22-1 2000—2012 年 JJ 公司销售额

然而，正在 JJ 公司销售业绩蒸蒸日上之际，意外发生了！

三、阵痛期：迷乱的探索

1. 传统渠道拓展

2013 年，礼品市场消费环境发生变化，各行业都受到或多或少的影响，JJ 公司也在所难免，2013 年销售业绩大幅下滑，由 2012 年的 980 万元下滑至 2013 年的 702 万元（图 22-2），同比下降了 28.37%。

2014 年的春天，乍暖还寒，谢总坐在办公室看着手中的财务数据，心情犹如窗外的天气，莫名寒冷。公司刚刚扩建完成，本想带领更多的农户一起摆脱贫困，如今公司业绩每况愈下，而扶贫车间里大多数是当地的留守妇女，靠着这份工作养家糊口，如果公司倒下，那他们又会再次返贫。想到这里，他突然振作起来，决定寻找解决方案，拓展销路。于是召集各部门经理提前做准备，两天后开会探讨方案。

会议当天，谢总环顾四周，首先发言："公司成立这么多年来，在大家的努力下，逐渐取得不错的成绩。但是由于市场环境的变化，导致 2013 年业绩大幅下滑，我们不能坐以待毙，要拓展销路，把业绩提上去，大家有没有什么好主意？"

宣传部王经理是个急性子："我觉得可以通过使用密集型的广告宣传，激发消费者的购买欲望，进而增加中间商的压力，促使零售商向批发商、批发商向生产商进货，那时候销路自然就打通了。"

"不行，投资广告动不动就要上百万甚至上千万，公司刚刚完成扩建，再加上去年业绩不够理想，经不起这样折腾。"财务部李经理摇了摇头。

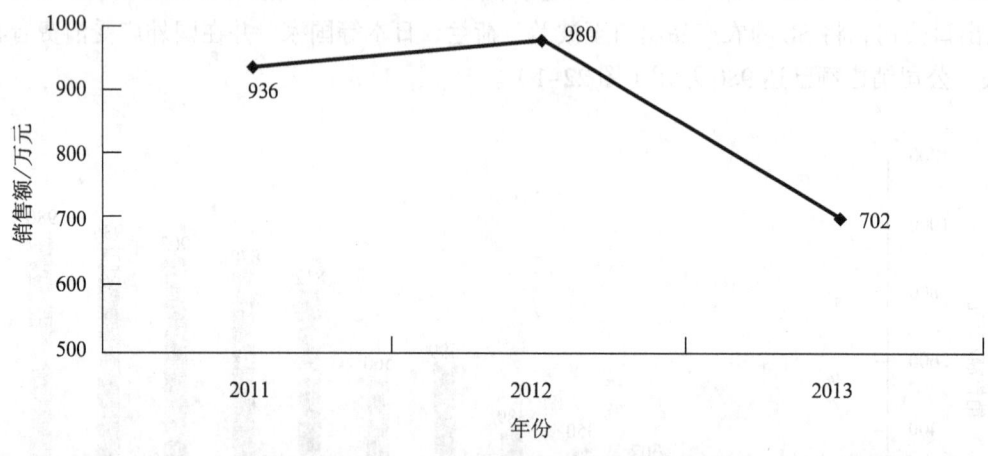

图 22-2　2011—2013 年 JJ 公司销售额

市场部刘经理将手中的材料发给了大家："这是我们部门做的渠道分布调查报告，大家看一下。"过了一会儿，他继续说道："公司经过 13 年的发展，陕西省的经销商达 380 多家，这其中餐饮占 53%，商超、零售、其他占 47%。细分的话，礼品市场占据了 70%，公司也为此开发了礼盒装的产品。但是在大众消费市场这一块儿做的还比较弱，我们部门觉得可以重视起来。"

"公司的产品作为陕西特产，自然是送礼佳品。但是长期以来，可能在消费者心中已经被定位成礼品，如果转向大众消费市场，一时难以得到消费者注意怎么办？"销售部宋经理随即表示反对。

见此状况，刘经理连忙解释道："公司的核桃露和琥珀桃仁是老少皆宜的产品，我们部门也随机调查了 SX 省 10 家大型超市的消费者，发现青年、中年、老年 3 个年龄段的消费者中，大约有 60% 的消费者表示会经常购买核桃系列产品，这也与消费者健康意识的提高有很大关系。另外，公司的产品在陕西地区本身就有一定的知名度，在此基础上向大众消费市场发力应该问题不大。"

谢总点了点头："没错，核桃可以健脑益智，营养丰富，全年龄段的消费者都可以选用，礼品消费市场可以继续加强，但是大众消费市场是接下来发展的重点。"

刘经理继续说道："大家看下材料的第 2 页，是我们部门研究的方案。"

市场部的具体方案如下：将消费者分为 3 类，分别是青年、中年、老年，根据不同消费者的喜好和需求制定不同的产品策略。青年是休闲零食的主要消费人群，针对这部分人群开发简易包装的产品，方便携带，可随时享用。针对中年及老年人群，首先定价低于同类产品，通过渗透定价法在该部分人群中迅速铺货；其次要定时进行超市打折促销活动，如制定团购促销模式，团购5～25箱的可以享受95折，团购25～60箱的可以享受85折，团购60箱以上的可以成为会员，全年享受8折，并可以获得购买商品正价的双倍积分，积分可以兑换礼品。

刘经理的方案得到了大家的好评，谢总说道："市场部方案不错，渠道拓展方面还能不能再加强些？"

宣传部王经理灵机一动："SX省旅游业比较发达，咱们能不能结合旅游业来发展JJ产品？与酒店合作，在酒店设置JJ礼品柜，方便各地游客选购特产。另外还应加强与各景点零售终端的合作，充分利用景点的客流量来带动销量。"

"我觉得还应该再拓展下经销商的深度，考虑到资金问题，在原来代理机制的基础上向外扩张，要求现有县级经销商第一年必须拓展5家镇级经销商，完成的可以给予进价优惠和销售返利，这样也能提高总经销商的积极性。"销售部宋经理补充道。

"可以，大家提出的方案都很好，我们成立一个销售团队，各部门派几个代表，就按照市场部的方案执行，大家各司其职。"谢总松了口气，心里的石头算是落了地。

2013—2015年，公司的销售团队不断加强各种传统渠道的建设，但是销售额和利润涨幅并不明显（图22-3）。

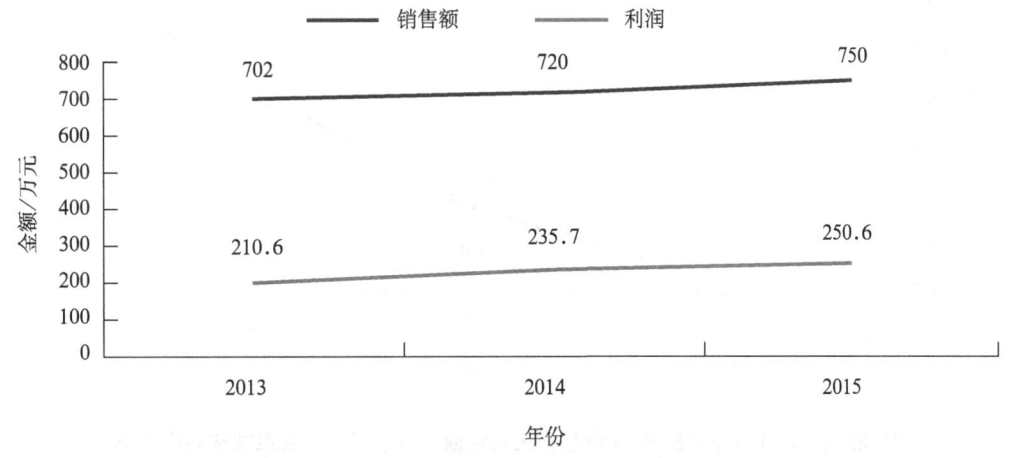

图22-3　2013—2015年JJ公司利润变化情况

2. 初试电商遇阻

在JJ公司业绩萧条之时，休闲食品行业的三巨头——三只松鼠、良品铺子和百草味似乎并没有受到丝毫影响，反而节节攀升。三只松鼠的营业收入由2013年的32 600万元增长到2015年的204 306万元，以2013年为基准年，2014年、2015年的营业收入定基动态比率分别是283.44%、626.69%，一直处于快速上升状态。良品铺子和百草味也以惊人的速度不断发展（图22-4、图22-5）。

谢总看到如此强大的竞争对手，倒吸口凉气，公司的成立时间远早于这三家公司，注册资金也远高于其中两家（表22-1），而JJ的销售额却不及他们的百分之一。这惊人的差距，令谢总"压力山大"，要怎样才能挽救如今的惨局？

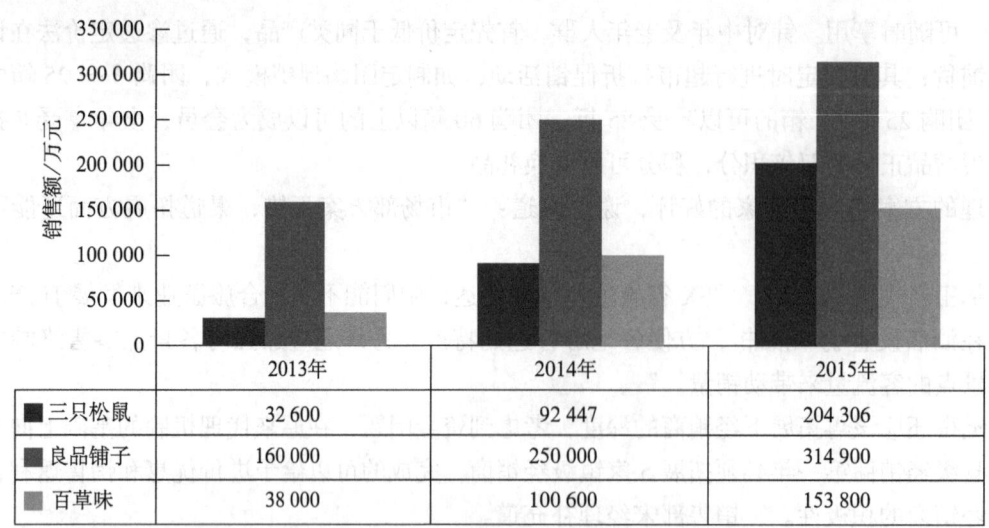

图 22-4 2013—2015 年三只松鼠、良品铺子、百草味销售额

（数据来源：公开资料整理）

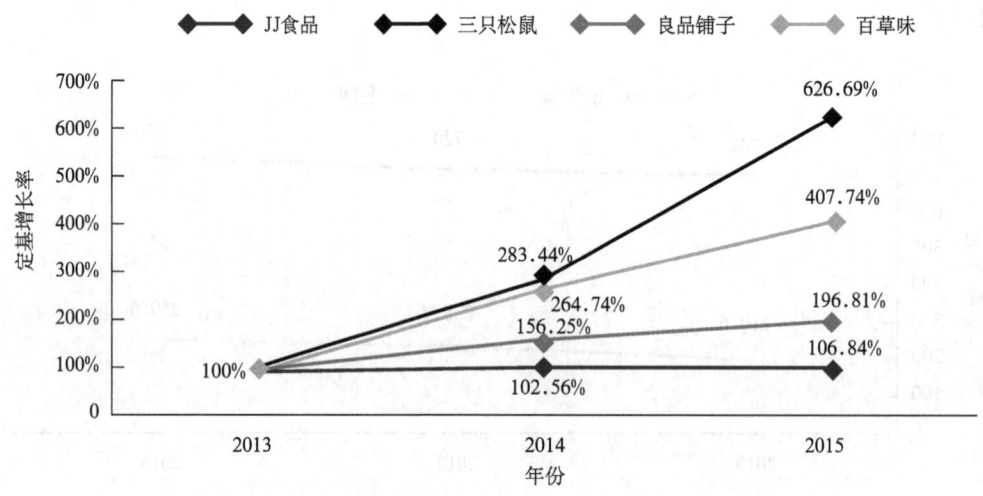

图 22-5 2013—2015 年 JJ 食品、三只松鼠、良品铺子、百草味定基增长率

表 22-1 三只松鼠、良品铺子、百草味、JJ 公司信息

项目	JJ 公司	三只松鼠	良品铺子	百草味
成立时间	2000 年	2012 年	2006 年	2007 年
注册资金	2000	1072.79	60	25 000
地址	陕西	安徽	湖北	杭州
入驻电商时间	暂未入驻	2012 年	2012 年	2010 年
2015 年营业收入/万元	750	204 306.2	314 936	153 800

资料来源：公开资料整理。

案例 22

JJ 食品：乘电商扶贫之风，破企业发展之浪

谢总继续深究了下去，想要找出公司的问题到底出现在哪里。他发现，在 2012 年的"双 11"大促中，成立刚刚 4 个月的三只松鼠当日成交额 766 万元，一举夺得坚果零食类冠军宝座。百草味 2010 年 12 月 6 日入驻电商，仅用一年时间，销售额激增至 32 600 万元。这三家公司在 2015 年的"双 11"活动中分别实现 26 600 万元、12 300 万元、15 600 万元的成交额。看到竞争对手线上销售进行得如火如荼，他查阅了相关数据，发现随着互联网的普及，网民规模在连年攀升，截至 2015 年 12 月，我国网民规模达 6.88 亿，全年共计新增 3951 万人。其中，网购队伍也在不断壮大，我国网络购物用户规模于 2015 年底达到 4.13 亿，较 2014 年底增加 5183 万（图 22-6）。

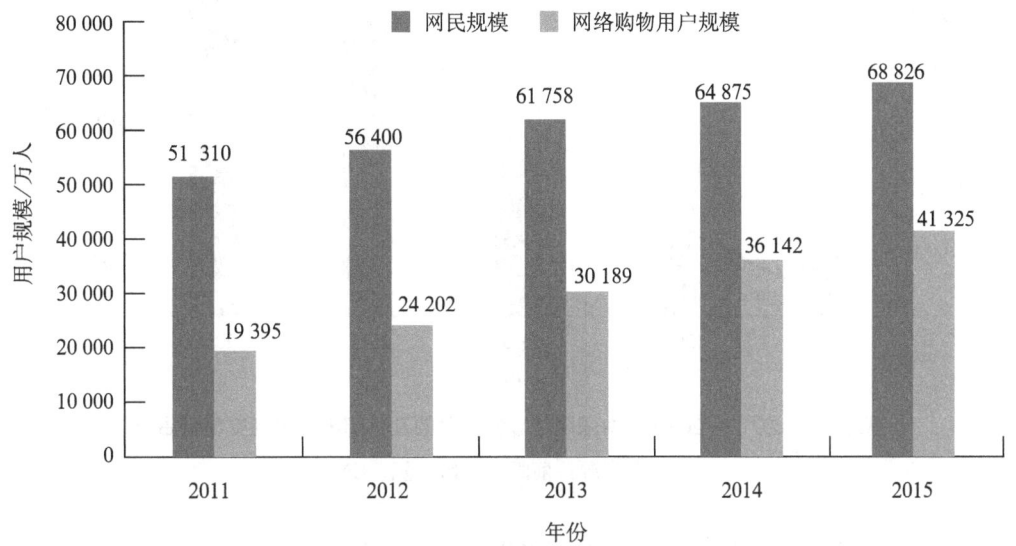

图 22-6　2011—2015 年中国网民规模及网络购物用户规模

（数据来源：CNNIC）

"易观智库"统计数据表明，在对休闲食品产业消费者年龄分布的调查中发现，消费者中 18～35 岁的人数占到 70% 以上。在互联网经济快速发展的当下，该部分人群是互联网使用的主力人群（图 22-7），为休闲食品产业向电商的转型发展奠定了良好的客户基础。

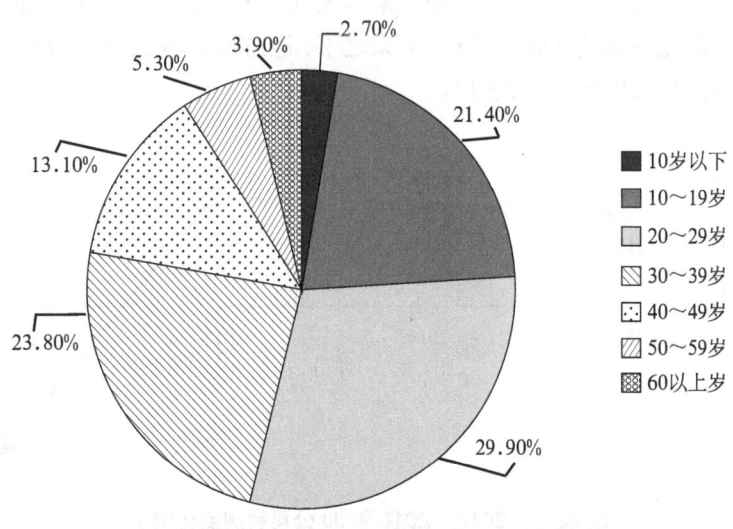

图 22-7　2015 年中国网民年龄结构

（数据来源：CNNIC）

此外，得益于互联网的发展，休闲零食电商渠道销售额占比也在逐年上升（图22-8），电商渠道已经成为休闲零食销售的必争之地，蕴藏着巨大的市场机遇。谢总合上电脑，心里默念，进军电商迫在眉睫啊！

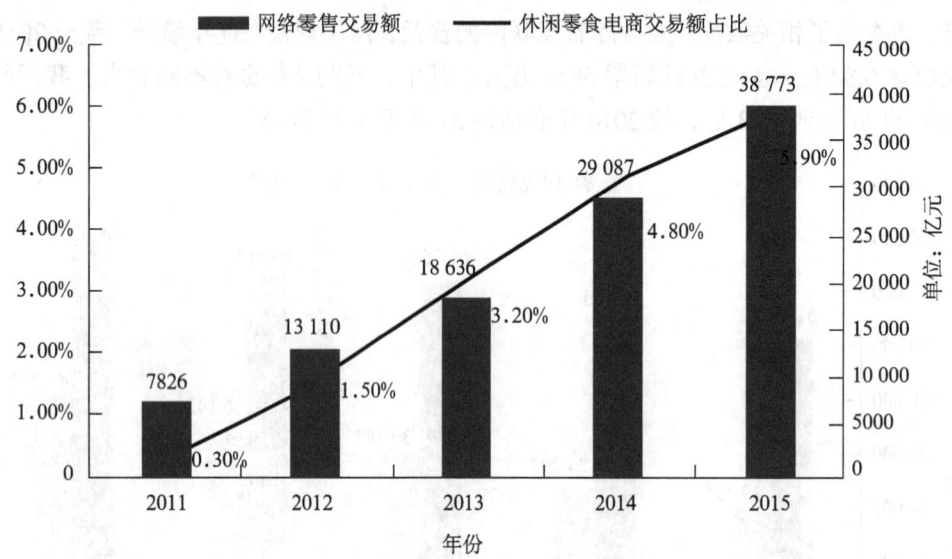

图22-8　2011—2015年中国网络零售交易额及休闲零食电商交易额占比

（数据来源：前瞻产业研究院、CNNIC）

近年来，SY县立足县情实际，发挥自然环境优越、农特产品丰富的优势，利用电子商务弥补市场信息闭塞、营销手段缺乏等问题。2016年初，SY政府计划与当地企业合作销售本地特产。谢总认为这是个机遇，于是投资500万元与政府合作，以自建电商服务平台——SY县逛集网电子商务有限公司为依托，建成"秦岭八大件"品控分拣包装中心，并完成了其礼盒和单品包装的设计。"秦岭八大件"即SY当地的特产，包括核桃、木耳、红薯粉等。初次进行线上销售的JJ公司遇到了一系列难题：电商人才缺乏、物流体系不够健全、农民电商意识不强，导致该合作最终以失败告终。

电商服务平台的失败对原本资金紧张的公司来讲无疑是雪上加霜，2016年总计亏损336万元（图22-9），销售团队每年的花费高达200多万元。无奈之下，谢总忍痛将其撤销，放弃之前广撒网的策略，暂时搁置电商渠道的建设，开始主攻大客户。

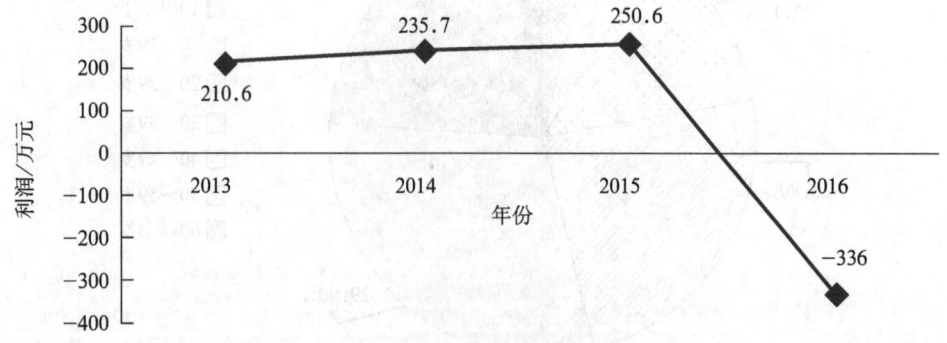

图22-9　2013—2016年JJ公司利润变化情况

四、成熟期：沉稳的步伐

2017年，恰逢SY政府为了推动当地经济发展，策划与长安航空公司合作推广当地特产。长安航空作为推广平台，在消费者心中有一定的可信度和影响力，能为公司树立高端品牌的良好形象。而飞机上的乘客来自五湖四海，可以把JJ产品带到世界各地。

长安航空将从参与竞标的22家公司中选取5家合作。为了能够在激烈的竞争中脱颖而出，JJ公司成立了"飞上蓝天"项目组，全权负责名额竞选、原料保障、生产准备等工作。名额竞选小组负责提交产品样品及相关材料；原料保障小组负责把关原材料的采摘、挑选、入库环节，确保为生产车间提供优质食材；生产准备小组负责把控每一道工序，杜绝任何不合格产品的出现。为方便机上食用，公司还专门设计了产品包装袋，特地研发了核桃饼。

各个小组为了此次合作，不知疲倦，夜以继日，争取使公司产品在长安航空这个平台上、在来自五湖四海的朋友面前完美亮相。功夫不负有心人，JJ公司竞标成功，并迅速准备产品生产。2017年2月10日上午，长安航空"陕西文化上蓝天"SY县精准扶贫项目正式启动。JJ核桃露、核桃仁、核桃饼作为机上饮料、零食呈现在乘客面前。在推进陕西区域发展及精准扶贫过程中，JJ选择合适产品进行机上销售，逐步形成成熟的特色产品供应、宣传、销售、合作流程。2017年，公司向陕西航空供货达65万元。通过此次合作，JJ公司业绩也终于有所好转，年底销售额达到了968万元，较上年增加了126万元。

2018年9月，JJ公司与北京中海地产合作。中海地产是一家老牌央企地产，拥有11家星级酒店，客房逾2400间，公司的酒店经营管理与万豪、雅高等知名国际酒店行业巨头建立了良好的战略合作关系，经营多家国际品牌酒店，分布于澳门、北京、深圳等地，同时投资运营12家综合性购物中心。JJ产品陆续在中海地产各地的酒店及购物中心上架，借助其零售网络进行铺货。2018年年底，JJ的销售额达到1080万元，较2017年同比增长了11.57%。

经过不断的努力和尝试，公司的业绩有了一定的起色，但是始终没有取得突破性的进展（图22-10）。谢总心中不禁起了疑问：难道JJ产品就要止步于SY了吗？他不甘心，想要再次向电商发力，以期突破企业发展的瓶颈，但是鉴于上次的失败，该想法遭到了大家的一致反对。难道公司平稳发展下去就够了吗？

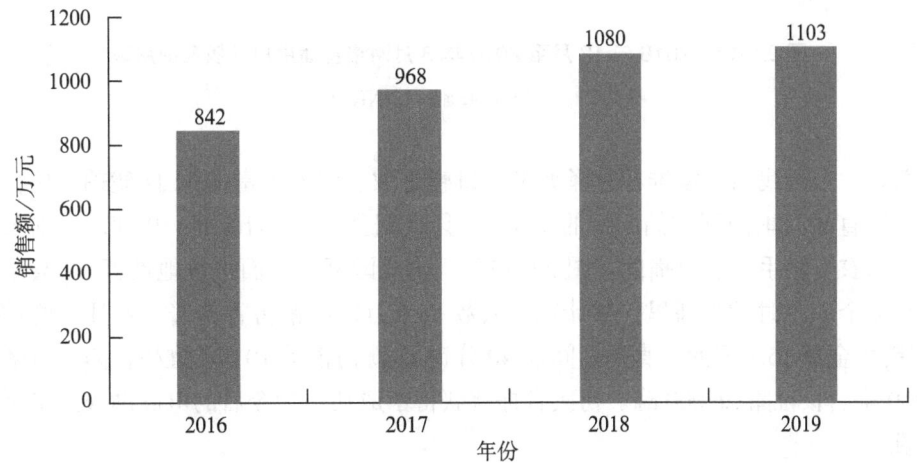

图22-10　2016—2019年JJ公司销售额

五、破局：触"电"的震撼

2019年年底开始的新冠疫情席卷全球，食品、饮料线上需求快速增长。由于JJ公司之前并未开发线上销售渠道，2月销售额同比下降65%。然而，在中国抗疫形势最为严峻的2月，良品铺子成为A股历史上首家"云上市"企业。如此鲜明的对比，让谢总深深感受到，传统渠道已不能带领JJ继续前行，而自己的想法又得不到大家的支持，整日寝食难安。就在这时，希望的大门再次向谢总敞开。

新冠疫情发生以来，同全国其他地区一样，SL市人流受阻，优质农产品出现"卖难"问题。为了缓解该问题、保障农产品供应，SL市认真落实党中央、国务院部署，通过电商扶贫和消费扶贫，带动贫困地区发展经济。在此背景下，扶贫干部金副县长来到SY县，在电子商务上持续发力，组织各龙头企业主动适应直播带货新趋势。在线下业态停摆的当口，直播带货成为众多企业的救命稻草，疫情期间，消费者足不出户推动"宅经济"发展，线下客源稀少促进企业向电商谋生存。据统计，网络直播用户规模已由2018年的39 676万人，增长到2019年的43 322万人，使用率也在逐年攀升（图22-11）。2019年直播电商总成交额超过3000亿元。5G时代的到来，直播电商行业将加速驶入快车道，网络直播营销未来可期。而JJ公司也借着电商抗"疫"助农的东风弥补了渠道短板，突破了自身发展的瓶颈。

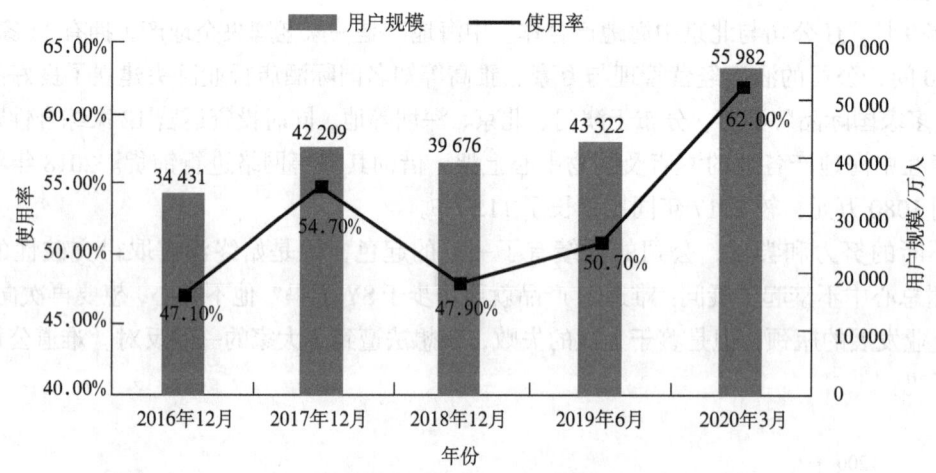

图22-11 2016年12月至2020年3月网络直播用户规模及使用率

（数据来源：CNNIC）

"同志们好，今天我给大家推荐色泽如玉、口感香浓、营养丰富的SYJJ琥珀核桃仁，是健脑养生之佳品……"直播间里向网友们问好的正是SY县金副县长。3月8日、9日，金副县长做客"百城县长、携手助农"快手扶贫直播间（图22-12），向全国网友全面细致地推荐SY县丰富的名优农产。在两场共4个多小时的直播里，累计观看人数88.6万，共销售香菇酱、木耳、琥珀桃仁等农产品3400单，销售金额15.1万元。直播期间仅40分钟JJ就销售了10 000罐核桃露，直播当周陆续销售核桃仁3000罐、核桃露26 000罐。初次直播就获得了成功，为今后的电商助农扶贫活动创造了一个良好的开端。

案例 22
JJ 食品：乘电商扶贫之风，破企业发展之浪

图 22-12　金副县长做客快手扶贫直播间

为了进一步挖掘线上消费者，顺应当今自媒体热潮，JJ 公司和头条号名为"山货上头条"的扶贫项目官方账号合作。在该头条号，各县长可通过发布直播、文案等宣传本县特产，本县企业也可申请开店铺，各类特产可在店铺中销售。JJ 公司通过此次合作，琥珀核桃仁在头条店铺的月销量已达 1.1 万件。另外，金副县长还注册了名为"金县长爱 SY"的抖音账号，为 JJ 核桃产品代言，截至 2020 年 5 月 10 日，累计观看人数达到了 2027.3 万。

5 月 13 日晚，国务院国资委"百县百品央字号"暨"小新带货"扶贫行动的首场直播带货——陕西 SLSY 核桃专场在 SY 县电子商务公共服务中心共享直播间火热开播。

本场直播活动以"SY 核桃　智在必得"为主题，重点推荐 SY 县核桃乳、核桃油、琥珀核桃仁等核桃系列产品，并全网征集 SY 核桃代言人。直播当日，央企消费扶贫电商平台等渠道销售订单 21 600 单，销售额 316.8 万元，50 分钟内 JJ 销售量达到 6000 多单。直播当周，JJ 核桃露和核桃仁销售 43 000 罐，销售额达到 50 多万元，库存被一扫而空，相当于 JJ 淡季一个月的销售量。

截至 5 月 21 日，金副县长先后在京东、抖音等各大平台直播间开展直播活动（表 22-2）。JJ 公司通过最近几次直播，销量显著增长，仅两个多月时间销量就翻了 3 倍！看到直播带货的显著效果，谢总不禁感叹：尽管相对于专业主播，县长们还是直播间的新生力量，但他们的身份更受关注，诚意更打动人，信誉更有保证！此次电商扶贫助农行动帮助 JJ 产品走出 SY、名扬大江南北、走进千家万户。国家领导人在陕西考察时曾强调：电商不仅可以帮助群众脱贫，而且还能助推乡村振兴，大有可为。公司下一步又该如何发展？谢总已成竹在胸。

表 22-2　扶贫助农金县长直播场次

时间	主办方	主题、场次	主播
2020.3.8/9	快手	百城县长、携手助农	金副县长
2020.3.27	京东	京源助农 SL 篇——解密秦岭风物，品味 SL 特产	SL 市副局长，金副县长
2020.4.22/23	快手、社员网	百城县长、直播助农	金副县长
2020.4.25	景域驴妈妈集团	全国 100 位县长爱心直播大会	金副县长
2020.4.29	淘宝	陕货淘宝直播购物节——SY 分会场	金副县长
2020.5.13	国有资产监督管理委员会	百县百品央字号——SY 核桃，智在必得	金副县长
2020.5.21	抖音、头条	融媒体带货直播——521 金核桃之恋	金副县长

六、尾声

人事部张经理成竹在胸地说:"谢总,入驻天猫和京东在技术开发、运营策划、客户服务等方面都需要配备专门人才,初步计算共 30 人,我已经发布了招聘公告。"

话音刚落,宋经理就开口了:"我整理了最近几次直播网友的反馈,有的说咱们产品包装落后,有的说产品单一。我觉得公司目前产品开发的深度还不够,这部分应该加强。"

"近两年各大品牌主打的'科学干湿分离',小包装化的坚果组合销量大涨,这是因为当下消费者越来越注重健康。未来独立小包装、混合果仁是坚果领域的新趋势,我觉得公司可以尝试下。"

"公司接下来还要延续这种直播带货的模式吗?金副县长调职了怎么办?主播的人选又该如何确定?"

……

华灯初上,会议也接近了尾声。谢总走向窗边,如何进一步开展线上经营、如何将线下消费者引入线上?产品单一,又该如何更新产品?如何有效利用网络红人效应……等待谢总的是更大的考验。

案例使用说明

一、教学目的与用途

1. 适用课程

"市场营销""网络营销"。

2. 适用对象

本案例适用对象为本科生、研究生、MBA 和 EMBA 等学员。

3. 教学目的

全面建设小康社会是我国社会主义现阶段最重要的目标,在乡村振兴的实践中,很多欠发达农村地区并不是没有拿得出手的好东西,而是他们没有一个好的销售渠道。在互联网经济时代,这一尴尬处境有了有效的解决途径,"互联网+"令企业营销不仅仅局限于传统销售渠道,多种形式的线上销售方式正在发挥着越来越重要的作用。本案例描述了陕西省 SL 市 SY 县的 JJ 商贸有限责任公司在市场竞争中面临挑战和困境,通过对竞争对手的分析发现了自身短板,采取互联网直播营销等方式助力企业发展,并助力当地扶贫攻坚的一系列发展历程。帮助学员理解和掌握在强大的竞争压力下,企业如何打破传统销售困境,通过互联网对营销方式和销售渠道进行创新,以期在竞争中占据一席之地。

具体的教学目标如下:

① 熟练运用 SWOT 方法分析企业与竞争对手之间的优劣势,并能够从中发现休闲食品零售企业的发展机遇。

② 理解渠道转型的含义,以及企业在进行渠道转型策略选择时应遵循的原则;分析电商渠道与传统销售渠道的比较优势,以及如何根据企业自身特点进行电商模式的选择。

③ 了解 KOL 营销、网络直播等促销方式在企业营销实践中的应用,以及如何通过 KOL 的选择实现企业的可持续发展。

④ 启发学员对传统品牌建设进行互联网领域的创新思考。

二、启发思考题

① 结合案例分析,在成立时间和注册资金方面拥有优势的 JJ 公司为什么会远远落后于三只松鼠、

案例 22
JJ 食品：乘电商扶贫之风，破企业发展之浪

良品铺子、百草味等几家行业领先企业，主要问题出在哪里？

② 营销环境的变化必然带来企业营销策略的转变，面对当前的竞争压力，JJ 公司如何进行传统渠道向电商渠道的转型？

③ 分析金副县长直播带货成功的原因，以及这种销售模式下一步应如何继续发展。

④ 面对当前坚果食品市场的竞争格局，JJ 公司可以采取哪些创新的营销组合策略？

三、案例分析思路

教师可以根据自己的课程及教学目标来灵活使用本案例。这里提出本案例的建议分析思路，仅供参考。

首先，教师向学员提问："说到坚果类休闲食品，大家能说出哪些品牌？"当学生们说出三只松鼠、良品铺子、百草味等品牌后，教师继续提问："为什么这几个品牌如此知名？"学生会说广告、网络销售平台等原因。这时教师列举案例中3家公司的销售数据和网络销售占比，给学生分析网络渠道在快消品销售中的优势，引导学生理解网络销售渠道的优势。这时引入案例，介绍JJ公司，通过分析案例，让学生切实体会到渠道差异给JJ公司与网红品牌之间带来的差距。然后，引导学生从渠道策略入手，分析JJ公司如何在渠道转型中引入电商销售渠道，以应对日益激烈的市场竞争。其次，从公司采取的营销策略入手，使学生充分掌握网络直播和KOL理论，体会KOL营销的优势所在，以及JJ如何利用KOL和网络直播的优势，帮助企业走出困局，为学员积累实践知识。最后，帮助学生分析JJ公司应如何采取新产品开发、网络品牌建设、网络销售渠道等一系列创新的营销组合策略，详见图22-13。

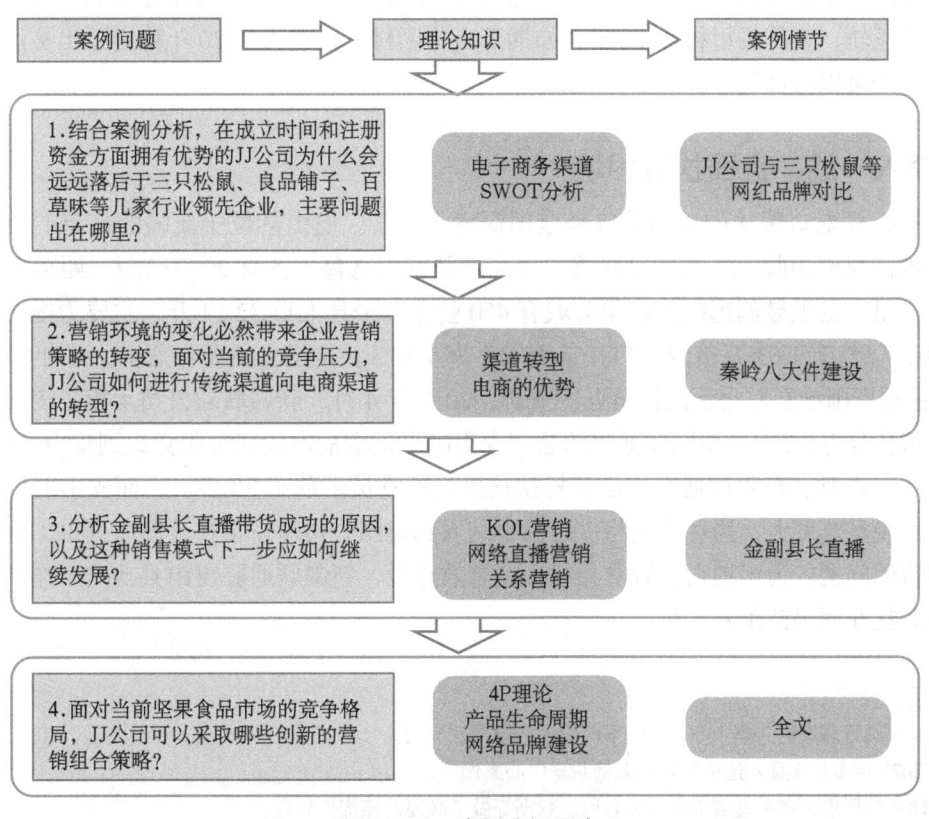

图 22-13　案例分析思路

案例 23

联通四海民族情　电商扶贫奏新歌
——新疆联通的少数民族地区电商扶贫之路[①]

案例正文

引言

2020年4月15日，连续多日的扬尘天气后，坐落在昆仑山脚下的皮山县菜其买里村终于迎来了晴空万里的舒爽天气。村子西边的扶贫办公室里，中国联通新疆维吾尔自治区分公司副总经理、新疆联通驻皮山县"访惠聚"工作队总领队鲁永平站在办公室窗前，回想起两年前的这一天，在他离开公司前往皮山县的时候，公司老总陈继秋语重心长的话语：一定要按照精准扶贫思想，找准项目，进行重点施策，争取帮助当地村民早日脱贫。两年过去了，为了不负公司党委的重托，除了调休，他几乎没有回过乌鲁木齐，一家老小全部交给妻子照顾。在一头扎在扶贫工作的日子里，他和工作队经历了无数的困难时刻：小到语言不通带来的沟通不便，大到物流不畅导致的大批货物损毁……但此时，看着村里平坦宽阔的柏油马路，道路两侧郁郁葱葱的白杨树，想到工作队协助建立的"沃赛起"电商合作社日益步入正轨，菜其买里村2019年已如期退出贫困村，正在为2020年稳定退出贫困村而继续努力，他觉得终于可以松口气了。

一、深入一线，直面扶贫困境

新疆联通公司对口帮扶的皮山县曾是全国深度贫困县。皮山县位于新疆的最南端，处于塔克拉玛干沙漠腹地的昆仑山脚下，与印度接壤，距离新疆首府乌鲁木齐有2000公里，距离最近的和田市也有180多公里。县里最偏远的乡镇距县城有450公里。全县人口32.13万，主要为维吾尔族，截至2019年年底，仍然有1.63万贫困人口，贫困发生率7.13%。这里自然条件恶劣，全年沙尘天气高达200多天。根据新疆维吾尔自治区扶贫办的安排，2018年4月，新疆联通公司承担了皮山县共9个贫困村的对口帮扶任务。9月，中国联通集团公司党组副书记李福申代表集团党组到皮山调研扶贫工作，在调研走访中了解到，新疆联通在皮山驻村扶贫投入的党员干部有30多人，而皮山的特色农产品销售难导致当地脱贫难度大，当场决定将皮山县也纳入到集团公司对口帮扶县的序列中。为了从根本上解决当地的贫困问题，为当地彻底脱贫寻找一个有效路径，新疆联通驻皮山县扶贫工作队总领队鲁永平决定亲自驻扎在固玛镇菜其买里村。

[①] 案例来源：中国管理案例共享中心，并经案例作者同意授权引用。
　　本案例于2021年1月5日入选中国管理案例共享中心案例库。
　　由于企业保密的要求，在本案例中对有关名称、数据等做了必要的掩饰性处理。
　　本案例只供课堂讨论之用，并无意暗示或说明某种管理行为是否有效。

菜其买里村位于皮山县老县城东，属于城乡结合部，贫困发生率为41.58%。具体人口情况如图23-1所示。

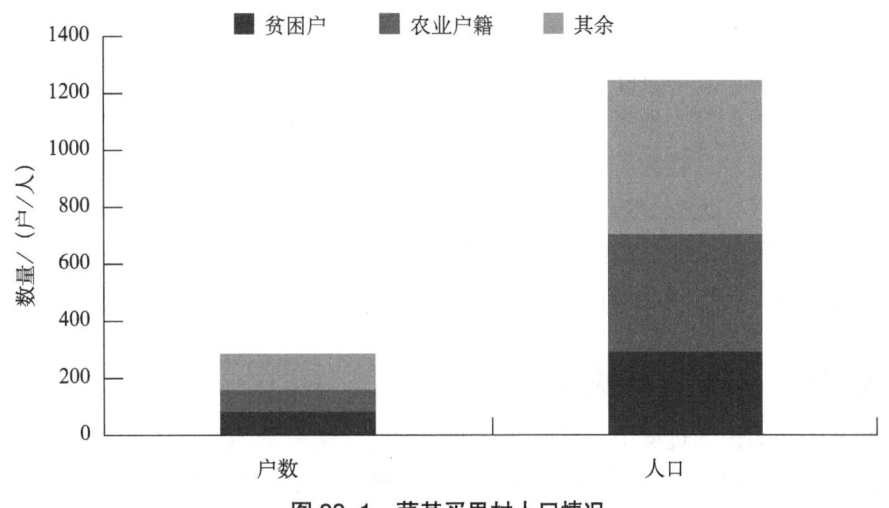

图 23-1　菜其买里村人口情况

长期以来，由于人多地少、就业技能缺乏等因素的制约，该村发展受限，一直摆脱不了贫困的窘境，属于深度贫困村。当时全村共有土地756亩，人均1.06亩，主要种植核桃、红枣等多种农产品。值得一提的是，当地光照资源丰富、气候干燥、昼夜温差大，格外有利于核桃、红枣等农产品糖分沉淀，在这样一种得天独厚的气候条件下，出产的果品无论是甜度还是营养素含量都远远高于其他同类产品，而且口感和质量也非常好。但遗憾的是，这些年受限于销售渠道和交通物流等因素，始终没有找到进入市场的有效途径，因此一直没有摆脱养在深闺人未识的尴尬局面。

二、走访农户，明晰扶贫思路

工作队入驻菜其买里村后，首先决定分小组挨家挨户走访村民，通过实地调研了解村里的真实情况。经过几天的走访，当大家坐在一起汇总情况时，除了早已了解的贫穷现实，还有一个共同的感受——由于地理位置偏远、受教育程度普遍较低和交通不畅、物流不便等因素的影响，当地村民对外部世界所知甚少，对通过电子商务平台销售农副产品更是几乎不了解，这些情况直接导致了大家接触到的大部分村民固守原有的思维模式，安于现状，缺乏创新意识和致富意愿。工作队员们认为，这才是导致当地贫困的根本原因。也因此，村里的核桃、红枣等农产品销售价格低、销售难的问题长期以来一直得不到解决就不难理解了。工作队意识到，扶贫工作要授人以渔而不是简单地授人以鱼，从根本上解决长期困扰当地村民的农产品销售问题才是解决贫困的有效途径。统一思想之后，大家纷纷献计献策，工作队副队长陈刚提出，应当充分发挥联通公司的通信网络服务优势，在提高网络服务质量的同时，为村民进行"网络扫盲"，教大家学会利用网络了解外部信息和销售农产品。他的建议得到了工作队队员们的附和，大家都认为这是一个可行方案。由此，工作队的扶贫思路渐渐清晰了起来。

三、宣传电商，同步扶贫扶智

鉴于当地农民受教育程度普遍较低，对电子商务几乎不了解的现状，工作队制定了学汉语——教电脑——上电商平台的工作流程。为此，他们动员、组织村民每周3次参加自治区的远程汉语教育课，并按照村民的汉语掌握程度分快慢班辅导大家学习；与此同时，工作队在公司的协助下，动员公司各部门捐助了十几台电脑，在工作队办公室建立了一个电脑工作室，队员们从基本的电脑操作入手，手把手教村民学习电脑和电商平台操作。一段时间过去后，找到乐趣的村民们学习热情日益高涨，工作队驻地一到晚上就灯火通明、门庭若市，大家都笑称这里成了菜其买里村的"网红打卡地"。

语言和电脑操作的障碍逐渐排除后，他们找到了在陕西电商扶贫工作中取得较好成效的西安邮电大学张鸿教授团队，请他们到当地考察运用电商销售当地农产品的可行性。张教授在考察中对当地特色产品的质量水平赞不绝口，认为可以将其开发为一个有营销空间的在线产品系列。张教授的肯定极大地鼓舞了工作队的士气，大家纷纷行动起来，发动村里更多人加入电商销售队伍中，把带动村民学习网络新知识，激发贫困群众脱贫的内在动力也作为扶贫工作的重点，最终使当地村民实现了从"要我脱贫"到"我要脱贫"的思想意识转变。

四、寻求突破，搭建电商快车

在传播电商技术和知识的过程中，工作队逐渐认识到，解决贫困问题不能靠大包大揽，相反，工作队的最终目的应当是淡化自身作用，让村民靠自己的能力摆脱贫困。因此，他们将工作重点逐渐转向帮助村民获取脱贫致富的技能。他们充分发挥联通的网络优势，通过提供网络服务为村民打开观察外部世界的窗口，让村民通过视频、网络直播等方式了解现在农产品销售的新形式，希望通过这种方式激发村民脱贫致富的主观能动性。

在这个过程中，村民阿卜力米提走进了工作队的视野。阿卜力米提是村里有名的能人，原先是建筑工人的他本身就勤劳能干肯吃苦，而且长年在外面打工，思想活跃、接受新生事物比较快，更重要的是他具备汉语沟通能力，学习电子商务操作技能自然比别人更加容易上手。综合以上优势，阿卜力米提成为工作队的培养重点。随后，鲁永平耐心地为阿卜力米提讲解党和政府的扶贫政策，分析当地农特产品的优势，讲述发达地区电商行业的发展状况。通过细致的思想引导，阿卜力米提思想发生了转变：我一个人致富不算什么能耐，和全村的乡亲们一起摆脱贫困才更有意义。此后，阿卜力米提在工作队的安排帮助下，多次到新疆联通电子商务中心、乌鲁木齐新开区电商产业园和内地进行考察、现场学习和参观交流。通过多种方式的培训，不仅极大地开拓了新视野、启迪了新思维、掌握了电商运营技能，更加坚定了他为打赢脱贫攻坚战开拓电商新道路的信心。

2018年11月，在工作队的牵线搭桥下，皮山县沃赛起农村电商专业合作社正式成立了，阿卜力米提出任总经理，他也实现了从建筑工到电商合作社带头人的成功转变。

有了合作社，选好了带头人，驻村扶贫工作队并没有停下脚步，他们认为下一步工作的重点应当是切实发挥合作社的作用，解决当地农副产品销售难的问题。为此，工作队依托中国联通互联网化运营资源禀赋，又结合实际，提出了"预购产品订单＋农副产品精深加工企业＋种养业合作社"的运营模式，形成新疆联通牵头、村委会落实、农民参与的脱贫模式。

帮助村民掌握基本的电商销售技能是实现电商脱贫的前提，为此，工作队采用自己教、请专家、带出去等一系列方法，提高村民的电商知识和操作技能，结合现状加强实际操作培训，从产品选择、品质控制到如何包装、联系物流等等，事无巨细，一点一点教村民，带动了更多村民参与到通过电商平台销售农产品的行列。

此后，皮山县固玛镇菜其买里村越来越多的村民都搭上了中国联通新疆分公司驻村工作队搭建的"电商快车"，足不出户就可以让家里的农产品销往全国各地。

五、精心设计，打造品牌形象

皮山县位于北纬35～39度，海拔1400～2700米，这里白天光照十分充足，昼夜温差大，水果可以进行充分的光合作用，因此不仅外形饱满，味道也十分甜美，这种独有的地理位置孕育出了上天赐予的"礼物"。这是皮山县的一大产品优势，其出产的特色农产品有石榴、雪菊、核桃、红枣等，均有着上乘的品相与味道，其中由农业农村部认证的有地理标识的产品就有"皮亚曼"的甜石榴和"克里阳"的雪菊。但由于皮山县地理位置偏僻、物流覆盖率低等原因，一直是对内低价销售，对外则鲜有人了解。因此，针对这种长期对外销售较少，客户对皮山县及其特色产品缺乏了解的现状，工作队请教了经验丰富的电商名人。面对客户对皮山县及其特色产品的认知缺乏，同时宣传费用也应尽量控制的现状，工作队精心挑选，并根据"来自上天的礼物"这一理念，最终确定将石榴、雪菊、杏干、核桃、灰枣、葡萄干等特色农产品打包成"皮山礼物"——这是来自皮山的产品，也是来自上天的礼物。在突出地域特色的前提下开始按照统一的品牌进行包装设计并最终进行宣传与推广，让好产品走出去，将好日子迎进来。

为了给消费者留下美好而深刻的第一印象，工作队在包装箱的设计上可谓是煞费苦心、精益求精，经过多方思考，不仅需要体现精准扶贫、突出当地地方特色，更要落在产品自身的质量展现上。最终，工作队定版统一制作了一款带有联通LOGO+新疆联通驻皮山工作队背书的"皮山礼物"纸箱，在这个纸箱上，不仅描绘了带有新疆特色的花纹与图案，还印有"天然、生态、营养、健康"的字样。希望皮山的特色农产品依托"联通"这个优质品牌，帮助消费者迅速做出正确的消费选择。同时，考虑到皮山农产品可持续销售的问题，在外包装箱上不但印有"皮山礼物 精准扶贫"字样，还印制有二维码，消费者只需用手机扫描二维码后就能自动链接到116114平台，从而打通农产品供应链条，形成农产品"从田间到餐桌"的全链条联动。另外，工作队还对产品包装重量和物流费用进行了反复的比对核算，特别规划了可以以最实惠的物流费将最多的特色产品一并纳入的"皮山礼物"礼盒包装。一方面保障了村民合理利润收入，另一方面也可以让消费者以最实惠的价格拿到最多的皮山县特色产品，使其更快速全面地了解皮山特产。

箱子设计制作完成后，为了进一步打造皮山特产的知名度，工作队先是带着皮山礼物箱参加了自治区和农业农村部的特色名优农产品展销活动，同时还将皮山的驻村第一书记作为"皮山礼物"的形象代言人进行宣传推广。由于"皮山礼物"带有地理标志，因而获得了县政府的认可和支持。经过不断的努力，"皮山礼物"还得到了媒体的关注和推广，2019年12月8日，新疆广播电视台在"今日聚焦"节目中专题报道了"沃赛起"农业电商合作社，随后，2020年新疆卫视的春晚节目中也把"皮山礼物"作为特色产品进行了推荐。

六、多方助力，终见扶贫成效

经过前期的一系列努力，皮山特产在疆内创出了一定的知名度。但是要想让当地村民真正从"皮山礼物"这个品牌获益，坚定电商脱贫的信念，唯有不断扩大市场销量。为此，工作队多次召开讨论会，商讨如何在品牌知名度不高的情况下快速打开市场销路。为了让当地领导和村民了解客户对产品的要求，驻村工作队邀请镇领导一起赴上海、江苏等地考察客户的口味偏好、对包装的要求，并和物流公司洽谈未来合作前景，从而增强了政府部门帮扶的信心，并承诺一同开发新的产品和销售渠道。同时，他们协助"沃赛起"合作社建设触达全国用户的互联网商铺。鲁书记亲自挂帅，协调皮山驻村工作队和新疆联通电子商务中心联合成立了"电商扶贫专项行动小组"，工作队负责联系加工单位和物流单位，保证产品的卫生安全和顺利送达；电子商务中心负责建设网店和商品上架，保证网店的申请开通和商品上架。行动小组在人员短缺、语言不通等多重困难下，加班加点、分工协作，如期开通"沃赛起"淘宝第一店，上架了石榴、苹果、灰枣、核桃等多种特色农产品。为避免店铺上线后出现纰漏，新疆联通电子商务中心不但反复测试店铺"售前咨询—下单付款—售后支撑"的全流程，还考虑到皮山当地人员缺乏电商运营经验，主动承担了店铺客服工作，夜以继日承接用户咨询、服务，及时处理用户投诉，至今店铺好评不断。

2019年4月，为了能让沃赛起农村电商专业合作社得到更多的政府支持、不断扩大品牌影响力，工作队促成县政府在莱其买里村与城区交界处建成了400平方米的电商加工车间，提供了12个就业岗位，7名贫困户成功就业。此外，他们还积极协助合作社在内地寻找销售合作伙伴，联系内地仓储，指导电商合作社不断增加产品种类、改良产品质量、开展农产品深加工，从原来单一的红枣、核桃、石榴逐步扩展到枣夹核桃、杏干、昆仑雪菊等多种加工农产品，商品的附加值也因此不断提高。

在新疆联通电商人员的帮扶下，"皮山礼物"的线上销售在2019年下半年起就有了很可观的数据，具体的线上销售有效订单数与交易金额见表23-1。

表23-1 线上销售情况

	淘宝店	微店
时长	2019.09—2020.01	2019.12—2020.01
有效订单数/单	682	327
交易金额/元	144 137	64 370.39

在做好新疆市场的同时，合作社与上海的"源之原味"农业科技公司达成协议，委托其作为"皮山礼物"的上海线上销售平台；另外，皮山县电商办也计划将来在合肥设立皮山县电商平台的前置仓，这样将有助于解决产品到内地配送难和物流费高的难题。这些措施既解决了皮山农民缺乏销售渠道的难题，也为下一步如何精准扶贫探索出了"皮山网店＋各省推广"的新模式。

同时，工作队协助合作社积极拓展面向大众用户的线上渠道，加强线上营销。首先利用新疆联通116114电商平台销售，倡导全疆员工在朋友圈发公益广告推广扶贫农特产品，倡导员工及亲友购买，帮助农民销售农产品，仅2019年11月，乌鲁木齐、伊犁等分公司就集体采购"皮山礼物"近60万元。

在全国第6个扶贫日之际，江苏联通作为新疆联通的结对单位，得知"沃赛起"淘宝店上线后，热情伸出援手，利用其线上渠道广、宣传力度大的优势，协助新疆联通开展了为期1周的线上扶贫促销活动，活动期间店铺日均访问量达2600人次，日商品销售流水达1万元，店铺累计有效订单量560笔，成交订单金额9.8万元。

线上营销初尝胜果的同时，线下集体采购也遍地开花，中国联通各兄弟分公司都在为扶贫工作贡献力量，具体集体采购情况如图23-2所示。

案例 23
联通四海民族情　电商扶贫奏新歌

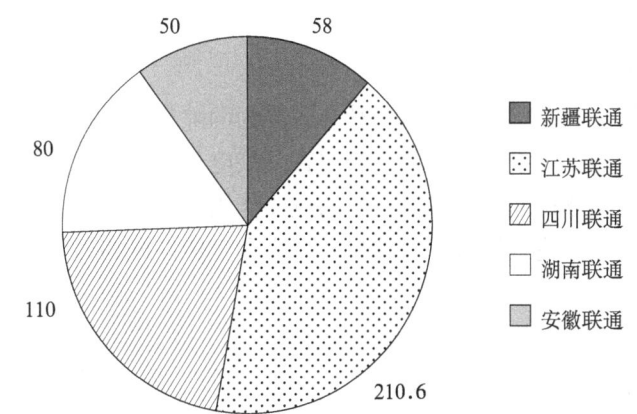

图 23-2　全国第 6 个扶贫日地方单位线下集体采购情况（单位：万元）

七、扶贫道远，再遇物流困境

热闹的扶贫日过去了，各兄弟单位的消费扶贫活动也告一段落了，鲁总和工作队的同事们终于松了一口气，准备休息休息。这一天，阿卜力米提突然急匆匆地跑进了扶贫工作队的院子，他一边焦灼地叫着鲁总，一边不停地说"坏了，坏了"。大家听见他的声音都围了上来，忙问他出什么事了。阿卜力米提气喘吁吁地说，他们这几天陆续接到了很多客户电话，大家都反映收到的石榴已经发霉了，无法食用。原来，由于地处偏远，当地物流一直全靠邮政速递，而皮山县邮政速递物流多年来主要面对的是当地群众的个体需求，一下子涌来 3000 多件物品，他们加班加点也需要几天时间才能完成单据录入，之后所有物品还需经过和田、阿克苏、库尔勒才能到达乌鲁木齐，这个过程就需要 10 到 12 天，更何况还要从乌鲁木齐运出新疆。干果还好，石榴、苹果等鲜果根本经不起路上这半个多月的折腾，遇到温度比较高的季节，连干果也会生虫。听完阿卜力米提一席话，大家刚刚放松的心情又都沉重了起来。是啊，物流问题不解决，通过网络销售打开当地农副产品销路的方案就会全军覆没，而由于皮山县地处偏远，很多物流公司出于收益考虑又不愿意到当地开设收货点，往后的路该怎么走呢？电商扶贫的路还能不能走下去呢？扶贫工作队任重而道远。

案例使用说明

一、教学目的与用途

1. 适用课程
本案例适用于 MBA "营销管理" "品牌管理" "网络营销" 等课程。

2. 适用对象
本案例可以用于 45～60 分钟的课堂讨论，适用于 MBA、EMBA 教学和企业管理人员培训等项目。

3. 教学目的
中国联通新疆维吾尔自治区分公司（以下简称"新疆联通"）为了响应号召，开始助力皮山县 9 个贫困村的对口帮扶任务。本案例通过介绍新疆联通在皮山县菜其买里村的精准扶贫工作与所取得的成就，帮助学员了解如何对特色产品进行品牌、包装、渠道的设计，同时利用电子商务的优势进行精准扶贫。

本案例的具体教学目标是：

① 通过案例学习，使学员了解我国政府和社会各界为消除贫困所做的大量工作。
② 通过案例教学，帮助学员了解新疆联通公司在开展电子商务精准扶贫工作中所做的努力。
③ 帮助学员理解电子商务在助力精准扶贫中的重要作用和实施办法。
④ 通过对本案例的学习，使学员认识品牌包装设计和宣传在网络营销中的重要作用。

二、启发思考题

① 农产品电商扶贫需要关注的问题有哪些？
② 少数民族地区扶贫有什么特殊性？
③ 新疆联通进行电商扶贫的具体举措和经验有哪些？
④ 如何建设网络品牌？

三、分析思路

教师可以根据自己的教学目标灵活使用本案例。这里提出本案例的分析思路（图 23-3），仅供参考。

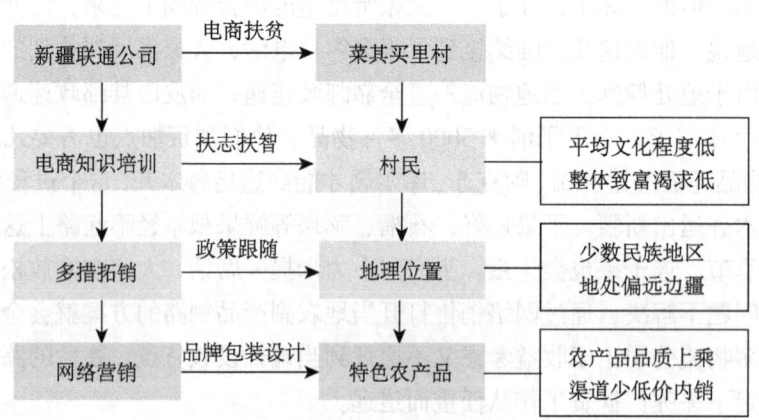

图 23-3　案例分析思维导图

1. 农产品电商扶贫需要关注的问题有哪些？

（1）政策环境

扶贫助贫一直是我国政府关注的问题。党的十八大以来，党中央把脱贫攻坚工作纳入了"五位一体"总体布局和"四个全面"的战略布局，并作为第一个百年奋斗目标的重点任务，作出了一系列重大的部署与安排。党的十九大明确把精准脱贫作为决胜全面建成小康社会所必须打好的三大攻坚战之一，并作出了新的部署，提出要为我国 2020 年全面建成小康社会，实现第一个百年目标而奋斗。为此，国家要求政府领头、社会帮扶、调动全社会脱贫的积极性，同时发挥政府和社会两方面的力量，实现贫困地区的精准帮扶。同时，要求政府单位在帮扶时精准施策、因地制宜，将扶贫与扶志扶智相结合，帮助贫困地区提高脱贫质量，实现稳定脱贫。

电子商务为扶贫工作提供了新的途径与思路。近年来，党中央和国务院也对电商扶贫工作十分重视，颁布了一系列文件指导农产品电商扶贫工作（表 23-2）。本案例中，新疆联通公司正是乘着这股电商扶贫的东风，对皮山县菜其买里村进行了对口帮扶工作，并最终完成了帮扶任务。

表23-2 农产品电商扶贫相关政策一览表

时间	文件	关键要点
2014年2月	关于全面深化农村改革加快推动农业现代化的若干意见	加强农产品市场体系建设
2015年2月	关于加大改革创新力度加快农业现代化建设的若干意见	创新农产品流通方式
2015年9月	推进农业电子商务发展行动计划	明确农业电商的总体目标与具体任务
2016年1月	关于落实发展新理念加快农业现代化 实现全面小康目标的若干意见	加强农产品流通设施和市场建设
2016年5月	"互联网+"现代农业三年行动实施方案	支持农业电商发展的具体扶持政策，为贫困地区农业电子商务发展提供良好政策环境
2016年11月	关于促进电商精准扶贫的指导意见	引导鼓励第三方电商企业建立电商服务平台，拓宽贫困地区特色优质农副产品销售渠道和贫困人口增收脱贫渠道
2016年12月	中共中央 国务院关于深入推进农业供给侧结构性改革加快培育农业农村发展新动能的若干意见	强调推动农村电商发展
2017年8月	关于深化农商协作大力发展农产品电子商务的通知	开展农产品出村试点和农产品电子商务标准化试点，打造农产品电商供应链
2018年5月	关于开展2018年电子商务进农村综合示范工作的通知	贯彻落实改进考核评估体制、更多地体现省负总责的新精神新要求，强化支出责任，推动地方因地制宜开展工作
2018年8月	电子商务法	鼓励各类社会资源加强合作，促进农村电子商务发展，发挥电子商务在精准扶贫中的作用
2019年5月	关于推动农商互联完善农产品供应链的通知	构建符合新时代农产品流通需求的农产品现代供应链体系，提升农产品供给质量和效率

（2）市场营销

在精准脱贫政策的支持下，越来越多的贫困人口开始尝试通过自己的努力过上好日子。但是，要切实解决贫困地区农畜牧产品滞销问题，让消费者了解、接受并购买贫困地区农产品，则必须找准特色农产品的营销点，按照现代营销方式对其展开全面营销。

在农产品营销中，市场调研、目标市场确定、产品品牌包装等工作都需要在前期进行详细的分析设计。特别是如何使网络消费者在海量的网络产品中注意到电商扶贫的农产品，如何在较短的浏览时间内吸引网络消费者的目光，如何真实直观地给网络消费者展示农产品等问题都需要认真学习和研究，而这些问题都要在前期调研与营销实施的过程中不断探寻答案。

在营销的中、后期作业中,产品宣传、价格制定、运输、售后等方面都是进入市场不可忽视的重要工作环节。建立农产品生产链、完成农产品的销售链、完善农产品的售后等一系列的营销环节建设问题都是电商脱贫所需关注的。此外,快速适应电商平台的发展要求、了解网络消费者的购买习惯是每个电商扶贫工作者都应该学习和掌握的基本知识。

2. 少数民族地区扶贫有什么特殊性?

"全面建成小康社会,一个民族都不能少"。我国是一个多民族国家,56个民族均为中华民族的发展作出了卓越贡献,共同构成了你中有我、我中有你、谁也离不开谁的中华民族命运共同体。而要实现中华民族伟大复兴,也必然需要各民族手挽手、肩并肩,共同努力奋斗。

虽然我国少数民族人口只占总人口的8%左右,但坚持民族之间平等团结,尊重少数民族风俗习惯、尊重并保护少数民族宗教信仰自由一直是我国少数民族政策一贯坚持的原则。

由于语言障碍导致的沟通困难,加之大多数少数民族地区地处偏远、人群整体受教育程度较低等问题的客观存在,使得少数民族地区扶贫工作面临着更多困难。如何将扶贫与扶志、扶智深度融合,加强对贫困群众的思想引导,提升其脱贫意识和能力是少数民族地区扶贫工作需要关注的重点问题。在本案例中,新疆联通公司扶贫工作队严格执行少数民族政策,在充分了解和尊重少数民族群众生活习惯的基础上,和少数民族群众打成一片,在此基础上主动帮助少数民族群众学习汉语和电子商务知识,发掘少数民族地区特色产品并协助销售,最终使当地群众摆脱贫困,实现了脱贫致富,是少数民族地区扶贫工作中值得借鉴的成功案例。

3. 新疆联通进行电商扶贫的具体举措和经验有哪些?

(1)精准施策

皮山县菜其买里村曾是深度贫困村,地理位置偏僻、人多地少、平均文化水平低等因素制约了该村的经济发展,而新疆联通公司通过多次走访调查了解到,销售渠道少、市场信息缺乏等因素使得当地农产品销售困难且销售价格低。

因此,工作队就农产品滞销这一问题为菜其买里村寻求脱贫路径。首先,他们协助建立了农民专业合作社,利用电商平台拓宽销售渠道;其次,前期通过对当地特色农产品进行品牌包装设计,增加了农产品的附加值,提升了整体价值;与此同时,新疆联通公司还利用其行业优势,通过企业内部员工订购、参加北京组织的贫困地区特色农副产品展销等活动,扩大了销售,带动了菜其买里村村民致富增收。

(2)扶贫与扶志扶智相融合

党的十九大报告中强调,注重扶贫同扶志、扶智相结合。新疆联通公司为了真正带领菜其买里村的村民们彻底脱贫,不仅对其进行了基础帮扶作业,还不断激发贫困群众脱贫的意志,带动贫困群众决战贫困的决心,将"要我脱贫"变为"我要脱贫"。

在工作队的带领下,由当地村民阿卜力米提带头,创办"沃赛起"农民电商合作社。通过不断的"带进来,走出去"学习,当地村民由最开始对电商领域的一窍不通到如今掌握了许多电商知识,让村民们开阔了眼界,启发了新思维,也更加坚定了村民利用电商脱贫的信心。

(3)多措并举拓销路

为了不断提高特色农产品销售量,确保村民们的稳定收入,最终保障当地脱贫的稳定性,中国联通集团公司领导不断来村里调研,最终决定大力实施"消费脱贫"的举措。

除通过各个电商平台进行销售外,新疆联通公司与多个省份联通公司联合,通过多种宣传方式吸引消费者集体采购。同时，新疆联通公司还利用其116114电商平台销售特色农产品，提倡员工们在朋友圈内推广，增加宣传覆盖面。此外，乘着最近"直播卖货"的火热，"皮山礼物"也通过各个直播平台进行宣传与销售，不仅可以对农产品进行直观的展示，还在直播中展示了当地的许多特色文艺与习俗。

这些销售途径大大拓宽了"皮山礼物"的销售面，增加了销售量，为当地脱贫奠定了良好基础。

4. 如何建设网络品牌？

皮山县地理位置偏僻，但日照充足，因此当地所种的瓜果品质上乘。新疆瓜果虽在传统市场很知名，但传统的销售使其局限在一定的区域里。因此，要使"皮山礼物"走出皮山县，帮助当地群众脱贫致富，使菜其买里村稳定脱贫，靠单纯的传统销售是不够的。确定了电商扶贫的脱贫路径以后，如何在互联网上进行网络品牌的建设是一个重要问题。

首先，在了解网络品牌建设之前，应当先了解什么是网络品牌。网络品牌是企业品牌在互联网的延伸和应用。简单地说，网络品牌包括两重含义：一是通过互联网手段建立起来的品牌；二是互联网对线下既有品牌的影响。

网络品牌与传统品牌的共同点是：①它们都具有展示产品相关属性，使消费者了解产品的作用；②它们都可以创造利益与价值；③它们都蕴含某些独特的内在或外在意义，并通过这些"个性"吸引顾客，影响顾客对品牌的认知。

网络品牌与传统品牌的区别点是：①网络品牌不仅可以通过传统途径进行产品展示，还可以依靠互联网这个平台进行图像、文字、AR、互动等方式对产品进行展示，使顾客更全面直观地了解产品的信息；②网络品牌更强调为顾客提供定制化的产品与服务；③网络品牌可以使顾客利用网络进行更综合、全面的反馈。

网络品牌建设一般包括以下步骤：

步骤一，制定网络品牌的独特形象、标识和命名。依靠互联网传播的广泛性，使网络品牌的形象和标识等具有一定普遍性，降低其地域局限性。本案例中，新疆联通公司帮扶皮山县菜其买里村建设了"皮山礼物"的网络品牌，同时，在"皮山礼物"的包装设计上，不仅印有品牌名字，也添加了联通logo和精准扶贫的字样，表明了该网络品牌的概念与背景。

步骤二，网络品牌定位。在制定好网络品牌的形象、价值观以后，针对本网络品牌的价值观对目标市场、目标消费人群、品牌价格等进行确定，制定其品牌定位，找到该品牌独特的、吸引人的特点。在这一步骤中应注意网络市场与消费者的特殊性。

步骤三，制定网络品牌发展的系统战略规划。由于网络品牌面对的市场、消费者、销售渠道、宣传途径等都与传统品牌有很大区别，因此，提前制定一个完整的战略计划十分必要。网络品牌需要利用网络的优点对品牌进行宣传，同时也应当尽量避开网络的缺点，如消费者记忆的短暂性，信息的海量性等。网络品牌更应突出自身品牌的独特性，创造记忆点，这样才可以在网络市场中长久生存。

步骤四，创建完善的网络品牌反馈系统。利用网络的便捷性，可以对网络品牌进行不断完善，寻找目标市场的偏好，了解目标网络消费者的需求。

案例 24

满眼生机转化钧，异业连心巧夺金
——中国联通 X 公司异业联盟营销发展之路[①]

李永红　曹翠珍　范骁潇　任梓瑶　李雅楠　吴越

案例正文

引言

2020 年 1 月 5 日上午 10 点，中国联通 X 公司的唐经理坐在会议室，与公司高层正在针对异业联盟是否继续实施展开激烈的讨论。自中国联通 X 公司 2018 年着手开展异业联盟业务，尽管利用了其国企的身份和发展优势，但全渠道仅签约商盟数 291 家，其中产生订单并完结的商户有 89 家，发展新用户 258 户。公司高层按照持有观点的不同分成了支持派、打压派和中间派三个阵营。支持派认为异业联盟的营销策略总体没有错，是具体的实施细节出了问题，只要追根溯源，一定可以获得好的营销效果；打压派认为异业联盟没什么新意，营业厅早已遍地都是，用户需要办理业务，自然会到营业厅办理，异业联盟效果不好属于正常现象，没有继续投入成本的必要；中间派没什么明确的观点，认为异业联盟项目基本也就是自负盈亏，要不要继续投入其实无所谓。唐经理坚信，没有过不去的冬天，大手一挥"细节决定成败，死抠细节，一定可以拿得出可行的改进方案来。"

一、中国联通 X 公司概况

1. 组织架构

中国联通 X 公司是地市级分公司，是某市第三大基础通信运营商，经营公众业务和政企业务。2018 年中国联通 X 公司上调并重组生产经营单元，按行政区域划分为 13 个城区营服中心和 8 个区县分公司，与负责高校市场的校园运营支撑中心、负责大型连锁代理商的战略连锁渠道营销中心、负责新兴电子渠道的电子商务运营支撑中心、负责城区营业厅的营业运营支撑中心、负责人流密集场所的行销中心等 6 个专业线，共 26 个单元，同为公司一级专业生产中心。26 个经营单元实施划小网格制改革，将所有成员分组开展营销工作，以网格为单位考核营销任务。同时，市场部和营销部合并，成立市场营销部，负责制定公司营销方案，监督并管理营销生产中心，同时肩负公司公众线收入指标。为了更好地完成营销生产任务，中国联通 X 公司实行扁平化管理，具体组织架构如图 24-1 所示。

[①] 案例来源：中国管理案例共享中心，并经案例作者同意授权引用。
　　本案例于 2022 年 05 月 16 日入选中国管理案例共享中心案例库。
　　由于企业保密的要求，在本案例对有关名称、数据等作了必要的掩饰性处理。
　　本案例只供课堂讨论之用，并无暗示或说明某种管理行为是否有效。

案例 24

满眼生机转化钧，异业连心巧夺金

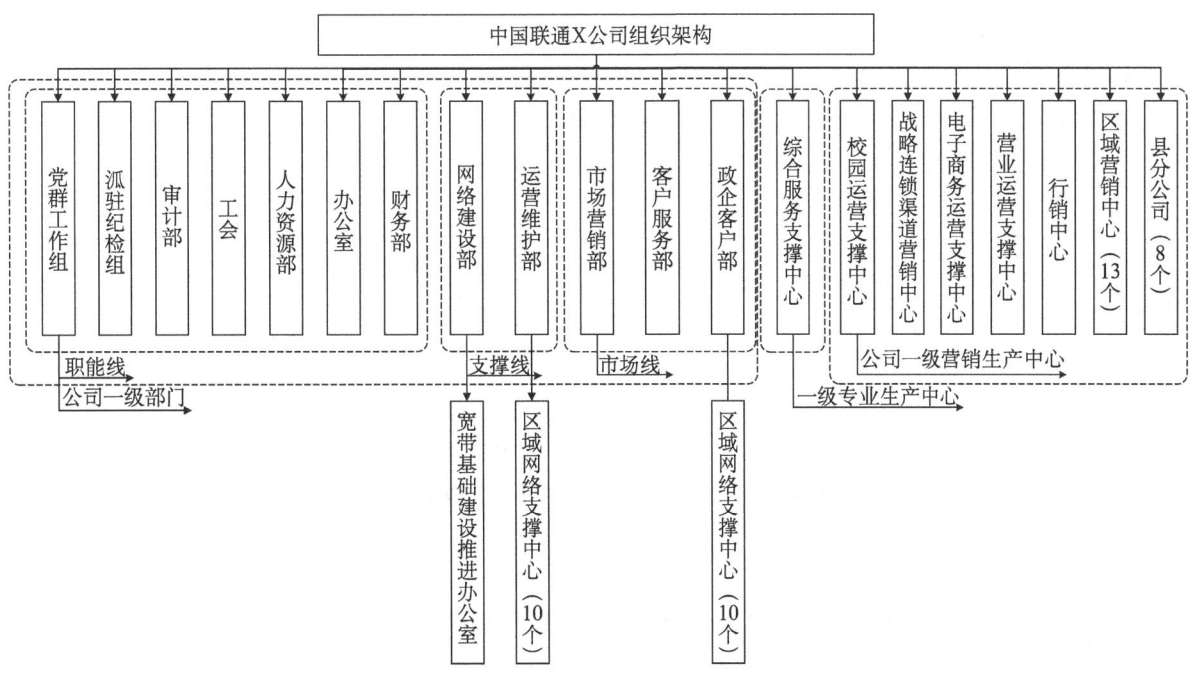

图 24-1 中国联通 X 公司组织架构

2020 年 12 月，中国联通 X 公司为了适应疫情后的通信新需要，进一步优化组织架构，整合经营单元辖区内的小网格为大网格，按专业分政企线和公众线，分别攻坚集团客户和社区客户，划小再出发，调整原市场营销部、一级专业生产中心及部分公司一级营销生产中心，将公众线机构设置如图 24-2 所示。

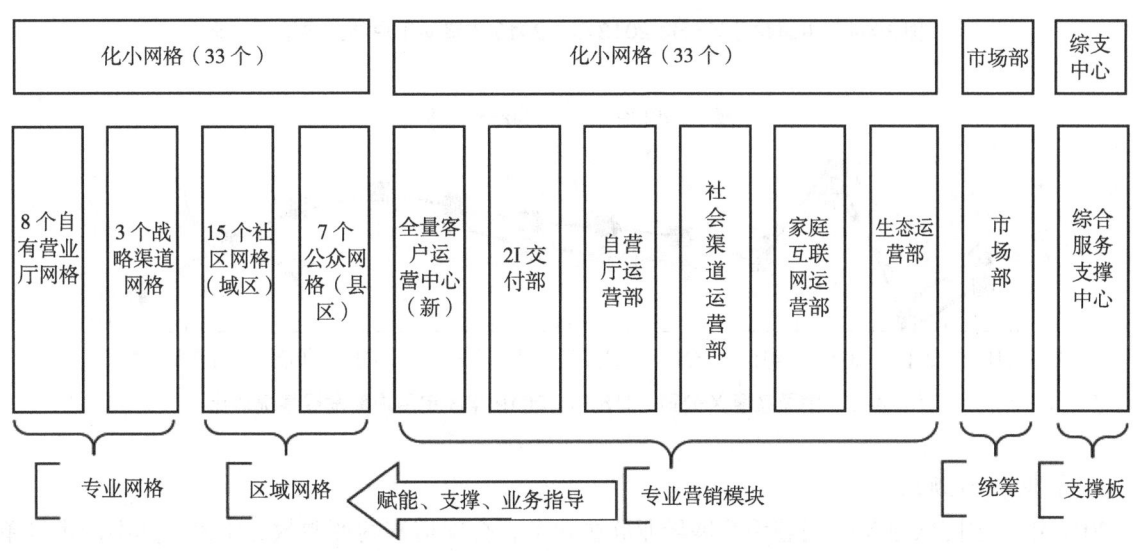

图 24-2 中国联通 X 公司公众线机构

2. 公司经营状况

（1）主营收入完成情况

受市场饱和、新入网用户减少及提速降费影响，2019年中国联通X公司在网用户平均月出账减少，导致月月同比增长率为负。其中，2月、4月和5月收入全年最低，详见图24-3。

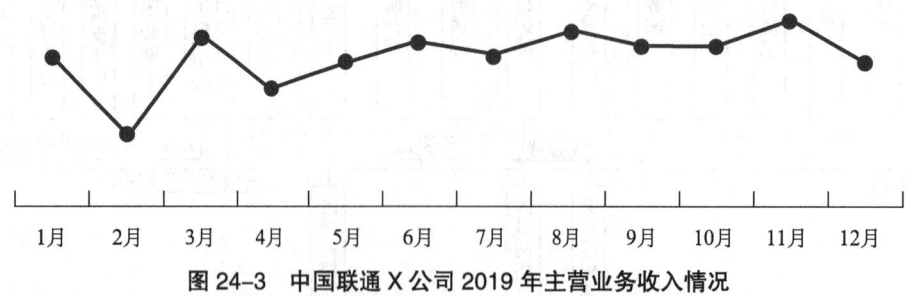

图24-3 中国联通X公司2019年主营业务收入情况

（2）发展情况

与2018年相比，2019年移动用户和固定用户新发展降幅明显，详见图24-4和图24-5。

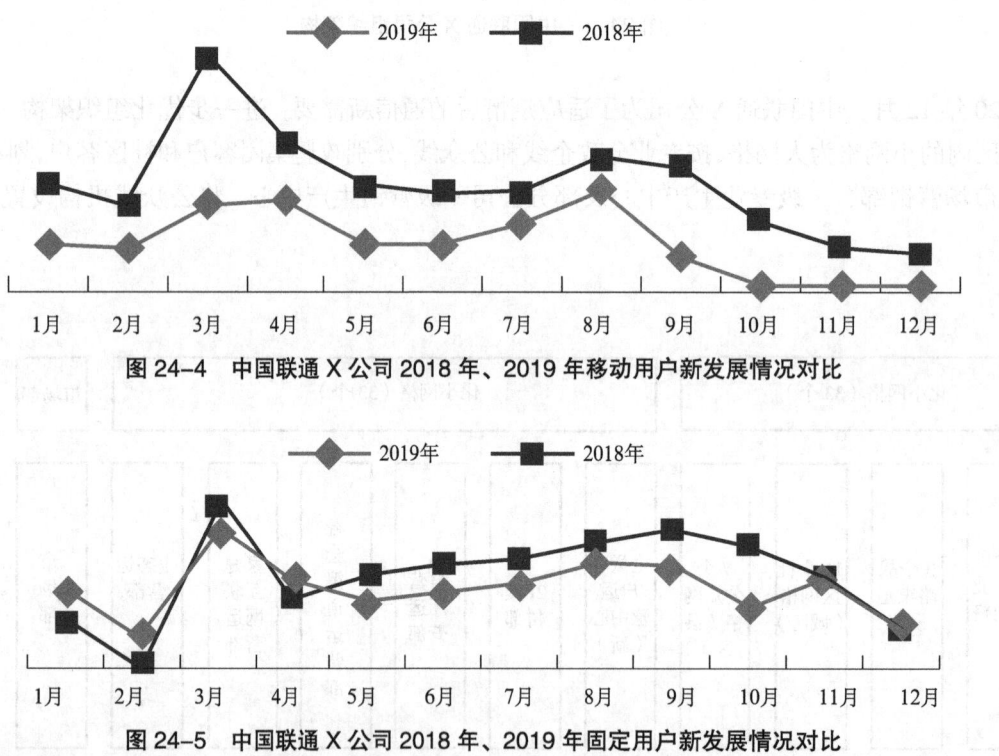

图24-4 中国联通X公司2018年、2019年移动用户新发展情况对比

图24-5 中国联通X公司2018年、2019年固定用户新发展情况对比

3. 异业联盟现状

2018年，中国联通X公司着手开展异业联盟业务，全渠道签约商盟数291家，其中产生订单并完结的商户89家、新发展用户258户。但异业联盟渠道签约数在总体中占比微乎其微，并未带来变化。详见图24-6、图24-7。

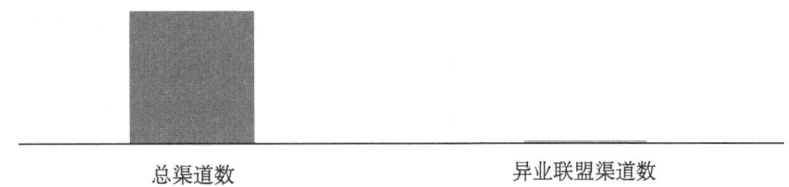

图 24-6　中国联通 X 公司 2018 年签约渠道情况

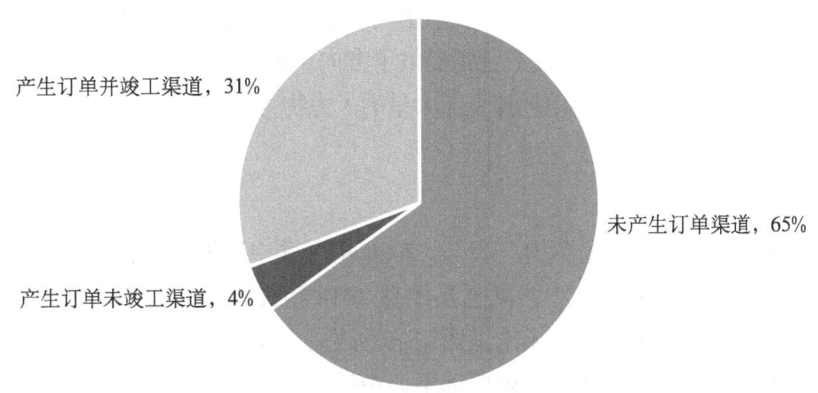

图 24-7　中国联通 X 公司异业商户发展情况[①]

二、异业联盟陷入泥潭——内忧外患

1. 外部风雨飘零

（1）国家政策

2019 年全国多省份通信运营商收入负增长，中国联通 X 公司也未能幸免。2019 年 6 月 6 日，工信部向中国移动、中国电信、中国联通及广电网络颁发 5G 牌照，我国逐步进入 5G 时代，5G 建设刻不容缓。5G 基站功率高、覆盖范围小，投入是 4G 建设的数倍，然而通信费却显著降低，企业收入减少、成本增高，相应的利润自然随之减少，这对运营商带来了巨大的挑战。2020 年是 5G 商用元年，电话用户数接近 18 亿，单卡类通信产品已经接近饱和，仅仅时隔 4 年，又再次面临高额的建设费用投入。2019 年，中国联通 X 公司在网用户平均月出账降幅较大，市场饱和，新用户较少，以及受到降本增速的影响，收入明显降低。

（2）疫情冲击

疫情导致线上需求明显，流量业务潜力巨大，远程教育、视频会议、网上购物、健康码等一系列需求增加。根据工信部官方数据，截至 2020 年 2 月底，电信业务收入累计完成 2242 亿元，同比增长 1.5%，增速同比回落 0.4%，但较上年末增幅提高 0.7%。突如其来的疫情刺激了巨大的网络需求，但新入网用户数减少，移动用户的第二卡槽需求基本已经释放完毕，导致新入网用户数显著下降，种种迹象表明，用户数已经接近饱和。

（3）社会需求转变

过去，人们对通信的需求只有简单的语音和社交需求，基本上是传达相对紧急的事件，需求不多。随着互联网的普及，从简单的文字交流、信息查询，到现在的短视频、手游等的兴起，2020 年中国

---

① 数据来源：中国联通 X 公司市场营销部内部资料整理。

联通 X 公司大扩容两次,承载量为 2019 年的两倍。以手游为例,对稳定性和速率的提升要求已经几乎达到了苛刻的地步。过去 PC 游戏联网依靠光缆,尚且不能保证稳定性,而现在手游依靠移动网,稳定性远不如光缆,但要求却比原来高了,对运营商提出了更大更新的挑战。

（4）技术发展

电子商务壮大之后,大数据和云计算相继出现。如今到了 5G 时代,我国的众多 5G 专利在通信领域走在了世界前列,为后续的营销打下了坚实的基础。有了快速通信网络的支撑,电子商务才开始蓬勃发展。这些技术对通信提出了巨大挑战,通信技术迭代速度很快。如今,互联网营销几乎是所有企业都不可能放弃的阵地,大数据和云计算为线上营销提供了方向。通过两者的配合,可以将营销工作开展得更加精准,但技术研发、人员培训也会消耗掉企业大量的人力物力,无形中增加了企业前期的科研投入。

2. 内部根基薄弱

（1）用户有效性需求不足

中国联通 X 公司所在省份属"通信南三省",2008 年合并中国网通之前为中国电信的主导省份,在全国电话用户连续两年饱和之后,中国联通集团在 2018 年提出,在移动用户饱和的情况下,充分发挥家庭宽带带动移动业务的作用。但无论是固定电话还是宽带,中国电信都占绝对的垄断地位,是本地家庭的首选。而中国联通的移动用户规模远不如中国移动,固定网用户远不如中国电信,市场份额低导致 X 市个体小商户对联通品牌的认知度低,商户的合作意愿不足。近年来 X 市 3 家运营商收入份额基本处于动态稳定局面,如图 24-8 所示。

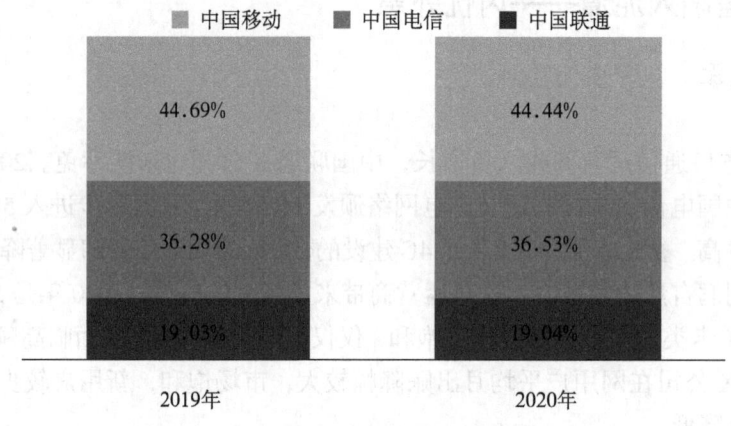

图 24-8　X 市 3 家运营商收入份额占比

中国联通面向公众市场的消费者提供基础电信业务,以低于其他两家运营商的价格,抓取消费者实惠心理——大多都偏向购买性价比高的产品。而联通 X 公司异业联盟早期商户大多为美容院、发型工作室、服装店、高档餐饮店等,这里的消费者更愿意去购买品质好、较为高档的产品,对性价比较高的产品兴趣较差。两者目标用户差异较大,合作商盟的消费者进店后,对异业联盟的产品没有兴趣,无论如何推销都是徒劳。长此以往,不能带来销量的产品,会让合作商盟对中国联通 X 公司失去信心,进而失去合作的欲望。

（2）异业权益利益诱导低

异业商户的经营场所专业性较低,产品需要更高的吸引力,通信服务差异性小,对大多数用户来说,三网的产品几乎一样,这时候价格、性价比就显得尤其重要。消费者在选择商品时,价格首当其冲，迫于无奈，联通公司只能将价格一降再降。通信产品价格降低，能支付给异业商家的佣金随之减少，直接就会影响他们的销售热情。异业联盟的商户本质上是代理商，主要任务是营销，而通信产品的议价能力、盈利能力远不如其他零售产品，能带给异业联盟商家的利润空间并不大，是当前营销积极性不高的原因之一。

（3）消费便利性有待提升

中国联通 X 公司异业联盟业务开展初期，合作的金融产品只有招行信用卡，兑换权益必须使用沃钱包 APP，不仅是用户，给合作商户也增加了工作难度。面对相对小众的金融支付工具和未曾接触的支付工具，商户需要经过复杂培训才能掌握，用户接受起来也十分困难。尤其是权益产品的兑换通常是长期的，需要长期保留沃钱包 APP，但是沃钱包 APP 活动有限，对绝大多数使用异业产品的用户来说，每个月只使用一次，很容易遗忘兑换方式。销售时用户会因为不熟悉流程放弃购买，受理后也因为兑换方式引起投诉，进而退订。

中国联通 X 公司的异业联盟业务经过一年的探索，在实体渠道的营销过程中，慢慢发现商户类型组成也存在问题。第一，渠道经理往往签约了某个商户后，积累与经营同种产业的门店交流心得，在后续签约时，不愿走出舒适区，接连签约相同类型的门店。虽然看似商户数稳步上升，实则产业单一，不能很好地覆盖目标客户群。第二，在开展初期，为了快速增加商盟数量，渠道经理对商户选择门槛过低，有些门店规模很小，甚至需要用中国联通的品牌为自己反向引流，显然违背了异业联盟业务的初衷。

（4）沟通有效性亟待提高

按照国家法律法规，中国联通 X 公司严格对电话用户进行实名登记，对所有入网用户必须扫描身份证、拍摄动态视频，流程比较复杂，对操作人员有一定的要求。对异业联盟商户来说，为每个店安排联通的业务员有些不现实，而合作商家的店员即使经过培训也可能不能完全独立受理业务，即使有订单也可能丢失。在营销过程中还发现，每个门店产品种类越多，销量反而不如只销售大王卡的小驿站。不同的套餐，语音、流量、超量扣费方式等都不一样，在跟用户签订协议时，必须对关键扣费标准等要素详细说明，这又为营销增加了难度。同时，营销人员业务能力不高，培训成本高、周期长，造成沟通效率低，使得异业联盟业务难有进展。

三、雨过天晴，希望曙光——4Cs 大展光芒

1. 消费者策略——急人所急，深挖需求

（1）"拉拢"平台类合作伙伴

唐经理与其他班子成员经过深思熟虑，将合作伙伴锁定在中国邮政与华润万家。首先，邮政与联通同属于"老邮电"，有良好的合作基础，邮政的营业网点遍布全市，邮政经营的邮务业务、银行业务、证券业务、包裹业务、保险业务都需要在网点办理，经营场所的客流量很大，能直接给中国联通带来曝光量。其次，中国邮政 X 公司有 278 家营业网点，营业员 2000 余人，从业人员普遍工龄长、素质高、有独立营销能力，与其合作可以大大减少人工的派驻。再次，市场部经理还发现，中国邮政拥有网上商城，其售卖的高质量农副产品对用户的吸引力很大。与其合作，联通 X 公司通过推出包含邮政商城商品券的套餐，使用户在购买联通服务的同时，能相对低价购买到邮政商城的商品券，让邮政商城和经营网点得到实惠。此外，本地的邮政和联通可以将各自经营的民生类业务拿出来，服务两家的客户，如邮政的代收代办业务可以开放到联通的 5G 生活馆、邮政的包裹可以免费存放在联通营业厅，用户零成本就可以从另一家企业升级服务内容。如此一来，产品竞争优势在无形中放大了两倍，使其

更加具备竞争力。

华润万家亦是如此，因为异业联盟业务归根结底是要解决实体店客流短缺的问题，而简单的通信产品不再是用户迫切的需求，但是生活用品和食材等是高频次的消费品，超市无疑是最好的客流获取场景。华润万家是当地最大的超市连锁品牌，中国联通X公司选择跟其合作可以说是强强联手。用户每个月都要缴纳通信费，每个月也都需要在超市购买日用品，中国联通X公司把华润万家无门槛消费券和自身的通信产品结合起来，推出相对更加优惠的套餐。每个联通客户每个月可以根据消费金额获取价格不等的超市通用消费券，没有使用门槛，可以直接冲抵消费金额，且跨月可结转，对用户是不小的吸引。

于是，各位经理达成一致，即刻采取了行动，与这两家平台伙伴进行战略联盟。由于符合双方目标利益，很快，联通X公司就推出了联盟套餐产品，对中国邮政开放了"云放号"单卡业务、邮储银行账户质押分期金融业务、邮储信用卡分期金融业务，为华润万家制定了个性化专属产品（详见附录1、附录2、附录3）。

（2）"紧抓"本地连锁商户

如果说平台类合作伙伴是"左膀"，那么本地连锁商户一定会是得力的"右臂"。据统计，苏宁小店和德克士在联通X公司所在城市共有116家门店，而这两家连锁商户也各具特色。苏宁小店致力于因"区"制宜，它会结合周围用户的消费能力和主要需求，陈列不同的商品，根据所在社群特色提供不同的服务。同时，苏宁小店深入客户生活，围绕用户家庭"厨房"，主打生鲜、果蔬、热鲜食等品类，致力打造成为每个社区的"共享冰箱"，让用户的日常，尤其是缺乏集中采买时间的工作日期间，能够在最短的时间内享受到最新鲜的食材和最美味的熟食。种种迹象都说明，苏宁小店拥有各类生活用户，这让正焦头烂额讨论的经理们看到又一机遇。他们认为，与苏宁的合作能有效促进业务开展，深入挖掘客户需求，实现双方联动互赢。除此之外，全球化的发展也让许多商户拥有西式快餐稳定的客户群。德克士价格适中，经营产品种类多，深受广大消费者的喜爱。这种消费习惯对中国联通X公司异业联盟业务也非常有利，用户消费频繁可以提高权益的存在感，实实在在的优惠又可使用户体验上升一个台阶。于是，唐经理"紧抓"这两类本地连锁商户，纷纷进行签约，利用其在优质小区的网点，推出了相关套餐（详见附录4、附录5、附录6），使得2020年增加了126家销售商盟，同时有效获取了优质客户，丰富了公司对于消费者的营销策略。

2. 成本策略——撇脂减重，降低成本

（1）目光所及：低档位异业产品延伸

一个寂静的下午，经理们认真反思了初期异业联盟业务的问题，他们认为，业务包装的套餐起点确实高，这样会把多数月均消费低的用户拒之门外。但随着合作商盟数量的增加及合作的深入，异业商盟也愿意出让更多的议价空间，给更多的中国联通用户。这样，通过包装的异业产品降低，也会给中国联通X公司足够的包装空间，可以开发百元以下的通信产品套餐，既能做到用户少花钱，或保持原来的月均消费不变，又能兼顾大异业权益的质量。对商户来说，出售数量增加，即便是"薄利多销"，但由于运营商庞大的用户规模，也能获取比原来更高的收益，可以进一步让出更多的议价空间。对用户来说，没有增加通信费，或小额增加通信费，就能获取超值的异业权益，无形中降低了在基础通信方面的开支。因此，联通X公司在4月份开启了渗透低的ARUP套餐，开放了4款百元以下的异业通信产品，供合作商户进行包装，成功地延伸到低档位产品。

（2）极尽所能：发挥携号转网优势

为了启动异业联盟业务，在初期中国联通X公司主动将自己的用户群开放给异业商户，给通过各类渠道入网的新用户和已在网的高价值用户赠送电子券，用户可以凭电子券在签约商盟无门槛冲抵消费金额。这样一来，异业商户在初期几乎不需要付出任何代价，中国联通 X 公司的用户都是其潜在的消费群，用户消费后，由中国联通结算给商家电子券商议的消费额。

但这种模式并不能很好地带动新入网发展量，原因很简单，多数人不会因为一个月几十块钱的消费券就更换使用多年的电话号码。电话号码在实名制时代有太多价值，微信和支付宝就是用手机号码注册的，如果能解决不更换手机号码，每月只需成本不高的权益赠送，就能让用户动心。

恰逢其时，2019 年年底，工业和信息化部召开携号转网启动仪式，在全国范围内提供携号转网服务，意味着在网用户可以保留原手机号码更换运营商，这对市场份额较小的联通，是绝对的机遇。若营业厅离用户近，距离异业商户距离合适，就能充分发挥携号转网的优势。而选择合适的异业场景及门店，用优质的差异化产品吸引用户携号入网就成了联通 X 公司成本策略较为重要的组成部分。

（3）冥思苦想：打造金融合约

根据工业和信息化部提供的数据，国人平均两年就会更换一部手机，手机的功能越做越多，越做越强，售价也相应上涨。电商兴起后，消费者习惯将实体店价格和线上价格进行对比，在正规渠道选择最低价购买。营销部门敏锐察觉到，中国联通 X 公司目前有 300 万在网用户，按每两年更换一次手机，每年也有 150 万的手机需求，是一个潜力市场，拥有议价能力。

打造新型的金融合约，除了可以应用在传统终端产品外，还能使用在各类商盟权益上。正因为中国联通的用户基数大，合作商家也愿意拿出相应的让利，最终把优惠反馈给用户，降低了用户支付商品的成本。而且，整个过程几乎不需要用户操作，在合约期内通过支付话费的方式还款，系统会自动转账，省时省心。由于在购买商品后，第二个月才支付话费，给用户营造出一种先拿货后付款的购物体验，弱化了高价商品的零售价，在心理作用上属于第三次降低成本。这无疑为异业联盟的营销策略又添一喜。

3. 便利策略——渠道升级，贴近你我

（1）由繁到简，便捷极致

由于通信产品的特殊性，需要用户亲自到场才能办理业务。唐经理认为，一旦简化受理过程，在后期的使用中尽可能少操作，就可以增加业务的便利性，提升用户感知。于是将目光锁定在打通目前高使用频率的互联网支付工具——支付宝、微信支付上。用户在初始设置还款日期和支付卡片后，后期不再需要其他任何操作，对合约期长的用户有较高的吸引力。

以微信合约受理为例，受理仅需 5 个步骤，详见图 24-9。

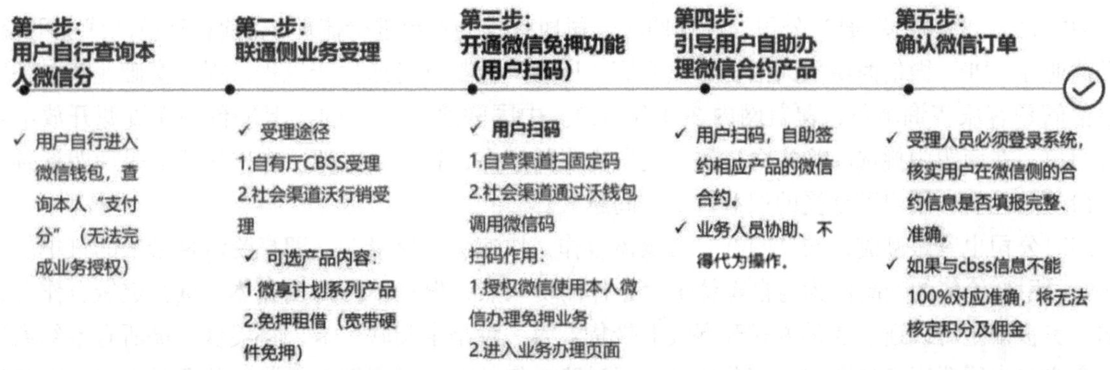

图 24-9 微信合约业务受理流程

同时，联通X公司也积极与阿里巴巴的支付宝、腾讯的微信支付合作，打造金融合约，比对关键要素（表24-1），让消费者不仅实现分期付款，还能直降零售价。在用户想分期购买手机终端，又苦于自己没有分期付款的金融工具时，可以通过支付宝申请，由联通担保申请对应的额度，用户每个月只需要按时缴纳话费就可以当场拿走手机。此业务极大地缩短了受理时长，在销售人员介绍产品功能后，用户开机激活就能完结申请过程，体验感很好；而且，用户每月无感还款，不需要下载单独的手机APP，符合绝大多数人的使用习惯，进一步完善了便利策略，丰富了消费方式。

表24-1 中国联通X公司金融工具关键要素比较表

合约模式	授信方式	金额/元	通过率	受理时长/分钟	合约期/月
金融分期	现金授信	>500	70%	30	24
支付宝"花呗"	芝麻信用	>500	80%	10	12/24/36
微信支付分	信用质押	<500	90%	5	12

（2）广"撒网"签约，勤"捞鱼"缩距

中国联通X公司的高层对自身有清晰的定位，认为自身所在城市的家庭宽带资源虽然逊于当地的中国电信，但是网络品质旗鼓相当，资费也稍具优势。因此想要打破"浏览"惯性般的家庭宽带业务，就要将渠道放在用户的周围，融入生活中。于是联通X公司迅速进行调整。

在市区，中国联通X公司致力于打造小型异业生态圈。首先选择有光纤覆盖的小区，选择实体店铺硬件条件好的现有代理点或营业厅，布置全屋智能体验区，改造成中国联通特色5G智慧生活馆，树立标杆门店，提升品牌竞争力，也让周围商盟感受到实力引领的作用。围绕5G智慧生活馆，覆盖半径300米到1000米的底商，首先建立5个商户，包括2个餐饮店、1个药店、1个便利店和1个美发店。随后逐步丰富其他业态，主要选择百货商超、家电广场、母婴连锁、美容美发、餐饮饭店、影院健身等6种业态商户，基本涵盖了能接触到用户的高频次场景。

在乡镇，致力于打造"异业一条街"。乡镇的用户离散度大，村里的小卖部商户不具备销售通信产品的能力，也没有足够的产能，发展的价值不高。但乡镇有赶集文化，集市客流量大是城市不具备的。为了充分发挥乡镇产能，利用集市人口是关键。于是，联通X公司签约了集市整街的异业商户，按照"逢集小炒、逢节大炒"的原则，在集会、节假日时，整合异业商户资源开展联合促销，悬挂过街横幅，用喇叭广播进行宣传，充分渲染活动氛围。

（3）灵活机动，双渠道营销出击

为完善便利策略，联通X公司的经理们对公司现有线上平台进行梳理，目前在运营的线上平台有：手机营业厅APP、微信商城及天猫官方旗舰店，所有平台都已打通生产流程，提供基础业务办理服务和通信问题客服咨询服务，覆盖网内300万用户。中国联通X公司的线上平台用作资源开放给异业联盟商户，在商盟中挑选品牌实力过硬、竞争力强的产品，在平台上架。在网用户数是商盟谈判的筹码，粉丝数越多，用户可享受的权益议价空间越大。

同时公司也紧跟潮流，与"网红"自媒体合作，快速引来流量，立即享受流量带来的订单。联通X分公司用高价值的产品作为与自媒体平台合作的切入点，根据不同的自媒体，量身定做合作方案。例如，美食博主可以通过3种方式开展线上带货：第一种是定制联名卡，将美食主播所有签约商户打包，商户和中国联通各自拿出一部分成本，通过赠送权益的方式回馈给粉丝，只要是该名主播的粉丝就可以享受门店的优惠，相当于美食博主是异业商户，打包的所有商户又间接地成了中国联通 X 公司的异业商户。第二种是升级流量包，联通 X 公司的 300 万名在网用户也是庞大的消费群体，主播可以向已经是联通用户的粉丝销售存量维系产品，提升在网用户的价值。第三种是品牌传播，运营商之间的竞争激烈程度是有目共睹的，企业需要让公众了解自己，弘扬企业文化。在这方面，主播可以发挥自己的创作才能，将品牌以软植入的方式带入自己的短视频或直播过程中。另一方面，中国联通作为央企，要承担中央给予的扶贫任务，公益售卖扶贫产品不论是对企业自身还是对主播，都可以建立积极正面的形象，从长远看是十分有利的。

自 2020 年 4 月起，经过 6 个月的孵化，形成了中国联通 X 公司员工网红团队自媒体矩阵账号，拥有抖音万人粉丝账号 3 个、千人粉丝账号 8 个、五百粉丝账号 20 个，用于开展线上销售，具体如图 24-10 所示。自此，联通 X 公司的营销策略变得更加灵活多样，更加贴近用户，实施的策略也得到了异业商户的积极响应。

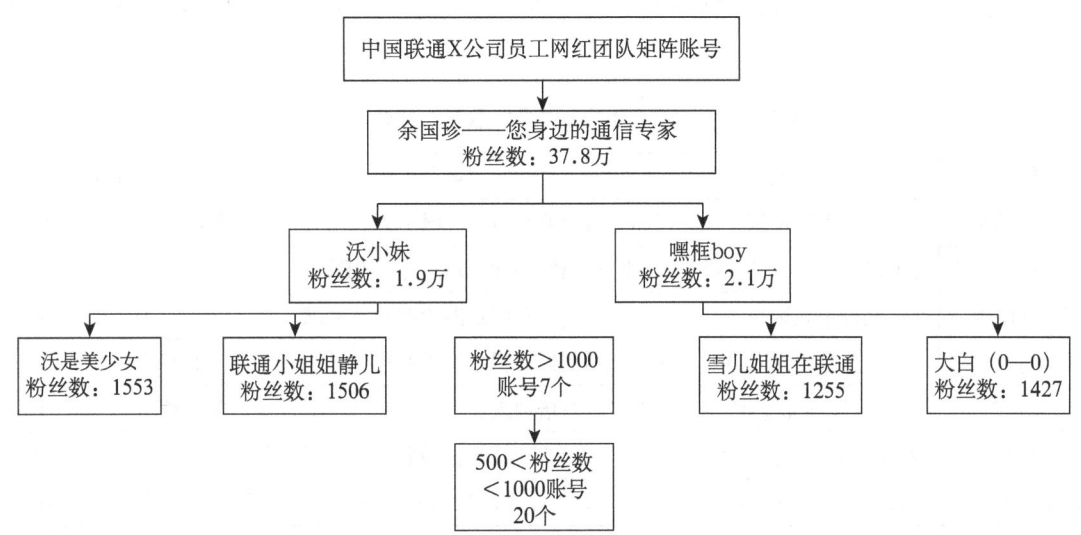

图 24-10　中国联通 X 公司抖音矩阵账号示意

4. 沟通策略——构建桥梁，双向奔赴

（1）培养异业联盟业务内训师团队

经理们通过总结困境动因，认为在前期业务发展中，商户类型多为小商户，没有给用户营造出极具专业性的企业形象，忽视了与用户的沟通交流。有些商户对政策、销售策略了解不充分，前后口径不一致，以至于在业务发展期没有起到标杆的作用，给用户造成了不良的体验感知。订单的成功是建立在取得信任的基础上，因此需让更多商户的销售人员具备专业知识。为了增强异业商户的专业性，提升销售能力，中国联通 X 公司决定建立内训师团队。

首先聘请了专业讲师担任内训师，培训异业联盟商户的相关技能，再由具体设计销售流程的技术人员培训每个操作环节。这样一来，解决了联盟商户因自己出钱出力而抵触高昂培训成本的态度，而且外部培训都是由联通内部人员指定帮扶，点对点培训，从而显著提高了沟通的效率。

其次，设立渠道负责人，异业联盟的商家由渠道负责人发展签约，商户的所有业务产出都是渠道负责人的业绩，商户的活跃性与渠道负责人息息相关。在推进业务时，渠道负责人自己掌握培训技巧，在现场辅导商户，及时解决受理流程遇到的问题。而且该负责人是 X 公司内部人员，可调动性高，容易控制，同时具备通信行业的专业性，能及时向公司业务制定者反馈实际营销场景遇到的问题，从整个业务规则到制定流程，做到闭环管理。

（2）进一步开展常态化调研

以往在制定业务政策时，中国联通 X 公司的工作人员会因为不清楚一线的实际情况，仅凭经验和收入预算的要求，没经过细致的安排就草草下发。在过去的营销业务开展过程中，常常因政策不够贴合实际情况，导致生产单元执行困难，工作人员叫苦不迭。为了杜绝此类情况重复发生，管理层决定进一步开展常态化调研，必须在制定业务规则前充分了解调查市场情况，要求经营单元参与决策，经过充分讨论之后才下发营销政策。

于是，在调整完异业联盟营销策略后，联通 X 公司即刻便展开了调研，询问一线工作人员在操作时遇到的困难，统一解决、更正政策中不合理的地方。2020 年疫情复工复产后，中国联通 X 公司立即启动了流动调研问题闭环机制，公司市场职能部门联动，通过各自专业，全面梳理异业联盟业务的痛点，不断优化。累计收到反馈 46 件，逐一进行梳理优化，继续稳步开展日常调研。具体如表 24-2 所示。

表 24-2 中国联通 X 公司异业联盟业务调研反馈表

部门	调研对象	调研内容	收到反馈数量 / 个
市场部产品组	异业渠道经理	产品是否具有竞争力、吸引力；内容是否需要优化	6
全量客户运营中心	异业电话外呼营销人员	用户同意订购的节点；用户退订、拒订理由	9
家庭互联网组	经营单元区长	有固定网资源异业需求	5
2I 交付组	异业产品配送专员	异业产品交付流程是否需要优化；用户接受度如何	5
生态运营组	平台型异业企业	合作企业对培训人员、绩效激励、配合度是否满意	3
社会渠道组	小型异业门店负责人	异业产品销售的痛点；能否获利	12
自营厅组	自有异业销售专业	自营厅用户对哪类异业产品感兴趣	6

（3）迅速成立品牌宣传组

市场的变化日新月异，慢慢地演变成饱和化、碎片化的发展方向。唐经理认为，中国联通 X 公司的宣传也理应朝着这个体系化的趋势迈进，在实际宣传时围绕市场信息、品牌信息、媒介调查、讯息开发 4 个方面开展，最终形成广告计划，在广告宣传之后，再对结果进行评价调查，形成闭环（图 24-11）。以此为基准建立异业产品的宣传体系，将产品和场景的差异化尽可能多地体现。这样，不仅与用户搭建了沟通桥梁，而且进一步丰富了沟通策略，使得异业联盟业务能够更加顺利地进行。

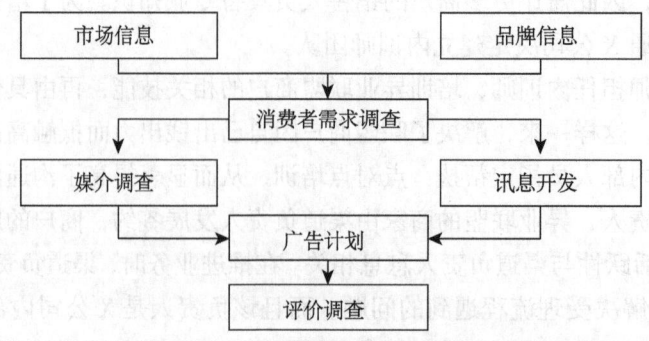

图 24-11 广告宣传评估结果应用关系

四、柳暗花明，初见成效

1. 发展产能

通过4C对异业联盟业务完善与调整后，中国联通X公司异业联盟2020年产能显著提升。

2. 营销策略

异业联盟营销优化策略实施后，产品、渠道、流程都与之前有了鲜明区别，如表24-3所示。最终的结果也有了质的飞跃，联通X公司如鱼得水般应对客户的需求，异业联盟的策略也更加深入用户内心。

表24-3 中国联通X公司异业联盟业务优化对比表

时期	产品	人员	渠道	流程	工具
优化前	主打5个档位标准化套餐	城区网格自有人员	小型异业门店，过于单一	异业商户受理，流程长，难以掌握，造成客户流失	台式机、笔记本电脑、高拍仪、制卡器登录cbss营管系统办理受限因素较多
优化后	42款多合作商户产品	全渠道营销人员	线上大型引流平台、平台型企业、本店连锁商户、社区小型异业门店	倒装机流程，联通自有或社会合作人员上门办理，增加成功率	可移动高集成便捷设备及行销工具

五、尾声：未来可期

对于异业联盟取得的短暂成功，中国联通X公司的唐经理是满意的。他认为，中国联通X公司在解决自己营销问题的同时，能够带动帮扶其他企业发展新客户、销售产品，共同发展。虽然取得了阶段性的营销成果，但这绝不是终点，而是新的起点。2020年是成绩斐然的一年，2021年中国联通X公司将开启新的征程：如何挖掘新的客户？如何给客户带来更好的产品、更好的服务？唐经理虽感到"压力山大"，但却更感到未来可期……

附录1：中国邮政单卡业务政策

套餐月费			套餐内包含		套餐资费		
标准月费	活动折扣	优惠后月费	国内语音	国内流量	国内语音	国内流量	短彩信
39元	7折	27.3	200分钟	5GB	0.15元/分钟	10元/GB	0.1元/条

附录2：中国邮政信用卡分期金融业务政策

基础套餐费	用户端				代理端	联通端	
	月缴话费/元	直降本金/元	手续费/元	本息/元	一次性返还代理商金额/元	电子券/元	实际收入/元
5G畅爽冰激凌套餐159元	159	520	49.4	569.4	520	47.7	111.3
5G畅爽冰激凌套餐199元	199	650	61.75	711.75	650	59.7	139.3

附录3：华润万家联名卡

序号	产品	预存金额/元	权益	合约时长
1	华润99冰激凌	200	（1）价值360元无门槛抵用券：分12个月发放，每月30元华润万家购物券，可直接抵扣任意产品。 （2）价值360元满减抵用券：分12个月发放，每月6张5元满减券（每消费满100元可使用1张5元券抵扣，若一次性购买金额为100元的整数倍，可分开结算使用）。	12个月
2	华润129冰激凌	200	（1）价值480元无门槛抵用券：分12个月发放，每月40元华润万家购物券，可直接抵扣任意产品。 （2）价值480元满减抵用券：分12个月发放，每月8张5元满减券（每消费满100元可使用1张5元券抵扣，若一次性购买金额为100元的整数倍，可分开结算使用）。	
3	华润159冰激凌	300	（1）价值600元无门槛抵用券：分12个月发放，每月50元华润万家购物券，可直接抵扣任意产品。 （2）价值600元满减抵用券：分12个月发放，每月5张10元满减券（每消费满100元可使用1张10元券抵扣，若一次性购买金额为100元的整数倍，可分开结算使用）。	
4	华润199冰激凌	400	（1）价值720元无门槛抵用券：分12个月发放，每月60元华润万家购物券，可直接抵扣任意产品。 （2）价值720元满减抵用券：分12个月发放，每月6张10元满减券（每消费满100元可使用1张10元券抵扣，若一次性购买金额为100元的整数倍，可分开结算使用）。	

附录4：苏宁小店权益表

套餐名称	语音/时长/分钟	流量/GB	无门槛消费券/元	满减券/元	优惠权益/元
标准99冰激凌	500	10	—	—	—
苏宁99冰激凌	500	10	360	240	260
标准129冰激凌	800	20	—	—	—
苏宁129冰激凌	800	20	468	240	260

附录5：苏宁小店联名卡

序号	产品	金额/元	权益
1	苏宁小店129冰激凌	200	一、办理5G畅爽冰激凌129元—苏宁小店特权套餐卡，入网首次预存200元，每月正常缴纳话费，即可享受价值968元的苏宁小店权益。 二、自开卡之日起一年套餐续存期内，可享受以下权益： （1）468元消费券：分12个月发放，每月39元，可到全市苏宁小店直接消费，当月有效。 （2）240元满减免券：分12个月发放，每月一张满150元减20元家政服务类满减券，当月有效。 （3）260元优惠权益：分52周发放，每周5元，消费10元可立减5元，当周有效（无需领取优惠券，结算时自动扣减），可到全市苏宁小店购买商品使用。

案例 24
满眼生机转化钧，异业连心巧夺金

续表

序号	产品	金额/元	权益
2	苏宁小店 99 冰激凌	200	一、办理 4G 畅爽冰激凌 99 元放心用—苏宁小店特权套餐卡，入网首次预存 200 元，每月正常缴纳话费，即可享受价值 860 元的苏宁小店权益。 二、自开卡之日起一年套餐存续期内，可享受以下权益： （1）360 元消费券：分 12 个月发放，每月 30 元，可到全市苏宁小店直接消费，当月有效。 （2）240 元满减免券：分 12 个月发放，每月一张满 150 元减 20 元家政服务类满减券，当月有效。 （3）260 元优惠权益：分 52 周发放，每周 5 元，消费 10 元可立减 5 元，当周有效（无需领取优惠券，结算时自动扣减），可到全市苏宁小店购买商品使用。

附录 6：德克士权益流量包

产品	金额/元	权益
德克士 5 元流量权益双拼包（陕西）（90819270）	5	（一）德克士 5 元流量权益双拼包。1.推广场景：全省德克士自营及加盟门店。2.受理范围：新、老用户订购 5 元德克士流量权益包。3.产品包内容：可享受每月 1G 的 5G 流量 + 全年价值 240 元的德克士权益。4.德克士权益使用规则：德克士 240 元消费满减券分 12 个月发放，每月 2 张 10 元一次性发放，满 20 元可使用 1 张，可叠加使用。5.产品包规则：5 元流量权益包中，按照 3 元/G 进行流量结算，5 元直接入主营收入，剩余 2 元以减收方式结算德克士权益。
德克士 10 元流量权益双拼包（陕西）（90819271）	10	（二）德克士 10 元流量权益双拼包。1.推广场景：全省德克士自营及加盟门店。2.受理范围：新、老用户订购 10 元德克士流量权益包。3.产品包内容：可享受每月 2G 的 5G 流量 + 全年价值 600 元的德克士权益。4.德克士权益使用规则：价值 360 元消费满减券分 12 个月发放，每月 3 张 10 元一次性发放，满 20 元可使用 1 张，可叠加使用。价值 240 元消费满减券分 12 个月发放，每月 1 张 20 元一次性发放，满 40 元可使用。同时，可与 3 张 10 元抵用券叠加使用。5.产品包规则：10 元流量权益包中，按照 3 元/G 进行流量计算，10 元直接入主营收入，剩余 4 元以减收方式结算德克士权益。
德克士 15 元流量权益双拼包（陕西）（90819273）	15	（三）德克士 15 元流量权益双拼包。1.推荐场景：全省德克士自营及加盟门店。2.受理范围：新、老用户订购 15 元德克士流量权益包。3.产品包内容：可享受每月 2G 的 5G 流量 + 全年 12 个汉堡 + 全年价值 600 元的德克士权益。4.德克士权益使用规则：价值 360 元消费满减券分 12 个月发放，每月 3 张 10 元一次性发放，满 20 元可使用 1 张，可叠加使用。价值 240 元消费满减券：分 12 个月发放，每月 1 张 20 元一次性发放，满 40 元可使用。可与 3 张 10 元抵用券叠加使用。12 个汉堡抵扣券分 12 个月发放，每月 1 张汉堡券，用户持券可在德克士线下门店进行汉堡（超级鸡腿堡/香酥双鸡堡）的兑换。5.产品包规则：15 元流量权益包中，按照 3 元/G 进行流量结算，15 元直接入主营收入，剩余 9 元以减收方式结算德克士权益。

附录7：中化石油异业合作产品

产品	金额/元	权益	备注
中石化9.9元2GB全国流量	9.9	1. 套包内容：办理9.9元流量权益双拼包，即享30元中国石化加油优惠券+2GB全国流量包 2. 30元中国石化加油优惠券权益使用规则： 流量包存续期间，每个月可获得2张15元汽油券（加油券为多加券，即每加150元汽油，可使用一张15元券多加15元汽油，单次仅限使用1张，不可与其他油品券叠加使用，仅限陕西省内中国石化加油站使用）。 1. 目标用户：4G套餐和5G套餐用户（智慧沃家共享套餐除外）可办理本产品。 2. 产品资费：每月9.9元可得2GB国内流量和15元中国石化加油券两张（加150元油用一张15元油券），剩余流量次月不结转。限主卡订购，流量副卡可共享使用，权益限主卡使用。 3. 生效方式：流量包订购成功后立即生效，赠送权益。月末不退订次月自动续订，如退订次月生效，权益也停止赠送，用户离网权益自动失效。 4. 优先规则：优先使用本产品流量，且不纳入主副卡一次限速流量阈值统计。 5. 权益说明：未退订用户次月起，每月5日自动发放权益（15日和27日补发）。如连续订购本产品，权益最多赠送12个月，之后不再赠送。 6. 权益规则：本产品办理成功后，在T+1日会收到权益赠送短信，请按短信内容操作接口获取和使用权益。	30元中石化加油券

附录8：平台合作权益表

权益	价格/元
天猫（满299减30券）	0.1
大众点评（满100减5券）	0.5
爱奇艺视频会员（月）	2.99
uu跑腿（满30减5券）	1
摩拜单车（7次）	1
滴滴快车券（满30减5券）	1
星巴克通用券5元	2

附录9：中国联通X公司现行受理工具支撑情况

软件名称	沃权益	号码之家	沃行销	蜂行动	码上购
研发单位	第三方平台商研发	第三方平台商研发	省公司研发	总部软研院研发	电商
支撑产品	1. 流量王系列产品； 2. 权益定制产品； 3. 金融产品	1. 流量王系列产品； 2. 公众市场冰激凌4G/5G系列产品；冰激凌副卡、亲情卡； 3. 地王卡/天王卡； 4. 单宽、冰激凌融合（单移转融、单宽转融）、融合迁交、畅越融合	1. 流量王系列产品； 2. 公众市场冰激凌4G/5G系列产品；冰激凌副卡、亲情卡； 3. 大王卡/地王卡/天王卡、阿里小宝卡； 4. 单宽、冰激凌融合（单移转融、单宽转融）、融合迁交、畅越融合、校园融合宽带、畅越融合、钉钉冰激凌	1. 公众渠道单卡类产品； 2. 集客渠道单卡类产品； 3. 新用户融合产品（不可做IPTV）； 4. 部分2I产品、副卡	2I产品
支撑业务	1. 金融分期业务（花呗、余额宝、招联、仅新用户可用）； 2. 热销产品单卡扫码下单、能人发展	1. 金融分期业务（花呗、余额宝、招联、新老用户均可）； 2. 全屋智能业务； 3. IPTV业务、光改业务（宽带改光纤）； 4. CBSS成卡返单； 5. 废卡重置	1. 金融分期业务（花呗新用户）； 2. 全屋智能业务（业务功能已支撑，因协同工号受理特殊性，存在发展授权、销量统计等问题，暂时无法推广使用）； 3. CBSS成卡返单； 4. 充值缴费、代客下单、流量语音双拼包、后激活业务、能人发展、能人佣金现返、线上线下一体化订单中心、倒装机业务（用户已扫码付款）	1. 金融分期业务（花呗、余额宝、新用户）； 2. 热销产品单卡扫码下单、充值缴费、黑名单缴费查询、能人发展	—
开发中业务/功能	—	线上线下一体化订单中心、能人发展	全屋智能业务、招联分期、余额宝	—	—
业务/功能开发时间	1～3周时间	2～4周时间	2～6周时间（同时需要根据总部接品规范支撑情况而定）	根据总部开发排期	—
适用场景	代客下单	现场受理、上门配送	现场受理、上门配送、物流配送	现场受理、上门配送	现场受理、上门配送
适用人员	营业员、行销人员、上门配送人员、能人	营业员、行销人员、上门配送人员	营业员、行销人员、上门配送人员、能人	营业员、行销人员、上门配送人员、能人	2I产品销售人员
支付及退费	对接所属地核算中心，稽核、退费方便	对接所属地核算中心，稽核、退费方便	对接省份支付平台，资金归集安全方便，核查、退费手工办理	对接省份支付平台，资金归集安全方便，核查、退费手工办理	—
适用及在用渠道	自有及社会渠道	自有及社会渠道	自有及社会渠道	自有及社会渠道	自有及社会渠道

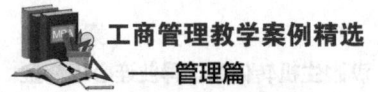

案例使用说明

一、教学目的与用途

1. 适用课程

本案例主要适用于"市场营销""营销战略"等相关课程。

2. 适用对象

本案例适用于市场营销、工商管理等专业的高年级本科生和研究生,以及企业中高层管理人员。

3. 教学目的

本案例以中国联通X公司发展异业联盟的时间历程为主线,描述了中国联通X公司发展异业联盟的背景和困境,利用4Cs营销理论、网络营销理论,全面分析了联通X公司异业联盟营销策略的优化升级,帮助学员用4Cs营销理论来进行异业联盟业务实施、营销策略优化及保障措施和效果升级,深入学习异业联盟营销策略、网络营销策略的相关内容,提升学员的营销管理能力。同时,总结联通X公司异业联盟的优化经验,为其他公司提供借鉴和启示。

二、启发思考题

① 中国联通X公司在异业联盟策略的初期,遇到了哪些困境?产生这些困境的原因是什么?

② 中国联通X公司在进行网络营销时,采取了哪种网络营销策略?分析营销成功的原因。

③ 基于4Cs理论,分析联通X公司如何优化其异业联盟的营销策略,实施后取得了哪些初步成效。

④ 鉴于联通X公司目前取得的效果,如何进一步保障异业联盟营销优化策略的可持续性?

⑤ 结合案例,谈谈联通X公司异业联盟的优化经验对其他类似企业的启示。

三、分析思路

本案例主要以中国联通X公司进行异业联盟营销策略的过程为主线,以异业联盟发展困境、营销策略设计的原因、优化升级及解决问题的方法作为重点,使学员全面了解异业联盟营销策略重点关注的问题及面对不同问题时的改善方法。分析思路主要从"外部环境变化→内部原因分析→营销策略制定→营销策略优化→商业模式重塑"几方面展开,教师可以根据自己的课程及教学目标灵活运用本案例。这里提出本案例的分析思路图(图24-12),仅供参考。

案例 24
满眼生机转化钧，异业连心巧夺金

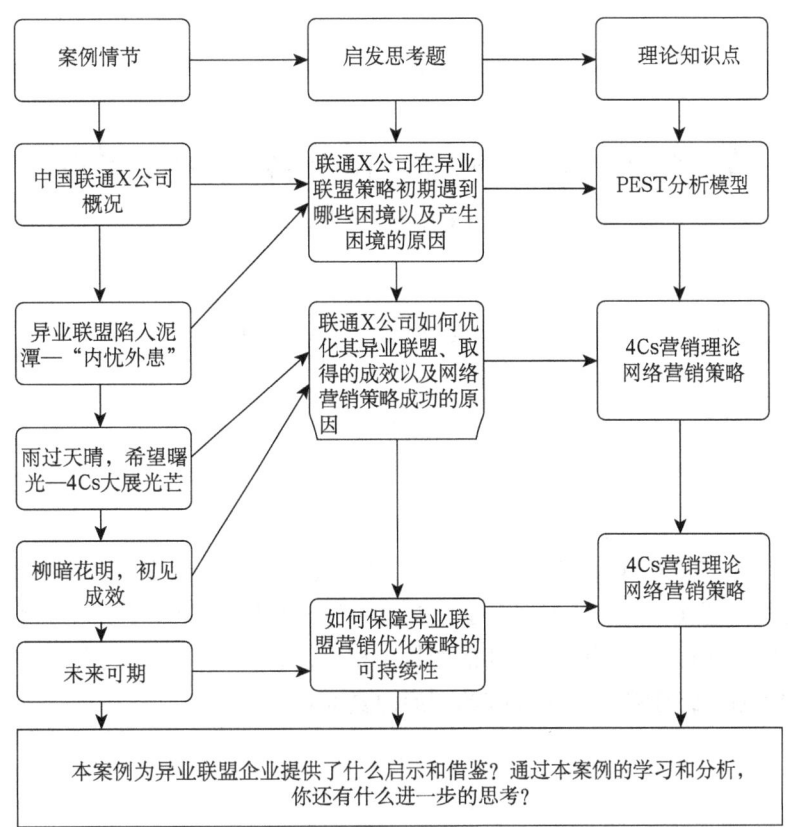

图 24-12　案例分析思路与步骤

案例 25

数字多元共襄助，战略营销求变革
——砥砺前行的 ZB[①]

黄当玲　唐家琳　李君　朱昱

案例正文

引言

2021 年 2 月 19 日，在 CCTV2 财经频道的《第 1 时间》节目中，出现了西部某省一所驾校的报道。一个小小的驾校为何出现在 CCTV 的财经频道上？这个驾校有什么"魅力"竟引起 CCTV 的关注。

这家驾校是一家什么样的公司呢？与其他的驾校相比，它有何特别之处呢？它是如何成长的？

经过多方面的了解，终于揭开了该驾校的"庐山真面目"。

一、概况

1. 行业现状

现阶段，SX 省 SZ 市驾校数量逐年增加（图 25-1），2021 年约有 34 家驾校，更有荣大、盛通和恒顺等资深驾校，使得驾校之间的竞争越来越激烈。

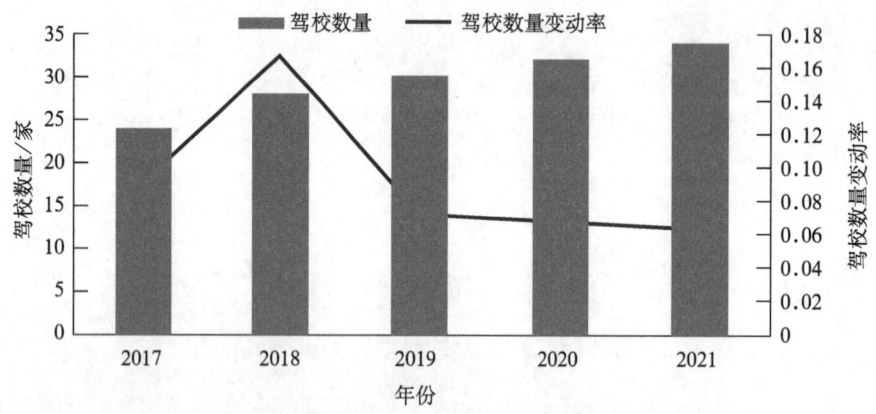

图 25-1　SZ 市驾校数量及变动率[②]

[①] 案例来源：中国管理案例共享中心，并经案例作者同意授权引用。
　　本案例于 2022 年 7 月 7 日入选中国管理案例共享中心案例库。
　　由于企业保密的要求，在本案例中对有关名称、数据等做了必要的掩饰性处理。
　　本案例只供课堂讨论之用，并无意暗示或说明某种管理行为是否有效。

[②] 资料来源：驾校一点通、SZ 市交通运输局官网资料整理而来。

根据《机动车驾驶员培训教学大纲》中的相关规定，我国驾驶员培训时间应超过62小时。但仍有驾校只追求利益而缩短培训时间，为交通事故的发生埋下了隐患。

现实中，有些驾校教练员专业素质较差，加上驾校对教练员培训不到位，使得一些教练员教学能力和道德品质较差，打骂学员事件时有发生，这对于学员培训十分不利。部分驾校培训场地设置不科学，不能提供良好的学车环境，各项硬件设施的投入力度较差，老旧车辆的使用频率较高，现代化管理设施相对缺乏，在一定程度上影响驾校行业的快速发展。

2. 企业概况

ZB驾校成立于2017年，占地面积200余亩，现拥有70余辆各类全新训练车、60余名资深教练，目前是SZ小型汽车培训规模最大、教学设施最完善的国家二类驾驶培训学校，是一所集考训为一体的花园式、星级服务式驾校。

在2017年到2021年短短5年的时间里，ZB驾校从一家默默无闻的小驾校发展成如今的规模，这与其在面临发展的"分岔路口"所作出的战略决策和市场营销密不可分。从近几年发展情况来看，ZB驾校一直秉承着"强化内部、发展外部"的理念，通过对外部市场的调研，了解行业现状，ZB驾校以长期利益为出发点，通过培训方式多样化，来提高自己的市场占有率，成效显著。

自《道路交通安全法》颁布以来，ZB驾校严格遵守相关部门的相关规定，不断制定完善公司章程来确保教学质量。ZB驾校服务宗旨是把学员放在首位，进一步提升培训质量，做好学员培训日志的填写，杜绝不练车就考试的情形。此外，ZB驾校不断加强自身内部管理，通过系统化的管理，及时发现问题并解决，促使ZB驾校达到精细化管理。我们可以从图25-2中看出，ZB驾校自成立以来，收入和利润都呈增长趋势。虽然2020年疫情来势汹汹，但ZB驾校的收入增长率和利润增长率都是正值，危机应变能力较强。

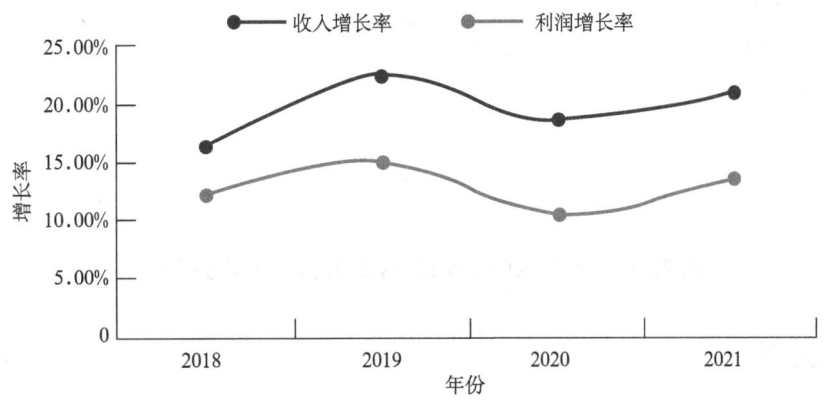

图25-2 2018—2021年ZB驾校收入、利润增长率[①]

ZB驾校致力于打造建设教学设施最先进的国家级驾驶员培训学校，认定"每一件小事做好"才能"成就大事"，充分关注到公司运营和人员培训等各个方面，因此ZB驾校有明确的职责划分和职能分配，ZB驾校构建了适合自己的组织架构，具体如图25-3所示。

---

① 资料来源：对ZB驾校的实地考察与访谈获得数据资料。

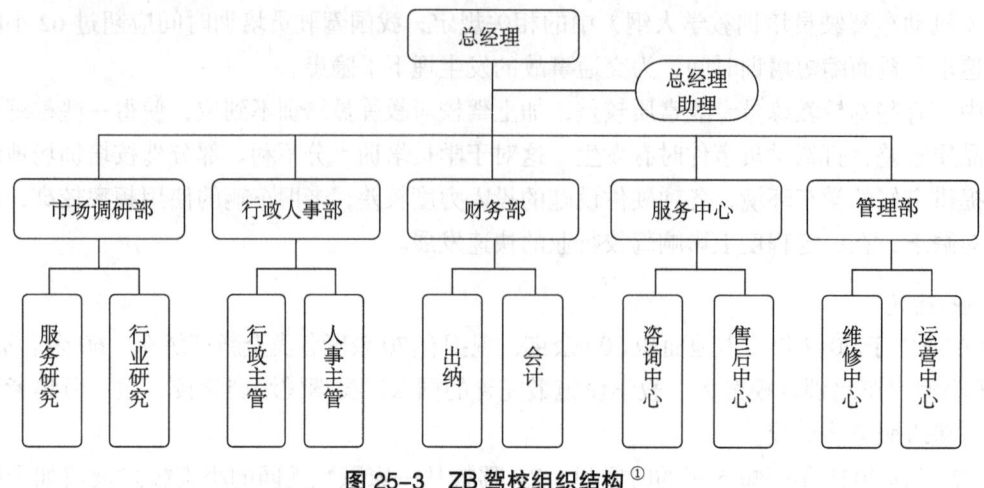

图 25-3　ZB 驾校组织结构①

ZB 驾校坚持科技兴校，引入机器人教练和示教板等教学设备，还引进了模拟器技术提升教学效果。通过提升自身的服务质量来提高其市场竞争力，取得了显著效果。ZB 驾校在同行业竞争者中开辟了属于自己的一份疆土，学员占比已逐步赶超同行平均值。ZB 驾校的学员占比 =ZB 驾校学员数量 / 总学员数量；同行平均学员占比 =（总学员数量 –ZB 驾校学员数量）/（总学员数量 * 驾校数量），具体如图 25-4 所示。

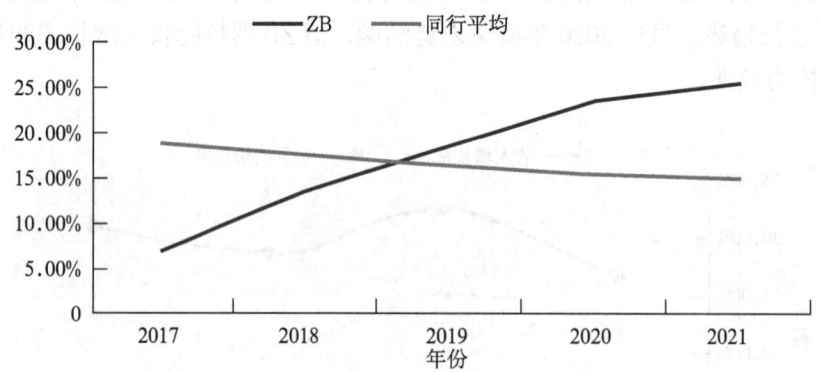

图 25-4　2017—2021 年 ZB 驾校与同行平均学员占比②

二、天降大任

1. ZB 驾校诞生

2016 年年末，随着一场大雪悄然而至，在一处清幽的茶馆里，杨校长和赵总经理在细品香茗，畅谈自己身边的一些趣事，杨校长看着远处川流不息的车队，感慨道："近来的车是越来越多了，尤其是到了雨雪天气，道路堵的是水泄不通啊。"

赵总经理面对窗外的车水马龙，思绪不禁飘进了回忆之中……在大学期间，他们同学都对车有着独特的感情，原本想着毕业的时候开一家 4S 店，但刚毕业的他们一没资金、二没人脉，最终开办 4S

---

① 资料来源：通过与相关管理人员沟通，并参考公众号整理资料而来。
② 资料来源：对 ZB 驾校的实地考察与访谈获得数据资料。

案例 25
数字多元共襄助，战略营销求变革

店的梦想化为泡影。但时常想起便倍感遗憾，突然脑中有一个想法呼之欲出，驾培一体化的经营模式前景广阔，4S 店和驾校可以互相呼应。先将驾校开办起来，积攒足够的资金和人脉，日后创办 4S 店就水到渠成了。

赵总经理边喝茶边沉思道："不仅上班的人在学，好多高考结束的学生也在学车呢。"杨校长附和道："是呀，这都快成为主流行业了，市场上对于考驾驶证的需求大幅提升。"

赵总经理感慨道："目前市面上几乎没有驾培一体化的经营模式，我们先筹办开个驾校，等后期条件充分了，再将 4S 店开办起来。一来开办一个经营管理超前的驾校，培养驾驶技术优秀的学员，可以减少交通事故的发生，对社会也是一个大贡献。二来可以圆我们大学时的梦想，拥有一个真正属于我们的 4S 店！"

杨校长也很激动："老赵，你这可要好好考虑。不过你要是真的开办驾校，我就跟你一起创业。"赵总经理回复杨校长，回去好好考察一下市场，再决定是否开办驾校。

赵总经理利用 3 天的时间，走访调查了 SZ 市的驾培市场并咨询了行业专家。截至 2016 年底，SZ 市汽车保有量约为 52 万辆，现有约 23 所驾驶员培训学校，但质量良莠不齐，普遍管理不善。同时，学员们表示：练习时间太短却要一天都耗在培训场地；模拟训练太少不足以应对考试；教练员打骂学员现象屡见不鲜……种种现象表明，市面上的驾校还有很大的提升空间。

赵总经理工作多年，积累了一定的资金，杨校长对于开办驾校有丰富的管理经验，资金与经验具备的双重前提下，开办驾校的可行性较强。赵总经理经过深思熟虑后告知杨校长，一起开办驾校，在驾校日常运营管理、教练员素质和技能训练等方面让杨校长给出专业建议。随即，杨校长开始"招兵买马"。过程必然不是一帆风顺的，一个个无法预测的难题在等着他们。

2. 举步维艰

为了实现驾校系统化、规范化运营，他们首先招聘了一些管理部门的专业人士，用他们的专业知识和经验共同铸造全新的 ZB 驾校。

杨校长聚集高层人员进行讨论，鼓励各部门负责人就培训场地的选址、教练员的招聘和客户群体市场细分等亟待解决的问题踊跃发言，积极建言献策。

市面上绝大多数驾校处于偏远地段，场地成本虽低但学员练车十分不便。基于此，杨校长认为，若在市区开办驾校可以吸引更多顾客。

财务部张经理率先反驳道："市区的地皮价格寸土寸金，这对于一个中小型初创公司来说是一笔巨额投资。这仅是最初的投资，往后的日常运营需要大量资金流转，万一资金链断裂破产了怎么办？"

管理部门陈经理出来打圆场，调侃道："倒是不至于破产，公司正常运转不就有资金来源了吗？培训场地在市区，我们节约的交通费也是一笔可观的数目。"

"我们市场部进行了大量的市场调查，同行业的盛通、安茂等选址在偏远地段。他们的学员在路上花费的时间是训练时长的两三倍。"市场部门李经理补充道。

服务中心苏经理接过话头："设想一下，如果你是顾客，你是愿意选择偏远、交通不便的驾校，还是更倾向于距离近、交通便利的驾校？"

大家也都陷入沉思，在权衡利弊之后认为，在市区开办驾校会形成 ZB 驾校的独特优势，利大于弊。

会议进行到下一个议题——教练员的招聘和客户群体市场细分。

诸如荣大、盛通等驾校在教练员招聘和客户群体细分上没有统一的规范，对于教练员经验和能力等没有明确的要求，在客户群体上也没有层次的分类，这些驾校只是简单地打价格战。

教学经验丰富的教练员不仅可以提高学员驾考的通过率，还能够根据每位学员自身的特点进行针对性的教学，再经过系统的培训和考核，完善教学方法，给予学员更好的学习体验。

驾校为实行有针对性的营销，对客户群体进行分类，根据客户的不同特质进行服务提升，更好契合客户的喜好。以顾客的收入和消费额为区分标准，划分出上班族和学生两大群体，这有利于企业迅速抓住客户的消费需求。虽然起初客户会疑惑不解，甚至有可能失去上班族客户，但如果能提供他们更认可的服务，比如加长每日训练课时、指派教学经验丰富的教练员等，节省上班族的时间使其快速通过考核，必将获得这部分群体的青睐。

会议最后终于讨论出了统一的方案：在进行招聘时，优先招聘教学经验3年以上的教练员。针对上班族和学生族两类群体，实施不同的收费管理制度，给予顾客不同的学习套餐选择（表25-1）。作为服务型企业，只有提升顾客的用户体验，才能源源不断地吸引顾客。市场细分后的市场比较具体，容易了解顾客的需求，有利于发掘市场机会，更有利于争夺市场份额。

表 25-1　ZB 驾校学习套餐表[①]

群体	套餐等级	训练时长/（课时/天）	教练员	价格/元
学生	基础班	1课时	铜牌	1880
上班族	VIP班	2课时	银牌	2680
	钻石班	4课时	金牌	3880
	星耀班	全天	王牌	5880

一切准备就绪，ZB 驾校承载着许多人的期许在 2017 年 7 月正式营业。可一切真的这么顺遂吗？

三、见机而作

1. 高瞻远瞩

至 2017 年末，ZB 驾校已经运营了半年的时间。在此期间，杨校长等高层管理人员针对运营初期的情况，在教练员考评制度方面进行了完善和优化。为了更好地对教练员的绩效做出评价，ZB 驾校设计了一套适合自身发展的员工评价表，每月对教练员进行统一考评，对教练员的评优等级进行更精准的划分，同时优化每个等级的奖惩制度。

ZB 驾校对 SZ 市的驾校进行分析与对比，寻求突破口。据了解，仅荣大驾校和盛通驾校就占据了市场份额的 2/5，恒顺驾校、晋顺驾校、安茂驾校仅次于荣大和盛通，但三者也瓜分了近 2/5 的市场份额（图 25-5），ZB 驾校的处境堪忧。

在年末的总结会上，杨校长和其他公司高管对当前的市场和 ZB 面临的挑战作了分析，并试图在经营上寻找突破。

初创期的 ZB 驾校，面临众多已趋于成熟的竞争者：恒顺驾校的合格率位居榜首，赢得更多顾客的青睐；安茂驾校口碑比较好，学员对安茂的评价和满意度是最高的；荣大驾校和盛通驾校是 SZ 市老牌驾校，市场知名度很高。作为一家新兴企业，如何吸引广大消费者，在众多竞争者中脱颖而出，成了 ZB 驾校迫切需要解决的问题。

---

① 资料来源：驾校一点通与 ZB 驾校宣传册整合而来。

案例 25
数字多元共襄助,战略营销求变革

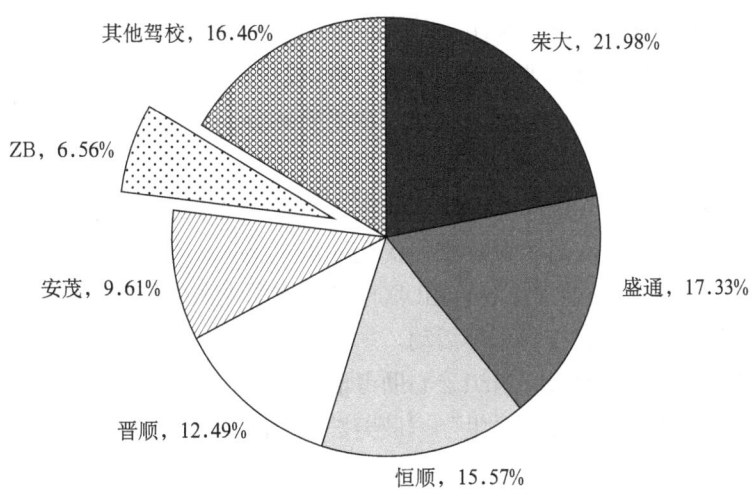

图 25-5 2017 年 SZ 市驾校市场份额比例 ①

通过对各个驾校 2017 年下半年的销售额的分析(图 25-6),可以看出,ZB 驾校不占优势,而且这半年亏损了 78.3 万元。市面上驾校基本在打价格战,但如果价格太低的话,会给顾客特别劣质的感觉,也不利于企业的长远发展。

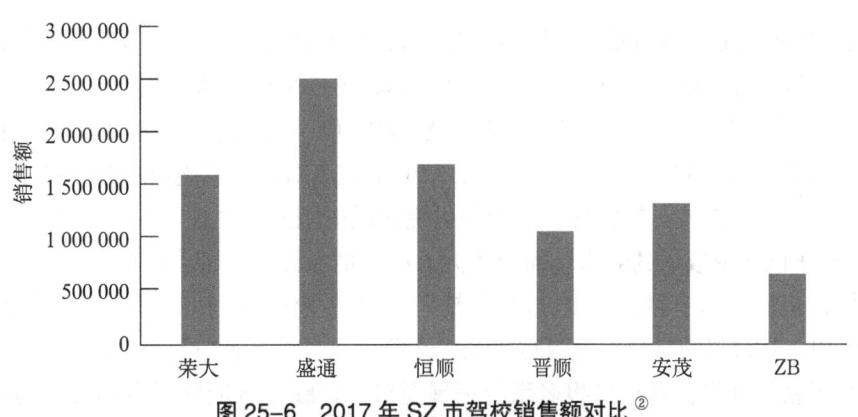

图 25-6 2017 年 SZ 市驾校销售额对比 ②

杨校长鼓励大家,虽然业绩不尽如人意,但这也并不说明我们到了穷途末路的时候。生意越淡,越要大胆经营;竞争越激烈,我们的机会越大,正是绝地反击的好时机。

基于对驾培行业的成见,顾客更倾向于选择知名度高的公司,ZB 驾校相较而言处于劣势。如何扭转顾客偏见、在众多驾校中彰显不同之处,成为 ZB 驾校发展的痛点。

管理层一致认为,要让顾客了解 ZB 驾校的教学理念,扭转顾客的刻板印象,起点和定位就要有别于市面上的其他驾校。要致力培养无事故的驾驶人员,塑造与众不同的企业文化,打造独一无二的企业形象,奠定长远发展的基础。

一方面,可以借助有影响力的大平台,例如,通过与 SZ 市交警支队进行合作,共同宣传安全驾

---
① 资料来源:对 SZ 市驾校的实地考察,参考各个驾校的学员数量及报名人数等相关资料进行的归纳提炼。
② 资料来源:结合各个驾校报名人数及学车套餐价格归纳整理。

驶小知识及道路行驶规范，既承担社会责任，也能提高知名度。另一方面，着眼于对社会有贡献群体，如军人、医务工作者、警察等特殊职业的驾校学员，可以对学费有一定的减免。

这次会议是公司着眼于新形势、谋划未来的一次重要的会议。在企业文化上有了巨大的突破，会议达成以下共识：

第一，与SZ市交警支队、市教育局等部门合作，承办交通安全进校园活动，走进SZ市各大院校及中小学校进行交通安全知识宣讲，普及交通安全知识。

第二，每年12月2日全国交通安全日，ZB驾校参与交警支队组织的宣传活动，在各个街道进行"万人交通安全行签名"及发放宣传彩页等活动。

第三，每年高考，驾校停训两天，组织爱心助考活动。

第四，为烈士子女、评选为"最美医生""最美护士"的医务工作者及其子女提供免费教学。

2. 推陈出新

据国家统计局公布的数据，2017年我国互联网普及率达到55.8%，互联网上网人数7.72亿人。在新型信息技术服务的冲击下，有些驾校不堪重负、默默退出市场。面对数字时代的到来，ZB驾校怎么借"数字化"的东风扶摇而上？

当前，很多驾校普遍存在以下问题：学员到达训练场地不能立即训练，且不能选择心仪的教练；天气条件不佳的情况下学员和教练员无法及时沟通，但教练员却必须待在原地等待；除此之外，每个教练员的工作时间分配不均匀，有的教练员一直处于超负荷工作状态。针对这些情况，ZB驾校出台如下措施：

一方面，ZB开创了线上预约系统，顾客可根据自己的时间进行预约，若遇到天气糟糕的情况或学员临时有事可自行通过手机取消预约，使顾客和教练员的时间选择最优化。

另一方面，ZB驾校开创了自主管理的公众号及APP。借助公众号，顾客可以随时随地查询信息，如预约时间、教练介绍等。同时，学员们可以在APP上匿名对驾校的老师做出评价，ZB驾校会针对学员的反馈继续完善对工作人员的管理，继而提供更优质的服务。

当今社会，开车已从少数人的需求转而成为人人必备的技能。随着原创驾考纪实类真人秀节目《新手驾到》的热播，借着综艺节目的热度，ZB驾校在考驾照潮流中抓住品牌宣传的机遇。管理者在驾培市场上寻找空白，开始与网络运营商进行洽谈，开辟了以"线上服务"为基础的运营模式，与美团、驾校一点通进行了密切合作，首次将报名系统拓展至线上。线上智能化平台的发展为ZB驾校提高了知名度，也是ZB驾校发现商机的另一方式，使得ZB驾校时时刻刻都能够观察市场上的"波涛汹涌"。

四、日新月异

1. 风生水起

杨校长始终保持着关注行业内最新动态的习惯，这天，一则新闻引起了他的注意。BJ高途智驾科技有限公司研发的智能驾驶培训机器人正式问世，杨校长立即咨询了相关专家。杨校长把搜集到的相关信息发到了管理层的微信群里，一石激起千层浪。驾培市场面对机器人教练的"突然袭击"，是互补共赢，还是会受到冲击一蹶不振呢？

以机器人教练为议题的会议拉开了序幕。

行政部门刘经理和管理部门陈经理反对引进机器人教练，他们认为会打击教练人员的积极性，虽然可以吸引一部分顾客，但弊大于利。况且机器人教练的安全性没有保障，风险系数太高。

其他部门负责人利用机器人教练的优势进行反驳,称机器人教练可以记录学员练习的电子轨迹,便于学员在手机端随时查漏补缺,更容易吸引一些有社交障碍、对真人教练持有成见的顾客。在学员遇到潜在危险时,机器人教练会自主判断危险情形,进行自动刹车。

会议室响起了此起彼伏的讨论声,杨校长说:"大家的考虑都很有道理。机器人教练的出现并不意味真人教练的退出,它的运行可以配合驾校的教学模式;至于安全性,它在油门误踩、车辆后溜、障碍预警等方面能提供一定的保障。"

会议结束,杨校长整理机器人教练和教练员两者的对比,形成图 25-7 及表 25-2。

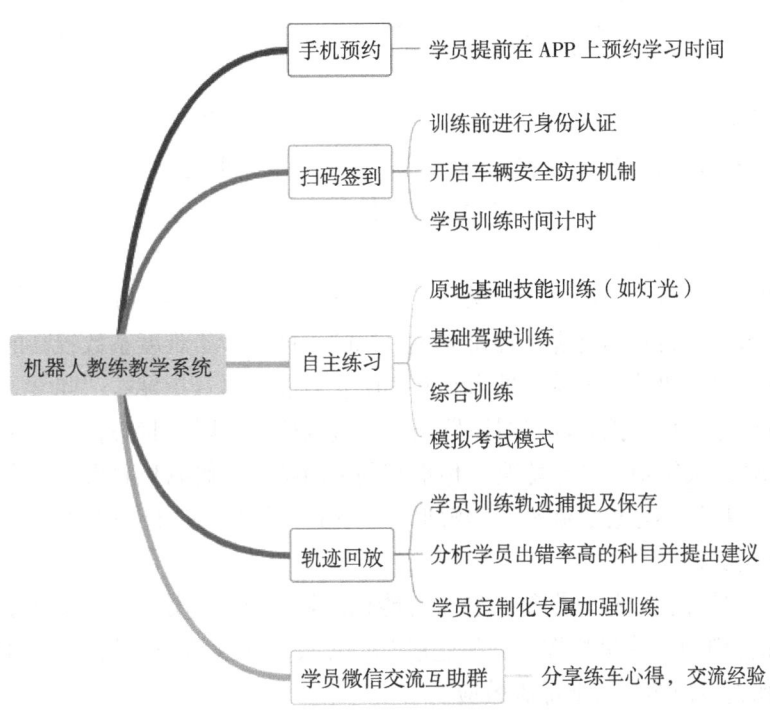

图 25-7 机器人教练教学系统[①]

表 25-2 机器人教练与教练员对比[②]

项目	机器人教练	教练员
安全防护	遇障碍自动刹车	疲劳状态下防护意识弱
工作状态	全勤且无疲工作	有生病情形
教学方式	全自动化教学	人工教学
教学过程	语音实时提醒	及时性较差
执教车数量	一名教练可同时操纵 3-4 辆车	一名教练只能操纵 1 辆车
训练轨迹	自动记录训练轨迹	——

---

① 资料来源:据管理人员访谈资料与公众号文章整理而来。
② 资料来源:参考肩并肩智慧驾培和公众号资料整理而成,https://www.shouldercar.com/a/chanpinzhongxin/zhinenzhongduanchuliqi/jiqirenji/。

续表

项目	机器人教练	教练员
课后复习	学员可自行登录APP查漏补缺	——
训练分析	AI后台系统分析	教练员分析
打分系统	各项目打分	评分不精准
定位系统	车辆精准定位	——
学员信息管理	数据批量分析与处理、易存储	只能单个分析、不易存储
成本管控	前期投入多、人工成本降低	支付固定人工费用

最终，ZB驾校斥巨资购置了12台机器人教练，而且是SX省首家引进智能机器人教练的驾校，被CCTV2、SX卫视、SX黄河电视台、SZ电视台等各大媒体争相报道。

杨校长等高管们看着外表与普通车辆并无二致的机器人教练车，这样的"智能外挂"会给传统意义上的驾校带来怎样的冲击呢？

管理部门陈经理带来几位教练员，共同见证一下机器人教练的功能。陈经理也不甘示弱，亲自上阵体验一下这机器人教练是否真的有那么神奇。科目二的半坡起步是难度系数较高的，只见陈经理操作车辆失误导致车辆熄火，机器人教练立即自动刹车防止后溜并语音指导："同学，请拉起手刹，注意安全。先将离合踩到底、挂1挡。起步时脚踩离合慢慢放松至半联动状态，松下手刹。"

见状，其他人都捧腹大笑道："老陈啊，你也有马失前蹄的时候啊！看看人家多贴心啊，自动刹车保护你呢！"陈经理瞬间不好意思起来，辩解道："我这是操作一时还不习惯。还别说，这反应速度够快啊，安全系数确实是提高了。"

所有人都对机器人教练报以很高期待，新奇智能化的驾培方式一定会在SZ市掀起浪潮，必然会将ZB驾校推到大众的视野中。借助机器人教练这股"东风"，有人工教学和智能教学的双重保驾护航，ZB驾校一定能够招徕更多顾客，打造品牌效应。

2. 开疆拓土

在学员训练时间有冲突、训练车辆不足的情况下，驾校怎么处理呢？2020年伊始，ZB驾校汲取顾客的意见，准备开办第一家分校区。当问到为什么ZB驾校敢于大刀阔斧开分校时，杨校长说："顾客是任何一个企业盈利的源头，企业应顺应顾客的需求。我们将通过在市区周边建分校，让更多的顾客享受培训过程，让顾客获得满足感。"

管理层通过对收入增长率和利润增长率的分析（图25-8）看到，ZB驾校的收入增长率和利润增长率虽有一定程度的波动，但都是正数，说明ZB驾校一直保持着盈利的势头。虽然2020年在新冠疫情的不良影响下收入呈现出下降的趋势，但是在同行业中依然保持正增长率，说明ZB驾校具备应对危机的能力。

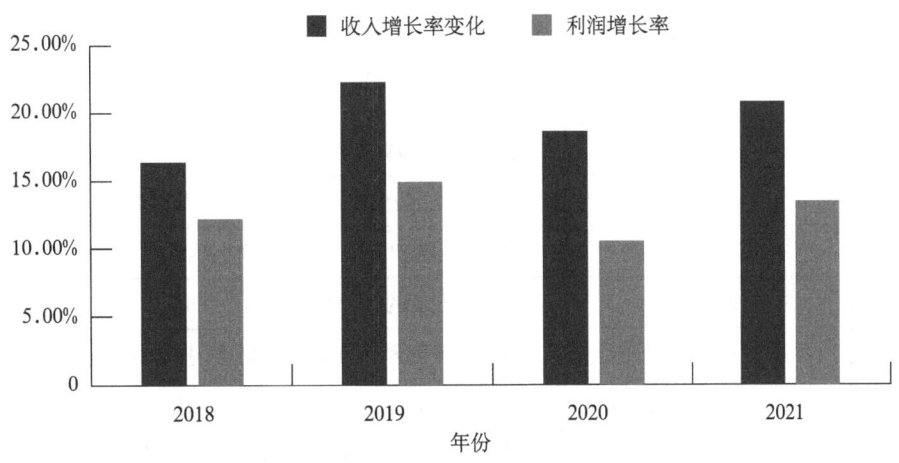

图 25-8　ZB 驾校 2018—2021 年收入、利润增长率[①]

3. 逆流而上

突如其来的疫情，让各行各业都陷入低迷，特别是服务类中小企业受到的影响尤为严重。ZB 驾校通过自我革命，改进服务模式。

他们在机器人教练的基础上，顺势推出"无接触"的安全训练模式。针对疫情期间特殊需求，承诺一人一车，且每位学员练车前后进行全面消杀。机器人教练还可以节省教练员的人工成本等开支，减少企业因疫情期间停工的损失。

另外，他们还将目光放到了驾培市场之外的相关领域，实现了多方面的发展。ZB 公司整合现有资源，扩大品牌效应，筹备车检线，使驾培现有客户延续至车辆年检服务，保留更多客户。ZB 车检线配备先进的检测设备、经验丰富的专业化检车团队，不仅为客户设置舒适的休息区、茶吧区，更有免费的自动洗车线。2020 年末，ZB 车检线经省市场监管局验收合格。

五、未来可期

面对激烈的市场竞争，ZB 驾校在完善提升"主业"的同时，不断开拓疆土，计划开办一个 4S 店，陆续开展汽车的售卖、上牌照、买保险、建立加油站和充电桩等一系列与汽车相关的业务，真正实现"一条龙"服务，既可大幅扩展公司业务，同时也可使得顾客满意度、留存率提高，成为被顾客所需要的企业……

杨校长回望公司发展的这几年，一路披荆斩棘，经历了外人想象不到的艰难险阻，ZB 通过精准的战略定位和市场营销策略，在驾培市场中站稳脚跟，取得了良好的口碑，机器人教练和车检线更成为 ZB 的独特标识。看到 ZB 目前欣欣向荣的景象，杨校长就感觉一切都是值得的。还有很长的路要走，要为全国化的目标而不断努力。

道阻且长，行则将至。在 ZB 人坚持不懈的努力下，美好的未来必将到来。

---

① 资料来源：对 ZB 驾校的实地考察与访谈获得数据资料。

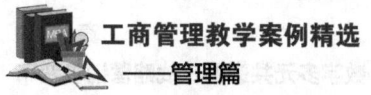

附录1：ZB驾校职能表①

人员	职能	具体工作
杨校长	驾校校长	主管驾校决策事宜
赵总经理	总经理	决定公司的经营方向和运营目标
李经理	市场部门负责人	运营部门日常管理和协调
刘经理	行政部门负责人	人员的招聘和人事调动
苏经理	服务中心负责人	负责客户的维护、管理，投诉的跟进处理
陈经理	管理部门负责人	车辆的购置和维修及日常考核
张经理	财务部门负责人	公司的收支管理、财务数据分析

附录2：ZB驾校教练员考核评价表②

评价项目	评价要点	分值（百分制）
勤勉性（10）	出勤率	出勤率*10
时间观念（10）	是否及时到岗	及时到岗天数/到岗天数*10
责任心（5）	是否积极工作、勇于承担责任	积极工作、承担责任：5 反之则0分
工作成效（25）	带领学员的考试通过率	学员考试通过率*25
规范教学（20）	是否有吃、拿、卡、要等不文明现象	违反任意一项不得分
安全意识（10）	是否每日进行车辆维护与检查	一天未检查则扣1分，上不封顶
培训情况（5）	是否每周参加统一组织的教学培训	一周未参加则扣2分，上不封顶
沟通情况（5）	学员每月在《教学日志》上对教练员的评价分值（百分制）	评价分值/100*5
爱岗敬业（10）	是否遵守岗位操守	遵守岗位操守：5 反之则0分
	是否影响企业形象（是否每天着ZB统一作训服）	着作训服天数/到岗天数*5

附录3：ZB驾校教练员评级和奖惩制度表③

加权分值合计数	等级	奖惩制度
$90 \leq X \leq 100$	金牌	奖励500元、有晋升机会、每带一个学员奖励10元
$80 \leq X < 90$	银牌	奖励300元、每带一个学员奖励5元
$70 \leq X < 80$	铜牌	奖励200元
$60 \leq X < 70$	合格	无奖惩
$X < 60$	不合格	罚款200元；暂停教练资格，进行再培训、再教育

---

① 资料来源：通过与相关管理人员沟通，并参考公众号整理资料而来。
② 资料来源：对ZB驾校进行实地考察，并与人力资源部相关人员和教练员交流，归纳整理资料。
③ 资料来源：对ZB驾校进行实地考察，并与人力资源部相关人员和教练员交流，归纳整理资料。

案例 25
数字多元共襄助，战略营销求变革

案例使用说明

一、教学目的与用途

1. 适用课程

"市场营销"和"战略管理"。

2. 适用对象

本案例适用对象为本科生、研究生和MBA等学员。

3. 教学目的

中小型企业在国民经济中起着十分重要的作用，是国家建设的重点，它符合生产社会化和科学技术进步的客观要求，在投资和生产经营上能带来明显的经济效益。中小型企业是实施大众创业、万众创新的重要载体，在增加就业、促进经济增长、科技创新与社会和谐稳定等方面具有不可替代的作用，对国民经济和社会发展具有重要的战略意义。在智能化不断发展的前提下，民营小企业也开始不断向智能化方向靠拢。本案例通过介绍一所驾校成长阶段中不断作出的措施及所取得的成就，帮助学员了解小型服务企业如何打造自己的企业文化，如何践行社会责任，如何了解消费者的心理行为，如何运用智能化平台对企业服务进行品牌包装，最终在市场中站稳脚跟。

具体的教学目标：

本案例以服务型企业 ZB 驾校作为研究对象，运用市场营销和战略管理理论的相关知识，对公司所处内外部环境进行深入剖析，随着环境变化制定出适合 ZB 驾校的市场营销战略和市场营销策略。通过案例可以帮助学员理解和掌握市场营销分析和企业战略的相关理论及方法，以期实现以下教学目标：

① 熟练运用 SWOT 方法分析企业与竞争对手之间的优缺点，了解服务质量的具体内容，提高顾客满意度。

② 基于企业的内外部环境进行营销战略选择。

③ 帮助学员了解 4P 理论及社交媒体营销等营销组合策略。

④ 启发学员如何将数字化与战略结合进行创新思考。

二、启发思考题

① 通过案例所描述的 ZB 公司发展现状，分析其在红海市场中如何提高顾客满意度，进而向关系营销方向发展。

② 与同行业的企业相比，ZB 公司在战略选择方面有哪些成功之处？

③ 随着市场环境、消费者习惯、网络平台使用率等的不断变化，ZB 公司在营销组合策略选择中有哪些突破？取得了怎样的成效？

④ 在数字技术的推动下，面对新冠疫情，中小型服务企业在战略选择方面可以做出哪些变革？

三、案例分析思路

教师可以根据自己的课程及教学目标来灵活使用本案例。这里提出本案例的建议分析思路，仅供参考。

首先，教师向学员提问："大家回想一下，高考结束之后，你们的假期都安排了哪些活动？"当学员说出外出旅游、做兼职、学驾照时，教师继续提问："有的同学为什么会想到学驾照？"学生会说假期时间长，开车已经成为人人必备的一种技能。这时老师可以详细询问学生在学习驾照过程的所见所闻，以及对市面上现存的驾校有什么印象，引导学员理解服务企业的战略定位及营销方式。这时引入案例，介绍ZB驾校，通过分析案例，让学生体会到ZB驾校与自己所学驾校之间的差别。

然后，引导学生从内外部环境分析、顾客满意度分析、战略选择、策略制定的体系等方面分析ZB驾校如何做出正确的战略选择，以应对日益激烈的市场竞争。接下来，从公司采取的战略入手，使学员充分掌握差异化战略、多元化战略，体会企业所采取战略的意义，以及ZB驾校如何运用这些战略，帮助企业争取市场份额，为学员积累实践知识。

最后，帮助学员分析营销策略组合的知识点，以及引导学员在数字化技术飞速发展的时代，ZB驾校如何进行服务开发、品牌建设、营销方式等一系列创新的营销组合策略。案例分析思路详见图25-9。

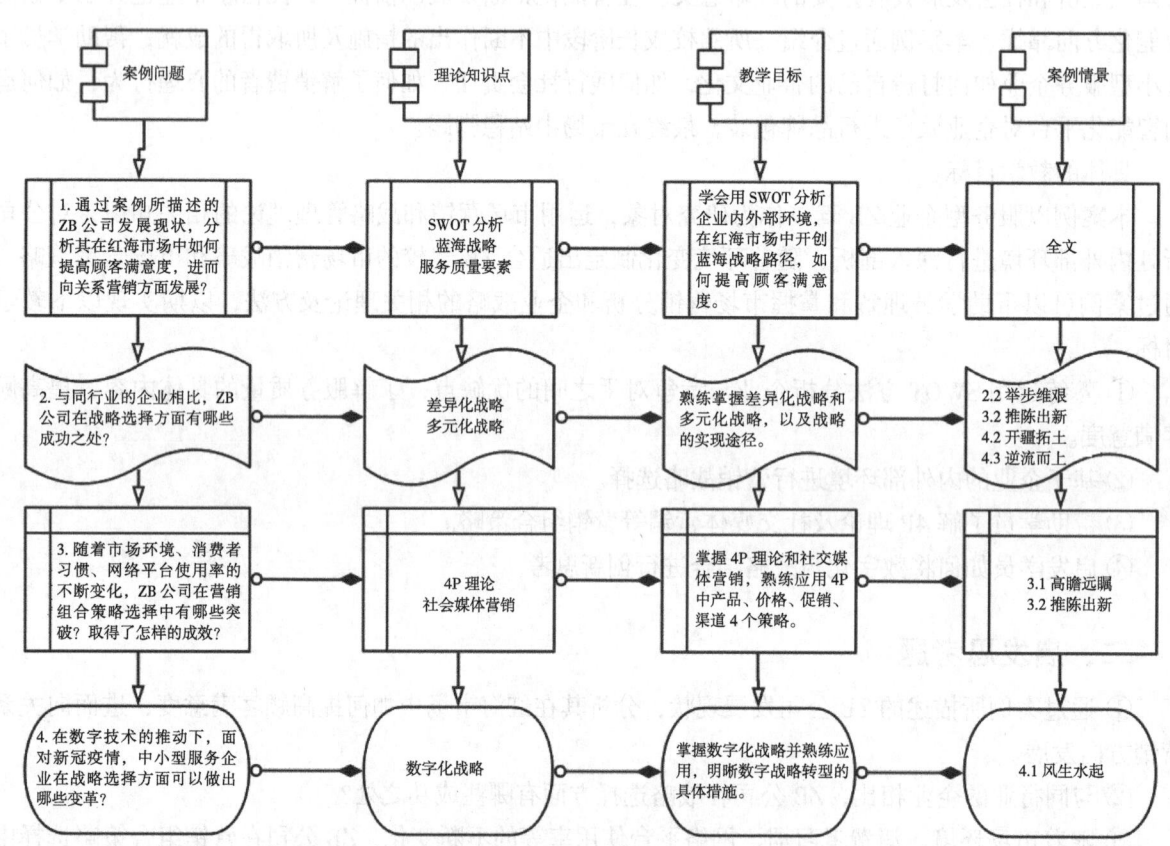

图25-9 案例分析思维导图